Tentações do ocidente

Pankaj Mishra

Tentações do ocidente

A modernidade na Índia, no Paquistão e mais além

tradução:
Helena Londres

EDITORA GLOBO

Revisão: Jonathan Busato
Diagramação: Crayon Editorial
Capa: Alberto Mateus
Foto de capa: Bob Krist/CORBIS/LatinStock/Stock

Dados internacionais de Catalogação na Publicação (CIP)
(Câmara Brasileira do Livro, SP, Brasil)

Mishra, Pankaj
Tentações do Ocidente : a modernidade na Índia, no Paquistão e mais além / Pankaj Mishra ; tradução Helena Londres. – São Paulo : Globo, 2007.

Título original : Temptations of the West : how to be modern in India, Pakistan, Tibet and beyond
Bibliografia
ISBN 978-85-250-4298-9

1. Ásia Meridional – Civilização – Influências ocidentais 2. Ásia Meridional – Descrição e viagens 3. Mishra, Pankaj – Viagens – Ásia Meridional I. Título

07-0543 CDD-954

Índices para catálogo sistemático:
1. Ásia Meridional : Civilização : Influências ocidentais : História 954

Direitos da edição em língua portuguesa
adquiridos por Editora Globo S.A.
Av. Jaguaré, 1485 – 05345-902 – São Paulo – SP
www.globolivros.com.br

Sumário

Prefácio

Durante os últimos cinco anos tenho viajado a lugares tão distantes como o Tibete budista, Bollywood e o Afeganistão sob o domínio dos talibãs. *Tentações do Ocidente* descreve essas viagens na Ásia Meridional e Central, em países que diferem radicalmente uns dos outros sob diversos aspectos, mas que parecem experimentar o mesmo dilema: como se modernizam povos com tradições de três milênios?

Eventos recentes demonstraram que essa já não é mais uma questão acadêmica. As ideologias ocidentais, sejam elas colonialismo, comunismo ou globalização, defrontam os países que visitei — Índia, Paquistão, Afeganistão, Nepal e Tibete — com o mesmo desafio: modernizar ou perecer. Mas o dilacerante processo de refazer a vida e a sociedade em todos os seus aspectos (social, econômico, existencial) freqüentemente descamba para a violência, afetando não apenas a Ásia Meridional mas também, como mostraram os horripilantes eventos de 11 de setembro de 2001, até os aparentemente remotos e autocontidos mundos do Ocidente.

Não é preciso dizer que as sociedades pelas quais viajei são internamente diferenciadas demais para se resumirem em generalizações amplas do tipo preferido por elaboradores de políticas e colunistas de opinião no editorial dos jornais. Essas narrativas interconectadas não se propõem a oferecer soluções para seus grandes problemas ou tratar abstratamente de democracia, religião e terrorismo. Ao contrário, procuram fazer com que o leitor entre em experiências reais: as de indivíduos — hindus, muçulmanos, budistas que tentam encontrar um caminho no mundo moderno — e as do viajante, que, confrontado com uma complexidade atordoante, vai da ignorância e do preconceito a uma medida de autoconsciência e conhecimento.

Prólogo
Benares: aprendendo a ler

Passei quatro meses em Benares no inverno de 1988. Eu tinha vinte anos, sem uma idéia clara do futuro, ou mesmo de qualquer outra coisa. Depois de três anos ociosos, dedicados aos livros, numa universidade regional de uma cidade provinciana e decadente, criei aversão pelo mundo das carreiras profissionais e dos empregos ao qual, não tendo dinheiro, eu estava destinado a pertencer. Em Benares, a cidade mais santa dos hindus, para onde as pessoas vêm ou ritualmente para dissolver seus "pecados" acumulados no Ganges, ou simplesmente para morrer e alcançar a liberação do ciclo de renascimentos — em Benares, com uma mesada mínima, busquei nada mais que uma continuação da vida que levara como estudante de graduação.

Morei no bairro velho, em uma casa meio caindo aos pedaços pertencente a um músico brâmane: um homem minúsculo, frágil e cortês. Panditji há muito tempo tinha se desvinculado do mundo mais amplo e ficava o dia inteiro mergulhado num aturdimento provocado por ópio, do qual acordava pontualmente às seis da tarde para dar aulas de cítara a alunos alemães e norte-americanos. Era assim que ele sustentava seu vício caro, e também evitava a penúria. Sua mulher, alienada e asmática, morava no andar de cima ao dele — ela declarava não descer ao andar de baixo há quinze anos — e passava a maior parte do tempo numa cozinha sem janelas cheia de fumaça da lareira revestida de esterco, conversando em voz baixa com seu fiel empregado da família há mais de cinqüenta anos. O empregado, um homem pequeno e reticente vestido em shorts caqui pregueados, dava indícios, naquele cenário sombrio, de dias melhores no passado; até um tipo de grandiosidade feudal.

A casa onde eu morava e a presença melancólica de Panditji e sua mulher faziam parte do mundo da velha Benares que ainda estava intacta no final dos anos 1980, e da qual os jogos de xadrez nas aléias, os concertos de noite inteira nos templos, as moças dançarinas em casamentos elaboradamente formais, e os suaves prazeres decadentes das folhas de bétele e de ópio formavam um componente essencial. Em menos de dois anos, a maior parte desse mundo aparentemente sólido viria a se desmanchar no ar. A velha cidade seria marcada por uma erupção de distribuidores de *fast food*, salões de videogames e butiques, os símbolos mais espalhafatosos das energias empresariais desencadeados pela liberalização da economia indiana que transformariam Benares do mesmo modo com que já tinham transformado outras pequenas cidades sonolentas pela Índia inteira.

Mas na época eu não sabia disso, e não escutei com muita atenção quando a mulher de Panditji falava das reminiscências da Benares que ela tinha conhecido quando moça; quando me contou sobre a época em que seu marido veio à casa da família dela como um estudante que morria de fome; ou quando descreveu as honras concedidas ao pai dela pelo marajá de Benares. Fui ainda menos atento quando se queixou do filho e da mulher dele; mais especialmente da última, que, embora brâmane, em sua opinião tinha o jeito ganancioso, avaro, das castas comerciantes.

Eu não prestava muita atenção às vidas ao meu redor. Era especialmente indiferente aos europeus de olhos arregalados, à deriva pelas velhas escadarias, cada qual ligado a um guru besuntado com cinzas. Eu estava profundamente mergulhado no meu próprio universo, e, embora não me sentisse à vontade no mundo e no tipo de dependência abjeta que ele sugeria, encontrara o meu próprio guru, há muito tempo morto, contudo para mim mais real que qualquer outra pessoa que eu tivesse conhecido de fato durante aquele inverno que passei viajando lentamente por seus livros.

Em uma visita anterior à biblioteca da Universidade Hindu de Benares, percorrendo a esmo as estantes, notei um livro chamado *The American Earthquake*. Li algumas páginas aleatoriamente, de pé em um corredor escuro, entre empoeiradas prateleiras sobrecarregadas. Pareceu interessante; fiz uma anotação mental para procurá-lo da próxima vez que visitasse a biblioteca. Os meses se passaram. Àquela altura eu tinha me mudado para Benares e um dia, enquanto procurava alguma outra coisa na mesma seção de estantes, encontrei novamente o livro. Dessa vez levei-o para a sala de leitura. Uma hora com ele, e comecei a olhar para a longa lista sob o título, "Outros livros de Edmund Wilson". Depois, naquela tarde, voltei às estantes onde estavam eles todos; empoeirados, infestados de cupins, mas maravilhosa, milagrosamente presentes: *The Shores of Light; Classics and Commercials, the Bit Between My Teeth, The Wound and the Bow, Europe without Baedeker, A Window on Russia, A Piece of My Mind...*

Era um milagre, porque essa não era uma biblioteca comum. Os livros de Wilson não eram facilmente acessíveis. Sempre morei em cidades pequenas nas quais as bibliotecas e livrarias eram poucas e distantes, e não guardavam nada a não ser alguns textos-padrão da literatura inglesa: Austen, Dickens, Kipling, Thackeray. Minha instrução semicolonial me fez gastar muito de meu tempo em escritores vitorianos e eduardianos menores. Alguma variação era dada por escritores em híndi e os russos, que se podia comprar barato em livrarias comunistas. Quanto ao resto, eu lia aleatoriamente, sempre que conseguia encontrar, e com a intensidade furiosa de um menino de cidade pequena para quem os livros são o único meio de se comunicar com — e conhecer — o mundo mais amplo.

Já tinha me dado conta antes de que ser apaixonado por literatura não bastava. Você tinha de ser engenhoso; você tinha de estar perpetuamente na caça a livros. E eu estava: em bibliotecas e livrarias, nas casas das outras pessoas, em cartas a parentes no Ocidente, e, mais frutiferamente, no reciclador de papéis local. Lá comprei uma vez uma velha brochura gasta do *Man of Straw*, de Heinrich Mann, que — tal eram as falhas no meu conhecimento — eu li conscienciosamente, sem saber nada a respeito de seu irmão mais famoso e distinto. Em meio a essas leituras esparsas eu tinha determinadas preferências, algumas fortes simpatias e antipatias, mas elas não chegavam a padrões coerentes de julgamento. Eu sabia pouco a respeito das bases históricas dos livros que lia; só tinha uma idéia fugaz do grau de arte e habilidade aos quais determinados romances deviam sua grandeza.

Eu tive problemas, também, com aqueles livros de Edmund Wilson que encontrei na biblioteca, alguns dos quais eu li parcialmente naquele inverno, outros de cabo a rabo. Muitos deles eram coleções de resenhas de livros que eu não tinha condições de ler na época, ou então se referiam a outros livros de que não ouvira falar. Proust, Joyce, Hemingway, Waugh, sim; Malraux e Silone, provavelmente; mas onde na Índia se poderia encontrar John dos Passos? Os livros de Wilson presumiam também um conhecimento básico de política e história que eu não tinha. Eles eram uma luta para mim, e a ignorância que eu sentia diante deles era uma fonte secreta de vergonha, mas também um estímulo melhor para o esforço que seus livros exigiam, mais que a mera curiosidade intelectual.

Eu nunca parei de sentir essa ignorância, mas também tinha uma impressão, à medida que engatinhava pelo trabalho de Wilson, que minha percepção de todos esses livros não lidos e escritores desconhecidos estava sendo filtrada por uma extraordinária sensibilidade coesiva. Ao longo dos meses seguintes, ficou claro para mim que seus poderes de resumo e explicação eram muitas vezes mais dignos de atenção que os livros e escritores que compunham seu tema. Havia também uma certa imagem sugerida por sua prosa lúcida e seus julgamentos confiantes, e que eu imediatamente achei muito atraente: a de um homem inteiramente dedicado a ler, pensar e escrever. Imaginei-o trabalhando em suas diversas residências — Provincetown, Talcottville, Cambridge, Wellfleet —, e na minha imaginação esses nomes ressoantes ficaram ligados a uma promessa de sabedoria e serenidade.

A biblioteca onde encontrei os livros de Wilson, junto com a universidade, era fruto de um impulso antigo, agora desaparecido: a aspiração entre os reformistas hindus, no movimento de libertação, a criar centros nativos de educação e cultura. A idéia fundamental era treinar jovens hindus para o mundo moderno; e, como muitos outros idealismos do movimento de libertação, não sobreviveu muito no caos da Índia independente, onde até mesmo o direito à educação passou a ser disputado ferozmente sob a bandeira de castas, religiões e comunidades específicas.

Tensões sectárias eram especialmente intensas na Índia setentrional, sobretudo em Uttar Pradesh, a província com a população mais numerosa e a segunda taxa de pobreza no país, onde as rivalidades de castas e políticas se disseminaram para as universidades locais. Os principais partidos políticos, ansiosos em recrutar o expressivo voto estudantil a seu favor, tinham começado a jogar dinheiro nas eleições dos grêmios estudantis. Estudantes com ambições políticas organizavam-se por castas — os brâmanes, os

Thakur (a assim chamada casta guerreira), os retrógrados e os planejados (eufemismo do governo para os antigos intocáveis). As tensões eram tão grandes que as atividades acadêmicas freqüentemente interrompiam-se por greves de estudantes; incêndios criminosos, seqüestros e assassinatos entre os estudantes se tornaram fenômenos comuns na vida do campus.

Por milagre, a biblioteca em Benares permaneceu bem fornida. As assinaturas de periódicos estrangeiros eram renovadas a tempo: você podia encontrar volumes completos de *TLS*, *Partisan Review* e do *New York Review of Books* a partir dos anos 1960 nas estantes. Catálogos de editoras universitárias tinham sido conscienciosamente examinados pelo pessoal da biblioteca; os livros, como se por algum canal paralelo, intocado pela desordem ao redor, continuavam a entrar.

A biblioteca ficava num prédio impressionantemente grande, no estilo conhecido como hindu-sarraceno, cujos atraentes pastiches de arquitetura gótica vitoriana tinham sido incentivados pelas mesmas aspirações modernistas indianas que criaram a universidade. Mas, no final dos anos 1980, o caos reinava em quase todos os departamentos: poucos livros podiam ser encontrados em seus lugares certos; o arquivo de cartões estava em completa desordem. Na sala de leitura, estudantes com clara aparência criminosa fumavam cigarros fedorentos e jogavam cartas ruidosamente. Alguns deles escolhiam tirar sestas sobre as longas escrivaninhas; jovens entediadas passavam horas arranhando suas iniciais nos tampos das mesas.

Dificilmente aquele era um lugar conveniente para longas horas de leitura, mas como eu não estava matriculado como aluno na universidade, não podia retirar livros da biblioteca. Podia, no entanto, sentar-me na sala de leitura, e lá estava eu, quase todos os dias, desde a hora em que abria, de manhã. Como eu tinha muito pouco dinheiro, percorria a pé os seis quilômetros da minha casa até a biblioteca. No almoço, comia uma omelete na banca infestada de moscas do lado de fora da biblioteca, e depois um copo de chá repleto de açúcar que efetivamente matava toda fome durante as poucas horas seguintes. À tarde, andava de volta para casa ao longo do rio e sentava depois de escurecer nas escadarias, em meio à companhia mista de valentões e traficantes de drogas; homens lavadeiros que juntavam as roupas que haviam quarado sobre os degraus de pedra a tarde toda, brancas e reluzentes ao sol; grupos de crianças brincando de amarelinha no chão de pedra marcado com giz; alguns poucos banhistas atrasados, que se vestiam e despiam sob andrajosos guarda-sóis de praia; e grupos de velhos, que contemplavam silenciosamente o rio que escurecia.

Muitos dos meus dias em Benares foram gastos dessa maneira, e quando penso neles, parecem serenamente rotineiros. Mas o que agora me lembro melhor não é tanto o límpido céu azul e as mágicas tardes quietas, observadas pela janela lateral no meu pouso na biblioteca, e sim os fatores que constantemente ameaçavam desfazer essa serenidade. Porque um mundo radicalmente diferente existia a apenas algumas centenas de metros de onde eu estava, lendo a respeito de Santayana.

Naqueles dias a universidade era cenário de intensas batalhas entre os estudantes e a polícia. Qualquer coisa era pretexto de provocação: um aluno que não foi readmitido depois de ser expulso, o exame que um professor se recusou a adiar. Um frenesi peculiar periodicamente dominava os dois lados, quando então os alunos invadiam o campus, quebrando mobílias e qualquer janela que ainda não tivesse sido quebrada em sua última erupção de furor. Desafiados pela polícia, eles se refugiavam no santuário de suas pensões e atiravam com pistolas sobre os guardas armados de cassetetes. Em retaliação, os policiais muitas vezes invadiam as pensões, entravam em quartos trancados, arrastavam seus ocupantes que imploravam e choravam, e passavam a bater neles.

Uma vez vi uma das vítimas, minutos depois de a polícia ter ido embora, tossindo sangue e com os dentes quebrados, as roupas rasgadas, as marcas do cassetete nos seus braços expostos rapidamente se tornando azuis. Em outra ocasião, vi um policial com metade da carne das costas arrancadas por uma granada de mão de fabricação caseira. Colegas ansiosos observavam impotentes por detrás de seus escudos de grades enquanto ele cambaleava e caía no chão. Observadores aterrorizados, como eu, se atiraram ao solo num reflexo defensivo que víamos nos filmes de ação. O lançador da granada — um garoto magrela vestido com uma camisa de gola grande e calças apertadas de poliéster que, fiquei sabendo mais tarde, tinha alvejado o policial depois de ter sido torturado por ele sob custódia — ficou observando na estrada de paralelepípedos, fascinado com sua obra.

Essa violência, por mais extrema que pareça, não era nova na universidade, que há muito testemunhava as batalhas mais sangrentas entre alas das organizações comunistas e nacionalistas hindus. Esses dois grupos tendiam a se aliar com diferentes pólos do sistema de castas: as castas mais baixas tendiam a ser comunistas; as mais altas nacionalistas hindus. Mas muitas vezes, agora, a violência surgia sem motivos ideológicos, sem conexão com uma causa ou movimento. Ela brotava espontaneamente, alimentada apenas pelo senso de desespero e desamparo que pairava permanentemente sobre as universidades da Índia setentrional nos anos 1980. Isso por sua vez fazia parte de uma crise mais ampla causada pelo colapso de muitas instituições indianas, a aliança cada vez mais próxima entre o crime e a política, e o crescimento da corrupção organizada pelo Estado — processos que se tinham acelerado durante a Emergência da senhora Gandhi em meados dos anos 1970.

Para os alunos prestes a entrar no mundo, as escolhas eram duras — e não importava a que casta você pertencesse; a pobreza estava uniformemente distribuída por toda a região. A maior parte das pessoas que eu conhecia eram profundamente cínicas em sua posição quanto ao futuro. Você poderia batalhar para se tornar um membro da legislatura estadual ou nacional e sugar recursos governamentais destinados à alfabetização e projetos de controle de população; se nada funcionasse, você poderia aspirar, na outra extremidade da escala, a ser um humilde técnico em telefonia e fazer dinheiro vendendo linhas telefônicas ilegais.

A maior parte dos alunos nessa região da Índia tradicionalmente retrógrada vinha de famílias feudais ou semi-rurais, e aspiravam a entrar para o serviço público, uma invenção colonial que até na Índia independente continuava a oferecer a rota mais fácil e mais rápida para o poder e influência políticos. Mas o recrutamento para o serviço público era cada vez mais raro para a Índia setentrional, onde o declínio dos padrões, além da disponibilidade barata de educação superior, tinha tornado possível a milhões adquirir diplomas universitários, ao mesmo tempo em que tinham cada vez menores perspectivas de emprego. Corrupção e nepotismo haviam desempenhado um papel importante na distribuição de empregos em serviços públicos de menor importância. Os alunos das castas mais altas recentemente empobrecidas foram os que mais sofreram com isso: se a pobreza não fosse suficiente, eles ainda tinham uma desvantagem a mais por causa das grandes quotas reservadas a candidatos de castas mais baixas nos empregos públicos.

As quotas, criadas inicialmente no governo de Nehru, no início dos anos 1950, com a intenção de ser uma medida temporária, foram expandidas e usadas por governos sucessivos como uma tática eleitoral para atrair votos de castas mais baixas. Os alunos das classes mais altas viam-se condenados a fazer os difíceis ajustes à vida urbana apenas para se confrontarem com a perspectiva de serem mandados de volta ao esquecimento de onde tinham saído; seu sentimento de um futuro bloqueado, que haviam adquirido no início da universidade, iria culminar tragicamente em 1990, na enxurrada de auto-imolações que se seguiu à decisão do governo central de propiciar quotas ainda maiores nos empregos federais para solicitantes das castas mais baixas.

A minha própria situação não era muito diferente daquela das pessoas ao meu redor. Eu tinha recentemente passado três anos na universidade provincial próxima, em Allahabad, onde me encontrava mais próximo ainda, e de modo mais inquietante, do desespero que vi em Benares. Eu próprio era de casta alta, sem fortuna de família, e estava aproximadamente na mesma posição que meu pai na Índia recém-independente, quando a lei da reforma da terra de 1951 reduziu sua família brâmane, antes em boa situação, à penúria. (A lei foi outra das tentativas de Nehru para diminuir a igualdade social; a intenção era transformar locatários explorados em proprietários.) A família de minha mãe sofrera percalço semelhante. Do mesmo modo que muitas outras famílias, que laboriosamente se empenharam em chegar à classe média, eu teria de batalhar o meu próprio caminho no mundo. Olhando para trás, consigo ver minha busca compulsiva de livros, a calma e a ordem que ela sugeria em contraste tão dissonante com a fúria e o desespero ao meu redor, como meu jeito de adiar um futuro de pessoa sombriamente excluída.

Desse modo, durante meus meses em Benares, consegui viver numa ligeira tangente com relação ao caos da universidade. E consegui isso, vejo agora, em parte por causa de Rajesh.

*

Conheci Rajesh no início da minha estada em Benares. Homem alto, magro, bonito, com vinte e poucos anos, ele continuara a morar em Benares depois de terminar seus estudos na universidade. Era excêntrico e de humor variável: recitava poesia urdu num momento, e denunciava sua decadência no momento seguinte, e então começava a enumerar as virtudes da vida no campo. "Todos esses bebedores de vinho de coração partido", dizia ele, "você não pode compará-los a simples camponeses que fazem mais pela humanidade." Ele costumava alegar que preferia ser agricultor que entrar para o serviço público e obedecer a ordens de políticos corruptos. Em outras ocasiões, ele me contava a respeito das boas obras que um funcionário público honesto na Índia poderia fazer, e como ele mesmo aspirava a ser um deles. Havia também um inesperado lado místico em Rajesh. Uma vez o vi de pé nas escadarias fazendo gestos em direção às extensões arenosas do outro lado do rio. "Isso", ele dizia para seu acompanhante, um jovem estudante ligeiramente aterrorizado, "é *sunyata*, o vácuo. E isso" — ele apontava a apinhada aglomeração de templos e casas atrás de nós — "é *maya*, ilusão. Você sabe qual é a sua tarefa? Nossa tarefa é viver em algum lugar no meio."

Rajesh reverenciava Ghandi e não confiava em Nehru, que ele dizia ter uma visão "moderna" demais; mas então mudava de idéia e dizia que Gandhi não era suficientemente "duro". Todas essas opiniões eram dadas com um olhar longínquo; elas faziam parte de seus monólogos a respeito do estado degradado na Índia contemporânea. "Para onde estamos indo?", perguntava ele, jogando dramaticamente as mãos para o alto. "Que tipo de país estamos nos tornando?" Ele adorava Faiz, o escritor paquistanês cuja poesia carregada de tragédia conhecia de cor, e também gostava de Wordsworth, que tinha estudado como aluno de graduação; ele me mostrou um caderno onde copiara seus poemas favoritos, entre eles "The Solitary Reaper" (A Ceifeira Solitária). Mas nunca consegui que falasse sobre eles. Ele não escutava muito; e não gostava que ninguém interrompesse seus monólogos. Não era fácil estar em sua presença.

Rajesh estava na universidade há oito anos quando o conheci, e no início ele parecia mais um dos inúmeros estudantes que ficavam pelo campus, acumulando mecanicamente diplomas inúteis, tentando este ou aquele emprego. Eu tinha vindo a ele com uma apresentação de um amigo comum na minha universidade de graduação. O amigo acreditava que pessoas "estudiosas" como eu precisavam de *backers* (respaldo) poderosos na Universidade Hindu de Benares — ele usou a palavra em inglês —, e que Rajesh estava em boa posição para me proteger dos valentões e criminosos locais. O próprio Rajesh também achava isso, e ficou mais do que contente em me colocar sob sua asa. "Você está aqui para estudar", disse-me ele no nosso primeiro encontro, "e é isso que você deverá fazer. Conte-me se alguém o perturbar e eu darei um jeito no filho da puta."

Parte de seu interesse em mim vinha de uma antiga, e agora ligeiramente melodramática, reverência por brâmanes "estudiosos". Ele mesmo era brâmane, mas se considerava diferente daquilo que ele achava ser a dignidade adequada de sua casta. Esse sentimento era disseminado na região, onde a dominância tradicional dos brâmanes começava a entrar em colapso face ao sério desafio político representado pelas agressivas castas inferiores. O declínio do prestígio e autoridade dos brâmanes — intimamente ligados à diminuição de sua importância política — era simbolizado por uma família famosa de Benares que tinha sido muito próxima à dinastia Nehru-Gandhi, e fora empurrada à irrelevância pelo tipo novo, militante, de político de casta baixa. Os membros da família ainda usavam as marcas da casta na testa; ainda observavam os jejuns, banhavam-se regularmente no Ganges, eram os convidados principais nos templos em dias santificados e não aceitariam alimentos de pessoas de castas mais baixas. Mas essa preocupação excessiva a respeito da imagem pública e um sentido excessivamente desenvolvido para a falta de limpeza e a contaminação foram tudo o que restou de sua "bramanidade". Não havia mais multidões de gente procurando emprego e bajuladores se reunindo na casa deles; as mulheres da família perambulavam pelos bazares sem acompanhantes e sem serem reconhecidas; os jornalistas visitantes iam buscar uma boa matéria em outro lugar.

Rajesh sentia a mudança geral de status de modo diferente. Ele jejuava religiosamente, ia oferecer flores no templo de Hanuman, o deus macaco, todas as terças-feiras. Sua consideração por Faiz e seu amor pela poesia urdu refletiam um instinto bramânico mais antigo pela aprendizagem das artes. Mas ele também dava a impressão de que nada dos modos ou valores antigos importava mais em um mundo no qual os brâmanes eram obrigados a lutar para sobreviver como todos os demais. "Sim, sou brâmane também", dizia Rajesh, e em seguida acrescentava, misteriosamente, "mas já fiz coisas que brâmane algum jamais fez."

Lembro-me da minha primeira visita ao quarto dele, que ficava em uma das pensões de aparência decaída com pilhas de mobília quebrada espalhada no pátio da frente. As escadas que levavam ao quarto eram salpicadas de formas vermelho-sanguíneas feitas por alunos que cuspiam suco de bétele. Na pobreza variada de seu quarto — a luz vinda de uma lâmpada nua que caía sobre paredes azuis descascadas, a cama desfeita, os chinelos jogados, a mesa capenga, os jeans em denim barato dependurados num prego solitário na parede, uma estante de livros de bambu cambaleando sob o peso de jornais velhos —, notei uma bolsa a tiracolo de juta aberta no chão, repleta de pistolas grosseiras. Não fizera qualquer tentativa de esconder as pistolas, que pareciam pertencer ao quarto com tanta naturalidade quanto o balde de plástico verde ao lado delas. Sua presença me pôs nervoso; do mesmo modo, o indício de instabilidade dado pelo discurso e pelas maneiras de Rajesh, os longos monólogos, as referências desconexas a Wordsworth, à Índia. Eu comecei a desejar vê-lo com menos freqüência.

Mas era difícil interromper o contato, e ainda mais difícil ficar indiferente à afabilidade inocente que ele transpirava cada vez que eu o via. Muitas vezes aparecia na biblioteca, "checando", dizia ele, para ver se eu era mesmo estudioso ou se estava lá para "ficar de olho nas meninas". Eu tentava evitá-lo desaparecendo da sala de leitura na hora provável de seu aparecimento, mas então ele aparecia mais tarde. Além disso, tinha um interesse surpreendente pelas minhas leituras; surpreendente porque, embora tivesse feito um curso de graduação em inglês, raramente o vi ler qualquer coisa além dos jornais híndi espalhados pelas casas de chá no campus. "Edmund Wilson! Outra vez! Por quê", perguntava ele em genuíno espanto, "você fica sempre lendo o mesmo homem?" Ele escutava com paciência enquanto eu tentava dizer algumas poucas palavras de explicação a respeito do livro ou ensaio em particular para o qual ele tinha apontado. Ele uma vez me pegou lendo *Rumo à Estação Finlândia*, e tive de fazer um resumo grosseiro, em menos palavras que as usadas por Wilson, das idéias principais de Trotsky. É claro que eu não podia recusar; a idéia da instabilidade de Rajesh, as pistolas em seu quarto, sempre me obrigavam a elaborar uma resposta razoavelmente amigável. Às vezes estar na companhia dele podia ser exaustivo. Por que, me perguntava eu, ele, que parecia ter lido muito pouco além de Faiz e dos românticos, quer saber tanto a respeito de gente tão distante de nós como Trotsky ou Bakunin? (Mais simplesmente, por que não podia ele gastar seu tempo com outras pessoas na universidade?)

Rajesh era bem conhecido nos círculos estudantis. Havia um respeito especial por ele entre os alunos de castas superiores vindos das aldeias vizinhas; solitários e vulneráveis naquilo que para eles era o mundo maior, intimidante, longe de casa, eles viam Rajesh como um companheiro provinciano solidário e um protetor mais velho. Rajesh se ajustava bastante bem ao papel: era fisicamente maior e mais forte que a maioria dos estudantes no campus; tinha alguma reputação — muita gente parecia saber a respeito das pistolas no quarto; e agradava-lhe que fosse considerado uma figura de padrinho.

Cada vez que eu saía com ele para um chá, imediatamente uma pequena multidão se reunia em volta de nós e ansiosamente aferrava-se a cada palavra que ele dizia. Muitas vezes falava de política, dos últimos desenvolvimentos em Déli, a fofoca atual sobre o tamanho da fortuna do ministro; ele repetia histórias coloridas sobre políticos locais, os modos imaginativos pelos quais tinham enganado o Banco Mundial ou outra agência de desenvolvimento, as pontes que foram construídas apenas no papel, as estradas que só existiam nos arquivos.

De fato, embora ele parecesse satisfeito em só falar de política, eu muitas vezes fiquei pensando se não estaria planejando se tornar, ele mesmo, um político: alunos com uma base de massa popular na universidade, capazes de organizar greves e demonstrações, eram muitas vezes escolhidos por chefes políticos locais para disputar as eleições para a corporação municipal do lugar. Rajesh parecia conhecer também pessoas fora do campus; uma vez notei alguns visitantes evidentemente opulentos que vieram vê-lo em um Ambassador verde-claro de aparência sinistra, com os vidros escurecidos.

Mas eu estava preocupado especialmente com as obras de Wilson e seu labirinto de referências cruzadas que me faziam correr de livro a livro, num esforço para preencher pelo menos parte do que eu achava serem falhas importantes no meu conhecimento. Um dos livros com que deparei desse jeito foi a

Educação Sentimental, de Flaubert, que eu lera um tanto indiferentemente numa edição da Penguin Classics fazia algum tempo. O ensaio de Wilson sobre a política de Flaubert, coletada em *The Tripple Thinkers*, me deu vontade de reler o romance. Ao fazê-lo, achei o relato de Flaubert sobre o encontro de um ambicioso provinciano com o glamour e a desilusão de um metropolitano cheio do tipo de satisfação sutil ao qual a sensibilidade neurótica de um adolescente ficaria especialmente suscetível. Eu me identifiquei com Frédéric Moreau, o protagonista, com seus anseios grandes, apaixonados, mas imprecisos; sua indecisão, sua falta de objetivo, seu autodesprezo. Não consigo nunca me esquecer do sentimento de mal-estar que me acometeu depois de ter terminado o romance, uma noite, tarde, na biblioteca. Eu só tinha vinte anos, e à minha frente ainda havia muita experiência, muitas outras. Mas eu não podia deixar de reconhecer o grau de intimidade que o romance me dera com relação aos diversos estágios de impulsos e futilidade que eu enfrentava e ainda estava por enfrentar na minha própria vida.

Eu recomendei o *Educação Sentimental* a Rajesh uma tarde, e dei a ele uma fotocópia do ensaio de Wilson. Eu não esperava que fosse lê-lo por inteiro; mas ele tivera curiosidade a respeito de Wilson, e eu achei que o ensaio era um bom exemplo de sua escrita. Não tive notícias dele durante algumas semanas. Minha vida continuou como antes. Saía para a biblioteca cedo, de manhã, e voltava para uma casa que reverberava com a exuberante dissonância de cítaras, o tangido melancólico do *sarod*, a batida oca das tablas. Eu jantava todas as noites com a mulher de Panditji, sentado de pernas cruzadas no chão de sua cozinha escura, desajeitadamente inalando a fumaça espessa do fogo de lenha sobre o qual Shyam fazia com destreza malabarismos com *chapatis* quentes, de uma palma da mão calosa para a outra.

Mais tarde, de volta ao meu quarto, tentando ler à luz de baixa voltagem, eu escutava os sinos para as orações vespertinas tocarem em um templo adjacente. Eu falava pouco com os norte-americanos que, depois de suas aulas com o Panditji, subiam ao telhado para fumar ópio. Eu já sabia que não poderia compartilhar minhas descobertas intelectuais com eles. Eles nunca tinham ouvido falar de Edmund Wilson: um deles, um aluno de graduação de Princeton, esforçando-se por reconhecer o nome, pensou que eu falava do biólogo E. O. Wilson. Os personagens culturais de que eles falavam, e pareciam sentir falta, na opressiva alienação da mais antiga das cidades indianas, eram para mim, na época, desconhecidos; levaria alguns anos mais para eu descobrir quem era David Letterman. Mas, fossem quais fossem seus motivos, os norte-americanos eram, como eu, refugiados do mundo moderno de trabalho e realizações, exploradores de um mundo que antecedia o seu próprio, e eu tinha simpatia por eles.

Diversas semanas depois da última vez que o vira, Rajesh reapareceu de repente uma tarde na biblioteca. Estivera fora, disse, em trabalho urgente. Agora ele ia visitar a mãe, que morava numa aldeia a 64 quilômetros a oeste de Benares. Não gostaria de ir com ele? Pensei em dar alguma desculpa, mas aí me dei conta de que precisava de um pouco de diversão, e disse sim. Além do mais, eu estava curioso a respeito do ambiente de criação de Rajesh, do qual até então não tinha me contado nada. Eu adivinhava que ele não estava em boa situação, mas isso poderia ser dito da maior parte dos alunos da universidade.

Saímos numa enevoada manhã fria, no trem a vapor de bitola estreita que naqueles dias fazia o percurso entre Benares e Allahabad. Um vento gelado, áspero com a poeira de carvão, soprava nas janelas com grades de ferro à medida que o trem bufava e gemia por uma planície infindável, pelos campos cobertos de restolho que se estendiam até horizontes borrados de árvores e espirais de fumaça letárgicas que subiam dos assentamentos desiguais de choupanas de barro e casas de tijolos semiconstruídas. O trem estava vazio, e Rajesh e eu nos esticamos sobre os bancos duros de madeira, envolvidos da cabeça aos pés em grosseiros cobertores militares, sorvendo apressadamente o chá perfumado com cardamomo que parecia esfriar no momento em que o vendedor levantava a chaleira de seu minúsculo fogão a carvão.

Descemos numa pequena estação inteiramente povoada, parecia, por vira-latas. Um trajeto de meia hora dali, feito numa *tonga*, os cascos do cavalo soando ruidosamente na estrada de macadame. Bosques de mangueiras nos dois lados. Aqui e ali, umas poucas casas com feitio de caixa, com grandes pátios onde os homens dormitavam em catres de cordas; armazéns refrigerados; minúsculas lojas com persianas. Em um reduto de choupanas de barro, mulheres de pele escura, sem blusas, varriam o pátio comum com vassouras feitas de galhos folhudos de *neem* que deixavam a terra arranhada com desenhos semelhantes aos pés das aves. Por fim, no término de uma fileira de construções de beira de estrada idênticas, estava a casa da mãe de Rajesh, com paredes de tijolos, um aposento, pobre — mas o que eu esperava?

A porta foi aberta pela mãe de Rajesh, uma mulher minúscula, encolhida num sari branco de viúva. No início ela pareceu francamente intrigada ao me ver, mas passou a ser muito acolhedora quando Rajesh me apresentou como amigo da universidade. Depois da luminosidade do começo da manhã, estava escuro e úmido dentro do aposento de teto alto. Havia uma janela solitária, mas estava fechada. Em um canto, separado por um tênue sari de tear manual, ficava a cozinha, na qual alguns poucos utensílios de latão rebrilhavam foscamente no escuro, e onde a mãe de Rajesh estava ocupada com o café-da-manhã. Em um outro canto, sob um catre de cordas arqueado, estava um baú de lata, leproso de ferrugem. Havia calendários religiosos de cores berrantes nas paredes: Shiva, Krishna, Hanuman. Lembro-me de ter ficado perturbado pelo aposento nu, sem luz, a extrema pobreza, algo que não era imediatamente aparente na vida de Rajesh em Benares.

Durante a manhã, Rajesh tinha ficado silencioso. Agora ele saíra do aposento enquanto eu me sentava numa cadeira de palha de encosto reto e conversava com a mãe, nós dois nos esforçando para falar bem alto para que pudéssemos nos escutar acima dos assobios do fogão de querosene. Não era fácil expressar minha solicitude nesse volume; e cada vez me era exigida mais solicitude, quando ela começou a contar histórias de seu passado: enviuvara quinze anos antes, quando Rajesh era ainda criança, e logo depois seus sogros ricos, feudais, tinham começado a importuná-la. A casa em que ela vivia com o marido e o filho foi tirada, e eles se recusaram a devolver o pequeno dote que ela trouxera consigo no casamento. Os pais dela já tinham morrido, seus irmãos eram pobres demais para sustentá-la. Só restara Rajesh, que trabalhava desde os treze anos, primeiro nas plantações de milho e depois em uma fábrica de tapetes em Benares, onde ele freqüentara uma escola noturna e tivera sucesso suficiente para entrar para a universidade. Os anos, de algum modo, tinham passado.

Mas agora ela estava preocupada. Rajesh, ela sentia, chegara a um beco sem saída. Não havia mais aberturas para ele. Todos os empregos iam para as pessoas de castas baixas. E não apenas Rajesh pertencia à casta errada; ele não tinha conexões em lugar algum para um emprego público. Ela acrescentou, com um toque de velho orgulho brâmane, como ele tinha auto-respeito demais para trabalhar para comerciantes e homens de negócios de castas baixas.

Como eu sabia pouco do passado de Rajesh! Eu tinha algum conhecimento a respeito daquelas fábricas de tapetes; elas estiveram nos jornais depois que algumas organizações de direitos humanos pediram aos tribunais que as proibissem de usar trabalho infantil. Houve fotos de crianças de olhos arregalados, ar assustado, em quartos como masmorras, enquadradas contra seus maravilhosos trabalhos manuais. Fiquei chocado ao me dar conta de que Rajesh tinha sido um deles. As atormentadoras lembranças particulares da infância que ele levava dentro de si pareciam inimagináveis.

No trem de volta a Benares, Rajesh quebrou seu silêncio para dizer que tinha lido *Educação Sentimental*, e que era uma história que ele conhecia bem. "*Yeh meri duniya ki kahani hai. Main in logo ko janta hoon*", me disse ele, em híndi. "É a história do meu mundo. Eu conheço bem essas pessoas." Ele me lançou um olhar duro. "O seu herói, Edmund Wilson", acrescentou ele, em inglês, "ele também as conhece."

O que Rajesh, um estudante numa universidade indiana de província no final dos anos 1980, tinha em comum com Frédéric Moreau ou qualquer dos membros condenados de sua geração nesse romance da Paris de meados do século XIX? Aconteceu que não pedi a ele que explicasse. Eu já tinha sido obrigado a me sentir constrangido pelas revelações inesperadas a respeito de seu passado, e o dia tinha sido um tanto exaustivo. Falamos vagamente de outras coisas e nos separamos em Benares.

Dois anos depois, quando eu estava de novo em Benares, ouvi outra vez falar de Rajesh. O homem que me contou, uma pessoa que eu me lembrava como um dos seguidores de Rajesh, pareceu surpreso de que eu não soubesse que ele tinha sido membro de uma gangue criminosa especializada em coletar dívidas em nome de um grupo de agiotas e comerciantes locais. Isso explicava suas ausências misteriosas de Benares, pensei, além das pistolas no quarto dele, e o Ambassador de aparência sinistra com os vidros escurecidos.

Tinha sido, o homem disse, um negócio bom, constante: quando confrontadas com a possibilidade de violência, as pessoas pagavam rapidamente, sem envolver a polícia. Mas então Rajesh subiu de posto para alguma coisa mais arriscada — e aqui, embora chocado e desnorteado pelo que me tinha sido dito, e esperando completamente o pior, eu não consegui acreditar.

Em algum estágio, disse o homem, fazendo uma pausa dramática depois de cada palavra, Rajesh tinha se transformado em um matador de aluguel. Era uma profissão extremamente bem paga e com boas relações. Você trabalhava para empreiteiros sem grande influência, que, por sua vez, trabalhavam para industriais ricos, e também fazia favores para chefes políticos locais que nem sempre se apoiavam em seus próprios "exércitos particulares" (o termo local para capangas fiéis) para determinadas tarefas. Depois de alguns anos no negócio você ficava conhecendo bem todo mundo. Você trabalhava para todas essas pessoas importantes, e no entanto estava mesmo era sozinho. As chances de sobrevivência não eram muito altas. Mais cedo ou mais tarde a polícia acabava ouvindo falar de você. Fidelidades ardentes de casta e clã garantiam que cada assassinato seria vingado. Foi o que um dia aconteceria a Rajesh, previu esse antigo amigo. Numa típica emboscada, daquelas muitas vezes reportadas nos jornais locais, ele estaria em sua motocicleta quando quatro homens o cercariam em um cruzamento movimentado na cidade velha e o matariam a tiros. A animação lasciva na expressão do homem me encheu de nojo e raiva.

Nunca soube o que aconteceu a Rajesh. Essas histórias estavam todos os dias nos jornais. Mas levei um tempo para classificar meus sentimentos confusos. Ficava vendo Rajesh naquele cruzamento movimentado, preso em uma densa nuvem de motociclistas, jinriquixás de bicicletas, carros de bois, automóveis, ônibus, caminhões e bicicletas, os quatro homens convergindo para ele, tirando pistolas grosseiras dos bolsos...

Rajesh me aturdira: sua autoconsciência a respeito de sua identidade brâmane, as pistolas no quarto, sua constante menção ao vazio. Eu agora podia ver que ele estivera lutando para dar sentido à sua vida, para conectar os elementos díspares que existiam nela; de um modo diferente, eu também estava.

Em 1996 pensei em escrever alguma coisa sobre Edmund Wilson. Eu tentara antes, em 1995, o ano do centenário de Wilson, mas o que escrevi me pareceu demais como uma reprise do que muitas outras pessoas já haviam dito. Eu me dei conta de que estava tentando escrever sobre ele do modo como um norte-americano ou um europeu faria. O que eu tinha em mente era uma exposição direta dos livros-chave de Wilson; não me ocorrera que provavelmente existia uma narrativa separada na minha descoberta privada dos escritos de Wilson em uma velha biblioteca empoeirada na antiga cidade de Benares.

Ao percorrer velhos papéis na preparação de outra tentativa, deparei com uma fotocópia de seu ensaio sobre a política de Flaubert. Parecia familiar. Folheando a esmo cheguei às páginas sobre *Educação Sentimental*, nas quais vi algumas passagens sublinhadas em vermelho. Como não tenho o hábito de marcar um texto impresso, fiquei pensando quem tinha feito isso. Li as frases sublinhadas:

> Frédéric é apenas o lado mais refinado, além de ser o mais incompetente da mediocridade da qual o promotor dúbio representa o aspecto mais exuberante e ativo. E então, no caso dos demais personagens, nos jornalistas e artistas, nos membros das diversas facções políticas, nos remanescentes da velha nobreza, Frédéric encontra a mesma falsidade e falta de princípios que são aos poucos revelados nele mesmo...

Em outra página, a passagem sublinhada dizia:

> O romance de Flaubert planta profundamente na nossa mente uma idéia da qual nunca conseguimos de fato nos livrar: a suspeita de que a nossa sociedade de classe média, de fabricantes, comerciantes e banqueiros, de pessoas que vivem de, ou lidam com investimentos, longe de ser redimida pela sua cultura, acabou barateando e invalidando todos os departamentos da cultura, política, científica, artística e religiosa, além de corromper e debilitar as relações humanas comuns: amor, amizade e fidelidade a uma causa — até que a civilização inteira parece degenerar.

A passagem dava um pequeno vislumbre do modo como Wilson encontrava as fontes e os efeitos da literatura na superposição entre estados de espírito individuais e realidades históricas específicas. Mas quando descobri a peça não notei isso. Eu a li outra vez e pensei nos sublinhados em vermelho. E então, depois de quase sete anos, Rajesh voltou à minha consciência. Lembrei-me da tarde em que tinha dado a ele *Educação Sentimental* e o ensaio de Wilson; lembrei-me de suas palavras para mim no trem, palavras que desconsiderei como exagero, o olhar determinado em seu rosto quando ele disse: "É a história do meu mundo. Eu conheço bem essas pessoas. Seu herói, Edmund Wilson, também as conhece".

O que ele quis dizer com isso?

A pergunta não me largou. E houve um tempo em que comecei a pensar que tinha entendido muito pouco, e compreendido muito erroneamente, durante aqueles meses em Benares. Lembrei do dia em que fui visitar a aldeia de Rajesh e por fim vi que havia um objetivo por detrás do convite de Rajesh para ir à sua casa, sua decisão de me revelar tão francamente sua vida. Até o comentário críptico a respeito do *Educação Sentimental* e de Wilson no trem: ele queria que eu soubesse que não só tinha lido o romance; tinha tirado, com a ajuda de Wilson, suas próprias conclusões a respeito dele.

No mundo duro e mau em que ele vivera, primeiro como operário infantil e depois como criminoso contratado para políticos e negociantes, Rajesh chegaria a conhecer bem o avesso imundo da sociedade de classe média. O que ficou mais claro para mim agora foi a rapidez com que ele reconheceu que a sociedade sobre a qual Flaubert e Wilson escreveram não era muito diferente da sociedade que ele habitava em Benares: "É a história do meu mundo", dissera ele. Na época eu não podia ver isso, mas em Benares estive no meio de pessoas que, como Frédéric Moreau e seus amigos, tinham renegado ou, em muitos casos, se afastado de suas origens provincianas para realizarem seus sonhos de sucesso no mundo burguês. Só um punhado deles conseguira chegar perto de realizar seus sonhos, enquanto o resto viu suas ambições desaparecerem em decepções sucessivas ao longo dos anos. A degradação do suborno, do servilismo e do nepotismo a que as pessoas eram submetidas em sua caça por empregos era em si mesma insidiosamente destrutiva: tão penetrante era a corrupção em torno deles que nem aqueles que tiveram sucesso nem os que fracassaram foram capazes de fugir de sua nódoa.

As pequenas tragédias, mal notadas, de esperanças e ideais frustrados sobre os quais Flaubert escreveu em *Educação Sentimental* nos rodeavam. E essa consciência — que também era minha, mas da qual eu tentei me evadir por meio, ironicamente, do tipo de leitura obsessiva que me levou ao romance, para começar — tinha sido a chave particular de Rajesh para o livro. Desse modo, onde eu vi apenas o reflexo de uma neurose pessoal — o personagem de Frédéric em particular incorporando meu sentimento de inadequação, minha severa auto-imagem —, ele tinha descoberto um ambiente social e psicológico semelhante ao ambiente em que vivia.

Essa descoberta fez honra tanto a Flaubert como a Wilson. O mundo que conhecemos em Benares estava a muitos anos de distância do mundo do romancista francês e do crítico norte-americano. No entanto — e isso era uma medida da grandeza deles —, eles pareciam ter tido um conhecimento acurado, embora amargo, de suas provações e futilidades humanas peculiares. Era um conhecimento a que o próprio Rajesh chegou por uma via um tanto diferente. "Para apreciar plenamente o livro", escreveu Wilson a respeito de *Educação Sentimental*, "deve-se ter tido tempo para ver alguma coisa da vida." Soa como um tipo geral de adágio; mas Rajesh deu exemplos de sua veracidade mesmo enquanto se transferia para outro universo, tomando o que em retrospecto parecem ter sido todos os caminhos errados. Rajesh soubera como ligar o pouco que lera ao mundo a seu redor, do mesmo modo como Wilson fizera em seu ensaio e em seus outros escritos: um modo que revelava uma relação simbiótica entre vida e literatura que eu, apesar de toda a minha leitura, não iria compreender até muito depois de ter saído de Benares, pensando outra vez sobre aquela época de empenho esperançoso, confuso, quando comecei a ler Edmund Wilson.

PARTE I

Allahabad: os Nehru, os Gandhi e a democracia

1. *A cidade colonial e a zona rural*

Em setembro de 2000, a Índia teve sua terceira eleição geral depois de tantos anos do colapso do governo de coalizão dominado pelo BJP nacionalista hindu (Partido do Povo Indiano) em Nova Déli. Esperava-se que os nacionalistas hindus, que realizaram testes nucleares e declararam ao Paquistão uma guerra definitiva por causa da Caxemira, logo depois de unirem-se ao governo de coalizão em 1998, fortalecessem sua posição e retomassem sua obra de transformar a Índia em um estado hindu militante. Na época pensei em voltar a Allahabad, a cidade no norte da Índia em que eu morara como estudante de graduação de 1985 a 1988, época em que o nacionalismo hindu ainda parecia tão secundário na Índia quanto fora durante as quatro décadas anteriores.

Allahabad fica no coração das vastas planícies da Índia setentrional, na confluência dos dois rios sagrados do hinduísmo, o Ganges e o Yamuna. Um vôo por cima das planícies num dia claro pode mostrar os rios, quando eles descem do Himalaia e correm em meandros através de grandes extensões de terra cultivada, passando por aglomerações de cidades e aldeias. Há três mil anos, suas águas forneceram a base para a civilização dos arianos, colonizadores originais do norte da Índia. A cada inverno, centenas de milhares de peregrinos ainda viajam a Allahabad, vindos de todas as partes da Índia, para uma feira religiosa perto da confluência, e a cada doze anos o *Kumbh Mela*, a maior concentração humana do mundo, atrai milhões de hindus ao local.

No entanto, não é um lugar de fácil acesso. Os vôos comerciais são intermitentes, e durante o período de eleições o trem noturno de Déli estava superlotado. Para chegar a Allahbad a tempo para o início da campanha, tive de tomar o vôo de Déli a Benares com um grupo de turistas italianos que viajavam para ver a escultura erótica no templo de Khajuraho, e depois dirigir 128 quilômetros para leste até Allahabad.

O vôo era operado por uma das linhas aéreas particulares indianas. O café da manhã era feito na hora e estava quente; os banheiros eram limpos e generosamente supridos de água de colônia; a cortesia e a eficiência do pessoal eram maravilhas comparadas ao serviço definitivamente ruim das Linhas Aéreas Indianas, de propriedade do governo. A milhas de distância de Déli, aprofundando-se para uma parte da Índia ainda intocada pela energia empresarial e pelos investimentos estrangeiros dos últimos anos, o vôo parecia fazer parte das coisas boas que o contato com a economia global trouxera para a Índia: padrões de saúde e higiene mais elevados, maior atenção às necessidades pessoais.

Mas uma Índia mais antiga de castas e pobreza nunca está muito longe, mesmo em um avião dotado das amenidades ao estilo ocidental, da atmosfera de conforto e luxo internacional. Em Khajuraho, depois que a excursão de turistas foi embora, outro tipo de pessoa embarcou no vôo: faxineiros descalços, de pele escura, com pequenas escovas e panos de limpeza. Eles encheram a cabine com o cheiro de suor e fumo mascado, e se precipitaram pelos corredores estreitos de gatinhas — como se a degradação fosse uma exigência de suas castas baixas. A expressão no rosto da bonita aeromoça de saias curtas, que poderia ter sido a glamourosa modelo nos cartazes de uma linha aérea européia ou norte-americana, era de pura repugnância.

A longa viagem posterior, chacoalhante, até Allahabad, em estradas esburacadas, com enchentes que iam até a canela, passando pelos barracos de teto de zinco e aldeias de barro e palha castigados pela chuva — as choupanas encolhidas, tão pitorescas do avião, agora pareciam frágeis, a ponto de desabar na terra encharcada, da qual tinham sido tão penosamente erguidas; as mulheres de casta baixa pavimentavam os minúsculos pátios com estrume de vaca; os homem fiavam cordas para os catres; o céu era baixo e cinzento sobre campos planos e choupanas minúsculas; e os búfalos jaziam plácidos em poças de lama —, a longa viagem por um mundo que pertencia a si mesmo tão fixamente quanto há dois séculos era um lembrete de como estavam longe dessa parte da Índia pesadamente povoada e empobrecida até as coisas superficialmente boas de uma economia globalizada.

A Índia, com suas graves disparidades de renda, casta e religião, é partida num número semelhante de mundos. Você pode viver em um deles sem saber nada a respeito dos outros; e nenhum mundo tem um passado tão óbvio até que você se esforce por fazê-lo vir à tona. Só mais tarde fui descobrir que a região entre Allahabad e Benares, minha conhecida da época de aluno de graduação em Allahabad, não tinha sido sempre tão pobre. Nos anos iniciais do século XIX, quando os ingleses ainda estavam mais interessados em negócios do que em formar um império, a região tinha sido um importante centro comercial para a Índia setentrional, e seus negociantes e prestamistas eram conhecidos pela iniciativa e energia.

Mas, como sempre na Índia, a prosperidade que assim surgiu só foi compartilhada entre um grupo muito pequeno de pessoas; ela levou a pouco mais que a criação de reservas zelosamente guardadas, ou, ocasionalmente, a uma opulenta mansão no meio de um bazar apinhado. Quando as rotas de mercado mudaram e a região perdeu a importância, as fortunas particulares rapidamente desapareceram, as mansões caíram em ruínas e foram tomadas por invasores. A região voltou à miséria e às crueldades que provavelmente sempre estiveram lá sob o verniz da influência temporária.

A influência ainda é uma realização rara; mas o verniz ficou mais reluzente e profundo. Na época das eleições, meu hotel em Allahabad era um prédio novo, branco, de oito andares e luxo notório, construído por um fabricante local de *bidis* (cigarros indianos baratos) que começara recentemente a dedicar-se à política. Todos os esforços foram feitos para que ele se enquadrasse em todas as especificações internacionais. O menu na cafeteria oferecia comida mexicana e italiana. Uma versão muzak do "Sound of Silence" tocava nos elevadores. Quando acabava a luz, como era freqüente na cidade, acionava-se um enorme gerador no subsolo. Os corredores eram acarpetados com espessos tapetes; as janelas de vidros duplos mantinham lá fora a música alta de filmes que vinham da pequena favela ao lado do hotel, onde um esgoto alimentado pela chuva transbordava para os casebres de teto de zinco e deixava manchas verdes de limo na terra pálida ao redor.

O hotel estava fadado a permanecer vazio, e assim era na maior parte do tempo. Seu luxo só podia parecer sem sentido. Não satisfazia às necessidades locais; não exigia perícia local. Na verdade, devia-se até importar gente da Índia meridional para preencher os postos de gerenciamento. Seu objetivo, se é que se podia chamar isso de objetivo, parecia ser o de afirmar riqueza e poder no meio da privação geral, assim como as casas recém-construídas com colunas dóricas e fachadas palladianas na região em torno do hotel.

Com a solidez da construção, seus interiores silenciosos, a presença monumental da fachada branca no centro da cidade — e toda sua deliberada ordem e calma —, o hotel enfatizava sua separação do lugar em que estava estabelecido. Seu efeito era sentido mais agudamente pelo pessoal subalterno, que todos os dias viajava de suas casas nos arredores, ameaçados pelas enchentes de Allahabad, e chegavam a seu lugar de trabalho com um tipo de admiração. Eles pareciam pouco à vontade em seus uniformes verdes, e eram obsequiosamente educados com os hóspedes, trazendo à lembrança os indianos que tinham vindo servir na nova cidade de Allahabad construída pelos ingleses depois do rude choque do motim indiano de 1857, a cidade cuja simples geografia colonial ficava clara do meu quarto no sexto andar do hotel: os trilhos da estrada de ferro dividindo a congestionada "cidade negra", com seus minaretes e cúpulas de templos na rede formadas por fileiras de árvores, da "cidade branca", onde durante um longo período nenhum indiano, fora os empregados, podia aparecer em seus trajes nativos.

Allahabad era *Prayag*, um pequeno centro de peregrinos, antes de os ingleses, no início do século XIX, começarem a usá-la como base militar, guardando o comércio do interior do país no rio Ganges. Quando, em 1857, os soldados indianos, em exércitos liderados por ingleses, se amotinaram, os britânicos lutaram para manter o poder sobre a maior parte da Índia setentrional, com exceção de Allahabad, em que eles não foram muito desafiados. Rapidamente deram cabo dos poucos soldados que se rebelaram; arrasaram as casas do bairro antigo que pertenciam aos ricos que haviam apoiado os insurgentes. Não saíram de Allahabad histórias de atrocidades inomináveis contra mulheres e crianças inglesas, como de Kanpur, apenas a 240 quilômetros ao norte pelo Ganges.

Entretanto, os ingleses quiseram firmar posição. O pacificador de Allahabad era cristão devoto, um coronel chamado James Neill, que acreditava que "a palavra de Deus não dá autoridade à brandura moderna com relação à vida humana". Sob suas ordens, cerca de seis mil indianos foram enforcados, mortos a tiros ou torturados até a morte em poucos dias.

Foi durante os meses que se seguiram à pacificação que se confiscaram oito aldeias, como declarou um oficial graduado, dos "sujos negros indianos", transformadas em reduto exclusivamente inglês, as Civil Lines. Os grandes prédios da cidade — a catedral românica, a torre e a cúpula da universidade, a biblioteca pública gótica, o Supremo Tribunal barroco — foram construídos durante as décadas que se seguiram à repressão do motim, um período de serenidade para os ingleses na Índia, quando esta oficialmente passou a fazer parte do Império, e os nativos permaneceram em grande parte quietos.

Em Allahabad, a administração civil e militar, os hospitais, as escolas e a Suprema Corte produziram uma pequena sociedade anglo-indiana. Para essas pessoas exiladas, as compensações pelo calor intenso e o isolamento da cidade eram dados pelo lazer, sem perturbações, em clubes, campos de pólo e grandes bangalôs com varandas largas e gramados abertos onde era comum uma família ter cinqüenta ou sessenta empregados. Quando, em 1887, o jovem Rudyard Kipling veio trabalhar em Allahabad, depois de alguns anos estimulantes como jornalista em Lahore, ele se viu alienado pelo "grande e bem estabelecido clube, no qual o pôquer tinha substituído o uíste, e os homens jogavam seriamente". Afirmava que "...era cheio de oficiais chatíssimos e de uma respeitabilidade inteiramente nova".

Quando agora se olha para as construções do período após 1857, sua alegre diversidade de estilos arquitetônicos parece confirmar a visão de Kipling, de um povo saboreando seu privilégio.

Em sua magnificência retórica — bem parecida com a de meu hotel —, se punham à parte, de fato assomavam sobre tudo ao seu redor; eles sugerem um povo que se tornou absolutamente seguro pela riqueza e pelo poder incontestado. Na biblioteca pública — construída como memorial a um oficial que deserdou os "sujos negros indianos" das Civil Lines — há, nos capitéis esculpidos, figuras em relevo de camponeses indianos, ceramistas e tecelões de seda. Os camponeses são vigorosos, homens evidentemente bem alimentados, com turbantes; a aparência física e o cenário dos ceramistas e tecelões foram melhorados. Eles são perturbadores, tão mais porque os severos métodos ingleses de coleta de receita tinham devastado a área rural, obrigando gerações de pobres camponeses a entrar em círculos viciosos e infindáveis dívidas e escravidão aos proprietários e agiotas locais. É difícil imaginar que o arquiteto tivesse dado conta da ironia crua de suas representações; mais provavelmente ele era condescendente com a fantasia a respeito da zona rural indiana, uma idéia romântica sobre os camponeses criada a uma distância segura de suas condições reais.

O romance havia terminado, mas essa distância não tinha, de fato, diminuído com a independência; os administradores e as massas ainda viviam em seus mundos separados. No gabinete do administrador, um bangalô elegantemente pintado, com sebes aparadas em Civil Lines, uma mulher de meia-idade em um sári branco rasgado segurava um pedaço de papel dobrado e protestava com os atendentes vestidos de libré com cinturão vermelho. Viúva de um dos operários mortos em um acidente de mina, ela viajara aquela manhã de muito longe, de sua aldeia, para implorar ao comissário que agilizasse o dinheiro da indenização sancionada há mais de dois anos pelo governo. A audiência não foi concedida; disseram à mulher que levasse sua solicitação a um funcionário inferior e não incomodasse o escritório do comissário com solicitações sem importância.

Eu acompanhei o comissário e o chefe de polícia do distrito em um giro de inspeção às estações de polícia rurais dois dias antes das eleições em Allahabad. Viajamos em dois Ambassadors brancos com luzes azuis, sirenes e bandeirolas oficiais no capô. Aldeões se viravam para olhar, preocupados, enquanto nos metíamos em uma série de engarrafamentos nas estreitas estradas rurais. Ao primeiro sinal de um engarrafamento, o motorista ligava a sirene, e os guarda-costas, empunhando fuzis AK-47, se debruçavam nas janelas, forçando os grandes caminhões carregados para fora das estradas, para os acostamentos enlameados onde eles se postavam perigosamente.

Os policiais em toda parte ficavam em posição de sentido e batiam continência para os carros que passavam. Nos bangalôs oficiais com pequenos canteiros de flores e gramados cuidados a mão, os funcionários menos graduados competiam uns com os outros para abrir as portas dos carros e nos acompanhar às mesas de jantar supercarregadas de refeições leves, quentes. Outros membros do funcionalismo público invariavelmente se juntavam a nós nesse momento. Eram observadores das eleições vindos de outros estados, homens de trinta e quarenta anos, ansiosos e fluentes. Uma camaradagem animada se instalava em torno das mesas à medida que as pessoas comparavam anotações sobre quem estava em que posto e quem estava a ponto de ser promovido. Haveria pouca conversa sobre a eleição ou sobre as estações da polícia que tínhamos visitado (algumas em completa desordem — pequenas salas escuras cheias de arquivos empoeirados e com o mobiliário quebrado, com cheiro de urina e álcool emanando de recintos trancados, facilmente imaginados como centros locais de tirania, cenários de tortura de terceiro grau, mortes sob custódias e estupros sobre os quais se lia nos jornais).

No início do nosso giro de inspeção, o chefe de polícia, que tinha a fama rara em Allahabad de não solicitar suborno, pareceu preocupado. Seu inglês o marcava como um homem que entrara para o serviço público vindo de um ambiente modesto de cidade pequena; é difícil imaginar que alguém em sua posição não tivesse sido advertido a respeito do que acontecia nas estações de polícia. No entanto, depois da primeira, onde ele admoestou o oficial barrigudo que tinha sido desajeitado ao inventar o número de homens presos e armamento apreendido, ele apressou-se, nas demais estações, a lançar um olhar de repugnância. O comissário pareceu inquieto durante esse giro e só voltou a falar com os outros funcionários públicos. Antes tinha me falado com emoção sobre as inconveniências de morar na cidade inglesa de Hull, para onde foi mandado pelo governo indiano para submeter-se a algum treinamento. Agora falou com pesar — os outros em torno da mesa balançavam a cabeça em sinal de compreensão — de criminosos que tinham centenas de casos policiais contra eles, e que não só haviam entrado para a política como também se tornaram "ministros honrados", e diante dos quais tinha de mostrar a deferência adequada.

A dignidade e como mantê-la: isso era o que preocupava esses homens, a maioria dos quais tendo sido resgatada pelo serviço público de uma pobreza de classe média baixa. A dignidade cujos emblemas incluíam os bangalôs, os carros brancos com sirenes, os atendentes com cinturões vermelhos e os funcionários inferiores cheios de atenção; a dignidade que surgia de assegurar distância de tudo o que fosse maculado pela miséria e degradação comuns da Índia: a viúva fora do gabinete do comissário, os criminosos trabalhando como ministros, os corruptos em estações de polícia rurais.

A declaração dessa distância residia na auto-imagem dos administradores coloniais; ao longo do tempo ela tinha mudado tão pouco quanto as hierarquias e a estrutura da própria administração de fato. Só o abismo entre a retórica e a realidade — mais intensa na Índia com aspirações democráticas — se ampliou. Para as pessoas nas vilas e nas cidades pequenas — a maioria da população da Índia —, as fontes de poder e justiça estão ainda em um mundo mais amplo, desconhecido. E você pode esperar a vida inteira para que elas funcionem a seu favor.

Pense nessa aldeia a 48 quilômetros de Allahabad: um amontoado de choupanas, casas de tijolos sem pintura e aléias estreitas de barro em uma ladeira pedregosa. O meu carro era o único veículo motorizado na esburacada estrada rural naquele poeirento fim de tarde. Sua aparição na virada de uma curva fechada assustou os carroceiros de carros de boi e os pastores, e amedrontou as pessoas na aldeia, que estavam na margem da estrada, segurando pequenas bandeiras de plástico verde do Partido Samajwadi (Socialista) e à espera da chegada do candidato local, o senhor Reoti Raman Singh. Eles ficaram rígidos, sem ousar se aproximarem, até serem chamados pelo motorista. Aí se moveram desajeitadamente e rodearam o carro. Rostos ansiosos, magros, endurecidos pelo sol, com os cabelos cortados de modo grosseiro, jovens e velhos, pressionados contra os vidros: olhos francamente curiosos depressa perceberam minha câmara, o diário, a caneta — itens atraentes nesse contexto —, e de repente velaram-se com incerteza. Quando lhes perguntei sobre questões locais que eles queriam que seu parlamentar resolvesse, sacudiram a cabeça. Uma das pessoas mais bem vestidas entre eles, um velho em *kurta* e *dhoti* brancos e um grosso bigode branco, disse que não havia problema algum, e retomou seu exame de meus pertences pessoais. Foi só quando meu chofer exasperado — um migrante recente em Allahabad, vindo de uma aldeia próxima — apresentou-me como jornalista e insistiu para que eles me contassem a verdade foi que o velho começou a falar.

Os outros lhe cochichavam em sussurros tímidos, no começo, e então todo mundo falou ao mesmo tempo. Essa aldeia era diferente das que eu já tinha visitado naquele dia apenas pela qualidade das privações. Era privilegiada por ter um poço artesiano para água potável, mas o hospital mais próximo ficava a quatorze quilômetros de distância, e embora o governo tivesse instalado um poste de luz, nunca houve qualquer "corrente". O problema maior era relacionado à escola primária do governo: estava lá há diversos anos, mas o professor só vinha uma vez por semana a Allahabad, e mesmo assim durante umas duas horas. Não havia como prever quando ele viria, de modo que os alunos se vestiam para a escola todas as manhãs e passavam o dia esperando o professor do lado de fora das portas trancadas. Isso não era tudo: o professor era acusado por habitantes locais de tomar todo o arroz que o governo enviava para os alunos anualmente. Ele também tinha sido acusado de retirar lucros pessoais pela construção, na nova escola, de uma sala para as meninas: a fundação tinha 23 centímetros, não os cinqüenta costumeiros, e o prédio poderia desabar a qualquer momento.

Mais cedo, naquele mesmo dia, eu viajara com Reoti Raman Singh, o candidato ao Parlamento por Allahabad do Partido Samajwadi, ou Socialista. Intensas chuvas de monção nos acompanharam durante o trajeto da mansão irregular do senhor Singh, no bairro antigo de Allahabad, até os distritos rurais. Os limpadores de pára-brisa moviam-se inutilmente; as estradas estavam reduzidas a uma lama espumante. Quanto a chuva parou, parques amenos apareceram dos dois lados da estrada, o verde da grama, as árvores e os arbustos brilhantemente vívidos e separados na luz cinzenta do céu ainda turbulento; a água gorgolejava pelas valas na beira da estrada; e por um momento, pelo menos, era possível ter prazer na paisagem devastada pela pobreza, ver a beleza nos meninos e meninas que pastoreavam carneiros e búfalos em colinas cheias de capim.

O senhor Singh era um homem alto, encurvado; ele tinha um andar ligeiramente claudicante e dava a impressão de alguma profunda debilidade, acompanhada por uma grande bondade. Sentou-se impassível no banco da frente do jipe e mal se movia toda vez que seu ajudante pessoal — um homem atarracado num conjunto de safari — estendia a mão do banco de trás para ajustar a echarpe de seda em torno do pescoço do patrão. A echarpe, dura de goma, era importante: o senhor Singh pertencia a uma velha e distinta família feudal da região, que tinha feito nome e fortuna em épocas pré-coloniais, e os símbolos externos de seu prestígio tinham de ser mantidos. Numa passagem de nível, um cego em farrapos molhados veio até o jipe e, pulando um pouco em seus calosos pés descalços, cantou uma cantiga religiosa. O senhor Singh deu a ele um generoso presente de cem rúpias, três vezes a diária de um trabalhador. Houve aprovação e inveja nos rosto da pequena multidão de observadores quando viu a nota de rúpias passar do ajudante do senhor Singh para as mãos do cego: o senhor Singh, ou "Kunwar Sahib" príncipe, como era chamado, tinha feito o que se esperava dele.

Cedo, naquela mesma manhã, em sua casa em Allahabad, homens das aldeias vizinhas haviam se sentado em pequenos aposentos escuros, atentos pela urgência das questões que esperavam para apresentar ao senhor Singh: ligação de eletricidade e água, um emprego de escrevente, uma disputa sobre propriedade. Seus rostos sem expressão mudaram e traíram o desapontamento quando o senhor Singh, já atrasado naquela manhã, encaminhou-se apressado para o jipe que esperava no pátio da frente. Havia muito mais suplicantes nas aldeias em que ele parou — a maior parte homens pertencentes à casta baixa dos Nishad, ou pescadores, de membros pequenos, escuros e semidespidos, que corriam para o jipe com as mãos juntas e as cabeças inclinadas. O senhor Singh se dirigia a eles em seu dialeto local; seus modos eram afáveis, mas autoritários. Ele perguntava diretamente a respeito de seus problemas, e era rápido nas respostas. Prometeu demitir o policial que andava extorquindo dinheiro de uma aldeia; prometeu que iria construir, um mês depois de sua eleição, um bueiro ligando mais duas aldeias a um canal; em aldeias que precisavam de água, prometeu cavar poços artesianos. Lembrou a eles da eletricidade e água que levara às aldeias nessa região. Ele não disse que tinha feito um bom trabalho em sua posição oficial como membro da legislatura do Estado; aquele era um contrato anterior, e não as obrigações de um posto eletivo, que ele agora pedia: o contrato entre o rico senhor feudal de casta alta e seus destituídos mas fiéis súditos. Os rostos na multidão pareciam satisfeitos; eles balançavam a cabeça como crianças, enquanto ele falava, e quando se preparou para ir embora, as pessoas avançaram e tentaram tocar seus pés pela janela aberta. Era como se, depois das expectativas não satisfeitas com relação às instituições falidas da Índia democrática, depois de tantas decepções, um povo abandonado houvesse encontrado alguma segurança nos ideais de *noblesse oblige* que ainda persistiam.

Água para beber, assédio policial, eletricidade, escolas e hospitais: esses não eram os temas discutidos quando saí de Déli, embora a mídia estivesse tão obcecada com as eleições como estava com Caxemira, onde o exército indiano travara durante o verão diversas batalhas sangrentas contra os intrusos apoiados pelo Paquistão.

A mídia crescia a cada ano, com novos jornais, revistas e canais de TV surgindo quase a cada semana. Mas só uma pequena parte do que ela produzia podia ser chamada de jornalismo. Durante as batalhas em Caxemira, tinha adotado o papel de chefe de torcida, e provocou muita histeria entre as classes médias metropolitanas, para quem a guerra e o nacionalismo extremado pareciam esclarecer, embora momentaneamente, uma auto-imagem que tinha sido borrada durante os oito anos de rápida liberação social e econômica. Histórias falsas disseminadas entre o exército indiano a respeito da tortura de seus soldados pelos paquistaneses eram recontadas vezes sem fim, mesmo depois que se revelavam falsas. Correspondentes em uniforme de batalha gritavam, sem fôlego, seus relatórios ao microfone enquanto as bombas explodiam no alto. Elegantes jovens oficiais do exército não paravam de gabarse dos planos que tinham para os paquistaneses. Houve pouco constrangimento quando um dos oficiais ecoou na TV o slogan da Pepsi-Cola, *Yeh Di Maange More* ("Este Coração Quer Mais"), e foi morto em batalha logo depois; ou quando, na pressa em converter as escaramuças numa esplêndida guerrinha para si mesmo, o governo anunciou, no dia da independência, que suas mais altas honras militares iriam postumamente para um soldado que afinal estava vivo em um hospital do exército em Déli.

E então, tão bruscamente como tinha começado, a guerra acabou e foi esquecida. Ninguém parecia saber quanto dinheiro fora coletado para as famílias dos 226 soldados mortos; muitos dos incontáveis recursos de compensação, concertos beneficentes e exposição de moda passaram a fazer parte de outro embuste indiano. As autoridades e os analistas políticos substituíram os estrategistas militares e os especialistas, na televisão, e pareciam trocar sem parar os estúdios de gravação conversando a respeito de "oscilações", "fatores antigestão" e "índice de unidade de oposição". A imprensa anglofônica estava cheia de pesquisas e análises de opinião, e os suaves porta-vozes dos dois principais partidos políticos, o Congresso e o Partido Bhartiya Janata (BJP), nacionalista hindu, trocavam insultos criativos em debates diários sobre as origens estrangeiras de Sonia Gandhi, líder do Congresso, e o presumível fracasso do governo BJP em agir com bases em relatórios iniciais da inteligência sobre os invasores em Caxemira.

Os especialistas da televisão e os colunistas dos jornais chamavam isso de uma eleição sem conseqüências. Mas a separação entre conseqüências e eleições já ocorrera há muito tempo. As eleições, efetuadas quase todos os anos, tinham se tornado um drama nacional, precedido e seguido por dramas ainda maiores de traições, deserções, compra e venda de legisladores, moções de não confiança, colapsos de coalizões, novos ministérios, especulações sobre quem estava dentro e quem estava fora etc. O drama — dessa vez criado por perguntas como "Será que a Sonia é um agente do Vaticano?" e "Nossos soldados morreram em Caxemira?" — ajudou a suprimir as questões reais e produziu uma coesão e uma paixão temporárias em meio a uma população apática, fragmentada.

Entretanto, em Allahabad, antes conhecida como a cidade mais politizada na Índia, nem o drama estava presente. Mesmo nos anos 1980, políticos e advogados, vestidos nas contrastantes cores branca e preta, reuniam-se na velha cafeteria, no coração da "cidade branca", todas as manhãs e tardes para fofocar sobre as diversas personagens políticas e o tamanho de suas fortunas. Mas eu encontrei a cafeteria vazia. Os garçons vestidos em desmazelados uniformes brancos e turbantes estavam ali sem fazer nada sob os ventiladores dependurados em vigas de madeiras cheias de teias de aranha no teto; e os lagartos sonolentos com o calor úmido se agarravam imóveis ao retrato desbotado de Gandhi nas paredes onde a pintura azul vivo tinha descascado, expondo a sólida alvenaria por baixo.

Uma manhã fui a Anand Bhavan, a mansão de família dos Nehru. Fica a cinco minutos de caminhada do campus da Universidade de Allahabad, onde eu morava como estudante de graduação; estranho pensar que tenha chegado a ir lá.

Não que tivesse muito que ver. Na manhã em que fui, uma mulher e crianças camponesas vestidas vistosamente estavam sentadas de pernas cruzadas nas longas arcadas, passando as mãos com cuidado pelo chão frio de mármore. Do lado de fora, os cartazes em bancas na calçada eram todos de heróis cinematográficos indianos de lábios carnudos. As costumeiras flâmulas eleitorais, os ritmos pelos alto-falantes e os garotos de motocicletas com bandeiras e bandanas dos partidos quase não eram vistos nas ruas. Eu atravessei as largas varandas e os balcões e espiei as salas onde as refeições francesas costumavam ser servidas em porcelana de Dresden, com copos tchecos, nas quais, durante uma época mais política, Mahatma Gandhi, Jawaharlal Nehru e outros grandes homens do Partido do Congresso discutiam modos de liberar a Índia do domínio colonial. Em uma construção mais nova dentro do grande conjunto murado, podia ver ainda outras mulheres camponesas, também em vistosos sáris de nylon, arrastando timidamente os pés por uma mal-iluminada galeria de fotografias de épocas mais esperançosas: Nehru, o primeiro-ministro da Índia independente, inaugurando represas e fábricas — o que ele chamava de "os novos templos da Índia"; Nehru com outras celebridades do mundo pós-colonial, Nasser, Sukarno, Nkrumah; e a filha de Nehru, Indira Gandhi, em um elegante sári de seda, abraçando Fidel Castro em uma reunião de cúpula das nações não-alinhadas.

Em Allahabad, uma cidade em decadência cujo breve momento de glória pertencia à luta anticolonialista, você só conseguia se sentir distante dessas comemorações de nacionalismo pós-colonial e solidariedade de Terceiro Mundo. Era também difícil não imaginar o que os camponeses achavam das fotografias, se é que achavam alguma coisa. A maior parte deles vinha em viagens de um dia da vasta região rural em torno de Allahabad onde o jovem Jawaharlal Nehru tinha, depois de sete anos em Harrow e Cambridge, sido exposto "à degradação e à avassaladora pobreza da Índia". Seus pais e avós estavam provavelmente entre os eleitores mais entusiasmados que, depois da independência, repetidamente elegeram Nehru para o Parlamento indiano a partir de um distrito eleitoral perto de Allahabad — embora eles mesmos tivessem permanecido bem próximos da indigência.

As coisas não haviam mudado muito nem para aqueles com acesso privilegiado aos proprietários de Anand Bhavan. No final dos anos 1970, Dom Moraes, o escritor e poeta indiano, conheceu um velho casal, Beddhu e sua mulher, Sonia, que trabalharam lá durante grande parte do século. Moraes estava na época pesquisando para uma biografia semi-autorizada de Indira Gandhi; os funcionários encarregados da mansão deixaram que ele retirasse os livros encadernados em couro das estantes e descobrisse o interesse de Nehru em Balzac, Dickens, Maugham e Koestler. Os mesmos funcionários, num dia chuvoso em Anand Bhavan, trouxeram Becchu e Sonia para ver Moraes, e contaram a ele que "Becchu batia demais em Sonia. Agora ele não estava mais batendo. Desde que ela ficou cega, ele está tomando cuidado".

Os dois sentaram-se à frente de Moraes, "pingando e tremendo depois de terem vindo do frio". A entrevista não foi um sucesso. Moraes captou apenas uma imagem fora de foco do "esplendor, hedonismo e ostentação" que marcaram a vida em Anand Bhavan até o início dos anos 1920 (quando Gandhi, o carismático novo líder do movimento pró-liberdade, converteu parcialmente os Nehru ao seu estilo de vida ascético e desafiadoramente indiano); Becchu, "um velho magro", não parou de gritar com a mulher, entre acessos de choro. Seus "soluços convulsivos se transformaram em verdadeiros rugidos de pesar" quando Moraes mencionou a derrota de

Indira Gandhi nas eleições nacionais que ela tinha convocado em 1977, dois anos depois de impor um "estado de emergência" na Índia, suspendendo os direitos civis.

O pesar de Becchu, entretanto, era mais pessoal. Durante seus nove anos como primeira-ministra da Índia, a senhora Gandhi prometera uma pensão a ele; não tinha sido paga e agora, depois de sua derrota, parecia muito pouco provável que o fizesse. Um Moraes abalado tentou consolar o servidor com uma grande gorjeta. Becchu estendeu uma "mão encarquilhada" para as notas de rúpias; mas sua mulher, "cega ou não", foi mais rápida. "Ela agarrou o dinheiro e o enfiou na blusa", e Becchu começou a lamentar-se.

2. A DINASTIA

NEHRU ERA FREQÜENTEMENTE percebido pelos visitantes estrangeiros como um "aristocrata indiano solitário, presidindo seu campesinato deficiente mas dedicado". Só que a definição de "aristocrata", que o próprio Nehru incentivava, é alcançada com muita facilidade na Índia: é só estar colocado ligeiramente acima da miséria geral.

Os Nehru eram brâmanes de Caxemira que no início do século XVIII tornaram-se cortesãos menores dos imperadores mongóis em Déli. Depois de os ingleses terem destruído o poder muçulmano na Índia, no século XIX, os Nehru conseguiram obter funções na nova configuração imperial. Motilal Nehru, pai de Jawaharlal, formou-se em advocacia; mudou-se para Allahabad em 1886 para praticar no Supremo Tribunal que os ingleses tinham instalado. Primeiro morou no velho bairro "nativo" de Allahabad — um bordel povoado de mulheres nepalesas muito jovens agora fica no local de sua casa. Mas ele ultrapassou esse início modesto com muita rapidez: no mesmo ritmo, na verdade, que a importância de Allahabad como centro administrativo e educacional. Havia muito dinheiro a ser ganho para representar no tribunal a decadente e exuberantemente litigiosa pequena nobreza proprietária de terras da Índia do Norte — os novos-ricos recompensados pelos ingleses com a concessão de terras por sua fidelidade durante o motim de 1857 —, e, logo depois de comprar Anand Bhavan, Morilal adquiriu servos uniformizados, cavalos, um chofer inglês para seu carro importado, um tutor irlandês para seu filho, e começou a encomendar suas roupas em Savile Row.

Essa também era a afetação dos proprietários de terras semianalfabetos que ele representava. Em Bengala, onde a primeira cultura moderna da Índia tinha quase um século, essas aspirações à respeitabilidade teriam sido vistas com sarcasmo: Rabindranath Tagore e depois Nirad Chaudhuri escreveram de maneira fulminante sobre a anglicização rasa e ostentatória dos indianos socialmente ambiciosos. Na Índia do Norte, feudal, que tinha pouco do espírito igualitário autoconfiante da renascença bengalesa, o encontro do Leste com o Oeste em geral resultava em falta de elegância e um tipo rude de esnobismo: a irmã mais moça de Nehru, que fora educada por uma governanta inglesa, esnobava a mulher de Nehru, Kamla, principalmente porque esta não falava um inglês fluente.

Como revelam suas cartas à irmã, Vijaylaxmi Pandit, Nehru era mais chegado a ela do que à mulher com quem seu pai o tinha intimado a casar-se — mais tarde ele daria à irmã sedutores empregos em embaixadas em Londres, Moscou e Washington. Em um momento crucial de transição da Índia para a independência, em 1947, Nehru confiava mais em Lord Mountbatten, o pomposo e incompetente último vice-rei da Índia, que em muitos de seus colegas indianos, inclusive Gandhi. Mas a grande intimidade de Nehru com os ingleses ou as pessoas anglicizadas, fato notado pelo próprio Gandhi, dificilmente era resultado de sua criação em Allahabad.

Sua visão intelectual e emocional foi formada pelos anos iniciais na Inglaterra, pelo estilo de liberalismo na vida inglesa, do qual os fabianos, que ele admirava, eram uma manifestação óbvia. Isso mais tarde fez com que ele se tornasse um herói para os indianos anglicizados. Mas na Índia ele era irrequieto e alienado, com um anseio místico pelo Himalaia; até conhecer Gandhi, estava de fato aos tropeços. Porque foi Gandhi quem pôs Nehru no caminho da grandeza individual, em primeiro lugar alertando-o para seu mundo — o despertar de Nehru, mais tarde elaborado em livros do tipo *A Discovery of Índia* —, e em seguida ungindo-o, entre muitos aspirantes meritórios, como seu herdeiro político.

Depois da independência, a Índia se tornou o laboratório particular de Nehru para as idéias que tinha apreendido em suas leituras e viagens — uma economia controlada pelo Estado, industrialização. Houve também o perdão pelo tipo de engano que normalmente se esperaria macular qualquer carreira política. Sua recusa em partilhar do poder com líderes muçulmanos fez com que a divisão da Índia fosse inevitável, ao mesmo passo em que sua crença complacente na solidariedade panasiática levou à humilhação da Índia pela China em 1962.

*

Outros líderes pós-coloniais eram do mesmo modo inatacáveis. Mas, ao contrário de Nasser, Nkrumah e Sukarno, Nehru tinha consciência dos perigos de sua situação. Em 1937, a *Modern Review*, uma influente revista indiana da época, publicou a seguinte análise anônima de Nehru: "Tem em si todas as feições de um ditador — vasta popularidade, (...) uma intolerância em relação aos outros e um certo desdém pelo fraco e o ineficiente. (...) Seu desejo dominante de ver as coisas terminadas, para varrer para fora aquilo de que ele não gosta e construir de novo, dificilmente irá tolerar durante muito tempo o lento processo da democracia..."

Essa descrição notavelmente exata de um líder pós-colonial apressado é ainda mais incrível quando se fica sabendo que o autor era o próprio Nehru. Era o tipo de comentário que provavelmente o fazia parecer, aos olhos de sua filha, um "santo que se desviou para a política". Certamente essa autoconsciência estava ausente da vida da própria Indira; o abismo entre pai e filha era largo. "Você é tão estranha para mim", Nehru uma vez escreveu a ela, "e talvez você não saiba muito a meu respeito."

Indira de fato gostava de pensar a seu próprio respeito como uma "política dura" — uma de suas mais acuradas autodescrições. É interessante que muito pouco em sua vida inicial indicasse essa dureza. Nascida em 1917, assim que a luta pela liberdade engrenara sua marcha mais célere, ela cresceu em um domicílio perturbado. Nehru em geral estava fora, na prisão ou viajando pela Índia. Era Indira quem acompanhava a mãe, sempre doente, a diversos spas e sanatórios na Índia e na Europa; nesse processo, vagueou por nove escolas na Suíça, Inglaterra e na Índia, sem se distinguir em nenhuma delas. Sua colega célebre na Escola Badminton, na Inglaterra, era a romancista inglesa Íris Murdoch, que mais tarde lembrou-se de Indira como "muito infeliz, muito solitária".

Essa criação agitada provavelmente só aprofundou as inseguranças normais da adolescente. Ela era alta para a idade e magra; tinha um nariz grande e uma pele que considerava muito escura. A senhora Pandit, que achava que a mulher de Nehru não era boa o bastante para ele, também não tinha a filha, Indira, em alta consideração, descrevendo-a como "feia e burra", comentário que Indira ouviu em voz alta quando adolescente e que guardou, até sua atormentada velhice, em feridas ainda abertas — pelo menos assim ela contou a uma amiga próxima alguns meses antes de ser assassinada em 1984.

Indira mais tarde tentou injetar alguma animação e encanto ao que tinha sido uma infância e adolescência aborrecidas e ansiosas. Em sua biografia, Dom Moraes relata sua afirmação de que de sua casa em Allahabad ela viu a polícia inglesa matando a tiros Chandrashekhar Azad, um revolucionário indiano. Isso, no entanto, é bastante implausível, dada a considerável distância entre Anand Bhavan e o parque onde Azad foi morto. E a refutação mais convincente de sua afirmação de que era maltratada em uma prisão inglesa veio da filha da senhora Pandit, Nayantara Sahgal, que em um livro sagaz a respeito de sua ambiciosa prima apresentou trechos de cartas escritas por sua mãe na época, na mesma prisão, sendo que todos atestam o tratamento com luva de pelica que os Nehru geralmente tiveram de seus carcereiros ingleses.

"Ela vive num mundo de sonhos e devaneios", notara Nehru quando Indira tinha dezessete anos. "Extraordinariamente autocentrada, (...) notavelmente egoísta", ele escreveu à irmã. "Ela deve ter profundidade." Nehru esperava que sua filha viajasse e aprendesse línguas, e então, "com essa base de treinamento mental e uma cultura mais ampla, descubra o lugar fascinante que é a Índia", exatamente como tinha acontecido com ele. Tendo isso em mente, na prisão Nehru dedicou um livro de cartas sobre a história do mundo a Indira — e ela só foi lê-lo muitos anos mais tarde. Depois da morte de sua mulher Kamla, em 1936, ele deu um jeito de Indira ir estudar no Somerville College, em Oxford, mas ela preferia passar o tempo em Londres com alguns amigos indianos de esquerda, como era moda, e foi reprovada duas vezes nos exames de latim.

Nehru ficou provavelmente muito decepcionado com a intenção da filha, logo depois de voltar da Inglaterra no início de 1940, de casar-se com um dos freqüentadores de Anand Bhavan, um jovem parse chamado Feroze Gandhi (nenhum parentesco com Mahatma). Ele registrou seu próprio protesto contra "a pressa absurda de um casamento", e pressionou muito Indira por intermédio de amigos e parentes. Mahatma Gandhi, preocupado que Indira pudesse ser levada por seus sentimentos sexuais por Feroze, recomendou a ela um casamento celibatário — uma proposta à qual Indira respondeu com alguma evidente irritação. Rodeada por homens poderosos e seus conselhos tirânicos, desejou ser, por uma vez, ela mesma, e é difícil não simpatizar com isso, embora o casamento tenha sido, como todos esperavam, um desastre. Feroze era tão imaturo quanto ela, e embora por fim tivesse se tornado um parlamentar vigoroso antes de sua morte prematura, em 1960, Indira permaneceu, para grande ressentimento dele, influenciada pelo poder e pelo estilo imensamente mais significativo do pai.

Harold Laski, que Indira conhecera na Inglaterra, notara seu "tímido desejo de submergir sua personalidade na do pai", e avisou: "você vai se tornar apenas um apêndice". Foi exatamente isso que ela se tornou nos anos depois da independência: a companheira de Nehru em suas viagens ao estrangeiro, uma dona-de-casa e anfitriã em festas oficiais na casa do pai em Déli — ocasiões bastante solenes dedicadas à dança e à música indianas clássicas, cuja austeridade gandhiana expulsou pelo menos um convidado, W. H. Auden, que mais tarde se queixou a Nicolas Nabokov a respeito da noite sem álcool com os Nehru.

Em uma de suas cartas para Dorothy Norman, socialite de Manhattan de quem ficara amiga durante sua visita a Nova York com Nehru, em 1949, Indira confessou não ter encontrado seu *métier*. Também confiou a ela seu desejo de mudar-se para uma pequena casa na Inglaterra, com os dois filhos, Rajiv e Sanjay. Ela alegou ter pouco em comum com os indianos que a rodeavam e a seu pai: "Eles me divertem e me irritam, e às vezes me vejo observando-os como se não fôssemos de jeito algum da mesma espécie".

Entretanto, para alguém tão em conflito com seu ambiente, Indira foi rápida em aceitar — e depois fazer aumentar — as responsabilidades impostas a ela pelos rudes políticos de quem se queixava — os poderosos chefes regionais do Congresso que negociavam a composição do partido com a base da massa popular criada pelo movimento de liberdade. E que fizeram dela, em 1959, presidente do partido. Só alguns meses mais tarde apareceu o primeiro funesto sinal de seus meios autoritários, quando convenceu Nehru a demitir, em bases espúrias de lei e ordem, o governo comunista no estado de Kerala, no sul da Índia — tinha sido o primeiro governo comunista democraticamente eleito em qualquer lugar no mundo.

A facilidade e a velocidade da ascensão de Indira ao posto de primeira-ministra, dois anos depois da morte de Nehru, em 1964, surpreenderam a todos na época. Parecia inevitável, em retrospecto. Em meados de 1960 a economia indiana estava paralisada com a escassez de alimentos, e havia muita insatisfação com o modo como as coisas caminhavam desde a independência.

Governos sucessivos tinham permanecido preocupados com o plano ambicioso de Nehru de uma infra-estrutura industrial e técnica para a Índia: uma estratégia que, ao mesmo tempo em que criava milhares de cientistas e engenheiros de software exportáveis, não atendia aos problemas básicos da Índia, de pobreza, doença e analfabetismo — problemas dos quais Indira falava constantemente, mas sobre os quais fez pouco para resolver. A vasta e complicada rede administrativa que os ingleses tinham estabelecido para manter seu domínio sobre a Índia permanecera intacta, a não ser pelo fato de que os burocratas civis, os irresponsáveis governantes da Índia durante a época colonial, pela primeira vez tiveram de dar lugar às ambições de políticos eleitos.

A economia controlada pelo Estado encorajava tanto a corrupção como a ineficiência, e os burocratas e políticos repartiam seu grande e variado butim de grandes projetos públicos, contratos militares, suborno de homens de negócios, empregos, viagens ao estrangeiro, linhas telefônicas etc. — uma séria pilhagem interna constante dos recursos supercentralizados do Estado que, no início dos anos 1990, expuseram a Índia às drásticas terapias do FMI e do Banco Mundial. As políticas nacionais se tornaram — para além do excitamento dos novos slogans e personalidades — e permaneceram um conjunto de transações, com os líderes regionais e de castas entregando votos a um partido nacional de ampla base, como o Partido do Congresso, em troca de uma fatia do poder e dos recursos da União.

Houve eleições regulares — que, com a liberdade de imprensa, são as grandes conquistas da democracia indiana —, e o Congresso muitas vezes perdeu nos níveis estaduais e locais. Mas esses percalços não enfraqueceram muito a força repressora — à exemplo do PRI no México — do imensamente poderoso governo federal em Déli. Sua supremacia não foi desafiada com sucesso por outros partidos até 1977, depois de um período de ditadura, e então, do modo como se deu, serviu apenas para religar a rede de patrocinadores e clientes que o Congresso tinha criado. Não é de surpreender, apesar do sufrágio universal, que a Índia tivesse sido muito lenta em desenvolver um sentimento de cidadania e consciência com relação aos direitos individuais, cultuados na constituição radicalmente democrática do país, além de uma pequena minoria privilegiada por casta, classe e instrução — daí o servidor da família do próprio Nehru futilmente esperar ser favorecido com uma pensão que era, depois de uma vida inteira de serviço, sua por direito.

A democracia que Nehru quis criar mal tinha produzido qualquer reivindicação ou herdeiros políticos em potencial. A longa proximidade de Indira com o poder a tinha tornado ambiciosa, apesar de todas as suas fantasias a respeito de se tornar proprietária de uma casa em Londres, e integrando o gabinete do sucessor imediato de Nehru, Lal Bahadur Shastri, ela rapidamente mostrou um talento para a constante intriga mesquinha da política indiana. Desacreditou publicamente o Shastri vestido com *dhoti*, também natural de Allahabad, mas vindo de uma família muito mais humilde. Alguns admiradores anglicizados de Nehru em Déli, que se tornaram conselheiros de Indira, fortaleceram suas convicções de que só alguém da família de Nehru poderia propiciar liderança esclarecida para a Índia. O que aconteceu foi que, depois da morte inesperada de Shastri em 1966, os chefes do partido se viram incapazes de confiar em algum outro como líder supremo, e acabaram elevando uma Indira aparentemente maleável à posição de primeira-ministra da Índia.

Indira rapidamente ultrapassou seus patrocinadores, no entanto. Ofereceram-lhe uma nova oportunidade pelo desempenho pífio do Partido do Congresso nas eleições nacionais de 1967; ela declarou-se socialista, com o compromisso de destruir a influência funesta que, segundo ela, os grandes proprietários de terras e homens de negócios tinham sobre o Congresso e o governo indiano. Nacionalizou bancos e companhias de seguros, bloqueou todos os privilégios governamentais e pagamentos devidos às famílias reais da Índia, e anunciou diversos programas para a erradicação da pobreza. *Garibi Hatao* ("Remover pobreza") era o slogan óbvio, mas eficiente, que ela usou nas eleições nacionais de 1971 para ganhar um apoio avassalador entre as castas baixas tradicionalmente pobres de hindus e muçulmanos, que, cansados dos muitos intermediários e das falsas promessas desde a independência, viram a filha de Nehru como sua verdadeira salvadora.

Por um breve período, as coisas pareceram funcionar para Indira. A introdução, durante a época de Nehru, de plantações com alto rendimento tinha tornado a Índia auto-suficiente na produção de alimentos no final da década de 1960; Indira encorajou essa "revolução verde" e também se fez popular entre a classe relativamente influente dos agricultores, oferecendo a eles força, água e fertilizantes subsidiados pelo Estado. Eventos fora da Índia também ajudaram Indira a marginalizar os grandes detentores de poder e das finanças no Congresso. Em 1971, o exército paquistanês reagiu à dissidência entre as populações paquistanesas ocidentais de língua bengali quase com um genocídio.

Milhões de refugiados bengalis chegaram subseqüentemente à Índia, pressionando uma economia já instável. Indira preparou bem a Índia para a guerra com o Paquistão, que começou a parecer iminente quando o exército indiano treinou e armou os insurgentes bengalis; ela rapidamente garantiu o apoio militar e diplomático da União Soviética depois que ficou claro que Richard Nixon, suspeitando que ela fosse uma mera intelectual, "inclinou-se" na direção do Paquistão. A Índia acabou lutando e ganhou uma guerra curta com o Paquistão, e ainda conseguiu uma nova nação. Como libertadora de Bangladesh, Indira se tornou, em breve, uma figura universalmente afamada. Não mais a "boneca burra", como um crítico especialmente amargo da dinastia Nehru a tinha apelidado no início de seu período como primeira-ministra. Em lugar disso, ela incorporava *Shakti*, o conceito metafísico hindu da energia e do poder femininos.

Os discursos de Indira ficaram mais confiantes, cheios de referências ao prestígio e ao espírito de auto-sacrifício de sua família. Ela também usou a oportunidade para banir todos os rivais remanescentes e potenciais do Congresso e recompensar alguns de seus bajuladores com posições importantes no Executivo, no Legislativo e no Judiciário. O homem que nomeou presidente do Partido do Congresso logo inventou o slogan "Indira é Índia e Índia é Indira". O presidente da Índia durante grande parte do mandato de Indira no início dos anos 1980 era Zail Singh, famoso por afirmar que, a uma ordem dela, estava pronto a pegar uma vassoura e se tornar um humilde varredor. Mas só a adulação não bastava: exigia-se de alguns dos homens que Indira promovera que depusessem uma quantia fixa de dinheiro nos cofres dela.

Esse lado impiedoso e amoral de Indira foi quase tudo o que a Índia viu durante a década seguinte. Ela desnorteou e alienou até mesmo os poucos amigos que fizera durante seus inseguros anos inicias; as cartas relativamente francas para Dorothy Norman se tornaram rituais aborrecidos antes de cessarem inteiramente, mais ou menos na época da Emergência. Os últimos anos de Indira deixam qualquer biógrafo em potencial com pouco mais a detalhar além das complexidades da política indiana. Na verdade, grande parte da vida de Indira parece mostrar como uma mulher não particularmente sensível ou inteligente foi exaltada por acidente de nascimento e uma imatura cultura política à chefia de um país de dimensões continentais; e como uma vida interior insípida veio a ser preenchida por um senso exagerado de si mesma e de missão, e uma procura exaustiva de poder pessoal.

Em geral, a busca do autocrata por fidelidade absoluta termina dentro de sua própria família. O colega mais próximo de Indira durante os anos 1970 era seu filho mais moço, Sanjay Gandhi; embora não tivesse ocupado qualquer posto oficial à época em que a Emergência foi declarada, em 1975, ele tinha se tornado o governante de fato da Índia. Como muitos outros herdeiros mal-instruídos de dinastias de Terceiro Mundo, Sanjay tinha uma fraqueza por carros. No final dos anos 1960 ele abandonou seu aprendizado na fábrica da Rolls-Royce na Inglaterra, onde era regularmente preso por excesso de velocidade, e voltou para a Índia com a ambição de fabricar carros pequenos para consumidores locais. O governo de Indira concedeu uma licença à sua nova companhia, apesar das solicitações competitivas da Toyota, Renault e Citroën. Os bancos nacionalizados avançaram-lhe generosos empréstimos; funcionários do governo intimaram vendedores de carros a fazerem grandes encomendas em dinheiro. Nenhum carro usável jamais saiu da fábrica de Sanjay. Entretanto, os bancos e os industriais continuaram a financiar sua companhia, e Sanjay diversificou-a para "serviços de consultoria" igualmente fictícias no sentido de canalizar o dinheiro que entrava para suas contas pessoais.

Seu pequeno ramo de negócios era um dos muitos exemplos do capitalismo camarada que florescia concomitante à retórica do socialismo. Essa corrupção desavergonhada, que se tornou lugar-comum na Índia no início dos anos 1970, tornou-se ainda mais intolerável para os pobres pelo aumento da inflação. Secas sucessivas e um sistema de distribuição público ineficiente e venal fizeram com que os alimentos escasseassem. O Congresso começou a ter maus resultados em eleições locais. Protestos em grande escala, feitos por estudantes e trabalhadores, irromperam por toda a Índia nas vésperas da declaração da Emergência, em junho de 1975. Jayaprakash Narayan, um velho idealista gandhiano, emergiu de sua aposentadoria para liderar a crescente oposição a Indira.

Indira, por sua vez, denunciou a agitação em prol de sua deposição como parte de uma ampla conspiração respaldada pela CIA. Ela já usara os militares e a polícia para esmagar uma insurgência inspirada em Mao Tse-tung em Bengala; quando um julgamento atrasado na corte invalidou sua eleição e tornou imperativa a sua renúncia, ela resolveu acabar com a fachada de democracia que se desmanchava com rapidez.

Na auto-análise anônima publicada em 1937, Nehru tinha visto a si mesmo como "demasiadamente aristocrático para a crueza e a vulgaridade do fascismo". Sanjay Gandhi, admirador de Ferndinand Marcos e leitor devoto do gibi *Archie Comics*, não tinha essas inibições estéticas. Na véspera da declaração da Emergência, ele ocupou-se em cortar a energia elétrica de escritórios de jornais em Déli e em fazer listas de líderes da oposição a serem presos. Mais tarde, Sanjay vetou pessoalmente o conteúdo diário da mídia, que rapidamente passou a enfatizar seus discursos, e manteve silêncio — o que V. S. Naipaul descreveu como "o grande silêncio" dos dezoito meses da Emergência — diante da prisão sem processo de mais de 110 mil pessoas e a morte de centenas de manifestantes em confrontos armados com a polícia pela Índia afora.

Jovens vadios se reuniam em torno de Sanjay. Eles extorquiam dinheiro de negociantes grandes e pequenos, e aparentemente também andaram metidos com assassinatos e seqüestros. Mas Sanjay tinha aspirações mais elevadas: "Acredito firmemente", ele disse, "que a melhor ideologia para o povo é a minha ideologia". Queria "embelezar" as cidades da Índia; tornar o país "ultramoderno"; queria que a Índia fosse um ator do Primeiro Mundo, e não apenas um país atrasado do Terceiro Mundo; e suas agressivas panacéias — superpopulação? Obrigue a esterilização e faça vasectomias nos pobres; cidades feias? Arrase as favelas — tinha muito apoio entre as classes médias indianas, que estavam tão impacientes quanto Sanjay com a destituída maioria da população indiana.

Com seu filho inteiramente, senão oficialmente, no governo, Indira retirou-se para seu próprio mundo; a personalidade extraordinariamente autocentrada que Nehru notara agora mantinha toda realidade à distância. "Não existe qualquer demonstração de força em lugar algum do país", ela afirmava repetidamente. "Minha família foi muito caluniada", disse a um jornalista britânico, "e é claro que meu filho não está, de jeito algum, na política." Nayantara Sahgal atribui as falsidades à profunda ânsia de Indira em ser vista como a líder mais sincera e de mais princípios das massas indianas. Isso explica por que ela esperava vencer, e portanto manteve as eleições nacionais em 1977 — na qual os pobres desamparados que mais sofreram com as expulsões violentas e os esquemas terroristas de "planejamento familiar" da Emergência votaram para tirá-la do posto.

Parecia então que os tempos difíceis seriam inevitáveis para Indira. Mas a coalizão dos partidos de oposição começou a entrar em colapso logo depois de terminar com a regra de partido único na Índia. Seus líderes, gananciosos depois da longa exclusão dos privilégios dos altos postos, brigavam entre si. Eles tentaram intermitentemente processar Indira por seus diversos excessos durante a Emergência, mas a falta de jeito só fez com que ela aparecesse como vítima — um papel que adotou tão apaixonadamente que percorria as partes mais pobres do país pedindo perdão e comiseração.

Logo depois de ter voltado ao poder pelo voto, em 1980, Sanjay Gandhi morreu ao tentar algumas piruetas em um ultraleve acima de Déli. O acidente pouco normal — "a melhor coisa que podia acontecer à Índia", como um dos primos da própria Indira, sem tato, mas sinceramente, comentou — parece ter aprofundado os delírios de Indira. Durante os quatro anos que lhe restavam no cargo, viajou em helicópteros e aviões do governo, de um guru indiano e de um templo a outro, implorando proteção divina contra seus "inimigos" — a CIA, os militantes siques, os líderes da oposição, e até a viúva de Sanjay, Maneka —, que lhe pareciam estar em todos os lugares, solapando seu "eu" tanto quanto o "interesse nacional".

Em 1982, Indira expulsou Maneka da residência de primeiro-ministro em Nova Déli; a assistente dela tentou revistar as malas de Maneka quando ela saiu, e a própria Indira tentou apoderar-se do filho pequeno de Sanjay, Varun. Em Caxemira, em 1984, Indira engendrou, por meio de subornos pagos a legisladores, o colapso de um governo democraticamente eleito: foi o primeiro de uma série de eventos que obrigaram os muçulmanos de Caxemira a uma insurgência completa contra a Índia em 1990. No Punjab, Sanjay e o Partido do Congresso promoveram um pregador sique extremista chamado Bhindranwale para solapar o principal partido sique, o Akali. No início dos anos 1980, Bhindranwale voltou-se contra seus patrocinadores e declarou guerra à Índia. As mortes a esmo de hindus pelos homens de Bhindranwale no Punjab deram oportunidade à senhora Gandhi de manter acesa uma histeria nacional a respeito das diversas ameaças à "unidade e integridade" da Índia.

Grande parte da mídia ecoou suas insinuações a respeito das tendências "antinacionais" dos siques e dos muçulmanos de Caxemira. Lembro-me de minha própria infância numa cidade pequena, da brusquidão com que muitos hindus de classe média baixa começaram a desconfiar e desprezar os vizinhos siques com os quais há décadas conviviam em perfeita amizade. Os nacionalistas hindus devem seu rápido e sangrento progresso em parte a esse frenesi antiminorias que Indira desenvolveu durante seus últimos anos no poder.

Em junho de 1984 Indira ordenou que o exército expulsasse Bhindranwale e outros militantes siques do Templo Dourado em Amritsar. O mal-concebido assalto à meca do siquismo resultou num massacre de centenas de peregrinos inocentes, além da profanação de muitos locais sagrados. Mal eram passados quatro meses, em 31 de outubro de 1984, Indira foi assassinada por dois de seus próprios guarda-costas; os dois eram siques em busca de vingança pelas brutalidades em Amritsar.

Mas o ultraje maior ocorreu durante os três dias seguintes, quando multidões lideradas pelos "homens de choque" do Congresso, que Sanjay antes tinha nutrido, percorreram Déli com listas eleitorais que enumeravam casas de propriedade de siques. A polícia nada fez enquanto mais de trezentos siques foram assassinados em Déli. No total, quinhentos siques foram mortos na Índia, e quando uma geração inteira de jovens siques enraivecidos pegou em armas contra o Estado indiano, outros milhares morreram no Punjab durante a década seguinte.

"Não quero ser lembrada por nada", disse Indira a um entrevistador, em um daqueles ataques de pique imperial que se tornaram mais comuns antes de sua morte. Não é um desejo que a posteridade possa honrar. A política realista contundente com a qual Indira e seu filho substituíram o patriarcado impaciente, mas benigno, de Nehru parecia feita sob medida para o BJP e sua composição de classe média. Em uma pesquisa de 2001 no *India Today*, a revista de notícias de maior circulação na Índia, uma maioria de respondedores de classe média tornou claro seu anseio por um "líder forte" como Indira Gandhi.

O tom fascista subjacente é inquietante. Mas isso também foi algo que Indira ajudou a criar: uma disposição de ânimo amplamente compartilhada entre os indianos de classe média, composta igualmente de medo, agressividade, desdém e apatia; um clima de opinião no qual as várias crueldades circundantes de Indira — o desenraizamento de centenas de milhares de famílias tribais por grandes projetos de represas, o suicídio de centenas de agricultores vitimados pelas políticas econômicas da última década — parecem estar longe, em que as mortes de mais de 50 mil pessoas em Caxemira na última década incitam pouco debate além dos estreitos parâmetros do "interesse nacional", e os *pogroms* contra as minorias podem ficar sem punição. Esse estado de ânimo nacional, o verdadeiro legado de Indira, agora parece quase crucial para a construção de uma nova identidade indiana, da qual o hinduísmo, as bombas nucleares, as rainhas de beleza e os magnatas da tecnologia da informação tornaram-se, nos últimos anos, componentes essenciais, embora conflitantes.

3. Ansiedades burguesas

A maior parte das pessoas de classe média com quem falei em Allahabad tinha de pensar muito quando perguntada a respeito das chances dos quatro principais candidatos, e muitas vezes não eram capazes de lembrar dos nomes deles; preocupavam-se mais com o lixo não recolhido nas ruas de Allahabad, com a falta de drenagem, com as estradas esburacadas e a falta de luz e água. Eles falaram do crescimento da corrupção e do crime na cidade, a respeito do assassinato recente de uma jovem médica, do surgimento de chefes da máfia, da deterioração do ambiente fora de suas casas e da atmosfera geral de insegurança. Não achavam que as eleições iriam fazer grande diferença. Alguns denunciaram políticos, descreveram políticos democratas como "inadequados" à Índia, e gostariam que o exército tomasse o poder. Disseram que viviam com grandes apreensões a respeito de suas propriedades, suas famílias e, algumas vezes, de suas vidas.

Esse medo e o pressentimento reprimidos eram um destino curioso para a classe média, que, criada durante as épocas coloniais, tinha herdado o instinto britânico para a lei e para a ordem. Depois de 1859, enquanto os ingleses ficavam cada vez mais absortos em si mesmos, um pequeno grupo de indianos começou a adotar certos benefícios que os britânicos tinham trazido para a Índia durante a colonização. Em 1887, o ano em que Kipling chegou a Allahabad, a rede de universidades ao estilo inglês estendera-se à cidade. A política geral inglesa era consolidar seu domínio sobre a Índia expondo uma classe de elite indiana à civilização européia. Essa classe de elite cresceu rapidamente, cada geração construindo sobre as realizações da anterior; e durante as últimas seis décadas depois do estabelecimento da primeira faculdade, em 1873 (na qual o pai de Pandit Nehru estudou), Allahabad testemunharia um despertar político e intelectual sem precedentes ou paralelos na Índia setentrional. O Partido do Congresso não só encontrou uma base na mansão da família Nehru; ele também recrutou muitos integrantes importantes na cidade. Havia associações e clubes literários, novas revistas e jornais, bibliotecas e salas de leitura.

Poucos traços desse repentino florescimento ainda sobrevivem. Parece cada vez mais um episódio anormal a paixão nacionalista que os britânicos, relativamente benevolentes em seus últimos anos, fizeram surgir — algo que acabou trabalhando contra, mas ao mesmo tempo exigindo, a ordem e as certezas do domínio colonial, e que não poderia ter resistido às pressões da pobreza e da população vindas de uma Índia até mesmo minimamente democrática.

A competição por condições básicas de vida agora solapara instituições coloniais construídas para objetivos muito diferentes. O exemplo mais evidente em Allahabad é a universidade que freqüentei. Houve uma época em que ficou conhecida como a "Oxford do Leste", onde se originou grande parte do fervor intelectual do período colonial. Logo depois da independência, ficou superlotada com alunos das regiões próximas, atingidas pela pobreza, que vinham não pelo aprendizado mais alto que a universidade oferecia, mas para melhorar suas chances de emprego no governo. Entretanto, não havia assim tantos empregos públicos disponíveis (as oportunidades nos negócios e na indústria privada tinham sido ainda mais limitadas pela decisão de Nehru de adotar uma economia socialista para a Índia), e a maior parte desses alunos, à deriva depois de adquirirem diversos diplomas inúteis, passou a integrar o exército de reserva flutuante dos desempregados que acabaram encontrando subsistência nas vocações relacionadas do crime e da política.

Logo antes de eu chegar a Allahabad, tinha havido uma batida da polícia em uma das pensões. Durante minha época, a Pensão Hindu, como era conhecida, tinha sido muito temida, pelo grande contingente de criminosos que se refugiavam ali, encorajados por antigas leis que proibiam a polícia de entrar nos locais sem autorização da universidade. Ao longo dos anos, os criminosos tinham expulsado a maior parte dos estudantes e passaram a lançar mão do puro terror para estabelecer seus direitos sobre a pensão. Quando a concessionária de eletricidade cortou a luz depois que as contas permanecerem sem pagamento durante vários anos, em multidão eles incendiaram a estação local de força. A eletricidade foi devidamente restaurada, e depois que um líder estudantil conseguiu que fosse cavado um poço artesiano nos terrenos da pensão, os residentes passaram a ser inteiramente auto-suficientes. A pensão já não era mais ligada à universidade, sua fama repelia até visitantes comuns do Alfred Park, nas vizinhanças, sua própria presença sugeria um tipo de secessão extrema da cidade.

Por fim, a administração da universidade, encabeçada por um homem novo, entrou em ação. Uma manhã, a polícia local, reforçada por acréscimos de fora do distrito, cercou a pensão cedo. As ruas que levavam a ela foram fechadas antes de a polícia invadir o prédio e tomar os residentes de surpresa. Essas elaboradas preparações eram necessárias: os residentes, armados com rudes pistolas e bombas caseiras, tinham impedido uma tentativa anterior de os policiais entrarem na pensão.

A batida policial na pensão não levou qualquer esperança nova para a universidade ou para a cidade. Os caminhões pintados de amarelo e as sujas tendas de lona da polícia, armadas nos terrenos da pensão, foram vistos como temporários: assim que os policiais fossem embora, esperava-se que os criminosos voltassem e expulsassem qualquer estudante que a universidade pudesse designar para a pensão no novo ano acadêmico.

As pessoas de classe média aprenderam a viver com esses pequenos reveses, que encaravam como lugares-comuns, secretamente esperando que pudessem se mudar antes de serem sugados para o mundo violento ao redor — algo possível a qualquer momento, como eu mesmo descobri.

Depois de morar uma semana em um hotel vazio em Allahabad, fiquei acostumado com o silêncio, e fiquei surpreso ao ser acordado uma noite por barulhos vindos do quarto ao lado. Olhei a hora: eram duas da manhã. O homem na recepção disse que iria "investigar"; ele nunca ligou de volta. Esperei que os barulhos — toque de celulares, mudança febril do lugar dos móveis, pedidos de serviço no quarto, barítonos ocos da televisão — cessassem, mas eles ficaram ainda mais altos. Continuaram durante cerca de meia hora. Pensei se deveria chamar outra vez a recepção ou levantar-me e pedir aos recém-chegados que falassem mais baixo. No final, a preguiça me prendeu à cama e, em algum momento, voltei a dormir.

De manhã, o elevador e o saguão estavam cheios de jovens políticos aspirantes — reconhecíveis por seus pijamas *kurta* de algodão branco, telefones celulares e olhares penetrantes; três coisas que muitas vezes caminhavam juntas, como os sinais de distinção de algum sacerdócio marcado. Eles tinham vindo para encontrar alguém — provavelmente, pensei eu, o astro de cinema de Bombaim, Shatrughan Sinha, que andava fazendo campanha em favor do candidato do BJP, e cuja chegada na cidade fez com que várias pessoas me telefonassem, querendo saber se eu era o secretário do senhor Sinha.

O silêncio foi restaurado no quarto ao lado na noite seguinte, e eu não pensei mais no assunto. Três dias mais tarde, fui apresentado a Piyush, que trabalhava como correspondente local para o *Times of India*. Ele veio ao meu quarto, e a primeira coisa que disse foi que conhecera Raja Bhaiyya no quarto ao lado do meu três dias antes. Fiquei assustado. Raja Bhaiyya: eu conhecia o nome. Um dos senhores feudais da região, pertencia a uma das muitas famílias proprietárias de terras cujo controle de vários pequenos principados, principalmente por meio do terror, tinha sido tolerado pelos britânicos desde que as receitas fossem pagas em dia, e que agora era sustentado na Índia independente por políticas eleitorais.

Com diversos casos de assassinato, seqüestro, extorsão e tráfico de armas ainda pesando contra si, Bhaiyya, como muitos outros herdeiros de famílias pseudo-reais, tornara-se político, e assegurara sua vitória nas eleições para a legislatura estadual não por técnicas agressivas de boas intenções ou promessas, mas pelo simples expediente de "captura de cabines", pela qual homens armados tomavam as cabines de votação, expulsavam todos os eleitores legítimos e enchiam as urnas como queriam.

Primeiro sem afiliar-se a qualquer partido, Bhaiyya unira-se aos nacionalistas hindus depois que prometeram fazê-lo ministro no governo do estado. Logo depois de assumir o poder, conseguiu a transferência de um policial que demonstrara zelo pouco comum prosseguindo nas acusações criminais contra ele (sempre fora difícil processar Raja Bhaiyya, porque ninguém ousava testemunhar contra ele, que conseguira diversas absolvições nos tribunais).

Foi então que a imprensa nacional de repente o notou. Houve relatos de sua brutalidade, um traço que ele herdara de seu pai, que, de acordo com uma história, jogava seus oponentes aos crocodilos em um lago nas imediações. A história era provavelmente apócrifa; mas a lenda se mantivera, e então havia histórias que não podiam ser desprezadas. Piyush pesquisara o histórico criminal de Raja Bhaiyya e vira o lago cuja grande população de peixes Bhaiyya reivindicava como sua legítima fonte de renda. Ele disse que foi bom que eu não tivesse batido na porta no meu estado de irritação. Aparentemente Raja não aceitava muito bem as críticas. Um lojista muçulmano que falara contra ele tinha sido recentemente picado em pedaços, no meio de um bazar apinhado, por um de seus capangas. (O assassino foi preso, mas, como sempre, não havia testemunhas, e mais tarde eu iria ver imagens de corpos em decomposição, não reivindicados, nos quadros de aviso de postos policiais na região de Raja Bhaiyya.)

Piyush disse: “A responsabilidade de uma posição alta só o suavizou ligeiramente. Talvez ele agora pense um pouco antes de comandar o assassinato de alguém.”

Piyush, tímido e falante ao mesmo tempo, detalhou os excessos de Raja Bhaiyya com energia sarcástica. Mas por trás de sua animação jazia tédio. Mais tarde, quando o assunto mudou para seu próprio trabalho como jornalista em Allahabad, ele me perguntou a respeito de empregos nos jornais de Déli. Pesquisa sobre crimes e corrupção espetaculares, perseguição a políticos de província, entrevistas com celebridades menores das metrópoles — ele já fizera isso tudo durante dois anos, e agora desejava sair de Allahabad.

Eu reconheci essa ânsia. Foi o que eu mesmo sentira, como estudante em Allahabad, quando as histórias de Raja Bhaiyya e pessoas como ele pesavam opressivamente sobre mim, e eu ansiava constantemente por uma vida longe deles.

Essa vida, para a maioria das pessoas, ficava no refúgio do caos ameaçador da Índia criado pelos britânicos — Civil Lines, cujo prestígio e encanto depois da independência iria crescer em Allahabad e em centenas de outras cidades grandes e pequenas da Índia governada pelos ingleses, todas com Civil Lines. Para centenas de milhares de indianos instruídos que acabavam de emergir de um ambiente de pobreza, um emprego com a burocracia colonial, mantida mais ou menos intacta depois da independência, era o principal meio de chegar às Civl Lines. Uma vez lá, você herdava o estilo de vida dos ingleses quase instintivamente. Oitenta e cinco anos depois de Kipling, Arvind Krishna Mehrotra, um dos melhores poetas indianos em língua inglesa, lembrou de sua infância nas Civil Lines dos anos 1950, a essa altura com indianos inteiramente instalados nos bangalôs desocupados pelos britânicos, que encontraram o mesmo mundo colonial falso dos clubes e a nova respeitabilidade sobre a qual Kipling escrevera:

> Às sete e meia somos mandados para casa
> Do Clube Cosmopolitano
> Meu pai diz, "passo",
> Minha mãe esquece a mão
> Em um baralho de cartas.
> Sento-me na balaustrada até meia-noite,
> Acima de um cartaz gasto
> Que anuncia um dentista.
> Vou dormir depois de ouvi-lo
> Roncar como um sino de escola.
> Estou de pé sozinho num beco dos fundos
> E um rosto de que nunca me lembro está retirando
> As calotas de nosso Ford marrom fosco.
> As primeiras palavras que murmuro são nomes de ruas,
> Thornhill, Hastings, Lytton...

Embora as ruas, escreveu Mehrotra, mais tarde fossem rebatizadas em homenagem a nacionalistas hindus ou líderes provinciais, a antiga vida das Civil Lines continuou durante algum tempo. Mas foi preciso haver uma época em que se sentiu o peso do mundo anárquico do lado de fora Quando visitei Allahabad, um morador diferente e sinistro acabara de aparecer nas Civil Lines. Foi a mulher de um juiz na Corte Suprema de Allahabad que me falou disso uma noite em seu bangalô, o tom alternaram entre a impaciência e um súbito desalento. Não havia luz, e sentávamos, transpirando, na sala de visita, à luz de velas, rodeados por retratos emoldurados de seus filhos, um dos quais acabara de se casar em Boston, enquanto dois serviçais do lado de fora, na varanda escura, limpavam tacos de golfe. A um bangalô de distância, um chefe da máfia local tinha obrigado os antigos proprietários a saírem e começara a construir um complexo comercial chamado Max Tower. O edifício só tinha quatro andares; para o juiz e a mulher a palavra *tower* era um sinal ameaçador da vaidade e ambição do homem, uma ameaça que ela sentia estender-se a todas as Civil Lines. Ela disse: "Não há oposição por parte dos residentes, que de qualquer maneira têm medo da máfia e do que ela pode fazer com eles".

Eu tinha conhecido o homem mencionado por ela. Seu nome era Atiq Ahmed. Era um político muçulmano que acabara de renunciar do partido Samajwadi por causa do fracasso no apoio de Sonia Gandhi em suas tentativas de formar um governo de coalizão depois do colapso do governo do BJP. Ele morava no bairro superpovoado de aléias estreitas, com ameaçadoras casas e lojas de dois e três andares que formavam o bairro velho do outro lado dos trilhos, em frente às Civil Lines. Chovera muito na noite em que fui vê-lo, com um amigo. Um fedor de montes de lixo não coletado pairava no ar úmido; a rua sem iluminação era toda crateras cheias de água, traiçoeiras e quase impossíveis de se transpor no escuro. O senhor Ahmed tinha a presumida fama de ter matado a tiros seu maior rival em uma das praças mais movimentadas da cidade velha. Morando onde morava, ele tornara difícil para seu futuro assassino alcançar sua casa. O recinto murado era patrulhado por homens armados, cães da raça doberman de aspecto feroz, e repleto de reluzentes Toyotas, Hondas e jipes Tata Sumo novos. Homens altos e entroncados caminhavam em torno da varanda da casa, falando em telefones celulares; uma fileira de sofás com o estofado esfarrapado de cetim azul formava a parede de diversos aposentos do que provavelmente eram — embora fosse difícil imaginar, nessa rude atmosfera masculina — os alojamentos das mulheres.

O grosso bigode encaracolado do senhor Ahmed, sua estrutura corpulenta e o gingado brusco sugeriam uma fanfarronada grosseira. Mas ele estava vestido com simplicidade, em pijama *kurta* branco, uma longa echarpe enrolada na cabeça, ao estilo beduíno, e nos recebeu em um pequeno quarto nu, no qual uma camiseta pendia molemente do único prego na parede amarela, e um lençol amarrotado com uma estampa desbotada de rosas vermelhas cobria a cama em um canto, sob uma imagem brilhante de calendário de Meca à noite.

A ostentação em geral não era o estilo do senhor Ahmed. Seu poder parecia jazer, parcialmente, em continuar, ou pelo menos ter a aparência de continuar a ser, um homem do povo. Ele começara sua carreira roubando alcatrão dos locais de construções de estradas; tornara-se empreiteiro para as linhas de estrada de ferro; disputou com sucesso a legislatura do estado, e depois de uma suposta série de assassinatos estratégicos, emergiu como a autoridade inconteste de uma parcela do bairro velho povoada em grande parte por muçulmanos pobres: homens magros, macilentos, de rosto angular, com barretes de reza, que ficavam ociosos na frente de lojas sem iluminação e olhavam preocupadamente para os carros que passavam.

Para os políticos locais que necessitavam dos votos muçulmanos, o senhor Ahmed era a pessoa com quem falar; e o telefone tocava sem parar, com gente que ligava de Benares, Mirzapur, Pratapgarh e Fatehpur, rogando para que ele fosse visitar esses distritos eleitorais vizinhos e fizesse funcionar sua mágica especial de persuasão sobre os eleitores muçulmanos, que constituíam até 20% do eleitorado da região. O senhor Ahmed em geral alegava estar muito ocupado, compromissos inadiáveis. Era rispidamente terra-a-terra: enquanto eu estava com ele, recebeu muitos telefonemas informando-o de que um de seus associados tinha levado uns tiros, e depois de certificar-se de que o homem ainda estava vivo e fazer arranjos para que ele fosse levado para uma "casa de saúde", tornou-se cada vez mais brusco em suas respostas. Largando o telefone, ele retomava uma atitude amigável, e com a amabilidade que é a habilidade do político, nos incentivava a comer mais pistache da tigela à mesa na nossa frente.

No intervalo entre os telefonemas, ele falou, sério e cativante; falou como um homem que avançou, depois de crimes banais e assassinatos, para uma idéia mais alta de si mesmo. Preocupava-se com a votação dos brâmanes em Allahabad. Temia que a maior parte desses votos fosse para o candidato brâmane do BJP, o senhor Joshi, embora o Congresso também tivesse apresentado um candidato brâmane. Achava que os brâmanes não estavam prontos para aceitar a liderança de Sonia Gandhi. Ele se preocupava também com as táticas "fascistas" do BJP: os nacionalistas hindus não tinham respeito pela democracia, dizia ele. Haviam preenchido todas as vagas na administração pública com seus simpatizantes das castas mais altas — isso foi uma coisa que ouvi com muita freqüência —, e iam manipular as eleições a seu favor.

Não era apenas sua preocupação expressa pela democracia que tornava o julgamento sobre o senhor Ahmed difícil. Em sua área, quase um gueto, com suas casas feito caixas, as aléias apertadas e as vidas restritas, em meio a uma minoria insegura e medrosa pela ascensão dos nacionalistas hindus, o senhor Ahmed, com sua riqueza e seu poder político, oferecia certas garantias ao povo desprotegido. Seu poder, embora muitas vezes afirmado de modo violento e arbitrário, mantinha afastadas a violência e a arbitrariedade de outros homens em outros guetos: os Raja Bhaiyyas, os nacionalistas hindus, os policiais corruptos.

Agora ele estendia sua suserania para a cidade do outro lado dos trilhos: ele botava nervosos os habitantes das Civil Lines. A mulher do juiz me falou da fuga geral da cidade, uma retirada que parecia mais extensa que a dos britânicos depois do choque do motim em 1857, mas sem o poder e a segurança dele. "As pessoas que moram aqui em Civil Lines", disse ela, "há muito pararam de ter qualquer interesse ou prazer com a cidade delas; elas querem ter o mínimo possível a ver com ela. Mandam seus filhos estudar fora da cidade; algumas vezes elas mesmas se mudam."

A idéia de que ela pudesse estar falando de uma preocupação mais particular me foi dada por um jornalista que sabia de um assalto recente à casa da mulher, no qual ela sofrera ferimentos sem importância depois de confrontar os assaltantes. O jornalista, que conhecia bem o marido e respeitava sua probidade, estava convencido de que o assalto tinha a ver com alguma coisa que o juiz possuía e tolamente guardava em casa: um videoteipe de uma cerimônia de casamento na casa de um colega, juiz corrupto, na qual os 25 convidados que acompanhavam o noivo tinham sido presenteados com carros novinhos em folha. O jornalista disse que os assaltantes atacaram logo depois de a fita ter sido mostrada ao presidente do tribunal.

4. A recuperação da Índia

A classe média, que durante muito tempo dependera da proximidade de suas afiliações com os poderes Executivo e Legislativo do governo — e em suas lealdades de classe, agora enfraquecidas numa época em que cada um devia cuidar de si —, a classe média nas cidades grandes e pequenas viu-se sitiada. Nesse fato podia-se detectar o início do fim de uma Índia que se achava segura no casulo do privilégio colonial; uma Índia que, com todas as suas vantagens herdadas, tinha fracassado na criação de uma sociedade democrática e igualitária, e, em vez disso, fora obrigada a dar espaço para pessoas como o senhor Ahmed.

Pode parecer que este fosse o seu destino, a partir da época, logo depois da independência, em que a nova autoconfiança burguesa que já contribuíra para a elaboração da Índia moderna descambou para o desejo de formas coloniais de auto-afirmação e autoridade: o emprego bem colocado no governo, o grande bangalô com caminho de cascalho, os serviçais na cozinha, o sentinela uniformizado no portão. Cada vez mais indianos buscam entrar nesse mundo. A recuperação da Índia pelos indianos — o resultado lógico da independência do domínio colonial — muitas vezes parece só ter começado agora.

Esse processo é inevitavelmente mais duro e mais longo para as pessoas às quais o sistema de castas e a pobreza tinham anteriormente mantido na escuridão. Rama Dular Singh Patel, o candidato em Allahabad do Partido Bahuja Samaj, que alegou representar os interesses dos *dalits* (o termo abrangente para as antigas castas dos intocáveis e oprimidos), achou que a política poderia ser um curto-circuito no processo. Os *dalits* perfazem aproximadamente 20% da população da Índia. O uso eficaz do voto deles poderia ser uma força para a instabilidade, e instabilidade era bom, disse o senhor

Patel, olhando inquiridoramente para mim, uma vez que "confunde e aturde as forças brâmanes e apressa a sua desintegração".

Os líderes do partido do senhor Patel eram conhecidos por começar suas conferências à imprensa pedindo que os jornalistas brâmanes se retirassem. Era um tipo de humilhação reversa, uma pequena retribuição a séculos de opressão, e o meu nervosismo inicial a respeito de entrar em contato com o senhor Patel crescera depois de ele jamais ligar de volta em resposta às minhas ligações. Eu então fui à casa dele numa manhã, com a esperança de que ele fosse mais receptivo a um visitante em casa. Morava em Allahapur, uma área residencial construída em colinas perto do Ganges, onde as largas ruas retas das Civil Lines encolhem subitamente e se transformam num labirinto de aléias estreitas, muitas vezes sem calçamento, com buracos e esgotos abertos e pilhas de sujeira. Quando finalmente cheguei lá, as casas não passavam de duas ou três caixas quadradas ou retangulares de tijolo e cimento empilhadas ou ao lado umas das outras. Elas formavam paredes contínuas nos dois lados da aléia, com as fachadas mofadas e encardidas depois de três meses de chuvas de monções — algumas delas eram pensões e albergues em que muitos estudantes da região em torno de Allahabad moravam. As aléias eram sufocadas por vacas e porcos que pareciam extraordinariamente grandes naquele espaço restrito, e por vendedores de rua que ofereciam legumes, frutas e frituras em bancas abertas. Mas um fluxo constante de jinriquixás, motonetas e motocicletas ainda dava um jeito de passar. Em frente a uma bomba manual um homem ensaboava furiosamente seu torso moreno, enquanto dois homens esperavam atrás dele, escovando os dentes. Um emaranhado de fios elétricos se pendurava frouxa e perigosamente de postes de luz em todas as esquinas — ligações ilegais que você podia adquirir subornando o pessoal local da companhia de força.

A casa do senhor Patel, uma construção de dois andares, ficava separada da aléia principal por uma extensão de terreno nu, que as pesadas chuvas tinham escavado em um vale montanhoso em miniatura, de sulcos e montes. Meus sapatos deixaram uma trilha de lama quando subi uma escada nos fundos da casa, para um aposento em que jovens de olhos lacrimejantes vestidos com camiseta e pijamas estavam sentados de pernas cruzadas sob ventiladores em rápida rotação. Não havia mobiliário, fora um catre de madeira e um velho sofá com o estofamento de palha exposto; alguns lençóis amassados e esfarrapados, parecendo sáris, sobre o chão grosseiro indicavam o lugar em que os homens teriam dormido. As paredes estavam nuas, com exceção de um pôster com as palavras "Deus te ama" e um retrato a óleo em cores berrantes do doutor B. R. Ambedkar, o rival de Gandhi, líder original dos *dalits*.

Os homens no aposento, escuros, magros e com ar de subjugados, lançaram olhares rápidos para minhas roupas e sapatos, e passou-me pela cabeça que eu era a única pessoa inteiramente vestida ali. Um dos homens se apresentou, pediu chá e depois informou o senhor Patel, que se vestia para o dia em um quarto interior, da minha chegada. O nome do homem era Sandip. Uma barba espessa cobria seu rosto redondo, jovial. Sua camiseta tinha furinhos, mas o jeito espigado com que se sentava sugeria autoridade. Ele me disse — falando com a fluência de um orador público — que os outros rapazes, a maior parte deles *dalits*, eram estudantes, voluntários para a campanha do senhor Patel. Alguns eram de aldeias fora de Allahabad; outros moravam por perto, nas lúgubres pensões por que eu acabara de passar.

Eles ficaram me olhando enquanto Sandip falava, sentados no mesmo lugar em que eu os surpreendera, e imaginei se, depois da primeira explosão de lealdade de casta e do entusiasmo que os levara à casa do senhor Patel, eles não teriam se visto numa situação incerta, sem saber bem o que deviam fazer.

O senhor Patel logo apareceu. Ele era alto e esbelto, com cabelo espesso, bigode fino e uma verruga no meio da testa que parecia, incongruentemente, uma marca de casta dos brâmanes devotos; em *kurta* e *dhoti* brancos e frescos, ele se destacava no aposento despido cheio de estudantes andrajosamente vestidos que, passivos até esse ponto, imediatamente se aglomeraram ao seu redor. Primeiro ficou surpreso, depois contente de me ver: acontecia que até então não houvera qualquer cobertura da imprensa sobre sua campanha. Mas ele não tinha muito tempo: estava a caminho de reuniões nas áreas rurais ao sul do rio Yamuna. Os líderes de seu partido estavam para chegar logo a Allahabad para prestar apoio à sua campanha, e estavam vindo de helicóptero. O próprio senhor Patel planejava viajar no helicóptero com eles — fato importante para ele, que ficava repetindo a informação, e parecia que o helicóptero se tornara semelhante à expulsão dos brâmanes das conferências de imprensa, outro pequeno modo de experimentar o poder que lhe fora negado durante muito tempo.

Os estudantes pareciam impressionados: depois do primeiro instante de surpresa, o senhor Patel falou comigo de um jeito ligeiramente trocista, tratando sumariamente das minhas perguntas em sua voz baixa e deliberada, provocando sorrisos dos estudantes que observavam intensamente seu rosto.

A questão real de sua campanha, disse o senhor Patel, não tinha sido adotada por mais ninguém fora de seu partido. Era a seguinte: como podem os *dalits* viver na Índia com dignidade e amor próprio e receber oportunidades iguais em educação e emprego? Cinqüenta anos depois da independência, a maior parte dos *dalits* era vítima do pior tipo de exploração: eram obrigados a trabalhar até cair e mal pagos; nas aldeias, não se permitia que tirassem água dos poços comunais; eram mortos a esmo, e suas mulheres e filhas estupradas. Só havia um jeito de parar com isso: amalgamando os *dalits* em uma sólida unidade política. O senhor Patel apertava e abria o punho para ilustrar seu argumento. Era um gesto inquietante junto à suavidade de sua voz. A força combinada dos *dalits*, continuou o senhor Patel, manteria então o equilíbrio de forças contra as "forças brâmanicas", que afinal eram só 20% da população, ao contrário dos 20% de *dalits*, 30% de outras castas oprimidas e 15% de muçulmanos e outras minorias.

E depois desse rápido cálculo, o senhor Patel saiu, tamborilando rapidamente pela escada com um pequeno destacamento de homens do partido que carregava bandeiras e flâmulas e corria para acompanhá-lo. Os estudantes se dispersaram e ficaram ociosos outra vez. Sandip, que tinha ficado de pé ao lado do senhor Patel, de repente riu envergonhadamente e disse que ele próprio era um "líder estudantil", o primeiro *dalit* a ganhar uma eleição para a união de estudantes de sua faculdade, que as castas superiores anteriormente monopolizavam. Sua ambição agora — e aqui a voz de Sandip ficou subitamente apaixonada — era ajudar a eleger o senhor Patel como o primeiro membro do parlamento *dalit* de Allahabad, onde brâmanes de má-fé de diversos partidos políticos tinham conseguido enganar as massas *dalit* com promessas falsas durante mais de cinqüenta anos.

Mais tarde, naquele mesmo dia, eu estava numa barraca de chá nas Civil Lines quando um jipe Tata Sumo exibindo a bandeira BJP — cor de açafrão, com um lótus no meio — parou à frente dela. Saíram dois estudantes, identicamente gordos, em jeans apertados e camisetas, com telefones celulares presos ao cinto da calça. O jipe era novo, o plástico ainda cobria os assentos. Provavelmente era um presente temporário do partido, assim como os telefones celulares. Disseram que os estudantes haviam ido de porta em porta nas áreas de classe média da cidade, fazendo campanha para o doutor Murli Manohar Joshi, o candidato brâmane do BJP para Allahabad. Apesar disso, os dois candidatos não se viam como políticos ativos, mas como membros da Sangh Parivar — a família de grupos de nacionalistas hindus extremados e moderados, já que não tomavam parte em política eleitoral e estavam livres para fazer gestos impopulares de afirmativa hindu, como os ataques recentes aos cristãos pela Índia toda, que a organização irmã do BJP, a Bajrang Dal, organizara.

Eles tentavam, segundo disseram, apresentar as questões para o povo: se a Índia deveria ser governada mais uma vez por uma estrangeira, uma "agente do Vaticano" (a italiana por nascimento Sonia Gandhi). Se a Índia deveria derrotar as tentativas de fundamentalistas islâmicos para destruí-la. Se a Índia deveria readquirir sua glória passada como nação hindu forte, auto-suficiente.

Pareceram ficar confusos quando lhes perguntei como o BJP propunha alcançar o último objetivo mencionado. Um deles começou a dizer alguma coisa sobre os testes nucleares da Índia e depois parou. Quando lhes perguntei sobre os *dalits* e o senhor Patel, eles foram desdenhosos. Disseram que as políticas de ódio e animosidade praticadas pelo senhor Patel e seu partido iriam enfraquecer o hinduísmo e a Índia. Os *dalits* eram bem-vindos para se juntar à corrente principal da sociedade hindu, mas suas demandas atuais por maiores reservas nos empregos públicos iriam levar a uma guerra civil. Do jeito que estava — e aqui eles ficaram agitados —, a Índia enfrentava todo tipo de desafio vindo do estrangeiro. Sabia eu que Osama bin Laden tinha emitido um chamado para uma *jihad* contra a Índia? O papa já tinha um perigoso agente na Índia: Sonia Gandhi. E agora os Estados Unidos haviam declarado guerra por meio de seus missionários, que subornavam hindus inocentes para se converter ao cristianismo. Tinha eu ouvido falar a respeito de surras em missionários no último inverno em Allahabad? Eles conheciam o homem responsável por isso. Era a coisa certa a se fazer; mandara uma mensagem clara para os Estados Unidos: a Índia hindu rejeitaria ferozmente quaisquer tentativas para solapá-la.

Elevados da mediocridade pelas eleições, dotados de uma identidade ligeiramente glamourosa pelo jipe e os telefones celulares, os estudantes não tinham de fato se dado ao trabalho de pensar no que diziam. Achavam mais fácil trabalhar com um senso do inimigo: Bin Laden, Sonia, o papa. Eu não perguntei, mas sabia que eram brâmanes; suas afiliações e opiniões políticas eram indício o bastante. Na maior parte das vezes, as castas mais altas, instruídas, estavam com o BJP; os demais partidos brigavam pela "casta atrasada" e os votos *dalit* e muçulmanos; na política intensamente competitiva se baseavam na identidade de grupos que surgiram na Índia depois dos anos politicamente torpes sob o Congresso.

Quinze anos antes eu não poderia ter conhecido pessoas como Sandip ou os apoiadores do BJP; os estudantes *dalit* não estariam se aglomerando reverentemente em torno do senhor Patel. O Congresso, na época, tinha uma bruta maioria no parlamento. Durante muito tempo, desde a independência, ele conseguiu manter uma capa sobre a maior parte das atordoantes contradições sociais e políticas da Índia; parecia atender a todas as diferentes reivindicações feitas por ricos e pobres, hindus, muçulmanos, brâmanes, *dalits*, indianos do norte e indianos do sul.

Esse apelo elástico era o legado do partido, junto com sua organização pela nação inteira e sua associação com os grandes nomes de Gandhi e Nehru. Tinha sido sustentado tanto pelo encanto de sua dinastia como pela inépcia dos partidos de oposição, ou pelo monopólio que veio a ter sobre as instituições do Estado colonial — o sistema de recompensas e punições criado dentro da burocracia civil e das recém-abertas indústrias controladas pelo Estado. O domínio não disputado do Congresso tinha criado uma vida política e intelectual simples no país. Acadêmicos e jornalistas buscavam abrigo em grandes redes de patrocínio estatal criadas pelo Congresso. Conversas leves e fofocas impediam a discussão política nos jornais. Era raro que políticos e jornalistas se aglomerassem na velha cafeteria em Allahabad e fizessem mais que especular a respeito de quem estava nas boas graças ou fora delas com os grandes chefes do Congresso.

No final, o Congresso foi minado por sua própria complexidade interna. A paz mantida entre grupos antagônicos começou a desmoronar, e isso se deveu tanto a uma liderança ossificada como ao fato de que os indivíduos, além de castas com interesses especiais, e os agrupamentos regionais se tornaram mais conscientes daquilo que lhes era devido. Essa foi a autoconfiança que a estabilidade do governo colonial, e depois a do Congresso — uma estabilidade estéril, sem finalidade a não ser sua própria existência —, conseguiu em grande parte suprimir. Chefes políticos regionais contestaram a liderança e foram, por sua vez, eles mesmos contestados pelos ativistas recém-surgidos de baixo. A Índia agora voltara a ser uma nação de muitas minorias, cada qual com suas próprias queixas.

O Congresso, prostrado com círculos íntimos e lobistas com interesses próprios, e embotado por tantos anos no poder, acordara tarde para o fato de que não conseguia mais atender às necessidades conflitantes de brâmanes e *dalits*, ricos e pobres, hindus e muçulmanos. Tentou apaziguar todo mundo e buscou a renovação por meio dos poucos membros sobreviventes da dinastia Nehru-Gandhi.

Alguma medida da confusão do Congresso foi revelada por um comício eleitoral no diretório estudantil da universidade. Era para se dar a palavra a Rita Bahuguna, a candidata do Congresso de Allahabad. Ela tinha sido eleita prefeita de Allahabad três anos antes, mas isso não iria ajudá-la a derrotar o senhor Joshi, o membro no parlamento do BJP. Ela era acusada de deteriorar as condições cívicas na cidade; mas era de fato impotente, já que a corporação municipal gastava a maior parte do pouco dinheiro que tinha em salários de seu pessoal. O salão estava apinhado, uma mistura de estudantes e professores transpirando sob ventiladores baixos. A senhora Bahuguna estava atrasada, e uma série de líderes estudantis apareceu no palanque, assegurando a platéia de sua chegada iminente; depois passaram a arengar para os que esperavam. O estilo oratório deles era impetuoso: grandes alto-falantes postos sob altos retratos de lutadores pela liberdade ressoavam e retiniam quando os estudantes agarravam o microfone perto do rosto e gritavam o mais alto que podiam. A paixão desses líderes, que pareciam muito com outros estudantes, os membros magros, vestidos de camisas e calças mal ajustadas e sandálias de plástico, era estranhamente perturbadora. Um a um eles chegaram e, depois de expressarem sua fúria, retiraram-se timidamente para o lado do palanque, onde se sentaram, meio que ouvindo os demais discursos, sem expressão em seus rostos reluzentes de suor.

Eles falaram de muitas coisas — do fracasso do BJP em Caxemira, da arrogância do senhor Joshi, o membro do parlamento representante de Allahabad cujo comando de guarda-costas tinha expulsado fisicamente da casa do chefe o pai de um homem que se tinha afogado num acidente de barco. Mas nunca se desviavam muito de seu alvo principal: a polícia e a administração da universidade, que tinham "conspirado" para obrigar os estudantes a saírem de sua pensão.

Os discursos pararam à medida que chegaram outros líderes: não estudantes, mas homens de meia-idade, grandes barrigas por baixo de pijamas *kurta* brancos folgados, dedos com muitos anéis agarrados a telefones celulares. Esses formavam a ala mais velha do Congresso local. Pequenas guirlandas pegajosas de girassóis e rosas apareceram misteriosamente nas mãos dos líderes estudantis enquanto eles se enfileiravam para receber os recém-chegados.

Um homem alto, de rosto comprido, com óculos de aros de ouro pendurados ao pescoço recebeu o maior número de guirlandas, sendo que imediatamente as tirava e dava para sua bonita filha. Ele não parecia político, e de fato era ex-almirante da Marinha Indiana; sua chegada na cidade tinha sido relatada nos jornais matutinos. Fora recentemente demitido pelo governo BJP por motivos não muito claros, e subseqüentemente dera para percorrer o país em nome do Congresso, denunciando o governo, em especial o ministro da defesa, responsável pela sua demissão.

Cortado da vida confortável de oficial de alta patente e de clubes navais, o homem parecia lutar para conhecer seu novo público. Saudado pelo orador precedente como um herói nacional, ele começou seu discurso com uma exortação aos estudantes para imitarem a universidade de Stanford.

Isso não provocou risos abafados, apenas curiosidade: poucos estudantes naquela sala teriam sequer ouvido falar de Stanford. A filha parecia ansiosa, mas ele melhorou em seguida, com frases compostas de tantas palavras em inglês quanto em híndi, enquanto falava a respeito das táticas fascistas dos nacionalistas hindus em sua tentativa em particular de "açafronizar" (sendo o açafrão a cor hindu) as Forças Armadas. Então, enquanto discutia paralelos na história nazista, ele perguntou aos estudantes se tinham lido o capítulo intitulado "Triunfo e Consolidação" na história do Terceiro Reich de William L. Shirer. Os estudantes, agora concentrados em torno das portas, pareciam desorientados.

Rita Bahuguna finalmente chegou. Novas guirlandas apareceram — talvez as mesmas, não dava para perceber — enquanto os líderes da cidade enfileiravam-se à frente da senhora Bahuguna. Na nova hierarquia que surgira, os líderes estudantis tinham de ceder seus lugares, e até o almirante foi deixado de lado durante um tempo.

A senhora Bahuguna, sentada, em seu sári azul, entre homens corpulentos vestidos de azul no palanque, parecia pequena e frágil. Algumas pétalas de rosa ficaram grudadas em seu cabelo quando ela se levantou para fazer um discurso estranhamente brusco. Não precisava estabelecer suas "credenciais" (ela usou a palavra em inglês) ante os estudantes, disse ela. Era, afinal, professora deles (apesar de ter sido eleita prefeita de Allahabad, a senhora Bahuguna ainda ensinava história medieval indiana na universidade). Disse que conhecia seus problemas, nenhum dos quais fora resolvido pelo senhor Joshi, também ex-professor, de física, na universidade. Terminou denunciando a batida policial na pensão e prometeu garantir, se eleita, um ambiente seguro para estudantes dentro da universidade.

A multidão tinha ficado repentinamente silenciosa. A ação policial era popular entre os estudantes. Vinod, um rapaz sentado ao meu lado, sorriu de banda quando os líderes estudantis falaram, em altos tons sentimentais, da pobreza dos pais que mandavam seus filhos para a universidade na esperança de que eles passassem nos exames do serviço público para ajudá-los na velhice. Vinod era, ele mesmo, um dos inúmeros estudantes vindos de famílias pobres na universidade, preparava-se para os exames do serviço público e era sortudo o suficiente para morar em um minúsculo quarto nu de pensão, muito parecido com o quarto em que eu morei, no qual grossos livros de conhecimentos gerais e de economia indiana ficavam numa pilha alta na mesa solitária, ao lado de uma placa elétrica enferrujada na qual ele fazia chá e esquentava omeletes compradas numa banca fora dos portões da pensão. Mas ele aprovava a ação da polícia, do mesmo modo, disse ele, que a maior parte dos estudantes que não conseguiam encontrar acomodações baratas em qualquer lugar fora das pensões. Ele disse que a senhora Bahuguna tinha sido mal aconselhada pelos líderes municipais, muitos dos quais eram amigos dos criminosos que residiam na Pensão Hindu. Era outro exemplo do Congresso protegendo seus próprios interesses, e não em contato com o sentimento geral; isso iria agora custar-lhe votos entre os estudantes.

Vinod achava que a senhora Bahuguna, filha de um influente político brâmane na cidade, deveria estar mais bem informada. Ela mesma entrara tarde para a política, vários anos depois da morte do pai, mas até esse ponto não tinha feito jogadas de todo más (embora tivesse perdido a primeira eleição para o parlamento, para o qual concorreu em um distrito eleitoral vizinho; naquela época ela se opusera ao Congresso, zombando dele por ter escolhido Sonia Gandhi, uma estrangeira, como presidente. Poucas semanas antes das eleições presentes, ela conseguiu o apoio de Sonia Gandhi para a disputa em Allahabad).

Os líderes do Congresso em Déli escolheram a senhora Bahuguna por causa do nome do pai dela, um nome brâmane que o partido esperava provocar uma perda no apoio brâmane ao BJP, ao mesmo tempo que atrairia muçulmanos, entre os quais o pai dela tinha sido popular. Ela já tinha apoio dentro do pequeno grupo, não mais que 2% do eleitorado, de pessoas liberais, educadas na cidade — professores, advogados, jornalistas — que, embora nem sempre políticos, sentiam-se confortáveis com Rita e viam nela um bastião contra os nacionalistas hindus. A sala da união dos estudantes da qual ela falou estava cheia de professores da universidade, muitos dos quais mulheres em elegantes sáris. Na manhã seguinte, em sua casa, havia mais mulheres, fazendo campanha porta a porta, usando batom recém-aplicado e cheirando a desodorante. Algumas faziam parte de um grupo de estudos chamado Chetna (Consciência) e também dirigiam uma organização privada chamada Sahyog (Assistência), que supervisionava abrigos para trabalho escravo infantil e mulheres espancadas.

Havia muita coisa admirável com relação a essas mulheres. Foram elas que afirmaram um sentimento de sociedade compartilhada, que de outra maneira estaria ausente nas cidades pequenas como Allahabad. Mas a produção de apoio da classe média dentro da cidade não iria ser o bastante para eleger a senhora Bahuguna. Eu a acompanhei às aldeias ao sul do rio Yamuna, nas quais ela teve de dar duro para ganhar os votos dos *dalits* e muçulmanos para o Congresso. Longe de Allahabad, com a cidade parecendo recuar rapidamente depois da ponte sobre o inchado e enlameado rio Yamuna, ela parecia um tanto fora de seu elemento. Mantinha a extremidade do sári no nariz para bloquear a fumaça do diesel dos caminhões e tratores que passavam, enquanto falava comigo das conferências a que tinha assistido em cidades européias e norte-americanas como prefeita de Allahabad.

No pequeno assentamento de beira de estrada pelo qual passamos, feito de casas e lojas semiconstruídas de tijolos, os homens com as bandeiras do Congresso correram para ela: eram trabalhadores locais do partido que deveriam "entregar" os eleitores não comprometidos de suas aldeias, a maior parte analfabeta, ao Congresso. Homens importantes, muitos deles com idade suficiente para serem pais dela, teriam recebido uma pequena paga por seus serviços: emprego para seus filhos ou irmãos, moradia e empréstimos para agricultura depois da eleição.

Um homem de compleição pesada, com uma estereotípica barba branca hindu, como um sábio, e cabelo comprido, sentou-se atrás da senhora Bahuguna no grande jipe novo. Dal Bahadur era o candidato do Congresso de Allahabad na eleição anterior — e instruiu-a assim que viu os trabalhadores do partido. Ele sabia o nome deles todos; sabia a que casta pertenciam, e os apresentou à senhora Bahuguna com rude familiaridade. Ela os exortou a trabalhar ainda mais pela sua vitória; o híndi erudito que falava era notavelmente diferente daquele empregado por Dal Bahadur. Ela voltou para trás, ligeiramente corada, e então, quando o jipe continuou, recomeçou a conversar comigo: "Eu me diverti em Nova York", contou-me no posto de gasolina onde paramos para abastecer, e subitamente começou a acenar para alguém atrás de mim. Virei-me para dar de cara com dois frentistas de ar ligeiramente divertido. "Vocês vão se lembrar de mim no dia da eleição?", gritou ela. Havia fluência em seu discurso, e uma habilidade para mudar o registro que não poderia ter adquirido durante sua longa carreira acadêmica. Combinava com os silêncios repentinos no jipe, e parecia que, como chegara tarde à política, tinha sido surpreendida pelo surgimento das habilidades herdadas dos políticos, como se só recentemente tivesse tido acesso a alguma nova parte moldável de si mesma.

Mas seu ambiente familiar também havia imprimido nela um sentido de ter direito: era isso que a fazia ser tão brusca com os alunos; foi isso o que a fez naquela tarde percorrer uma série de aldeias pobres de casta baixa, oferecendo pouco mais que as boas obras enfraquecidas de seu pai e o nome talismânico dos Nehru e Gandhi.

Em um assentamento de beira de estrada, uma pequena multidão esperava sob uma fileira de bandeiras de papel do Congresso dependuradas entre duas mangueiras. A senhora Bahuguna subiu num catre de madeira que serviu de palanque e fez um discurso que mal era audível. Falou das privações de Sonia Gandhi e dos sacrifícios das famílias Nehru-Gandhi. A multidão a observava, sem ouvir muito, mas ainda na expectativa. Muitos deles tinham vindo de longe, a pé, pelos campos em redor, para vê-la. Eles eram iguais às pessoas a quem Sonia Gandhi e o então primeiro-ministro Vajpayee se dirigiriam em Allahabad alguns dias mais tarde. Os oradores célebres mal eram visíveis para a grande maioria da platéia, e os discursos ficavam perdidos nos ecos atordoantes dos alto-falantes, mas era ver que parecia importante, o contato com o poderoso e o privilegiado.

Vi um bom número de meninos de olhos claros e feições nítidas na multidão: eles pertenciam a uma comunidade mulçumana de cavaleiros de Rajasthan que tinham migrado para essa parte da Índia duas gerações atrás. Essa comunidade de três mil almas morava em cabanas de barro ao longo da estrada; a maioria era desempregada e sobrevivia esfolando vacas mortas em acidentes na estrada. Quase todos eram analfabetos. O velho hindu da barraca de chá adjacente, ele próprio em situação não muito melhor, tinha simpatia pelo apuro deles. Ele me disse: "*Yeh bilkul zero hain*" ("Essas pessoas são completamente zero"). Alguns dos garotos chegou-se, enquanto ele falava, e me olharam, com franca apreciação em suas jovens faces inexperientes. Eles acenaram a cabeça com inesperada veemência quando o homem disse que eles queriam acima de tudo que seu representante no Parlamento lhes desse uma escola.

Alguns quilômetros adiante — campos abertos de trigo e arroz dos dois lados, uma choupana ocasional à distância —, um cartaz recém-pintado anunciava uma escola para meninas. Vi uma pequena cabana com um único aposento comprido, escuro, as paredes de barro sem janelas, a única luz vinda de entre os fardos de palha empilhados no teto. O teto teria pingado durante o chuvisco mais fino, e o chão em torno da esteira de palha em que as crianças se sentariam estava úmido. Havia somas simples rabiscadas no quadro-negro em uma das paredes.

Um par de rapazes apareceu enquanto eu estava lá. Eles eram os dois professores: vinham de bicicleta todas as manhãs e depois iam de bicicleta a uma faculdade local na qual estudavam para obter diplomas de pós-graduação, e também se "preparavam" para o serviço público. O dono do colégio, um empreiteiro local de cascalho para quem a escola era apenas mais um entre vários negócios, pagava 400 rúpias por mês como salário.

Na fala sobre os salários dos professores, o secretário da senhora Bahuguna, um rapaz gordinho, simpático, de óculos, que me seguira ao aposento, animou-se. Ele viajava no meu carro depois que o jipe ficou cheio de líderes locais do Congresso, e pouco antes me explicara por que a senhora Bahuguna ia vencer. Não havia dúvidas quanto às regiões pelas quais estávamos viajando; o pai dela fizera muitas obras ali, todos se lembravam dele. Os professores no estado inteiro (e só no distrito eleitoral de Allahabad eram 60 mil), disse ele, iriam votar contra o BJP e a favor do Congresso. Eles haviam feito greve por causa dos baixos salários, mas o governo do BJP não fizera nada. E agora um líder sênior da associação dos professores tinha sido assassinado em Lucknow. (Eu lera a reportagem nos jornais naquela manhã. Uma semana mais tarde, houve uma reportagem sobre um "encontro" com a polícia em que o suposto assassino do líder tinha sido morto a tiros, sendo que "encontro policial" é a expressão indiana para execução sumária. Um jornalista do *Times of India* chegou a ver o corpo varado de balas jazendo ao lado de um inspetor da polícia que ainda se comunicava por rádio com seu quartel general, gritando animadamente, para o registro oficial, a respeito de balas que voavam por toda parte. Houve alegações por parte da associação dos professores de que a polícia tinha assassinado o matador para fechar rapidamente o caso.)

À tarde, nuvens escuras juntaram-se no grande céu enquanto dirigíamos ao longo de um rio lamacento, e agora outros carros seguiam o jipe da senhora Bahuguna na estrada estreita. Durante os muitos quilômetros seguintes choveu, uma chuva forte, cegante, da qual ciclistas e guias de carros de boi se abrigavam em intimidados grupos molhados sob enormes mangueiras, ou sob tetos gotejantes de ferro corrugado de barracas de chá e das bancas de *paan*. As janelas começaram a ficar embaçadas; os carros, jogados de um lado para outro por causa dos grandes buracos, prosseguiam cuidadosos. Crianças descalças, em farrapos, o cabelo molhado grudado ao crânio, corriam atrás dos carros que balançavam e saltavam, e se atiravam sobre os folhetos de propaganda jogados das janelas.

Não havia comitê de recepção na aldeia de beira de rio seguinte, e ninguém parecia saber muito a respeito do lugar, com exceção de Dal Bahadur, o homem com aparência de sábio, que agora desaparecera, deixando o resto do grupo de pé em uma colina encharcada pela chuva.

Caminhei atrás dele na aléia enlameada, cheia de água da chuva e de excremento de carneiros e vacas. Em pátios dianteiros desalinhados, com palha e esterco, as mulheres que peneiravam trigo pararam para me olhar, com os sáris cor-de-rosas e roxos brilhantes contra o pálido amarelo-barro de suas casas. Crianças nuas, com as barrigas distendidas, encolheram-se para um lado quando passei por elas. Um velho encurvado sobre um catre de corda me fez um gesto de dentro de sua cabana nua: quando entrei, ele queria saber se eu era do governo.

Lá dentro estava fresco e cheirava bem. Os cheiro de esterco de vaca quase se transformara, com a chuva, em algo intoxicante e inebriante. Dois garotos no início da adolescência entraram: os dois de pernas finas como varas, os olhos negros brilhando no escuro. O pai deles era agricultor de arroz e pescador, como a maior parte das pessoas na aldeia. Arroz e peixe era o que comiam — o alimento cozinhado no fogão *chulha* em uma pequena alcova do lado de fora do quarto, bolos de esterco de vaca empilhados ao lado dele. Eles nunca estiveram na escola, e não tinham outras roupas além das que usavam — roupas que o pai tinha comprado no bazar das imediações dois anos antes. As calças de poliéster, grandes demais, e as camisas rasgadas embaixo do braço e em torno da gola eram adequadas para dez meses no ano; quando chegasse o inverno, eles amarrariam palha dentro das camisas.

Demorou algum tempo até os garotos se acostumarem à nossa presença, e mesmo assim eles falaram com dificuldade; não entendiam as palavras mais simples. Seu vocabulário escasso refletia a nudez do quarto que, fora o catre de cordas, não tinha mobília ou pertences pessoais, palavras e coisas ausentes que provocavam um tipo de lacuna que envolvia tudo.

De volta ao local em que os carros tinham parado, Dal Bahadur surgira com algumas poucas velhas timidamente em seu rastro. Elas ficaram de pé, sem falar, as feições enrugadas, sem dentes, meio escondidas pelos véus do sári puxados até o nariz, enquanto a senhora Bahuguna perguntava-lhes a respeito de seus "problemas". Elas continuaram sem dizer nada, de modo que a senhora Bahuguna começou a descrever a presidência de Sonia Gandhi e do Congresso, e como as mulheres estavam em melhor posição para compreender os problemas de outras mulheres. Elas continuaram olhando, a perplexidade aparecendo nos olhos que continham grande ansiedade e paciência. E agora, um Dal Bahadur sem jeito instruiu-as, em sua voz rouca, "Não sabem quem é ela? Não se lembram como o pai dela distribuiu *lai chana*?".

Lai chana! A mistura de grãos-de-bico e pipoca de arroz que era a guloseima do pobre, enfiada em latas enferrujadas nas sombrias lojas de um único aposento nos mercados de favela em que passáramos. Não era difícil perceber o clima da situação. Décadas depois, pediam às velhas que se lembrassem da oferta sem sentido de um político morto há muito tempo, em uma aldeia cujo desamparo quase total ia além da simples privação dos pobres rurais em outros lugares — além da falta de água, eletricidade, escolas primárias e hospitais para a mais antiga e mais elementar forma de comunidade humana, em que o mundo de fora só entrava com aqueles visitantes de época de eleição e os folhetos de propaganda que as crianças esfarrapadas tinham agarrado.

Quanto mais se examina a recuperação da Índia pelos indianos, mais desigual parece o processo como um todo. Nunca ficou muito claro quem estava recuperando o quê. O senhor Patel, candidato do partido Bahujam Samaj, apresentara-se para mim como *dalit*. Eu ficara inquieto quanto ir à sua casa e possivelmente ter de enfrentar uma expulsão. Fiquei aliviado ao encontrá-lo, uma figura amável, ansiosa por atenção por parte da imprensa. Agora informavam que ele não era *dalit* coisa alguma. Era um *kurmi*, o que — tão importantes, essas diferenças— o tornava membro de uma casta tecnicamente "atrasada", mas muito mais bem localizada social e financeiramente que os *dalits*.

Da mesma forma, o senhor Patel era dono de uma grande propriedade agrícola fora de Allahabad. Era membro muito recente do partido *dalit*, cuja estratégia de instabilidade me explicara — o partido cujos líderes, nos poucos meses do poder no estado de Uttar Pradesh, tinham esvaziado o erário do estado e criado pequenos impérios para eles mesmos, além de construírem monumentos grandiosos a líderes *dalit*.

O senhor Patel só entrara para o partido algumas poucas semanas antes das eleições. Foi Sandip, ele mesmo um *kurmi*, que me disse isso, um tanto desajeitadamente. Estávamos dirigindo em direção ao sul de Allahabad, para os distritos pobres de Meja e Karchana, onde havia uma grande população *dalit*. O senhor Patel sentara-se no banco da frente e estava extraordinariamente silencioso. Bandeiras de partidos tremulavam em cima de casas e lojas. Poucas delas eram do partido do senhor Patel. Em locais nos quais se tinham arranjado as reuniões e montado os microfones e palanques, quase ninguém, fora alguns trabalhadores do partido, esperavam para saudá-lo, e o senhor Patel teve de ir adiante sem fazer seu discurso.

Foi nos silêncios constrangedores que baixavam dentro do jipe depois de cada encontro abortado que Sandip começou a falar de sua própria família. Orgulhosamente me falou do número de parentes que tinha nos serviços públicos estaduais e centrais. Por que então ele não entrara para a política, perguntei. Imediatamente respondeu: "Quis explorar outras opções." Não havia qualquer ironia; ele falou honestamente. Mais tarde, tentando dar uma esclarecimento, ele acrescentou: "Não basta os *dalits* entrarem para o serviço público. Eles têm de penetrar na arena da política e vencer as forças bramânicas ali. É a afirmação *dalit* que vai expor a retórica em proveito próprio do BJP sobre o terrorismo e as ameaças à integridade da Índia."

Forças bramânicas, afirmação *dalit*, integridade da Índia: as palavras representavam certamente algumas realidades reconhecíveis. Mas era possível ver coisas demais nelas e esquecer as intenções simples dos políticos que as usavam, pessoas que nem sempre tinham certeza do que diziam e que, apesar da diferença na retórica, falavam por eles apenas, e no final estavam lutando pelas mesmas coisas. Mal empregadas pelos políticos, as palavras adquiriram a neutralidade de figuras matemáticas; você conseguia ajustá-las em qualquer lugar na contabilidade confusa da política eleitoral que, numa sociedade econômica e socialmente restrita, tinha-se tornado um meio cada vez mais atrativo para a mobilidade ascendente.

Para a massa dos camponeses e operários, e para a classe média de advogados, médicos, engenheiros, burocratas, professores e homens de negócio, uma nova classe de políticos profissionais tinha sido constantemente acrescentada desde 1947. Milhares de homens surgiram da massa geral de pessoas carentes e adotaram posições importantes dentro das legislaturas nacional e estadual. Homens sem nenhum treinamento ou habilidade especial, algumas vezes nem mesmo uma alfabetização e a oratória básicas. Grande número deles formado por criminosos. Poucos oferecem qualquer coisa além de sua identidade de casta e religiosa. A maior parte fica satisfeita em pilhar os recursos do Estado, e algumas vezes partilham do butim com membros de suas famílias ou grupos de casta. Eles todos procuram poder, o que, em sociedades degradadas pelo colonialismo, muitas vezes aparece separado de qualquer idéia de para que ele vai servir — o tipo de poder que, na maior parte dos casos, é pouco mais que uma oportunidade de elevar-se acima do resto da população e saborear as riquezas do mundo: viagens oficiais a Nova York, passeios de helicóptero, passagens grátis em trens, abastecimento de gás, guarda-costas vindos de "comandos", carros dirigidos por choferes e multidões de suplicantes do lado de fora da porta.

Por trás da retórica de redenção de casta e religião, deserções, traições, colapso de governos e novas eleições, constantes intrigas em Déli e nas capitais dos estados, por detrás de todo o infinito drama da política na Índia, reside o medo que esses homens, elevados acima de sua posição, sentem: que a qualquer momento a riqueza do mundo possa lhes ser tirada e se vejam devolvidos às casinhas nas aléias sujas, à pobreza e insignificância das quais a profissão de político os havia resgatado.

Com esse medo muitas vezes vem um desdém pelo eleitorado, uma impaciência com o processo de apaziguamento e persuasão do povo que foi deixado para trás. O povo, por sua vez, não é lento em desenvolver seu próprio desdém pelos novos-ricos. Um monte de gente em Allahabad afirmava ter conhecido o senhor

Joshi, o membro do Parlamento representante por Allahabad, durante a época em que morava numa casa de dois cômodos, vestido em shorts cáqui, e pegava carona em traseira de motonetas para a universidade, onde ensinava física — nada de memorável, diziam. Mas o senhor Joshi — que agora residia em uma casa cheia de mármore, viajava em um Ambassador à prova de balas com vidros escurecidos, e com comandos de aparência feroz vestidos de preto e carregando carabinas e AK-47s em volta de sua pequena figura vestida em *dhoti* branco (os comandos não eram realmente necessários, a não ser como sinais de status, e não havia perigo para a vida do senhor Joshi, pelo menos em sua própria cidade) —, o senhor Joshi, que agora começava a aparecer nas colunas sociais dos jornais de Déli, tinha conseguido colocar-se acima da inveja e do ressentimento da cidade pequena.

A referência à seu passado humilde em geral era seguida de algum exemplo de sua recém-adquirida arrogância, de fato os modos irritantes de um homem que fora impedido de subir ainda mais. Durante uma década ele foi considerado o terceiro líder mais importante do BJP, e ao longo de seu mandato como ministro de Recursos Humanos e Desenvolvimento tentou mas não conseguiu melhorar aquele aparentemente perene terceiro lugar. Tentou impor um novo currículo educacional que revisava drasticamente a história indiana como uma batalha contínua contra os muçulmanos iconoclastas; mas foi impedido pelo seu próprio primeiro-ministro. Ele aparecera com um novo slogan para os economistas nacionalistas dentro do BJP: "*Computer chips*, não *potato chips*". Tinha salientado sua fama de homem de ciência entre as classes médias urbanas. Entre os brâmanes rurais, não deixou de mencionar sua campanha contra a matança de vacas. "A civilização hindu", ensinou-me ele, "não poderia ter existido sem vacas, sem o leite, o queijo, o esterco. Eles são a base da nossa identidade nacional."

Mas era de uma base diferente de identidade nacional — bombas nucleares — que ele falou para o pequeno grupo de camponeses e trabalhadores subalternos do lado de fora de um pequeno instituto técnico em Allahabad, três dias antes do dia da votação. Ele chegara com quatro horas de atraso, e até então várias pessoas, muitas das quais pagas para comparecer, ficaram lá paradas, usando visores laranja vivo do BJP, punidas pelo sol inclemente, entre montes de lixo e sujeira preta seca da chuva, oriunda de esgotos transbordantes e pilhas de ferro-velho enferrujado. O tom foi estabelecido pelos primeiros oradores, políticos locais que se precipitaram para tocar-lhe os pés, arrancaram guirlandas dos braços carregados de um menino vestido numa encardida camiseta sem mangas e as puseram em torno do pescoço do senhor Joshi, antes aplicando algumas camadas mais das marcas de casta rubras em sua testa. Em um longo discurso divagador, um deles contou uma conversa tida com uma "senhora" visitante de Paris: ela tinha exclamado à menção de Allahabad: "Não é o lugar onde o grande filho da Índia, o senhor Joshi, mora?". O senhor Joshi, acocorado no chão, com pétalas de cravina grudadas em seu cabelo besuntado com óleo, as pernas penduradas no palco, parecia impaciente enquanto orador após orador continuava nessa veia. Quando chegou sua vez, ele começou mencionando o grande impulso dado ao prestígio indiano pelos testes nucleares e acrescentou que a desaprovação da comunidade internacional não poderia deter a Índia. "Quantas bombas devemos construir?", perguntou à audiência, no estilo interativo que me disseram ter desenvolvido após ser criticado por sua oratória pouco inspiradora. Algumas vozes fracas foram ouvidas. "Vinte!" "Cinqüenta!" "Mil!" O senhor Joshi acenou com a cabeça a esse número alto. Mencionou as batalhas em Caxemira. Disse para declararem ao Paquistão: "Se vocês nos provocarem mais uma vez, vamos esmagá-los". Houve um aplauso perfunctório de algumas das atormentadas faces suadas no grupo. Ele mencionou o complexo de esportes aquáticos que estava planejando construir no Ganges. Bazofiou sobre como se tinha livrado de todos os "comunistas" que trabalhavam no Conselho Indiano de Pesquisa Histórica, financiado pelo governo.

E então acabou e saiu rapidamente, uma pequena figura energética caminhando pelo corredor estreito que os comandos criaram para ele aos safanões e empurrões cegos em meio ao povo comprimido, de volta ao Ambassador branco, no qual ficava outra vez insondável por trás dos vidros escurecidos enquanto o carro saía em disparada, com as sirenes soando histericamente a passar pelas oficinas de automóveis e barracas de chá, enquanto os aturdidos homens em farrapos sentados no chão pareciam transformados em uma pasta preta pelo óleo diesel e água da chuva.

A parada seguinte do senhor Joshi naquele dia era uma mansão nova, de mármore cinzento e imitação de ladrilhos espanhóis, em um recinto encerrado por altos muros, a diversos quilômetros de distância de Allahabad. Foi lá que os Jaiswals — uma casta de negociantes — tinha organizado um comício. Homens barrigudos trajando bonés de beisebol, óculos escuros, relógios com largas pulseiras de ouro, anéis e correntes sentavam-se em cadeiras de plástico na frente de um palanque em que uma flâmula proclamava: "Todos os companheiros, irmãos da mesma casta são bem-vindos". Esse era eleitorado do senhor Joshi: homens de classe alta, com dinheiro, integrantes da forte rede de simpatizantes e voluntários dos nacionalistas hindus, cujas queixas a respeito de sua insociabilidade e arrogância tinham ficado mais fortes à medida que as eleições se aproximavam. Ele não tinha escolha senão ficar até o fim da comédia banal de discursos, apresentações e guirlandas, que começaram tudo de novo.

Quase todos os oradores falaram de como os Jaiswals, por meio de seu sucesso como lojistas, tinham obrigado o resto da sociedade hindu a tratá-los com respeito. Mas eles tinham sido privados da ação afirmativa nos empregos públicos — uma grande injustiça que esperavam que o senhor Joshi retificasse como "honrado ministro" no novo governo. O senhor Joshi sentou-se na beirada do palanque, com as pernas penduradas, como fizera no comício anterior, parecendo impaciente. Em seu discurso, tratou dessa solicitação do mesmo modo como tratara de uma solicitação semelhante poucos dias antes, em outro conclave de classe alta, em que orador após orador contara a exploração que sofreram dos brâmanes, além de, assombrosamente, dos *dalits*: prometeu dar à questão sua "mais atenciosa consideração".

Depois houve um almoço na piscina. O senhor Joshi sentou-se ao centro da mesa e comeu rapidamente de seu prato de folha. Um dos oradores mais persistentes — um homem gordinho vestido de safari, o dono da mansão — sentou-se ao lado dele e ficou gritando com os meninos que serviam para reabastecer o prato do senhor Joshi. Este acenava para os meninos se afastarem, enquanto eles, vestidos com uniformes vermelhos e sandálias de dedo de borracha, adejavam por cima dos ombros do senhor Joshi com tigelas reluzentes de aço cheias com *dhal* e *kheer*.

Terminado seu almoço, o senhor Joshi parecia pronto para partir. Mas diversas pessoas aproximaram-se e sussurraram em seu ouvido; ele concordava e concordava. Os comandos comeram em outro canto da piscina; eles pareciam surpreendentemente tranqüilos. Um deles lavou os dedos engordurados na piscina. Houve outros que fizeram o mesmo, mas este foi o comando que o dono vestido de safari viu, e afastou-se da conversa com o senhor Joshi com o rosto repleto de horror. Chovera cedo, na manhã do dia da eleição. Mas as cabines de votação na cidade — instaladas em escolas, faculdades e pequenos parques — permaneceram vazias até a tarde. Um número inusitadamente baixo de eleitores, 30%, deu-se ao trabalho de aparecer antes das quatro, uma hora antes do término oficial da votação. Policiais entediados jogavam cartas, cassetetes e rifles pousados no chão, e os fiscais de votação dos partidos concorrentes sentaram-se, parecendo mal-humorados, por detrás das escrivaninhas de crianças pequenas, enquanto os votantes iam gota a gota de um lado para outro percorrendo os procedimentos de votação, entre mesários sombrios, por detrás de toscas mesas de madeira empilhadas com as listas dos votantes. As ruas no bairro velho estavam desertas; e as velhas casas dos negociantes e comerciantes ricos — muitas vezes construídas em estilo ousado, com motivos *art-déco*, Mogul e Rajput — pareciam gastas pelo tempo, calor, chuva, além do atrito constante de *tongas*, motonetas, jinriquixás, carros e motocicletas que passavam, dos gritos dos vendedores de frutas e legumes, das discussões de donas-de-casa e da música aos brados de minúsculas lojas de eletrônicos.

Venezianas cobriam todas as lojas de um único cômodo. Fui ver o bordel que ficava ao lado da casa ancestral mais antiga dos Nehru. Meninas do Nepal, usando sáris brancos, jasmim fresco nos cabelos e espessa camada de batom nas pequenas bocas estavam sentadas, fofocando em pequenos quartos escuros e frescos que davam para uma aléia deserta.

A única multidão notável era no bairro muçulmano. O voto lá era a favor do partido do Congresso. Foi o que o senhor Ahmed pediu de seus companheiros muçulmanos; e as mulheres de burka caminhavam silenciosamente para as cabines em pequenos grupos determinados. Mas eles não eram o único motivo pelo qual os fiscais de votação do BJP pareciam nervosos. A maior parte da classe média hindu da qual o BJP dependera nas eleições passadas tinha decidido abster-se, e isso era um contratempo para as chances do senhor Joshi. Não havia gente suficiente nem para depositar votos falsos, processo mais fácil dessa vez pela introdução das urnas eletrônicas.

As expectativas iniciais da derrota do senhor Joshi depois do baixo comparecimento foram dirimidas mais tarde, no dia da eleição, quando a famosa rede dos nacionalistas hindus entrou em ação, a as percentagens de votos subiram bruscamente para 45% e algumas vezes para 50% . Um fiscal do BJP — o diretor de uma escola local — contou a Piyush, o jornalista do *Times of India*, com ansiosa satisfação, como tivera de trazer alunos de sua própria escola e convencer o mesário a deixá-los depositar quinze a vinte votos, cada, em favor do senhor Joshi. (O candidato do Partido Socialista, Reoti Raman Singh, organizou uma demonstração branca contra a fraude do lado de fora da sessão do distrito, e diziam que ela se disseminara, mas tarde demais.)

Na cabine de votação a alguns quilômetros de Allahabad, houve uma briga entre trabalhadores do partido do BJP contra os do Partido Samajwadi (Socialista). Um jipe Tata Sumo novo ficou na estrada, com pára-brisa e vidros quebrados e os pneus cortados. Um pequeno grupo de aldeões locais ainda permaneceu ao redor dele, como se pensando sobre a destruição rápida de algo aparentemente tão sólido e caro. A poucos quilômetros de distância, numa favela, uma das vítimas, espancada com barras de ferro, estava em um hospital semiconstruído. Sua cama não tinha lençóis, apenas um colchão rasgado com a palha exposta, e ele jazia, gemendo baixo, não em um dos quartos vazios, mas no corredor poeirento, com bandagens ensangüentadas na cabeça e nas costelas, tubos de transfusão de sangue amarrados ao braço magro, rodeado de homens do BJP vestidos de branco que chamavam os fotógrafos da imprensa em seus telefones celulares.

Mas fora das estradas principais e mais para dentro da área rural, a eleição se deu normalmente, e o comparecimento foi de

60% e 70%. Não houve surpresas. A maior parte das pessoas afirmou suas solidariedade de casta, e os indecisos ou fracos e ignorantes seguiram as ordens dadas pelos maiorais locais. Um velho a caminho da cabine de eleição, o rosto de camponês imemorialmente vincado e enrugado, disse que recebera ordens do governo de votar no BJP. Houve outros que não sabiam bem em que estavam votando; a maioria reconhecia os partidos apenas pelos símbolos: bicicleta, lótus, a palma da mão. Mas houve multidões em toda parte — até em uma escola primária na qual era necessário vadear pela água da chuva à altura do joelho, no pátio da frente, para chegar à cabine de votação —, e elas trouxeram um ambiente festivo ao ato.

As cabanas pareciam ter sido limpas recentemente, o chão forrado com esterco. As mulheres vestiam seus sáris mais coloridos; os homens apresentavam bigodes bem untados, turbantes e *kurtas* engomados. Aldeia após aldeia, naquela tarde, as pessoas esperaram pacientemente em longas filas, sob o duro sol de monção, as faces normalmente impassíveis transbordando de excitação — imagens estereotípicas das eleições indianas e da democracia que deixavam de lado muito do que não era visto: as consolidações de castas, os votos arregimentados, os decretos feudais, a ignorância e a brutalidade. E, no entanto, era difícil não sentir a força das esperanças e dos desejos do povo em fila para votar; difícil não ver comoção no cuidado e devoção que traziam à sua única e limitada intervenção no desconhecido mundo exterior; difícil não ficar emocionado pela ansiedade com que abraçavam sua oportunidade de alterar o mundo que tinha exercido um poder tão arbitrário sobre suas vidas.

As monções tinham recuado à época em que os votos foram contados, quase três semanas depois do dia da eleição. A contagem teve lugar em um enorme *mandi*, um centro comercial local, dez quilômetros fora de Allahabad. Jipes e caminhões da polícia estrangulavam as aléias quebradas entre grandes saguões, embaixo de tetos de ferro corrugado onde milhares de homens sentavam-se em frente a um caos de papel e grandes baús cinzentos de metal, ao mesmo tempo em que os alto-falantes ecoavam, anunciando os resultados depois de cada rodada de contagem.

O senhor Joshi estava, como esperado, bem à frente do resto. O senhor Singh, solidamente apoiado pelos pobres rurais, estava em segundo lugar, e a senhora Bahuguna, apesar dos votos muçulmanos e liberais a seu favor, estava colocada em terceiro.

O senhor Patel do partido *dalit* vinha num distanciado quarto lugar. Encontrei-me com ele em um dos locais de contagem. Ele tinha os motivos para seu mau desempenho: os partidos bramânicos haviam subornado os eleitores com bebida rural barata, e as forças bramânicas na administração do distrito tinham subvertido a democracia — e ele estava sereno em sua expectativa de derrota. Seu partido estava indo bem no resto do estado; viria a ter assentos suficientes no Parlamento para desempenhar seu papel desejado de desestabilizador. O próprio senhor Patel já tinha feito a sua quota de desestabilização em Allahabad: ele tomara os votos das castas "atrasadas" e dos *dalit* dos partidos do Congresso e Socialista, tornando assim mais fácil para o BJP, com apenas 34% dos votos, ganhar.

Mas não ajudara o BJP bramânico?, perguntei. Sim, disse ele, mas era importante que o BJP estivesse no poder; era a força política com a maior probabilidade de causar instabilidade e desordem no país, que era o plano de longo prazo de seu partido e dos *dalits* em geral.

Havia outros planos de longo prazo sendo postos em ação na sala em que o senhor Joshi estava sentado, observando os resultados nacionais na TV, o ar pesado das vozes animadas dos analistas e cientistas nos estúdios em Déli. O BJP e seus aliados iam vencer com uma maioria segura no Parlamento. Os funcionários do distrito, sentados a uma distância formal do senhor Joshi, e que anteriormente me pareceram estar sob uma ligeira pressão por causa das acusações de fraude, agora pareciam mais aliviados a cada momento que passava. Eles eram solícitos com o senhor Joshi, que certamente ia ser ministro outra vez no novo governo; estavam prontos a levantar rapidamente de seus sofás e deixar seus assessores de cinturão vermelho quando ele os chamava com o dedo; de pé, semi-inclinados à sua frente, davam a ele as últimas notícias a respeito da crescente margem de vitória.

Usando uma echarpe azul de seda bordada, o topete bramânico bem untado, o senhor Joshi observava, com o ar inquieto de um homem que tinha sido deixado de fora das coisas, as entrevistas com políticos sêniores nos estúdios de Déli. Quando chegou uma ligação telefônica da estação de rádio local, ele expressou, numa manifestação solene, o tom comedido de voz e as palavras bem ensaiadas, sua inteira falta de surpresa em ter vencido.

Mais tarde, no mesmo dia — os resultados proclamados, as lojas na cidade outra vez abertas, as Civil Lines outra vez movimentadas com gente comprando e passeando, a eleição quase esquecida —, vi seu desfile de vitória. As sirenes podiam ser ouvidas à distância; as pessoas paravam para olhar enquanto os primeiros Ambassadores apareceram, andando rápidos e sem cuidado na estrada estreita repleta de jirinquixás, carros, motonetas e motocicletas. Os veículos do cortejo tocavam buzina sem parar. Comandos vestidos de preto, o cano dos AK-47s aparecendo nos vidros abertos, gritavam xingamentos para os jirinquixás que atrasavam o caminho; os homens assustados e amedrontados enfiavam suas pernas finas e nuas nos pedais e deslizavam timidamente para fora da estrada. Jipe após jipe cheio de rapazes com xales cor de açafrão que gritavam slogans passava antes que o Ambassador à prova de balas do senhor Joshi aparecesse, com pilhas de guirlandas de rosas enroladas em torno da luz azul que rodava feito louca. Supreendentemente, nesse momento de celebração pública, o senhor Joshi não se mostrou, mas ficou sentado, parcialmente escondido por trás dos vidros escurecidos, distante em sua cabine sem som dos frenéticos gritadores de slogans, em segurança, longe das nuvens de poeira lançadas pelo seu cortejo em disparada. Por trás de seu semblante sem expressão, ele mostrava alívio — o alívio de um homem a quem finalmente fora permitido, depois de um breve susto, continuar uma jornada privada que já o levara da carona de uma motoneta para um Ambassador à prova de balas.

AYODHYA: A MODERNIDADE DO HINDUÍSMO

1. A HISTÓRIA COMO MITO

AYODHYA É A CIDADE DE RAMA, o mais virtuoso e austero dos deuses hindus. Viajando para lá em janeiro de 2002, vindo de Benares, pela paisagem de inverno da Índia setentrional, os campos brilhantes cor de mostarda, agitados bazares de beira de estrada e solitárias colunas de fumaça, eu me senti viajando por dois mitos hindus muito diferentes – ou visões de vida. Shiva, o deus da perpétua destruição e criação, domina Benares, onde os conjuntos de templos escondem cibercafés e as crianças soltam pipas ao lado de piras funerárias abertas ao lado do rio. A afluência e o caos agressivo da cidade parecem longínquos em Ayodhya, que é pequena e descuidada, com as aléias cheias da poeira dos campos planos que as circundam. Os camponeses, com pacotes desajeitados em baixo do braço, trouxeram-me à lembrança os peregrinos nas pinturas em miniatura da Índia medieval; e sentado perto do rio Saryu no crepúsculo, observando os devotos colocarem ternamente na água lenta as minúsculas lâmpadas de barro, senti a persistência e a continuidade da Índia hindu.

Depois da visão do hinduísmo eterno, as numerosas mesquitas e construções mogul em Ayodhya apareceram como uma surpresa. A maior parte delas está em ruínas, especialmente as mais antigas, construídas durante os séculos XVI e XVII, quando Ayodhya era o centro administrativo da uma província importante do Império mogul, Awadh. Todas, com exceção de duas, foram destruídas, e até em dias recentes, como em 6 de dezembro de 1992. Nesse dia, agora uma data significativa na história da Índia, uma multidão liderada por políticos do BJP nacionalista hindu, como ato de desprezo, demoliu uma mesquita que alegavam ter sido construída pelo imperador mogul, Babur, no século XVI no local de nascimento do deus Rama.

É pouco provável que qualquer das mesquitas seja restaurada em um futuro próximo; a presença muçulmana na cidade parece estar no fim pela primeira vez em oito séculos. Essa foi a impressão que tive em janeiro de 2002, um mês antes da fúria antimuçulmana ter explodido no estado ocidental da Índia, Gujarat, em Digambar Akyhara, o grande conjunto forrado de palha da seita militante *sadhu*, presidida por Ramchandra Paramhans. Em 1949 Paramhans iniciou uma batalha legal para reaver a mesquita de Babur, ou Babri Masjid, para a comunidade hindu; em dezembro de 1992, ele dirigiu com exuberância a brigada de demolição.

A seita, disse-me Paramhans, foi estabelecida quatro séculos atrás para lutar contra os invasores muçulmanos que vinham devastando a Índia desde o século X, e que erigiram mesquitas por cima de templos nas cidades santas de Ayodhya, Benares e Mathura. Os *sadhus* estiveram envolvidos, acrescentou ele, em 76 guerras pela posse do local da mesquita em Ayodhya, na qual mais de 200 mil hindus tinham sido martirizados.

Dois guarda-costas observavam nervosamente a minha expressão enquanto Paramhans descrevia essa história. Outros homens armados estavam em cima do muro de tijolos finos do recinto. A segurança parecia excessiva num ambiente exclusivamente hindu. Mas como Paramhans explicou, acariciando os tufos de cabelo branco na ponta do nariz, no ano anterior ele fora atacado por bombas de fabricação caseira jogadas pelo que ele chamou de "terroristas muçulmanos".

Paramhans, que morreu em 2004, aos 93 anos, encabeçava a curadoria encarregada de construir o templo que os líderes do BJP tinham prometido erigir no local da mesquita de Babur. Quando falei com Paramhans no final de janeiro de 2002, ele esperava que cerca de um milhão de voluntários hindus chegassem a Ayodhya até 15 de março, desafiando uma proibição da Suprema Corte sobre construções no local da mesquita, e apresentando outro *fait accompli* ao mundo sob a forma de um templo semiconstruído.

Milhares de ativistas hindus de toda a Índia viajaram para Ayodhya durante as primeiras semanas de fevereiro. Muitos deles vinham do próspero estado ocidental de Gujarat, cujos hindus empreendedores, que freqüentemente moravam na Europa e nos Estados Unidos, tinham formado um eleitorado fiel de nacionalistas hindus desde os anos 1980. Em 27 de fevereiro, alguns desses ativistas estavam voltando no trem de Ayodhya quando um grupo de muçulmanos atacou e incendiou dois dos vagões, perto da cidade de Godhra, em Gujarat. Cinqüenta e oito hindus, muitos deles mulheres e crianças, foram queimados vivos.

Grupos homicidas de nacionalistas hindus que buscavam vingança ao ataque em Godhra tumultuaram todo o Gujarat durante as semanas seguintes. Usando as echarpes açafrão e os shorts caqui dos nacionalistas hindus, eles muitas vezes estavam armados de espadas, *trishuls* (uma espécie de tridente), explosivos sofisticados e cilindros de gás. Tinham o endereço de diversas famílias e casas de comércio mulçumanas, que eles atacavam sistematicamente. A polícia nada fez para impedi-los, e até mesmo liderou o ataque contra os muçulmanos. Um ministro do BJP ficava sentado nas salas de controle da polícia, enquanto os pedidos de ajuda dos muçulmanos eram rotineiramente desconsiderados. Jornais de propriedade de hindus publicavam histórias fabricadas a respeito de atrocidades muçulmanas, e incitavam os hindus a vingarem a morte de peregrinos hindus.

No final, mas de duas mil pessoas, a maior parte delas mulçumanas, foram mortas. Cerca de 230 mesquitas e santuários, inclusive uma mesquita de quinhentos anos de idade, foram inteiramente arrasados; algumas foram substituídas por templos hindus. Cerca de 100 mil muçulmanos foram encerrados em campos de refugiados. Cadáveres enchiam as covas coletivas; muitas vezes estavam mutilados a ponto de ficarem irreconhecíveis, os fetos arrancados das barrigas das mulheres.

O ministro-chefe de Gujarat, um jovem líder em ascensão dos nacionalistas hindus chamado Narendra Modi, citou Isaac Newton para explicar a matança: "Toda ação", disse ele, "tem uma reação igual e contrária." O primeiro-ministro indiano na época, Atal Behari Vajpayee, que visitara o local dos massacres durante um mês inteiro depois de ele ter começado, expressou vergonha e lamentou que a imagem da Índia estivesse manchada. "Que face vou agora mostrar ao mundo?", perguntou, referindo-se à sua próxima visita a Cingapura. Mais tarde, em uma reunião do BJP, ele rejeitou exigências da oposição e da imprensa quanto ao saque de Modi e propôs eleições antecipadas em Gujarat. Num discurso público, parecia pôr a culpa nos muçulmanos. "Seja lá onde estiverem", ele disse, "não querem viver em paz." Acrescentou, referindo-se aos muçulmanos e aos cristãos: "Nós permitimos que eles dissessem suas preces e seguissem sua religião. Ninguém deveria nos dar lições sobre secularismo." Uma resolução votada pelo RSS (Organização dos Voluntários Nacionais), o grupo de onde emergiram os nacionalistas hindus, do qual saíram quase todos os líderes do BJP, do VHP e do Bajrang Dal, e cuja missão era criar um estado hindu, descreveu a matança retaliatória como "espontânea", afirmando que "a sociedade hindu inteira tinha reagido", e até fazendo a seguinte declaração: "Que os muçulmanos entendam que a verdadeira segurança deles está na boa vontade da maioria". Tanto Vajpayee quanto seu colega mais antigo, L. K. Advani, são membros do RSS, que estava envolvido no assassinato de Mahatma Gandhi em 1948.

Em Ayodhya, em janeiro, Paramhans me disse: "Antes de enfrentarmos os terroristas paquistaneses, temos de cuidar dos descendentes que Babur deixou para trás na Índia: devemos mostrar a esses 130 milhões de muçulmanos da Índia o lugar deles." Essa mensagem parece ter sido levada ao pé da letra em Gujarat, onde os nacionalistas hindus demonstraram um alto grau de eficiência administrativa na matança dos muçulmanos. Na cidade de Gujarat, homens hindus de classe média chegavam em novos carros japoneses — os emblemas da economia globalizada da Índia — para carregar o produto da pilhagem das lojas e escritórios muçulmanos.

Os jovens ricos hindus vestidos em camisetas Benetton e tênis Nike pareciam combatentes improváveis no que Paramhans me disse ser uma *dharma yudh*, uma guerra santa contra os traidores, 12% da população da Índia. Tanto a riqueza como a instrução separavam-nos dos hindus desempregados e apáticos das cidades pequenas que conheci em Ayodhya, um dos quais foi o convocador local do Bajrang Dal (exército dos hanumans), os membros da tropa de assalto dos nacionalistas hindus, que já tinham sido implicados em diversos incidentes de violência contra cristãos e muçulmanos por toda a Índia, incluindo o assassinato, em 1998, de um missionário australiano, no estado oriental de Orissa. Em resposta a uma questão a respeito dos muçulmanos, ele dramaticamente desembainhou sua faca e me convidou a sentir o fio da lâmina de três gumes, na forma do tridente do deus hindu Shiva.

Mas, apesar de suas diferenças, os indianos hindus ricos e desempregados partilhavam de uma visão particular do mundo. Isso ficou mais claro para mim durante minhas viagens pela Índia setentrional no início de 2002, por intermédio dos alunos da Saraswati Shishu Mandir, uma escola primária em Benares, uma entre 15 mil dessas instituições administradas pelo RSS. Os temas da assembléia matutina a que fui eram masculinidade e patriotismo. No sombrio saguão, havia retratos dos militantes que mais lutaram pela liberdade hindu, misturados com cartazes de exortações — inclusive "Dê-me sangue e eu lhe darei liberdade", "A Índia é uma nação hindu", e "Diga com orgulho que você é hindu". Durante mais de uma hora, meninos e meninas em uniformes combinados de branco e azul marcharam de um lado para outro em frente a um palco em que uma estátua de gesso da Mãe Índia ficava sobre um mapa da Ásia setentrional, entoando discursos e canções a respeito da perfídia dos invasores paquistaneses e muçulmanos, e a glória passada da Índia. O diretor observava serenamente. Mais tarde ele explicou-me como Joshi-ji — o ministro da Educação — certificava-se de que os novos livros-texto de história levassem a importante mensagem do orgulho hindu e da crueldade mulçumana para todas as escolas e crianças no país.

Essa mensagem tem claramente ressonância no plano das castas e dos privilégios de casta, florescendo em uma sociedade na qual a indigência está sempre ao alcance da mão. Mas a escola e a maior parte de seus alunos, assim como a região em torno, eram sobretudo de classe média; logo do outro lado dos portões, flâmulas dependuradas em postes de eletricidade espetados com ligações ilegais anunciaram cursos de computação. O executivo de publicidade de alta casta, sem trabalho, que conheci no meu hotel em Benares parecia estar falando de suas próprias inseguranças, quando disse de repente, depois de alguma fala melancólica sobre o último iMac: "Cara, tenho medo desses *mozzies*. Somos uma nação secular moderna, mas os deixamos administrar essas *madrassas*, deixamos que eles se reproduzam como coelhos, e um dia eles vão superar a população hindu, e então será que vão nos tratar tão bem como os tratamos?".

É claro que os muçulmanos têm uma visão diferente de como têm sido tratados na Índia secular moderna. Em Madanpura, a localidade muçulmana em Benares, alguns minutos a pé de Gyanvapi, e uma das duas mesquitas Mogul que os nacionalistas hindus ameaçaram destruir, conheci Najam, um erudito de literatura urdu e persa. Ele tem trinta e poucos anos, e cresceu com uma das piores violências antimuçulmanas da Índia pós-independência. No massacre de Benares em 1992, ele viu policiais hindus baterem em seu médico com a coronha dos rifles até matá-lo.

"Não acho que os muçulmanos ainda estejam zangados," disse ele. "Não tem sentido. As pessoas que demoliram a mesquita em Ayodhya agora são ministros em Déli. Sabemos que vamos sempre ser suspeitos de infidelidade, não interessa o que digamos ou façamos. Nossas *madrassas* sempre serão vistas como produtoras de fanáticos e terroristas. Sabemos que estamos indefesos, não há quem nos escute, e portanto ficamos calados. Não esperamos nada do governo e dos partidos políticos. Agora dependemos da boa vontade dos hindus com quem convivemos, e tudo o que esperamos é a sobrevivência, com um pouco de dignidade.

Devotos hindus apinham o famoso templo Viswanath, em Benares, durante o dia inteiro, mas poucos – se é que algum –, muçulmanos ousam transpor o trajeto em meio a vintenas de policiais armados e posições defendidas com sacos de areia para oferecer *namaz* na adjacente mesquita de Gyanvapi. Não é fácil para alguém de fora entrar na sensação de isolamento dos muçulmanos indianos. No meu próprio ambiente certamente havia pouco o que pudesse ter me preparado para compreender a complicada história por detrás disso. Como brâmanes com pouco dinheiro, percebíamos os muçulmanos como uma outra ameaça às nossas aspirações à segurança e dignidade. Minhas irmãs freqüentaram uma escola primária administrada pelo RSS, em que as alunas eram encorajadas a desfigurarem desenhos de governantes muçulmanos em seus livros-texto de história. Na escola que freqüentei, em que o método de instrução era inglês, nos ensinavam a pensar sobre nós mesmos como cidadãos seculares e modernos da Índia, e a encarar a religião como algo que se supera com a idade.

Nos anos 1970 e 1980, quando ouvi falar dos distúrbios hindu-muçulmanos, ou das insurgências no Punjab e em Caxemira, parecia-me que a religião era a causa da maior parte dos conflitos e da violência na Índia. A palavra usada nos jornais e em análises acadêmicas era comunalismo — a antítese do secularismo defendido pelos pais fundadores da Índia, Gandhi e Nehru, e também a antítese do próprio hinduísmo, considerado inatamente tolerante e secular.

Morando em Benares no final dos anos 1980, eu não me dava conta de que essa antiga cidade hindu também era santa para os muçulmanos — sem me dar conta também do santuário *sufi* do século XVII logo atrás da barraca de chá em que eu muitas vezes passava as manhãs. Era uma de muitas na cidade que tanto os hindus como os muçulmanos visitavam, parte da florescente cultura *sufi* na Índia do norte medieval. Foi só em 2003, depois de falar com Najam, o jovem erudito persa que conheci em Benares, que descobri que um dos grandes filósofos *shia* (xiita) da Pérsia buscara refúgio na corte de um governante hindu em Benares no século XVIII. E só depois de voltar da minha viagem mais recente a Ayodhya li que a primazia Rama nesse centro de peregrinação era um desenvolvimento recente; que Ayodhya fora, durante grande parte do período medieval, a sede das seitas muito mais prestigiosas dos *shaivitas*, ou adoradores de Shiva (Rama é apenas uma das muitas reencarnações de Vishnu, um dos deuses da trindade hindu, na qual Shiva é o mais importante); muitos dos templos e seitas atualmente dedicados a Rama na verdade emergiram sob o patrocínio de muçulmanos xiitas que começaram a governar Awadh no início do século XVIII.

Ramchandra Paramhans, em Ayodhya, fora rápido demais em me oferecer uma história cheia de muçulmanos destruidores de templos e de bravos nacionalistas hindus. No entanto, a própria seita militar de Paramhans tinha sido originalmente formada para lutar não contra os muçulmanos, mas contra os hindus adoradores de Shiva; e tinha sido favorecida nesse longo e sangrento conflito pelos Nawabs (nababos) muçulmanos que mais tarde fizeram generosas doações de terras aos vitoriosos devotos de Rama. Os Nawab, cuja administração e exército tinham hindus na equipe de auxiliares, mantinham uma cuidadosa distância dos conflitos hindu-muçulmanos. Um dos primeiros desses conflitos em Ayodhya ocorreu em 1855, quando alguns muçulmanos acusaram hindus de construírem ilegalmente um templo sobre uma mesquita, e hindus *sadhus* (mendigos) militantes massacraram 75 muçulmanos. O então nawab de Awadh, Wajid Ali Shah, um distinto poeta e compositor, recusou-se a apoiar a reivindicação mulçumana sobre a construção, explicando:

> Somos dedicados ao amor; não sabemos de religião
> Então, e se Kaaba for uma casa de ídolos?

Wajid Ali Shah, denunciado como afeminado e inepto — e deposto um ano mais tarde — pelos imperialistas britânicos, foi o último grande expoente da cultura indo-persa que surgiu em Awadh no final do Império Mogul, quando a Índia era um dos grandes centros do mundo islâmico, com os impérios Otomano e *Safavid*. O islã na Índia perdeu algumas de suas características árabes e persas, misturado com outras culturas, mas seu legado ainda é preservado — em meio à esqualidez de centenas de pequenas cidades indianas, na graça e elegância do urdu de Najam, nas numerosas canções e danças que acompanham festivais e casamentos, nas sutis cozinhas da Índia setentrional e na fineza dos sáris de seda de Benares —, embora possa-se pensar a seu respeito, como eu fiz, como alguma coisa que simplesmente está lá, sem uma história ou tradição. A herança indo-islâmica formou uma parte muito pequena da idéia da Índia mantida pela elite hindu modernizadora durante os últimos cinqüenta anos – e, na verdade, torna-se cada vez mais um embaraço para ela.

Essa idéia surgiu inicialmente no início do século XIX, quando os britânicos consolidaram seu domínio sobre a Índia e encontraram novos aliados entre os hindus de alta casta. Na Índia, como em todos os demais lugares de seu império, os ingleses tinham suplantado amplamente os governantes muçulmanos, tendo encontrado firme resistência por parte deles. Assim, os ingleses tendiam a demonizá-los como sendo fanáticos e tiranos, e apresentavam sua conquista da Índia como, pelo menos em parte, uma intervenção humanitária em favor da antiga grande nação hindu, que tinha sido durante séculos oprimida pelos déspotas muçulmanos e condenada ao atraso.

A maior parte dessas opiniões britânicas sobre a Índia era formada de ficções úteis, na melhor das hipóteses, já que os turcos afegãos, asiáticos da Ásia Central e persas, que, junto com as elites hindus de castas superiores, tinham governado um bom número de estados indianos durante oito séculos, eram mais que saqueadores e fanáticos. A desnorteadora diversidade de povos que habitavam a Índia antes da chegada dos muçulmanos no século XI dificilmente formava uma comunidade, muito menos uma nação; e a palavra "hinduísmo" mal dava uma indicação do número quase infinito de culturas populares e de elite, seitas religiosas e tradições filosóficas encontradas na Índia.

Mas essas novas idéias britânicas eram bem recebidas pelos hindus instruídos de castas altas que antes tinham trabalhado com governantes muçulmanos e depois começaram a ver oportunidades na nova ordem imperial. As descobertas britânicas de escultura, pintura e literatura clássicas indianas deram a eles um novo sentimento revigorante do passado pré-islâmico da Índia. Acharam lisonjeiras e úteis essas idéias orientalistas britânicas da Índia que identificavam escrituras e princípios de tolerância brâmanes como o núcleo do hinduísmo. Nessa idéia, práticas como a queima de viúvas se tornaram uma prova da degradação que o hinduísmo sofrera durante o domínio islâmico, e as crueldades de castas se tornaram uma conseqüência infeliz da tirania islâmica.

Uma ampla gama de pensadores hindus, reformadores sociais e políticos seguiu os britânicos na desconsideração dos séculos de dominação islâmica como tendo sido uma época de trevas, e defendendo o governo imperial, com todas as suas reformas sociais e progressos científicos, como uma preparação para o governo próprio. Alguns denunciaram o imperialismo britânico como explorador, mas mesmo eles saudaram sua modernidade redentora e, acima de tudo, a idéia européia de nação — uma comunidade coesa com história, cultura, valores e senso de objetivo comuns —, que, para muitos outros povos colonizados, pareceu um modo de duplicar o sucesso do poderoso e conquistador Ocidente.

Os líderes muçulmanos, por outro lado, foram lentos em participar da missão civilizadora do imperialismo; eles viam pouco espaço para eles mesmos na idéia de nação da forma como foi esposada pela elite hindu. Os imperialistas britânicos seguiram suas próprias estratégias para dividir e governar: a decisão de dividir Bengala, em 1905, e de ter eleitorados separados para muçulmanos reforçaram ainda mais o sentimento, entre muitos indianos em processo de mobilidade ascendente, de que eles pertenciam a comunidades distintas definidas exclusivamente pela religião.

É verdade que Gandhi e Nehru trabalharam duro para atrair hindus de castas baixas e muçulmanos; eles queriam dar uma base às massas e uma legitimidade mais ampla às exigências políticas de governo próprio que se intensificaram no início do século XX sob a liderança do Partido do Congresso. Mas o uso por Gandhi de símbolos populares hindus, que o tornou um Mahatma entre as massas hindus, fez com que muitos muçulmanos não confiassem nele. Além disso, muitos líderes do Congresso não compartilhavam das idéias de Gandhi ou do poeta Rabindranath Tagore, que criticava o nacionalismo ao estilo ocidental, mas das idéias de ideólogos de altas castas do tipo Veer Savarkar e Guru Golwalkar, os pais espirituais e ideológicos dos nacionalistas hindus de hoje.

2. O *Rashtriya Swayamsevak Sangh*: fascismo à moda indiana

Na noite de 30 de janeiro de 1948, cinco meses depois da independência e da divisão da Índia, Mahatma Gandhi caminhava para uma reunião de preces no terreno de sua residência temporária em Nova Déli quando recebeu três tiros no peito e no abdômen. Na época Gandhi tinha 79 anos e uma aparência lastimável. Não conseguira evitar, e por isso era amplamente acusado por muitos hindus, a criação sangrenta do Paquistão como uma pátria separada para muçulmanos indianos. O violento desenraizamento de milhões de hindus e muçulmanos em fronteiras traçadas às pressas entre Índia e Paquistão maculara a liberação do domínio colonial pela qual ele lutara tão arduamente. Quando as balas de uma pistola automática atingiram seu corpo frágil à queima-roupa, ele desabou e morreu instantaneamente. Seu assassino não fez qualquer tentativa de fugir, e até, como mais tarde alegaria, gritou chamando a polícia.

Milhões de indianos chocados esperaram por outras notícias naquela noite, temendo a violência inominável se o assassino de Gandhi fosse muçulmano. Houve grande alívio, e também perplexidade, na manhã seguinte, quando se revelou que o assassino era Nathuram Godse, um hindu brâmane do oeste da Índia, uma região relativamente intocada pelas paixões homicidas da Partição.

Nascido em uma família de classe média baixa, Godse começou sua carreira em 1932, como ativista hindu no RSS, que fora fundado por um médico brâmane chamado Hegdewar na cidade de Nagpur, na Índia central, sete anos antes. O RSS dedicava-se, e ainda se dedica, a estabelecer uma nação hindu, unindo os hindus de todas as castas e seitas, e obrigando muçulmanos, cristãos e outras minorias indianas a adotarem a cultura hindu. Godse recebeu treinamento físico e ideológico de integrantes do RSS, e absorveu as idéias deles a respeito da grandeza da Índia pré-islâmica e a devastação causada sobre os hindus por oito séculos de invasões e tirania islâmicas.

Durante seu julgamento, Godse fez um longo e eloqüente discurso em inglês explicando seu ambiente e seus motivos. Ele alegou que o "constante e consistente proxenetismo de Gandhi com relação aos muçulmanos", a quem ele descreveu de modo variado como fanático, violento e antinacional, o deixara sem escolha. Acusou Gandhi de "vivissecção do país — nossa pátria", e denunciou a insistência dele na não-violência, dizendo que era "absurdo esperar que [400 milhões] de pessoas regulassem sua vida em um plano tão elevado". Alegou que haviam sido os métodos terroristas dos lutadores pela liberdade hindus e siques, e não a não-violência de Gandhi, que obrigaram os britânicos a saírem da Índia, e esperava que, com a morte de Gandhi, "certamente os políticos indianos seriam práticos, aptos a retaliarem". A nação, segundo ele, "seria salva das invasões do Paquistão".

Godse solicitou que o juiz, em seu julgamento, não demonstrasse misericórdia, e não apelou contra a sentença de morte que lhe foi dada. Foi para a prisão em novembro de 1949, gritando slogans do tipo "Viva a Índia não dividida" e cantando peônios à "Pátria viva, à terra dos hindus". O governo indiano de Pandit Nehru colocou o RSS na ilegalidade alguns dias depois do assassinato de Gandhi e prendeu milhares de seus associados. A proibição foi suspensa um ano mais tarde, depois que o RSS concordou em ter um estatuto escrito e confinar-se a atividades "culturais" — promessa rapidamente quebrada. Não se sabe muito a respeito do RSS no Ocidente, embora tanto o ex-primeiro ministro Atal Bihari Vajpayee como seu representante, L. K. Advani, pertençam a ele e nunca tenham repudiado sua ideologia de militância — a ideologia do nacionalismo hindu que busca agressivamente "hinduizar" a Ásia setentrional e muitas vezes ameaçou mergulhar a região, que tem a maior população islâmica do mundo e duas nações detentoras de armas nucleares, em guerra catastrófica.

Depois do 11 de setembro de 2001, os nacionalistas hindus apresentaram-se ao Ocidente como aliados de confiança na luta contra os fundamentalistas islâmicos. Mas, na Índia, a semelhança deles com os movimentos fascistas na Europa dos anos 1930 tem sido clara há muito tempo. No manifesto *We, or Our Nationhood Defined* (Nós ou a Definição de Nossa Nacionalidade) (1938), o guru Golwalkar, diretor do RSS de 1940 até 1973 – período durante o qual tanto o senhor Vajpyee como o senhor Advani entraram para a organização e ascenderam à posição de líderes principais em sua ala política – disse que os nazistas tinham manifestado "orgulho de raça ao seu ponto mais alto" purgando os alemães dos judeus. De acordo com Golwalkar, a Índia era o Hindustão, uma terra dos hindus na qual judeus e persas só podiam ser "hóspedes", e para a qual muçulmanos e cristãos se tornaram "invasores". Golwalker foi claro a respeito do que esperava tanto dos hóspedes como dos invasores:

> As raças estrangeiras no Hindustão devem adotar a cultura e a língua hindus, devem aprender a respeitar e manter em reverência a religião hindu, não devem acalentar outras idéias além daquelas de glorificação da raça e cultura hindus, isto é, da nação hindu, e devem perder sua existência separada para se incorporarem à raça hindu, ou podem ficar no país, inteiramente subordinados à nação hindu, sem exigir nada, sem merecer qualquer privilégio, muito menos qualquer tratamento preferencial — nem mesmo direitos de cidadãos. Não há, ou pelo menos não deveria haver, outra conduta que eles possam adotar.

Golwalker e seus discípulos no RSS e no Congresso viam a Índia como a sagrada nação inerente dos hindus, que tinha sido dividida e emasculada pelos invasores islâmicos, e que só poderia reviver pela união da população diversa da Índia, recuperando as antigas tradições hindus e acabando com as influências corruptoras da Ásia Central e da Arábia. Isso significava obrigar os muçulmanos indianos a abrirem mão de sua fidelidade a terras e crenças estrangeiras, como Meca e o islã, e a adotarem o chamado "*ethos* hindu", ou *Hindutva*, da Índia — um *ethos* que tinha sido, ironicamente, imaginado com a ajuda das descobertas orientalistas britânicas do passado indiano.

Lá pelos anos 1940, a elite feudal e profissional islâmica na Índia passara a olhar com muita desconfiança a pressão nacionalista hindu dentro do Congresso. Depois de muitas tentativas fracassadas de reaproximação política, essa elite finalmente chegou à reivindicação de uma pátria separada para os muçulmanos indianos. A reivindicação expressava o temor dos muçulmanos de serem reduzidos a uma perpétua minoria no Estado de maioria hindu, e era, inicialmente, um desejo de uma constituição política mais federal para a Índia pós-colonial. Mas os líderes do Congresso preferiram antes dividir as províncias de maioria islâmica no oeste e no leste do que partilharem o poder centralizado do Estado colonial que era sua grande herança dos ingleses.

Isso levou à transferência violenta de milhões de hindus, siques, muçulmanos, pelas fronteiras artificiais traçadas às pressas. Os massacres, estupros e seqüestros recrudesceram ainda mais os sentimentos sectários: o RSS, que tinha sido temporariamente reprimido depois do assassinato de Gandhi, encontrou seus voluntários mais devotados entre os hindus de classe média refugiados do Paquistão, como o ex-ministro do Interior, Lal Krishna Advani, que nascera no Karashi dominado pelos muçulmanos e entrou para o RSS já em 1942. O RSS apregoara um novo partido, o Jana Sangh, que mais tarde veio a ser o BJP, que em 1951 entrou para a política eleitoral na Índia independente com a promessa renovada de uma nação hindu; embora tivesse funcionado durante grande parte das três décadas seguintes sob a sombra gigantesca do Partido do Congresso, sua popularidade repentina nos anos 1980 agora parece fazer parte do grande desastre da Partição, que fechou os dois Estados-nação da Índia e do Paquistão em posturas de hostilidade mútua.

No Paquistão, uma crença compartilhada fracassou em reconfigurar as diversas comunidades regionais e lingüísticas em uma nova nação. Isso ficou provado quando a população de língua bengali do Paquistão oriental se separou, com a ajuda indiana, para formar o novo estado de Bangladesh, em 1971. Os muçulmanos na Índia continuam a não ter um porta-voz eficaz, apesar, ou talvez por causa, da sua presença simbólica nos altos níveis do governo. Politicamente, eles só tinham significação durante as eleições, quando formavam um sólido banco de votos para os políticos hindus que prometiam protegê-los contra a discriminação e a violência. Sua representação em empregos públicos declinou constantemente.

O secularismo, a separação entre religião e política, sempre seria difícil de se impor em um país no qual a religião há muito moldava as identidades políticas e culturais. Mas era a única base útil na qual o governo centralizado em Déli poderia, em nome da modernidade e do progresso, estabelecer sua autoridade sobre um país pobre e caoticamente fragmentado. Entretanto, quando as minorias sique e muçulmana nos estados de Punjab e Caxemira desafiaram o grande poder arbitrário do governo indiano, os herdeiros de Nehru, sua filha Indira e seu neto Rajiv, rapidamente descartaram até mesmo a retórica de secularismo e transformaram a predominância hindu na ideologia oficial do governo da Índia central em poder do Congresso.

As revoltas no Punjab, e depois em Caxemira, foram retratadas pelo governo indiano e pela mídia da classe média como sendo assaltos de fundamentalistas e terroristas à democracia secular. Na verdade, embora maculados pela associação com o Paquistão e com o fanatismo religioso, os siques e os muçulmanos de Caxemira expressaram um desagrado de longa data com o Estado antifederalista em Déli: um Estado que retivera a maior parte do poder do antigo regime colonial e muitas vezes o exercia com uma brutalidade com que os ingleses jamais o exerceram. Os levantes faziam parte de uma crise maior, uma crise que já ocorrera em outras nações pós-coloniais: o fracasso de uma elite política e burocrática corrupta e interesseira em garantir justiça social e econômica para aqueles que alegavam representar nas batalhas anticoloniais.

Durante os anos 1980, quando os nacionalistas hindus de repente ascenderam à supremacia, o Congresso já tinha desiludido os hindus de castas baixas, e parecia incapaz de sequer preservar os interesses de seu eleitorado hindu de casta alta. Do mesmo modo que os nacional-socialistas na Alemanha no início dos anos 1930, o que eles ofereciam não eram tanto políticas econômicas claras, mas fantasias de renascimento e poder nacional. Em 1984, o VHP anunciou uma campanha nacional para reconstrução do grande templo em Ayodhya; a mesquita que o primeiro imperador mogul, Babur, tinha erigido era, disseram eles, um símbolo de vergonha nacional; derrubá-la e reconstruir o templo era uma questão de honra nacional.

Tanto a história como a arqueologia foram travestidas nesse relato da queda e ascensão da eterna nação hindu. Não há provas de que Babur jamais tenha estado em Ayodhya, ou que esse conquistador irrequieto, melancólico, de Samarcanda, um conhecedor de arquitetura, pudesse ter construído uma mesquita feia sobre um templo Rama já existente. O próprio Rama não é conhecido pela história registrada; o culto da adoração a Rama chegou na Índia do Norte já no século X, e não existem provas persuasivas de um templo para Rama que aparentemente tivesse estado no local da mesquita.

Só que os mitos eram úteis para reforçar a narrativa da crueldade e do desprezo dos muçulmanos. No início, eles encontraram seu público mais atento entre os hindus ricos expatriados no Reino Unido e nos Estados Unidos. Eles generosamente financiaram um movimento que, ao apoiar um hinduísmo fortemente auto-afirmativo, parecia minorar o sentimento de inferioridade induzido pelas imagens ocidentais da Índia como um país miseravelmente pobre. Na Índia, as ansiedades que convenceram muitos hindus de castas altas a apoiarem o BJP eram muito mais profundas. Em 1990, o governo em Déli, então encabeçado por desertores do Partido do Congresso, resolveu implementar uma proposta de longo prazo de reservar empregos públicos para pobres hindus de "castas atrasadas". Os hindus das castas mais altas ficaram furiosos com esse ataque a seus privilégios. O BJP viu o plano de ação afirmativa como podendo vir a destruir sua velha meta de convencer os grupos de castas mais baixas a aceitarem uma liderança paternalista da casta mais alta como parte da apresentação de uma frente hindu unida contra os islâmicos.

Mais tarde, no mesmo ano, o líder do BJP, L. K. Advani, resolveu liderar uma procissão ritual em uma imitação de carruagem — na verdade um Chevrolet — de Gujarat até Ayodhya, onde ele intencionava iniciar a construção do templo de Rama. Apropriadamente, saiu do templo em Saomnath, Gujarat, que, pilhado por um conquistador turco no século XI, foi luxuosamente reconstruído no início dos anos 1950 por líderes do Partido do Congresso, hindus devotos. Isso não era apenas encenação, no entanto: mais de quinhentas pessoas, a maior parte delas muçulmana, foram mortas nos tumultos que acompanharam o avanço de Advani pela Índia. Os policiais hindus ficaram indiferentes, e algumas vezes até participaram na violência. Quando estive em Benares, recentemente, um amigo apontou informalmente um seu parente caminhando pela rua. Ele era um policial aposentado que matara, para se gabar de sua pontaria, quatorze muçulmanos durante um tumulto na cidade de Meerut.

É estranho olhar para trás agora e lembrar que há apenas duas décadas a controvérsia templo-mesquita dificilmente era ouvida fora de Ayodhya. Os hindus locais primeiro arriscaram uma reivindicação sobre a mesquita em meados do século XIX, e os oficiais ingleses deixaram que eles usassem uma plataforma do lado de fora do prédio para os cultos. Em 1949, dois anos depois da independência, um funcionário público, trabalhando junto com os monges locais, sub-repticiamente pôs os ídolos de Rama dentro da mesquita. A história de que o próprio Senhor Rama os tinha instalado ali foi rapidamente espalhada. Os muçulmanos locais protestaram. O primeiro-ministro Nehru sentiu que nada menos que a identidade secular da Índia estava ameaçada Ele ordenou que a mesquita fosse trancada e demitiu o oficial do distrito, que prontamente se uniu aos nacionalistas hindus.

Os ídolos, no entanto, não foram retirados, e os muçulmanos aos poucos desistiram de oferecer *namaz* na mesquita. Durante as três décadas que se seguiram, os tribunais ficaram apinhados de processos relativos a reivindicações hindus e islâmicas sobre o local. Em 1984, o VHP começou uma campanha para reabrirem a mesquita. Em 1986, o juiz local permitiu que os hindus fizessem suas devoções dentro do prédio. Um ano mais tarde, os muçulmanos organizaram em Déli sua maior demonstração de protesto desde a independência.

Até 1984, no entanto, a mesquita de Babur permaneceu relativamente desconhecida, exceto de um pequeno círculo de abades litigiosos e famintos por propriedades em Ayodhya. A religião era um negócio ferozmente competitivo em Ayodhya: os abades locais lutavam firmemente por sua quota nas doações de milhões de pobres peregrinos, e, mais recentemente, dos indianos ricos nos Estados Unidos e no Reino Unido, e eram notórios por assassinatos e pilhagem — os ataques a Ramchandra Paramhans, cuja culpa ele jogou sobre os terroristas islâmicos, foram provavelmente obra de abades rivais. Mas, à medida que o movimento pelo templo intensificou-se, os empresários da religião, como Paramhans, foram reembalados pelos políticos nacionalistas hindus como sábios e santos e transformaram-se em celebridades nacionais. O próprio Rama repentinamente evoluiu da benigna e quase feminina divindade dos calendários artísticos da minha infância para o Rambo vingador dos cartazes nacionalistas hindus.

Os mitos se multiplicaram em outubro de 1999, quando a procissão do Advani na carruagem-Chevrolet foi parada e a polícia em Ayodhya atirou contra a multidão de hindus que tentava assaltar a mesquita. O jornal híndi de maior circulação na Índia setentrional, *Dainik Jagaran*, falou de "tiroteio indiscriminado da polícia" e de "centenas de devotos mortos", e depois diminuiu a contagem dos mortos, no dia seguinte, para 32. Os rumores e exageros, partes de uma pouco sincera campanha de propaganda, ajudou o BJP a vencer as eleições em quatro estados da Índia setentrional em 1991. As mesquitas pareciam condenadas. Quando em 6 de outubro de 1992 a mesquita de Babur foi demolida por uma multidão formada principalmente por hindus de casta alta equipados com enxadas, pés-de-cabras, picaretas e algumas vezes apenas as próprias mãos, a polícia simplesmente ficou observando à distância.

Uma Bharati, um dos políticos nacionalistas hindus mais esbravejantes, animou a multidão gritando: "Dêem um empurrão maior e quebrem a *Babri Masjid*". O presidente do VHP anunciou a alvorada de uma "rebelião hindu" enquanto o líder do BJP disse que, para "aqueles que querem ver a bandeira do Paquistão tremular sobre Caxemira, o processo de mostrar a eles seu lugar começou".

Naquela tarde a multidão comportou-se com violência em toda Ayodhya, matando e queimando treze muçulmanos, alguns deles crianças, e destruindo dezenas de mesquitas, santuários, lojas e casas de propriedade de muçulmanos. Protestos e tumultos então deflagraram-se pela Índia toda. No total, duas mil pessoas, a maioria muçulmanos, foram mortas. Três meses depois dos massacres, gângsteres islâmicos em Bombaim retaliaram com ataques à bomba que mataram mais de trezentos civis.

Em Déli, o idoso primeiro-ministro do Congresso, Narasimha Rao, dormiu durante a demolição. No dia seguinte ele despediu os governos BJP, proibiu o RSS e suas organizações irmãs, e prometeu reconstruir a mesquita. Os líderes do BJP tentaram se distanciar da demolição, dizendo que aquele fora um ato espontâneo de frustração provocado pelas políticas anti-hindus do governo. No entanto, o Bureau Central de Investigações (CBI) concluiu que líderes sêniores do BJP, como L. K. Advani, subseqüentemente ministro do Interior da Índia, tinham planejado a demolição com bastante antecedência. Quanto à violência contra os muçulmanos, Advani afirmou em um artigo no *Times of India* que ela não teria acontecido se eles tivessem se identificado com a *Hindutva*: o mesmo sentimento ecoado depois dos tumultos em Gujarat.

Seis anos depois da demolição, o BJP, beneficiando-se do sistema eleitoral indiano *first pass the post*, da maioria simples, tornou-se o partido dominante na Aliança Nacional Democrática (NDA) no poder em Déli. Apesar de ser obrigado a compartilhar o poder com partidos mais seculares, o fervor ideológico do BJP parecia não ter diminuído, embora não fosse finalmente satisfeito. Certamente os nacionalistas hindus tentaram duramente despertar as paixões hindus. No início de 1998, durante os primeiros meses no poder, eles fizeram testes nucleares apontando-os explicitamente contra o Paquistão, que respondeu com seus próprios testes. O VHP e o Bajrang Dal distribuíram terra radioativa vinda dos locais dos testes como oferendas sagradas; foram também responsáveis por uma série sem precedentes de ataques da plebe contra os cristãos pela Índia toda. Cerca de metade desses ataques ocorreu em Gujarat, mas Advani declarou que não havia "problema de lei e ordem em Gujarat", e em uma reunião dos nacionalistas hindus partilhou o palanque com o novo chefe do RSS, K. S. Sudharshan. Este falou de "uma guerra épica entre hindus e anti-hindus", pediu a cristãos e muçulmanos que voltassem às suas "raízes hindus", e também atacou os intelectuais seculares como "aquela classe de bastardos que tenta implantar uma cultura estrangeira em sua terra".

Um sentido mais claro da visão do mundo que os integrantes do RSS adotam desde a infância pode ser percebido em um longo discurso que K. C. Sudharshan, o atual supremo diretor do RSS e conselheiro regular do senhor Vajpayee e do senhor Advani, fez para os membros do RSS em 1999. Nesse discurso, mais tarde publicado em híndi com o título de *Ek Aur Mahabharata* ("Mais um *Mahabharata*"), Sudharshan descreveu como uma nova guerra épica começaria em pouco tempo entre os poderes demoníacos e divinos que aparentemente sempre lutaram pela supremacia no mundo. Sudharshan identificou os Estados Unidos como o maior exemplo da "ascensão da desumanidade" no mundo contemporâneo. Do modo como o descreveu, a violência era endêmica na América do Norte, onde a instituição da família estava despedaçada e onde "todos os sentimentos ternos do homem" tinham morrido. Referindo-se ao caso de Monica Lewinsky, ele perguntou: "O que se pode dizer de uma nação cujo próprio presidente é tão enlouquecido pela luxúria?". Ele afirmou que a Índia exercia o "maior terror" sobre a América do Norte, principalmente porque os indianos eram extremamente inteligentes e talentosos. Ele tocara nesse tema em seu elogio dos testes nucleares em 1998, quando disse que "nossa história provou que somos uma raça heróica, inteligente, capaz de tornar-se líder mundial, mas a única deficiência que tínhamos eram as armas, boas armas". A América do Norte, disse ele, estava tentando subjugar a Índia por meio de suas multinacionais. Sudharshan terminou seu discurso denunciando a conspiração internacional maquinada contra a Índia pelos Estados Unidos, junto com a Organização Mundial do Comércio, o papa e Sonia

Gandhi — uma conspiração que, previa ele, iria resultar na "vitória final" do nacionalismo hindu.

Essa misturada de retórica anti-americana, paranóia, arrogância moral e história mal digerida lembra os palavrórios de Osama bin Laden. Mas a comparação com o al-Qaeda ou outros islâmicos radicais não vai muito longe. O RSS não rejeita e até mesmo busca uma rota alternativa para a modernidade ocidental. De fato, como os nacionalistas japoneses dos anos 1930, o RSS defende a ciência e a tecnologia modernas como caminho essencial para a força nacional — quatro entre cinco diretores supremos do RSS até agora tinham diplomas universitários em medicina, física nuclear, biologia, química e engenharia. Sofrendo de um complexo de inferioridade frente ao Ocidente moderno, os nacionalistas hindus são obcecados em vencer o Ocidente em seu próprio jogo.

Durante os seis anos durante os quais o BJP deteve o poder em Nova Déli, os membros do RSS que eu conheci exultavam em conversas privadas a respeito de seus colegas bem posicionados no governo da Índia. Mas o objetivo do RSS não é capturar só o poder estatal. M. G. Vaidya, o porta-voz oficial do RSS — um homem idoso que usa uma elegante echarpe de seda e um boné preto jovialmente inclinado —, me contou em seu escritório em Délli, em setembro de 2002: "A formação de um Estado sem construir e unificar uma nação não funciona. Olhe a União Soviética. Os comunistas tinham o poder, mas a nação não estava com eles, e eles desabaram".

Golwalkar esperava reorganizar a Índia num microcosmo do RSS, alcançando o "estado da sociedade perfeitamente organizado no qual cada indivíduo foi moldado dentro de um modelo de masculinidade ideal hindu e transformado num integrante vivo da personalidade corporativa da sociedade".

Algumas partes dessa visão também motivaram meu pai e meus tios, que, como centenas de milhares de homens brâmanes nos anos 1940, tornaram-se membros ativos do RSS — alguns de meus tios estiveram brevemente na prisão depois do assassinato de Gandhi. Esses jovens brâmanes instruídos estavam ansiosos a respeito de como iriam ficar, como uma minoria de certo modo privilegiada, na Índia independente democrática. O ideal masculino hindu proposto pelo RSS — ser homem hindu e moldar seu universo de acordo com sua imagem — era irresistível para eles. A visão exigia que eles subjugassem sua vontade e seu intelecto a uma causa maior. Mas isso era, e é considerado até agora por alguns, um preço baixo a ser pago pela segurança e identidade em um país caótico e pobre.

Os esquemas em larga escala do RSS para moldar indivíduos parecem estar mais próximos à engenharia de almas humanas que Stálin e Hitler tentaram, cada qual a seu modo. Eles marcam o RSS como "totalitário". As ansiedades a respeito da perspectiva e da composição fascista do RSS não ficam diminuídas por sua organização fortemente hierárquica e centralizada, na qual a palavra do diretor supremo é final, e os associados têm pouca voz na formação dos programas.

Há também a fama deles de serem uma força extraconstitucional secreta, que não fornece detalhes a respeito do tamanho e amplitude de sua sociedade. "O SRR não está interessado em publicidade", foi-me dito pelo brusco jovem encarregado do escritório de relações públicas do RSS em Déli. O senhor Sudharshan negou minha solicitação para uma entrevista; nem respondeu a uma carta pedindo esclarecimentos sobre algumas de suas afirmativas. O então vice-primeiro ministro L. K. Advani também recusou-se a ser entrevistado sobre sua conexão com o RSS, para o qual ele entrou em 1942 como jovem estudante no que é agora a cidade paquistanesa de Karachi. Outros membros do RSS se recusaram rudemente a falar com uma pessoa que eles descreveram como um escritor "anti-hindu". Os poucos associados com os quais consegui falar subitamente se tornaram fugidios depois do primeiro encontro.

"No momento os nacionalistas hindus estão cautelosos, especialmente com a imprensa estrangeira", me disse um jornalista indiano sênior. "A natureza fascista deles tem sido ocultada até agora no Ocidente pelo fato de a Índia ser uma democracia, ter eleições regulares e um mercado consumidor potencialmente grande. Eles conseguiram expressar dois discursos, um para consumo externo, outro para consumo local. Mas sabem que os extremistas religiosos estão sob cuidadoso escrutínio no mundo inteiro depois de 11 de setembro, e sabem que a imagem deles não está tão boa depois da matança de dois mil muçulmanos em Gujarat."

Tarun Vijay, o jovem editor do semanário híndi do RSS, *Panchajanya*, que foi apresentado a mim por jornalistas de Déli como a "face moderna do nacionalismo hindu", estava, me confessou, "desconfiado". Ele disse que era "muito cético" a respeito da mídia estrangeira e de "indianos de esquerda e secularistas". "Os ocidentais não compreendem", disse ele, "que o RSS é uma organização patriótica trabalhando pelo bem-estar de todos os indianos." A carreira do próprio senhor Vijay parecia provar esse fato. Nascido em 1956 de uma família de classe média na Índia setentrional, o senhor Vijay teve uma educação eclética em escolas dirigidas por gandhianos e presbiterianos norte-americanos. Mas ficou impressionado principalmente pelo "altruísmo" e "patriotismo" dos membros do RSS que conheceu quando rapaz. Esses militantes o inspiraram a sair de casa e trabalhar na Índia ocidental, protegendo os povos tribais da exploração e da discriminação. Eles chegaram a ajudar no arranjo de seu casamento.

Na época em que o conheci, o senhor Vijay andara trabalhando no *Panchajanya*, revista com uma tiragem de 90 mil exemplares, durante mais de uma década. O primeiro editor da revista, no final dos anos 1940, era Vajpayee — as paredes empoeiradas do escritório do senhor Vijay estavam cobertas por ampliações dos antigos editoriais de Vajpayee exigindo que o então governo da Índia adotasse uma linha agressiva com o Paquistão a respeito de Caxemira. No início dos anos 1990, os nacionalistas hindus passaram a ser o grupo político mais poderoso na Índia; e considerava-se que o senhor Vijay contribuira para o sucesso deles. A revista de notícias em língua inglesa *Outlook* descreveu-o como um dos confidentes mais próximos do vice-primeiro ministro. Ele aparecia freqüentemente no STAR, o principal canal de notícias na TV indiana. Durante algum tempo parecia estar destinado a tarefas ainda mais elevadas: um posto de ministro ou conselheiro no governo federal; um emprego de embaixador. Mas, quando nos conhecemos, seus modos suaves muitas vezes eram suspensos, e ele demonstrava impaciência e inquietação.

"Fui educado numa escola cristã", ele disse. "Alguns de meus melhores amigos eram muçulmanos. Minha mulher usa jeans e cabelo curto, comemos carne em casas muçulmanas, vamos à igreja no dia de Natal. Há pessoas razoáveis entre os muçulmanos, mas eles têm medo de dizer o que pensam. Tentamos dialogar com eles. Também tentamos falar com os cristãos. Afinal, Jesus Cristo é o meu maior herói. Mas as pessoas de esquerda e as seculares estão sempre nos retratando como fanáticos antimuçulmanos e anticristãos."

Um jornalista indiano que regularmente fazia reportagens sobre o RSS mais tarde explicou a atitude defensiva do senhor Vijay como a de um homem ambicioso que reconhece os aspectos extremados do nacionalismo hindu como uma desvantagem no mundo moderno. O jornalista achou que eu devia conhecer Uma Bharti, provavelmente a mulher mais famosa entre os nacionalistas hindus e uma das líderes mais graduadas acusadas de demolirem a mesquita em Ayodhya em 1992.

Poder e responsabilidade — ela agora era ministra federal de Esportes e assuntos da Juventude — pareciam ter amainado seu zelo nacionalista. Encontrei-a em seu escritório, onde suas roupas de cor ocre — ocre, a cor hindu da renúncia — destacavam-se brilhantemente contra as paredes nuas pintadas de azul. Os burocratas ao seu redor, vestidos em calças e camisas ao estilo ocidental, pareciam os empregados de uma corporação espiritual de auto-ajuda. A senhora Bharti, que na época tinha 42 anos, era uma *sannyasin*, alguém que renunciou ao mundo em favor da sabedoria espiritual. Começara a vida em uma aldeia pobre, de casta baixa, na Índia central. Uma década antes, suas histórias sobre a crueldade dos muçulmanos contra os hindus levaram vastas platéias ao frenesi. Mas em sua conversa comigo, a senhora Bharti parecia querer distanciar-se do nacionalismo hindu. De fato, seus auxiliares conseguiram marcar a entrevista sob a condição de que eu só a questionasse a respeito de seu trabalho com os indianos desvalidos.

Ela não deu atenção a uma pergunta que fiz a respeito das matanças em Gujarat. Em vez disso, me contou que não tinha esquecido o que significava ser pobre, de casta baixa e mulher numa pequena aldeia no meio de coisa alguma. Ela era muito jovem quando seu pai, um ativista comunista que lutava contra os proprietários de terras locais, morreu. A mãe trabalhava como operária subalterna para sustentar a família. Ela tinha quatro anos quando viu sua casa incendiada e o gado da família destruído por um proprietário vingativo de sua aldeia. Foi então que começou a decorar os épicos hindus, principalmente ouvindo outras pessoas recitá-los. Hindus devotos convidavam-na a ir às suas casas para fazer discursos religiosos. Ela adquiriu a reputação de ser uma oradora dotada de inspiração divina. Mais tarde, líderes locais do VHP perceberam seu potencial e a transformaram numa atriz diante das grandes, intensas platéias hindus que clamavam por um templo de Rama.

Foi um sentimento de injustiça — por que não permitiam aos hindus os cultos no local em que o Senhor Rama nascera? — que a provocou para unir-se à campanha pelo templo de Rama em Ayodhya. Mas, disse ela, agora derivava sua "satisfação suprema" do ataque à pobreza e à injustiça social. Sentia-se inspirada não apenas por Hanuman, o deus macaco hindu, e Shivaji, o líder hindu militante do século XVII, mas também por Che Guevara, o revolucionário latino-americano. Para seu passado religioso, que ela agora queria superar, a senhora Bharti tinha uma explicação simples. Queria lutar contra a injustiça, e tinha desejado poder: a "religião parecia o único modo de obter essas duas coisas".

3. Planejamento de almas

Depois de alguns dias em Déli, viajei para a cidade de Nagpur, na Índia central, onde o RSS estava estabelecido desde 1925. À primeira vista, Nagpur parecia um lugar inadequado para o nascimento do RSS. Seus prédios coloniais grandiosos e avenidas largas confirmam sua fama de centro educacional e administrativo. Os novos complexos comerciais e os arranha-céus residenciais falam da influência que a cidade conheceu desde que a economia indiana foi liberalizada no início dos anos 1990. Nagpur tem poucos muçulmanos, e sua comunidade maior consiste de *dalits*, que tradicionalmente se afastaram do RSS, que consideravam, não injustamente, como dominado por – e servindo aos – interesses dos brâmanes. Foi em Nagpur, em 1956, que o doutor D. R. Ambedkar, o líder *dalit* discípulo do filósofo norte-americano John Dewey que rascunhara a constituição indiana, liderou uma conversão em massa de hindus de casta baixa para o budismo, em protesto contra a falta de eqüidade do hinduísmo bramânico.

Fui ver Shyam Pandharipande, que pertence a uma velha família brâmane e que agora publica a única revista mensal de fatos de Nagpur em inglês. O pai do senhor Pandharipande era um dos membros iniciais do RSS, assim como o próprio senhor Pandharipande, antes que sua desilusão com a ideologia nacionalista hindu o tivesse levado em direção a organizações ambientais inspiradas em Gandhi. Sua longa experiência no RSS parece ter-lhe dado um entendimento agudo de como a organização funciona. Disse-me que quando o doutor Hegdewar, natural de Nagpur, estabeleceu o RSS, em 1952, seus primeiros recrutas eram todos brâmanes muito jovens vindos de famílias instruídas de classe média. Ele convenceu alguns desses brâmanes a viajarem a diversas partes da Índia e estabelecerem filiais do RSS nesses lugares. Foram esses primeiros missionários que trouxeram a maior parte dos atuais líderes do BJP — Vajpayee e Advani — para o RSS. O RSS realmente começou, disse o senhor Pandharipande, como uma ação de retaguarda de brâmanes privilegiados e inseguros, que achavam que teriam pouco espaço em uma nova Índia democrática, na qual os hindus de castas baixas se tornariam afirmativos e exigiriam seus direitos.

Em 1962 foi feita a primeira *shakha* (assembléia) em um terreno ao ar livre. Jovens membros do RSS vestidos de shorts caqui, camisas brancas e com quepes pretos fizeram treinamentos ao estilo militar, jogaram tradicionais jogos de equipe indianos, aprenderam a usar o *lathi* (um bastão grosso de bambu) e foram intelectualmente doutrinados com idéias acerca de invasores muçulmanos e a necessidade de uma unidade hindu. Em 2000, o RSS comemorou seu septuagésimo quinto aniversário com uma *shakha* gigante em sua sede de Nagpur, com 60 mil homens e meninos uniformizados.

A *shakha* rapidamente se tornou o ritual mais importante na vida de um integrante do RSS; era também um terreno de recrutamento para novos membros, na maior parte meninos, atraídos pela idéia dos jogos ao ar livre. Uma tarde, há cerca de dois meses, eu saí procurando uma *shakha* em Nagpur. Estava acompanhado de Devendra, um jovem executivo de publicidade com vinte e poucos anos. Ele me disse que, quando criança, muito encantado com jogos ao ar livre, tinha comparecido a *shakhas* do RSS, mas que depois, como a maior parte das pessoas de sua geração, tinha acabado por se entediar com os jogos indianos. Ele queria jogar tênis, mas os homens do RSS não aprovavam os esportes ocidentais.

Tivemos de viajar em meio a uma súbita chuva de monção. As ruas estavam vazias; do mesmo modo, estavam vazios os pequenos parques dentro das localidades de classe média onde em geral eram organizadas as *shakhas*. Estávamos a ponto de desistir quando inesperadamente encontramos um grupo de homens de meia idade em um aposento cheio de goteiras, manchado de umidade, no canto de um dos parques maiores.

Os homens eram principalmente profissionais brâmanes aposentados, engenheiros, médicos, servidores públicos — o tipo de gente de classe média que sempre formou a espinha dorsal do RSS. Estavam sentados em fileiras arrumadas no chão úmido de cimento, muitos deles vestidos com o uniforme do RSS. Diante deles, em um pequeno palco, havia fotografias emolduradas do fundador do RSS, o doutor Hegdewar — seu bigode na fotografia quase tão grosso quanto a guirlanda de cravinas que lhe emoldurava o rosto —, e do densamente barbudo guru Golwalkar, o sucessor de Hegdewar. Uma bandeira ocre estava dependurada indiferentemente sobre as fotografias.

Chegáramos durante uma *baudhik*, uma seção intelectual. Um homem magro com um quepe preto fez um discurso longo e desconexo, sendo que o tema principal, e talvez batido demais, era a perfídia dos muçulmanos, a manha dos missionários cristãos e a necessidade de uma unidade hindu. A platéia idosa, que já ouvira o mesmo discurso muitas vezes, estava atenta. Enquanto ele falava, envelopes brancos sem nada escrito eram passados de mão em mão pelo grupo reunido, para que se enchessem de notas de rúpias. Quando a fala terminou, caminhamos em uma fila animada na direção do palco, revezando-nos para pegar pétalas de rosas de uma urna no solo e jogá-las na direção da fotografia do doutor Hegdwar, deixando antes os envelopes em uma sacolinha e voltando a nossos lugares. A oração RSS — *"Saudações a ti, ó pátria amorosa"* — e um slogan — *"Vitória à mãe Índia"* — concluíram a *shakha*.

Eu estivera, como descobri mais tarde, na cerimônia anual chamada *Guru dakshina* ("oferta ao guru"), na qual membros do RSS expressam sua dedicação aos objetivos da organização sob a forma de doações em dinheiro. A cerimônia foi repetida em aproximadamente 45 mil *shakhas* mantidas pelo RSS na Índia toda; e também, como contam as reportagens nos jornais do dia seguinte, na casa de um ministro graduado em Nova Déli, onde o senhor Vajpayee e o senhor Advani encontraram-se com outros membros do RSS na afirmação de sua fidelidade à ordem de elite do nacionalismo hindu.

A organização superior do RSS, que até recentemente alcançara os níveis mais altos no governo indiano, é a força em um país caótico como a Índia. Seus integrantes não governam apenas o maior partido político da Índia, mas também instituições educacionais, sindicatos, sociedades literárias e seitas religiosas; eles trabalham para doutrinar grupos tribais e de castas mais baixas, além de indianos influentes que moram no Ocidente. É por meio daquilo que Guru Golwalkar chamou de "empenho incansável, silencioso, de centenas e milhares de missionários dedicados" que o RSS espera criar uma nação hindu.

A escala e a diversidade desse esforço essencialmente evangélico são notáveis. Eu me assustei quando Tarun Vijay triunfantemente me mostrou a manchete de sua revista a respeito de patentear a urina de vaca nos Estados Unidos. A ciência ocidental, ele disse, validou a antiga crença hindu na santidade da vaca; era outra prova de como o modo de vida holístico hindu tinha previsto – e, na verdade, era superior — as descobertas da ciência moderna, da economia, da ecologia e da sociologia. A vaca tinha emergido outra vez como a chave da vida auto-suficiente, ecologicamente sustentável.

Isso era mais que retórica. Sessenta e quatro quilômetros fora de Nagpur, em uma clareira numa floresta de teca, deparei com um laboratório dirigido pelo RSS dedicado a exibir a grande diversidade dos benefícios da urina de vaca. O supervisor, um membro do RSS de meia idade chamado Chandrashekhar Kundle, disse-me que esse era um dos projetos favoritos de Ashok Singhal, o presidente do afiliado do RSS, o VHP. A maior parte das vacas estava solta, pastando na floresta, mas havia alguns bezerros assustados num grande abrigo — "resgatados" recentemente, disse o senhor Kundke, de alguns açougueiros muçulmanos das cercanias. Em um cômodo de paredes caiadas cheias de pôsteres de tom açafrão do Senhor Rama, jovens hindus devotos com marcas rubras na testa estavam de pé à frente de tubos de ensaio e bécheres cheios de urina de vaca; o que faziam era destilar o líquido santo para retirar o cheiro ruim de amônia e torná-lo mais palatável. Em outro cômodo, estavam mulheres tribais vestidas em sáris de cores berrantes, sentadas no chão, à frente de um montinho de pó branco — pó dental, explicou o senhor Kundle, feito de urina de vaca.

Os consumidores mais próximos, e provavelmente relutantes, do pó dental e outros produtos feitos de urina de vaca eram estudantes tribais pobres na escola primária ao lado do laboratório, fundada pelo RSS. Em sombrias salas onde os alunos estudavam e dormiam — e onde seus farrapos lavados pendiam das barras de ferro nas janelas — havia retratos reluzentes de combatentes da liberdade hindu. Sentamo-nos no pequeno escritório do diretor, um rapaz magro e agitado usando calças de poliéster. Era dia de mercado na cidade vizinha, e das janelas, acima das quais estava dependurado um grande mapa fantástico da Índia não dividida, eu podia ver mulheres tribais que tinham vindo a pé de suas casas e agora sentavam-se no pórtico examinando os machucados e os calos nos pés descalços, esperando para ver os filhos durante o recreio.

O trabalho do diretor não era fácil. Sua tarefa era fazer com que os alunos se conscientizassem da gloriosa cultura hindu da qual a vida tribal os havia separado; esperava que eles fossem para casa e instruíssem os pais e parentes, e os alertasse para os perigos dos missionários cristãos perturbadoramente ativos nas regiões tribais de onde os alunos tinham vindo. A mensagem do RSS, disse o diretor, era igualitária e moderna; ele acreditava em elevar as pessoas de castas baixas e tribais a um plano mais alto de cultura.

Para provar isso, ofereceu-se para chamar um aluno — seu aluno mais brilhante — e pedir que recitasse o mantra Gayatri, uma invocação tirada das escrituras sânscritas, que durante séculos só os brâmanes podiam recitar sem medo de serem punidos. Chegou um menino no início da adolescência, e usando a marca rubra na testa. O diretor olhou aprovadoramente enquanto o menino fazia ao senhor Kundle a saudação RSS, com o braço direito paralelo ao solo e próximo ao corpo, mas ficou nervoso quando passou a tropeçar no mantra.

John Dayal, o vice-presidente da "All India Catholic Union" (União Católica de Toda a Índia) me contou que o RSS gastara milhões de dólares tentando converter o povo tribal para o nacionalismo hindu. Dayal, que monitora as atividades missionárias do RSS bem de perto, alegou que em apenas dezoito meses o RSS distribuíra 350 mil *trishuls* (tridentes) em três distritos tribais contíguos na Índia central.

O doutor B. L. Bhole, um cientista político que conheci na Universidade de Nagpur, via uma manobra bramânica nessas tentativas. Ele me contou que o RSS tentara transformar não só Gandhi, mas também o doutor Ambedkar, o maior líder dos *dalits,* em um ícone nacionalista hindu. K. S. Sudharshan, o supremo diretor do RSS, recentemente colocara guirlandas na estátua do doutor Ambedkar no parque em Nagpur, onde ele rejeitara o hinduísmo e convertera-se ao budismo em 1956. O doutror Bhole considerou isso um ultraje. Ele juntou-se a ativistas *dalits* e intelectuais locais numa "purificação" da estátua depois da visita de Sudharshan.

O doutor Bhole disse: "O RSS já não consegue mais atrair jovens de classe média, de modo que espera ter melhor sorte entre os mais pobres, aqueles em desvantagem social. Só que os valores básicos que o RSS promove entre as pessoas de castas baixas e tribais são tirados da alta cultura sanscrítica do hinduísmo, que considera a vaca sagrada etc., e que busca manter uma hierarquia social com os brâmanes no topo. A nação hindu unida da qual eles não param de falar é aquela em que, basicamente, os hindus de casta baixa, os muçulmanos, os cristãos e outras comunidades não se queixam muito, ao mesmo tempo que aceitam o domínio de uma minoria bramânica. Mas o problema para o RSS é que a maior parte dos hindus de castas baixas e tribais não quer saber de aprender mantras bramânicos. Hoje eles formam um grupo político cada vez mais independente dentro da Índia; não querem mais qualquer tipo de liderança paternalista brâmane. Até mesmo os líderes de casta baixa do BJP, como Uma Bharti, querem focalizar direitos tangíveis para sua comunidade; não serão mais enganados com ideologia nacionalista. A reivindicação deles é realmente a maior realização da política democrática na Índia, que até então tem sido dominada pelos hindus de casta alta."

Continuou: "O RSS tem tido maior sucesso em Gujarat, onde os hindus de baixa casta e os tribais foram doutrinados no tipo de escolas que você freqüentou; eles estavam nas multidões lideradas pelos nacionalistas hindus de casta alta que atacaram muçulmanos e cristãos. Mas o RSS ainda não tem muito apoio entre o pessoal de casta baixa fora de Gujarat. Para o RSS, isso é um transtorno sério, e a única coisa que podem fazer para aumentar suas massas é continuar a inflamar paixões antimuçulmanas e anticristãs, e esperar atingir grande número de hindus, tanto de casta alta como baixa."

A demonização consistente de muçulmanos e cristãos pelos nacionalistas hindus pode parecer gratuita — os cristãos na Índia são uma minoria ínfima e espalhada, e os islâmicos são pobres, desorganizados e temerosos demais para serem considerados uma ameaça aos hindus —, mas isso é indispensável para o projeto de uma nação hindu. Os nacionalistas hindus sempre tentaram redefinir a identidade hindu em oposição a uma "outra identidade" supostamente ameaçadora. Têm a esperança de unir a sociedade hindu invocando constantemente ameaças reais e imaginárias como as apresentadas pelos cristãos evangélicos e os muçulmanos militantes.

Durante as visitas a aldeias e cidades pela Índia do Norte, nos últimos anos, encontrei muçulmanos cheios de ansiedade a respeito de seu destino na Índia. Eles me falaram de uma violência insidiosa e regular: das freqüentes ameaças e surras que receberam de políticos e policiais hindus locais.

Em uma mesquita na região rural perto de Ayodhya, um rapaz irrompeu numa conversa a respeito de assédio da polícia e em voz alta afirmou que os muçulmanos não suportariam mais injustiças e iriam retaliar. Os mais velhos gritaram para ele calar a boca. Começou uma discussão — o jovem como sempre acusando os velhos de esconderem a verdade —, e então um mulá delicadamente me levou para fora da *madrassa* com um braço em torno dos meus ombros, garantindo-me que os muçulmanos eram leais à Índia, sua pátria, onde tinham vivido muitos anos em paz com seus irmãos hindus.

O professor Saghir Ahmad Ansari, um ativista social muçulmano em Nagpur, me contou que os muçulmanos que ele conhecia achavam "que os nacionalistas hindus, que eram implacavelmente contra a existência deles na Índia, agora controlavam tudo, o governo, nossos direitos, nosso futuro". Disse que se preocupava com a reação muçulmana a Gujarat. "Quando o próprio governa supervisiona a matança de dois mil muçulmanos, quando as turbas hindus estupram meninas muçulmanas com impunidade e obrigam 100 mil muçulmanos a irem para campos de refugiados, você não pode esperar que as vítimas não sonhem com vingança. Eu temo, embora não goste de dizer ou pensar nisso, que a ideologia do *jihad* e da violência terrorista possa vir a encontrar novos adeptos entre os 130 milhões de muçulmanos na Índia. Isso irá agradar imensamente os fundamentalistas islâmicos do Paquistão e do Afeganistão, que no momento estão muito abatidos depois da derrota dos talibãs e da al-Qaeda."

Os temores do senhor Ansari a respeito dos vingativos muçulmanos provaram-se acertados um mês depois de eu ter conversado com ele. Em setembro de 2002, terroristas muçulmanos do Paquistão assassinaram 35 hindus no famoso templo de Akshardham em Gujarat, em retaliação ostensiva pelas matanças em massa de muçulmanos no estado mais cedo naquele mesmo ano. Foi o maior ataque de terroristas islâmicos em qualquer lugar fora do estado indiano de Caxemira; e a fúria hindu provocada pelo ato garantiu ainda mais a vitória das linhas duras dos nacionalistas hindus nas eleições organizadas em Gujarat em dezembro de 2002.

Em agosto de 2003, duas explosões de bombas em Bombaim mataram mais de cinqüenta pessoas — a sexta e mais letal em uma série recente de explosões semelhantes na cidade. Logo depois de visitar o local, L. K. Advani, então vice-primeiro ministro, pôs a culpa em terroristas baseados no Paquistão. Isso era esperado. Os nacionalistas hindus rotineiramente descrevem a Índia como sitiada por terroristas muçulmanos apoiados ou baseados no Paquistão, sobretudo no disputado vale de Caxemira. Dessa vez, no entanto, a acusação do senhor Advani foi rapidamente qualificada pela polícia de Bombaim. Eles revelaram que as quatro pessoas presas em conexão com os ataques eram muçulmanos indianos, parte de um novo grupo chamado de "Gujarat Muslim Revenge Force" (Força de Vingança Muçulmana de Gujarat). Eles podem ter recebido apoio logístico de um aparelhamento militante paquistanês com ligações com a al-Qaeda, mas eram cidadãos indianos.

Os movimentos radicais islâmicos que se espalharam rapidamente durante a última década no Paquistão, Bangladesh e Afeganistão até agora tinham deixado os 130 milhões de muçulmanos da Índia razoavelmente intocados. Os muçulmanos indianos se mantiveram afastados da insurgência anti-Índia de seus culturalmente diferentes co-adoradores em Caxemira. E, o que é mais extraordinário, nenhum muçulmano indiano no passado parece ter dado atenção aos muitos flautistas de Hamelin do *jihad* no Afeganistão e no Paquistão que atraíam muçulmanos de todas as partes do mundo e que conseguiram iludir até John Walker Lindh, um não-muçulmano da Califórnia.

Pode ser que a maior parte dos muçulmanos indianos fossem pobres demais e deprimida demais para se unir a causas radicais em qualquer outro lugar. É também verdade que eles têm uma vantagem negada à maior parte dos islâmicos no mundo: podem participar de eleições regulares, e, como eles representam entre 13% e 14% da população da Índia, escolhem seus representantes, mas não seus governantes.

Porém, essa fé na democracia que os muçulmanos indianos têm há muito tempo expressado ao votar taticamente em peso, tem passado por repetidos testes nos últimos anos. Em 1996, um inquérito identificou alguns dos policiais hindus e políticos responsáveis pela matança de mais de mil muçulmanos em Bombaim em 1992-1993. Até agora nenhum deles foi processado e condenado. Os perpetradores dos massacres públicos em Gujarat são na maior parte das vezes conhecidos, mas é pouco provável que tenham de encarar a justiça.

Desse modo, a questão surpreendente não é que os grupos militares com conexões internacionais, como a "Força de Vingança Muçulmana de Gujarat", estejam surgindo na Índia, mas que tenham demorado tanto a aparecer. Os integrantes dessas organizações são instruídos, portadores de diplomas em administração, ciências jurídicas, química e engenharia aeronáutica. Foram radicalizados num ambiente geopolítico que nunca foi tão fértil para a comunidade muçulmana em geral. Ao mesmo tempo que a fúria e o ressentimento desses muçulmanos instruídos podem ter origens puramente indianas — em Gujarat ou Bombaim —, essas emoções são também inspiradas por eventos internacionais — as guerras no Afeganistão e no Iraque, os carros-bombas em Bali, Casablanca, Riyadh e Bagdá —, que provavelmente parecem remotos para uma geração mais velha e empobrecida de muçulmanos indianos.

O crescimento da militância religiosa na Ásia Meridional provavelmente entusiasmaria muitos hindus. Do ponto de vista deles, Gujarat provou ter sido um "laboratório" bem-sucedido de nacionalismo hindu, no qual os sentimentos antimuçulmanos cuidadosamente inflamados acabaram por fazer acontecer um *pogrom*, e a retaliação muçulmana pareceu levar a uma ainda maior "unidade" hindu.

A vitória do BJP em Gujarat indicou que esse plano estava funcionando bem. Indicou que havia probabilidade de os indianos bem de vida apoiarem os nacionalistas hindus, até mesmo os extremistas, desde que continuassem a liberalizar a economia indiana e a ajudar a criar uma revolução consumista. Mas nem o BJP nem seus partidários se deram conta da maior e negligenciada maioria da população indiana, que expressara seu ceticismo a respeito da unidade hindu votando contra o BJP nas eleições gerais de maio de 2004.

Pesquisadores de opinião, sábios políticos e jornalistas previram uma vitória fácil para a NDA (Aliança Democrática Nacional) no governo, a coalizão do BJP e seus aliados, que alegavam em suas campanha publicitárias terem criado uma "Índia Radiante" nos últimos seis anos. Mas foi o Congresso, da oposição que surgiu como o único maior partido no Parlamento indiano de 545 cadeiras. Esses resultados surpreenderam a maior parte dos indianos de classe média, porque foi durante os seis anos do BJP no poder que a prosperidade urbana alcançada pelas reformas econômicas começadas em 1991 se tornaram mais visíveis. O BJP apoiara as reformas, que beneficiaram grandemente aqueles que estavam mais bem situados para aproveitar as novas oportunidades em empresas, no comércio e no setor em rápido crescimento de serviços da economia (tecnologia da informação, empregos *offshore* oferecidos pela Europa e os Estados Unidos): a classe média instruída, o eleitorado primário do BJP, que, apesar de estar crescendo rapidamente nos últimos anos, ainda compõe menos de 20% da população indiana.

As reformas atraíram também uma geração de indianos ricos que moram nos Estados Unidos e no Reino Unido e que estavam ansiosos por estabelecerem elos culturais e econômicos com sua terra ancestral — desejo que transformou não-residentes nos mais devotados seguidores do BJP, e ajudaram o próprio BJP a tornar-se rapidamente, apesar de seu nacionalismo hindu, um ardente defensor da globalização econômica. Durantes os seis anos no poder, novas estradas, *shopping malls*, butiques de *griffes*, bares de café ao estilo do Starbuck e restaurantes com cozinha exótica e preços de Londres transformaram as cidades de Bangalore, Hyderabad, Déli, Chennai e Bombaim. A nova riqueza criou uma disposição inebriante na classe média — o que os líderes do BJP chamaram de "fator sentir-se bem" (tão importante que, em março de 2004, o BJP inicialmente ficou relutante em mandar o time indiano de críquete para o Paquistão com medo de que ele pudesse perder e fazer com que a classe média, obcecada por críquete, não se sentisse mais tão bem). A maior parte dos jornais de língua inglesa começaram a publicar suplementos diários para cobrir estréias de filmes, shows de moda, seções de degustação de champanhe em hotéis cinco estrelas, os estilos de vida de vencedoras de concursos de beleza, modelos, astros de Bollywood e outras celebridades. O ambiente geral de celebração dominou muitos dos antigos intelectuais de esquerda, professores e jornalistas. Convencidos de que o BJP estaria no poder por muitos anos, eles se alinharam abertamente com o partido e fizeram lobby para obter posições políticas e diplomáticas. Alguns dos canais de TV, jornais e revistas mais influentes, inclusive o *India Today*, que já fora a melhor revista de notícias da Índia, contentaram-se em ecoar os pontos de vista do BJP.

Não era de surpreender que o BJP, seus adeptos e conselheiros na mídia não conseguissem enxergar além da "Índia Radiante" da classe média hindu e voltassem sua atenção para os 70% de indianos nas regiões rurais. Eles mal notavam os indianos que viviam em favelas ou em condições igualmente degradantes nas grandes cidades; o fato de que enquanto os hospitais brancos com alta tecnologia nas grandes cidades atendiam aos indianos ricos e aos estrangeiros, ou aos turistas médicos, as instalações de saúde pública nas pequenas cidades e nas aldeias declinavam rapidamente; doenças transmissíveis como a malária, a dengue e a encefalite voltaram a aparecer; metade das crianças indianas era subnutrida, e mais de meio milhão delas morria a cada ano de diarréia; e havia uma estimativa de que cinco milhões de indianos estarem infectados com HIV/Aids.

Uma ideologia poderosa muitas vezes moldou as reformas adotadas pelo BJP: a de que o mercado livre pode usurpar o papel do Estado. Isso significou que o governo muitas vezes se omitiu exatamente nessas áreas em que sua presença era indispensável. Embora a Índia tivesse um estoque de grãos mais do que suficiente, o fracasso do governo na distribuição eficiente levou, nos últimos anos, a um crescimento sem precedentes do número de habitantes de aldeias afetadas pela seca que morrem de fome em muitos dos estados mais populosos.

Nessa nova Índia, preocupada com questões econômicas de vida ou morte, o templo em Ayodhya pode parecer uma questão morta; mas continua pronta a ser reacesa pelo BJP à medida que ele luta por ampliar seu eleitorado para além da classe média influente. Você chega a Ramjanmabhoomi ("local de nascimento de Rama"), como é agora chamado, por um labirinto de caminhos estreitos, barricados. Homens armados surgem de repente com detectores de metal e executam bruscas revistas pessoais. Estes são membros do "Provincial Armed Constabulary" (Guarda Civil Regional Armada) (PAC), notória pelos *pogroms* realizados entre os muçulmanos nas cidades da Índia setentrional; e eles são particularmente atentos a câmeras. O governo proibiu que se tirassem fotos no local durante a última década.

Uma tenda de lona protege a plataforma construída acima das ruínas da mesquita, sobre a qual ficam os ídolos envolvidos em guirlandas e tecidos bordados com lantejoulas. Um sacerdote em *kurta* de seda e marcas de casta na testa fica sentado embaixo da plataforma, entregando bruscamente *prasad* — minúsculas bolas de açúcar — e escondendo rapidamente as notas de rúpias sujas e amarrotadas timidamente oferecidas por camponeses peregrinos.

Enquanto eu procurava troco, numa tarde em fevereiro de 2003, um inspetor da PAC apareceu, perguntou se eu era jornalista de Déli e tentou jogar uma pequena história. Ele me disse que o Senhor Rama tinha posto os ídolos dentro da mesquita em 1949; era seu desejo que um templo fosse construído no local de seu nascimento. Meu companheiro, residente de Benares, contestou isso, dizendo que os ídolos tinham sido colocados lá por um oficial do distrito. O inspetor não defendeu sua história; apenas sorriu e replicou que isso provava que o tal oficial era um verdadeiro hindu.

Muitos desses verdadeiros hindus olhavam para o outro lado enquanto o templo era pré-fabricado em Ayodhya e outras cidades pela Índia. Em um vasto galpão a uma curta distância do Ramjanmabhoomi ficam montes de pilares de pedra esculpidos. Aqui você pode comprar literatura promocional — *The Blood-soaked History of Ayodhya* (A História Sangrenta de Ayodhya) e *Ahodhya: An Answer to Terrorism and Fundamentalism* (Ayodhya: Uma Resposta ao Terrorismo e ao Fundamentalismo) são os títulos mais vendidos — e também admirar os modelos em miniatura do templo dentro de caixas de vidro. A mão-de-obra é barata — duas libras por dia, por artesão —, mas o templo, cujo arquiteto antes projetara o templo de Swaminarayan, em Neasden, parece ter produzido uma espalhafatosa fantasia de mármore e ouro.

Os abades locais estão impacientes com o passo lento da construção; é fácil ver por quê. As oferendas no templo provavelmente atingem os milhões de dólares por ano, e muito dinheiro já chegou, vindo de doadores generosos na Índia e no estrangeiro. Ninguém sabe para onde a maior parte desse dinheiro foi — rumores apontam para os opulentos novos prédios em Ayodhya e em outros lugares.

Quanto à mesquita, — que agora aparece na memória como um símbolo melancólico de um secularismo sitiado —, parece haver pouca esperança de que venha a ser reconstruída. Ela caiu vítima não apenas dos ideólogos, mas de mudanças menos perceptíveis no espírito geral da Índia durante a última década. O discurso sobre pobreza e justiça social; a cultura oficial da frugalidade; o apelo, mesmo que retórico, às tradições de tolerância e diálogo — tudo isso parece ter pertencido ao passado, às décadas iniciais do idealismo. Uma década de políticas pró-globalização criou uma nova classe média agressiva, cujos interesses dominam a vida pública na Índia. Essa classe está crescendo — os números atuais estão entre 150 e 200 milhões. Há também milhões de indianos ricos morando fora da Índia. Nos Estados Unidos, eles constituem a minoria mais rica. São esses indianos influentes, de casta superior na Índia e fora dela, que em grande parte financiaram a subida ao poder dos nacionalistas hindus. No contexto global, os hindus de classe média não são menos ambiciosos que a classe que, no Império Romano, adotou o cristianismo e fez dele um mecanismo eficaz com o qual garantir o poder mundano. O hinduísmo, na mão desses indianos, nunca se pareceu mais com os papas e mulás cristãos e islâmicos — e menos com a multiplicidade de crenças tolerantes, sem consciência de si mesmas, que ele ainda é para a maior parte dos indianos.

Gujarat, em 2002, ofereceu um relance desse hinduísmo modernizado quando jovens hindus vestidos em roupas da Benetton carregavam o resultado da pilhagem de câmeras digitais e tocadores de DVD em seus novos carros japoneses. Ayodhya apresenta uma imagem em miniatura do sinistro presságio desse hinduísmo, com seu passado sincrético agora irrevogavelmente falsificado, suas mesquitas destruídas, suas minoridades suprimidas: uma Ayodhya na qual abades locais bem posicionados, ajudados pelos políticos eleitos, esperam por novas conexões lucrativas com a economia global e provam, junto com muitas outras coisas, a profunda modernidade do nacionalismo religioso.

Bollywood: Índia Radiante

Em Bombaim, em dezembro de 2003, conheci Mahesh Bhatt, um dos mais famosos e bem-sucedidos cineastas da Índia. Ele me disse: "Bollywood é parte daquilo que nossa cultura se tornou. Estamos mentindo para nós mesmos o tempo todo".

Não era o que eu esperava escutar de Mahesh quando lhe enviei uma mensagem eletrônica de Londres, explicando que queria explorar o mundo dos filmes de Bombaim, ou Bollywood, e solicitando uma entrevista. Eu assistira e gostara de alguns de seus quarenta e tantos filmes, os autobiográficos, a respeito de seu nascimento ilegítimo, a infância infeliz com a mãe mulçumana e seu caso extraconjugal com uma atriz doente mental, que fez com que ele ficasse famoso nos anos 1980. Embora tivesse parado de dirigir filmes cinco anos antes, ainda escrevia roteiros e supervisionava as companhias de produção de sua filha e de seu irmão. Publicara um livro a respeito de seu amigo filósofo, U. G. Krishnamurti. Fizera documentários, mas era também cada vez mais conhecido pelas críticas na imprensa sobre a televisão de nacionalistas hindus, os puritanos sexuais e a política externa dos Estados Unidos.

Eu o via com freqüência na televisão, onde ele era uma figura impressionante com sua camisa preta solta, que acentuava o cabelo branco que restava em sua careca lustrosa. Uma vez vi-o gritar durante um debate com um líder nacionalista hindu: "Insisto no meu direito de assistir a pornografia!". "Preste atenção no que estou dizendo", falou ele em outra ocasião, "o fundamentalismo hindu vai destruir esta nação." Mais recentemente, recusara um convite para uma reunião de prece no café-da-manhã na Casa Branca, e descreveu George W. Bush como "o pior vilão do mundo".

Drama era uma coisa claramente importante para Mahesh. "O meu Deus morreu jovem", ele me disse, e então passou a descrever como — com raiva de um deus que mantinha separados sua mãe muçulmana e seu pai brâmane, um dia mergulhou sua pequena estátua de Ganesha no mar da Arábia perto de Bombaim. Logo que o conheci em Bombaim, no cenário de *Murder*, um filme que escrevera para seu irmão, ele acabara de voltar de sua primeira visita ao Paquistão. Tivera, disse, uma experiência profundamente emocional. Sentiu que seu eu muçulmano se tornava vivo no Paquistão. A visita também revivera lembranças do longo sofrimento de sua mãe muçulmana.

Embora com apenas 55 anos de idade, lembrou sua vida como uma longa jornada feita de estágios nítidos. Aos vinte, tomara um bocado de LSD e fora "fazer compras no supermercado espiritual". Aos trinta, quando finalmente teve sucesso como cineasta, passou a conhecer um "grande vazio interior", sentindo apenas tristeza quando seu aparelho de fax descarregava números de bilheteria por toda a Índia. Foi em Los Angeles, a "capital do materialismo", que resolveu renunciar à "busca do sucesso". Ele rejeitara "Osho" Rajneesh, que fora seu guru, jogando o rosário de contas na privada e puxando a descarga. Falou com paixão e convicção, e eu não achei que podia perguntar a ele se a pressão da água na privada em Bombaim seria forte o suficiente para descarregar as contas do rosário.

*

Os pontos de vista de Mahesh não tinham rodeios e haviam-no tornado impopular em Bollywood. "Ele faz auto-propaganda", disse-me um jornalista de cinema. "Pergunte a ele por que ajuda o irmão e a filha a fazerem filmes classe B. Ou, por que ele plagia enredos de Hollywood para seus roteiros?"

Mas Mahesh era franco a respeito de seu próprio trabalho. "Fiz um monte de filmes ruins. Reciclagem de fórmulas velhas, que é o que Bollywood faz a maior parte do tempo. Acho que a gente tem de continuar trabalhando." Ele disse que encarava sem ilusões a elaboração de filmes, um negócio como qualquer outro. "Não fique esperando a oferta ideal, não existe isso", disse ele a um jovem ator, um modelo em tempo parcial com o corpo esculpido em academias de ginástica que viera lhe pedir conselhos. "O que você ficaria fazendo em casa, de qualquer modo, fora malhar?"

Depois que o ator saiu, ele voltou-se para mim. "Esses jovens provavelmente querem ouvir outra coisa. Eles vêm a mim, pensam que estou no negócio, trabalhando um bocado, e que irei encorajá-los. Mas não posso. Não posso fazer com que Bollywood seja maior do que é."

Ele disse que seus próprios filmes, mesmo os que o tornaram rico e famoso, deixaram-no "profundamente insatisfeito". Acrescentou: "Mas eu sei que não há satisfação à minha espera em lugar algum. O meu amigo U. G. Krishnamurti diz que não existe outra realidade a não ser aquela que você vive todos os dias."

Alguma coisa parecia muito clara e bem embalada a respeito da autoconsciência de Mahesh. Mas enquanto estive em Bombaim, vi-me muitas vezes em seu escritório no subúrbio de Juhu. Passava direto pela recepção para sua pequena sala, na qual em geral o encontrava deitado em um sofá comprido, sob uma janela larga com uma vista para as favelas acovardadas sob prédios sombrios. Dois telefones celulares jaziam sobre sua ampla barriga. Um deles tocava com maior freqüência que o outro; mas Mahesh pegava os dois, quando começavam a tocar, e depois, erguendo o pescoço do sofá, apertava os olhos para os visores durante o que parecia um longo tempo, antes de atender.

Ele era brusco ao telefone, a não ser com sua mulher e a filha. "Quem é?", perguntava muitas vezes, e depois começava a repetir "Tchau, tchau, tchau", em rápida sucessão antes de terminar a conversa. A porta abriu para admitir Nirmal, seu recepcionista pessoal, com chá e café, ou algum dos jovens elegantes que trabalhavam no escritório. Ocasionalmente, havia alguém com quem Mahesh combinara de se encontrar: uma atriz paquistanesa que esperava trabalhar em Bollywood; uma música e dançarina de balé parse que queria tentar carreira no cinema; um ator alto, parecendo arrogante e vestido numa camiseta do Super-homem, que depois fiquei sabendo ser o neto de um político conhecido em Bombaim e que tinha trabalhado em *Murder*. Soni, a mulher de Mahesh, veio uma vez: uma mulher pequenina, tímida, ela atuara em muitos filmes de salas de arte nos anos 1980 e agora tentava dirigir um filme.

A porta se abria menos para aspirantes a atores, diretores, músicos, distribuidores e publicitários que aguardavam na recepção, à espera de abordar Mahesh ou o irmão dele, Mukesh. Eles se animavam quando Mahesh emergia de sua sala. Alguns deles chegavam a segui-lo, com vozes suplicantes, o trajeto inteiro até o recinto do prédio, e falavam rápida e ininterruptamente até ele entrar no carro.

Havia ainda outros jovens nos portões que davam para o recinto murado. Eu os via todos os dias, conversando com o *chowkidar* (segurança) e com os motoristas dos carros estacionados no lado de dentro, interrompendo apenas para olhar com expectativa para dentro dos carros que entravam no recinto. Mohammed, o motorista do meu carro alugado, disse que eram "aspirantes" que viajaram a Bombaim chegados de diversas partes da Índia, à espera de uma "chance" em Bollywood. Muitas vezes eram encontrados do lado de fora das salas de produtores, esperando atrair a atenção das pessoas importantes ou poderosas.

Era assim que a maior parte das pessoas tentava receber um empurrão para aquele mundo muito populoso e autocontido. A Índia produz mais filmes por ano do que qualquer outro país — chegam a mil em diversas linguagens indianas, feitos em Bombaim, além de Madras, Hyderabad, Trivandrum e Calcutá. Bombaim, ou Bollywood, é a maior e mais conhecida das indústrias cinematográficas indianas, e tem o maior público. Chegando a lançar duzentos filmes por ano, encontra pouca competição com Hollywood, que nunca conseguiu ultrapassar 6% do mercado cinematográfico na Índia.

Em 1896, os irmãos Lumière trouxeram imagens em movimento para a Índia, logo depois de tê-las introduzido na Europa. O primeiro longa-metragem indiano foi lançado em 1913, em Bombaim. Em 1930 já havia algum tipo de indústria cinematográfica ali, com estúdios e companhias de produção independente, e estrelas e filmes que tomavam emprestado ou adotavam estilos de narrativa tão variados como o teatro popular de aldeia, a ficção vitoriana, o *Ramayana* e o *Mahabharata*, e comédias e dramas de Hollywood.

As indústrias cinematográficas indianas atualmente empregam seis milhões de pessoas, a maior parte por contrato. Há 12 mil cinemas na Índia, com uma capacidade média de 700 lugares, a preços que variam de trinta centavos a três dólares. Como o financiamento de filmes vem de fora da economia legal, ninguém sabe qual é o capital de giro real de Bollywood ou de qualquer outra indústria de cinema na Índia. Os filmes muitas vezes são feitos com menos de um milhão de dólares. Embora alguns dos filmes recentes de Bollywood tenham chegado a custar 30 milhões de dólares, grande parte do dinheiro é gasto nos compositores das músicas, nas filmagens na Europa e nos Estados Unidos, e nas estrelas, que agora são mais poderosas do que qualquer outra pessoa no negócio.

Não é de surpreender que a maior parte dos aspirantes queira ser estrela, e não técnico. Ocasionalmente, um deles consegue e reanima o sonho do sucesso. Mallika, uma jovem atriz que conheci no escritório do Mahesh, era uma aspirante quando, dois anos atrás, largou sua família conservadora em uma cidadezinha perto de Déli para buscar uma carreira em Bollywood. Filas enormes de "mulheres maravilhosas", disse ela, a precediam em cada escritório de produtor a que ela foi. Depois de algumas indicações para modelo e ofertas para distribuição de papéis no sofá, ela finalmente encontrou algum "trabalho decente". Mas aí seu pai a repudiou depois de seu primeiro filme, no qual ela beijou o ator principal dezessete vezes — um tipo de recorde na pudica Bollywood.

Mallika achou que havia pouca probabilidade de ele reagir bem ao seu filme seguinte, *Murder*, no qual ela fazia o papel de uma esposa adúltera.

Ela disse: "O filme é muito ousado — embora eu odeie essa palavra. As pessoas abusam tanto dela em Bollywood, que é cheio de moralistas desonestos. Durante quanto tempo eles irão mostrar sexo juntando duas flores na tela? A Índia tem a segunda maior população no mundo. Será que eles acham que isso aconteceu unindo-se flores?"

Conheci Mallika no final do que tinha sido um longo dia de filmagem para ela. Mas quando chegou ao escritório de Mahesh parecia muito animada, usando uma pequena camiseta branca e blue jeans de cós baixo e sapatos de saltos muitos altos. Um trailer, ou o que ela chamou de "promo", de *Murder* tinha acabado de começar a aparecer em muitos dos canais de televisão da Índia que pertencem a empresas de cinema.

Eu tinha visto uma versão não editada desse trailer na sala de Mahesh mais cedo, naquela tarde, acompanhado de um "agente" do filme. Em rápida sucessão, cenas filmadas na Índia e na Tailândia mostravam Mallika despida por mãos invisíveis, fazendo amor e caminhando provocadoramente numa praia, a câmera firmemente focalizada em seus quadris. O agente tinha declarado que o filme era "muito ousado". Era provável que fosse ficar sob a etiqueta de "Adultos" no conselho de censura. Mas isso não incomodava muito os distribuidores, que estavam convencidos de que *Murder* seria "um grande sucesso".

Mallika disse: "Tenho recebido montes de SMS a respeito do trailer. É muito ardente. Muita pele exibida. Mas diga-me, você deve ter visto montes de filmes em Londres: o que há de tão ousado a respeito de mostrar uma dona-de-casa que se apaixona e diz que quer fazer amor? O que deve fazer uma dona-de-casa entediada quando está sexualmente excitada?"

Mallika me contou que os cineastas da Índia meridional freqüentemente a abordavam, querendo que ela atuasse em filmes *soft porn*. Eles a consternavam e deprimiam, do mesmo modo que a maior parte dos cineastas em Bollywood. Ela queria realmente trabalhar no estrangeiro, na Europa ou nos Estados Unidos, onde os filmes "de verdade" são feitos. Mencionou a obra de Pedro Almodóvar e de Robert Rodriguez.

Enquanto falava, não parava de escovar para trás o cabelo espesso, ondulado em torno de um rosto oval, de lábios cheios. Naquela tarde de domingo, o escritório de Mahesh estava deserto, apenas com um *chowkidar* à espera quatro andares abaixo, junto com Mohammed, o motorista do meu carro alugado. Mallika e eu sentávamos no sofá, separados por poucas polegadas — o espaço estreito no qual ela subitamente jogou, enquanto ainda falava de Almodóvar, duas fotografias brilhantes.

Eram fotografias de publicidade do filme *Murder* e mostravam-na fazendo biquinho em biquíni e sarongue. Quando Mallika me perguntou se eu tinha visto o trailer de *Murder*, menti, principalmente porque não conseguia elaborar uma resposta. Mas as fotos estavam no sofá, e enquanto eu as examinava, sentia os olhos de Mallika sobre meu rosto inclinado.

Ela disse: "Eu quero que você as examine. Quero que diga se os homens vão babar em cima de mim com esse filme ou não. Quero que me dê sua opinião sincera."

O inglês na Índia pode ser um meio enganoso. Mesmo quando a linguagem é bem usada, como o é por uma minoria de elite entre os 200 milhões de classe média do país, os subentendidos podem confundir. Ânimos e gestos são difíceis de entender. Ironia e humor são muitas vezes percebidos, mas raramente pretendidos.

"Você deveria conhecer Mallika", dissera Mahesh. "Ela é a próxima bomba sexual de Bollywood. Poderá ser uma história interessante para você." Mahesh tinha muitas dessas histórias para mim. Mas, embora grato, eu nem sempre estava certo da impressão que *ele* tinha a respeito delas, ou qual era sua verdadeira relação com Bollywood.

Uma tarde, quando saíamos de sua sala, Mahesh fez uma pausa antes de entrar no carro e fez um gesto para um dos jovens "aspirantes" de pé perto do portão do recinto.

O homem para quem Mahesh tinha feito o sinal era alto, bastante bonito, usando uma bandana preta. Caminhou na nossa direção, com os ombros largos caídos, até ficar semi-inclinado em um *namasté* silencioso à frente de Mahesh.

Mahesh disse: "Este é Pritam. Há oito anos ele vem diariamente ao meu escritório, com esperança de conseguir um papel nos meus filmes. Eu muitas vezes ofereci dinheiro para a passagem de volta à sua cidade em Bengala, mas ele sempre recusou. Você gostaria de conversar com ele?"

Senti Pritan levantar ligeiramente a cabeça para olhar para mim. Percebi um pequeno grupo no portão, nos observando. Acenei que sim.

Mahesh disse a Pritam, enquanto entrava vagarosamente no carro: "OK. Esteja aqui amanhã às duas e meia".

No trajeto de volta ao meu hotel, Mohammed estava doente de curiosidade. Ele sabia a respeito de Pritam, que aparentemente era famoso nessas áreas. De fato, há oito anos vinha ao escritório, mas não tinha conseguido falar com Mahesh *sahib* durante os três últimos. Nunca subira até sua sala. Será que agora, finalmente, estavam-lhe dando uma "chance"?

Eu disse que não sabia. Quando chegamos ao escritório no dia seguinte — tarde, por volta das quatro — Pritam estava de pé junto com os motoristas. Assim que meu carro passou pelo portão, seu rosto apareceu na janela. Semidobrado, ele acompanhou o carro até parar e então manteve minha porta aberta. Vi seus olhos suplicantes e as manchas de suor na camisa azul passada a ferro. Eu disse que lamentava estar atrasado. Ele não pareceu compreender. Eu disse que tinha certeza de que Mahesh iria chamá-lo logo.

Lá em cima, Mahesh estava deitado em seu sofá, borbulhante de notícias. Ele levantou-se quando entrei. Disse que ia viajar a Déli no dia seguinte para ver Sonia Gandhi, a italiana de nascimento e líder do Partido do Congresso e da então oposição no Parlamento indiano. Alguns teólogos muçulmanos tinham arranjado o encontro. Eles achavam que Mahesh estava em melhor posição para transmitir a frustração deles com o fracasso do Congresso em lutar contra o programa antimuçulmano do governo nacionalista hindu.

Mahesh disse: "É um fato triste sobre nossa política que eles não possam encontrar ninguém para abordá-la a não ser Mahesh Bhatt". Mostrou-me uma pasta de fotografias enviadas para ele do estado de Gujarat, na Índia ocidental. As imagens eram de muçulmanos atacados por alguns policiais hindus em meses recentes: *close-ups* de feridas ensangüentadas em crânios, costas e pernas, de vidros de carros, aparelhos de televisão e espelhos de penteadeiras despedaçados. Cada fotografia trazia a data e a hora do ataque escritas atrás. A carta que acompanhava, de um muçulmano, descrevia como sua filha tinha sido "surrada como um cachorro".

Falamos um pouco sobre política. Os telefones celulares de Mahesh não paravam de tocar. Um jornalista queria saber sua opinião sobre os Oscars. "Para o inferno, os Oscars", disse Mahesh. "Não estou interessado neles. Tchau, tchau, tchau." Outro jornalista perguntou sobre o filme que Mahesh planejava fazer a respeito do vigarista na vida real que fora apanhado conspirando com o comissário de polícia em Bombaim. A filha dele ligou. O primeiro filme dela estava pronto para o lançamento. Mahesh disse que ela estava muito nervosa a esse respeito.

Nirmal trouxe-nos café fresco em copos de isopor. Um publicitário de Lucknow chegou. "Um homem importante", explicou Mahesh. Ele estava lá para falar a respeito da iminente visita de Mahesh à Índia setentrional.

Por volta das cinco, Mahesh disse a Nirmal que chamasse Pritam.

Mahesh falou: "Ele uma vez me contou que matou alguém — seu tio, eu penso. Acho que ele quis me impressionar. Quero perguntar a ele sobre isso".

Quando Pritam entrou, o rosto reluzente de suor, Mahesh disse, apontando para o banheiro atrás dele: "Vá e lave o rosto".

A água pingava de seu rosto, molhando a camisa, quando ele saiu. Mahesh disse: "Sente-se".

Ele parecia desajeitado na cadeira pequena, de espaldar alto, com as longas pernas espetadas para fora.

Mahesh fez um gesto na minha direção. "Ele é escritor, quer saber sobre Bollywood. O que você pode contar a ele?"

Foi assim que Mahesh me apresentou a atores, produtores, distribuidores e outras pessoas na indústria cinematográfica, muitas vezes induzindo-as a me levar para trás da "superfície brilhante" de Bollywood e revelar sua "realidade mais dura".

Acabou que Pritam não podia dizer muito sobre Bollywood, em parte porque gastara oito anos à espera de que Mahesh o levasse para apresentá-la a ela. Ele não tinha ido a nenhum outro cineasta, convencido de que Mahesh daria a ele a sua "chance".

"Por que você pensaria isso?", perguntou Mahesh.

Pritam sorriu, incerto, e disse em inglês baixo, mas preciso: "Porque eu sei, no meu coração, senhor. Eu sei que o senhor vai me levar ao cume do sucesso. Acreditei nisso durante os últimos oito anos e vou acreditar nisso durante o resto da minha vida."

Mahesh disse, em híndi: "Mas por que você me disse que matou seu tio?"

Pritam limpou a boca e inclinou-se para a frente na cadeira. "É verdade, senhor. Eu quis dizer ao senhor que sou muito sério a respeito de qualquer coisa, até assassinato. É só eu me esforçar."

Ele descreveu como foi provocado a assassinar o tio. Pareceu ter elaborado a história, que saiu tranqüilamente. Seu pai tinha morrido quando ele era muito criança. Logo depois, seus tios tinham se apropriado da terra e da casa de sua mãe. Um dos tios tinha sido especialmente mau. Pritam o vira repetidamente agredir sua mãe. Aos dezessete anos, ele pensou pela primeira vez em assassiná-lo. Passou um ano planejando o assassinato antes de finalmente apunhalar o tio em questão. Como parte de suas meticulosas preparações, não deixara indícios para a polícia; ainda estavam intrigados com o assassinato.

Sua mãe, disse Pritam, era uma *devi*, uma deusa. Ele não podia suportar que ninguém fosse cruel com ela, e queria, acima de tudo, cuidar dela.

Mahesh falou: "Nesse caso, o que está você fazendo em Bollywood? Você veio para o lugar errado. Você vem a Mahesh Bhatt pensando que ele vai fazer de você uma estrela. Mahesh Bhatt está dizendo que você está correndo atrás de ilusões, que você deveria ir para casa e cuidar da sua mãe. Quer dinheiro para a passagem de trem?"

Pritam sacudiu a cabeça. "Quero que me dê uma chance, senhor. Não vou para casa sem ter trabalhado com o senhor."

Alguém abriu a porta para anunciar que o publicitário de Lucknow estava de saída. Mahesh disse para mim em inglês: "Por que você não conversa com Pritam enquanto eu encontro o publicitário na sala do meu irmão?"

Sem Mahesh na sala, Pritam relaxou. Eu quis saber onde e como ele vivera em Bombaim durante os últimos oito anos. Ele replicou, parecendo distraído, talvez ligeiramente intrigado pela nudez da sala em que há tanto tempo queria entrar, que vivera como asceta, não bebia nem fumava e comia muito pouco. Roubava o dinheiro de que precisasse.

"Como?", perguntei. Mas Mahesh voltou naquele instante, e Pritam tirou uma carta em bengali de sua mãe; prova, disse ele, do bom coração dela.

Mahesh pediu que ele a traduzisse.

"Meu querido filho", Pritam começou lentamente, os olhos pulando do rosto de Mahesh para o meu, "há muito que não tenho notícias suas, e você não me enviou nenhum dinheiro. Não me preocupo muito porque sei que a sua fé em Mahesh *sahib* um dia será recompensada..."

A carta falava de seus sofrimentos nas mãos dos gananciosos parentes. Quando terminou, Pritam olhou esperançoso para Mahesh. Um dos telefones de Mahesh tocou naquele momento. Ele pegou os dois, e enquanto apertava os olhos para vê-los, disse a Pritam: "Acho que você devia ir para casa e ajudá-la."

Pritam ficou mais alguns minutos, bebendo chá, observando a sala, enquanto Mahesh falava no telefone. Fiquei aliviado quando Mahesh disse a ele, quando estava saindo, que ia "testá-lo à frente da câmera". Do lado de fora, Pritam imediatamente transmitiu as novas para o grupo de motoristas e aspirantes. Mohammed ficou muito contente por ele — era o tipo de chance que esperava que lhe dessem.

Mais tarde fiquei pensando se o próprio Pritam não teria escrito aquela carta, do mesmo modo como inventara a história do assassinato, para impressionar Mahesh. Em suas emoções extremas, cruas, essa história se parecia demais com um filme de Bollywood.

Não sugeri isso a Mahesh, no entanto. Eu queria que Pritam tivesse sua "chance". Além do mais, sabia um pouco sobre a história pregressa de Mahesh, e parecia pouco provável que ele duvidasse de uma história só porque ela era melodramática demais. Seu próprio pai, também famoso produtor e diretor na sua época, vivera com sua mulher hindu, ao mesmo tempo que mantinha uma amante muçulmana, a mãe de Mahesh, em outra parte de Bombaim. Ele vinha irregularmente à segunda casa e não ficava muito tempo.

Quando criança, passara muitas horas esperando o pai, e se ele não aparecia, consolava a mãe.

Mahesh disse: "Minha mãe o amou intensamente, até morrer. Eu sempre fiquei ligeiramente amedrontado com aquele homem distante, que vinha e ia embora, e que tinha tamanho poder sobre a minha mãe. Quando ela morreu, faz poucos anos, ele veio à nossa casa entoando escrituras hindus e segurando *gangajal* [água do Ganges]. Viu o corpo da minha mãe e disse: 'Ponha um pouco de *sindoor* [cinabre, o querido símbolo do matrimônio para as mulheres hindus] no cabelo dela. Ela estava sempre me pedindo: Ponha um pouco de *sindoor* no meu cabelo.' Eu quero que isso seja feito agora."

A extensão do amor do pai de Mahesh pela amante ficou clara, Mahesh explicou, quando o pai morreu. "Eu costumava perguntar à minha mãe: 'Para onde vai o corpo dele?' Acabou que ele deixara o desejo explícito de ser cremado na nossa parte da cidade. As irmãs da minha mãe sabiam o que isso significava. Ele estava reconhecendo publicamente sua devoção à mulher que o amara. Minhas tias apareceram na cremação. Eu as vi cochichando e roubando um punhado das cinzas. Perguntei o que tinham feito com as cinzas. Elas disseram que as tinham espalhado sobre o túmulo da minha mãe. Queriam sacramentar algum tipo de união. Os críticos me acusaram de melodrama quando pus alguma coisa do meu passado no filme *Zakham*. Senti que com esse gesto tinha feito a minha paz com ele. É isso o que os melodramas fazem: reconciliam as pessoas. É isso o que os melhores filmes de Bollywood conseguem."

A minha própria lembrança dos filmes de Bollywood era diferente. Quando criança, em pequenas cidades ferroviárias, e depois como estudante de graduação em Allahabad, eu os assistira com freqüência. Durante semanas eu espiava cobiçoso os cartazes suspensos nos postes de eletricidade, ou amarrados do lado das *tongas* (carroças puxadas por cavalos) em tropel pelas ruas estreitas e poeirentas com anúncios desbotados de lojas desfalcadas, o cocheiro anunciando pelo megafone o último lançamento no cinema local.

Eu ficava particularmente impressionado com os pôsteres dos filmes novos. Eles muitas vezes mostravam homens rangendo os dentes e apontando armas enormes uns para os outros contra um panorama de arranha-céus que explodiam, e mulheres que mostravam os braços nus, e algumas vezes, mais ousadamente, as pernas. Meus pais não me deixavam ver esses filmes, alegando que eram muito violentos. Eles falavam com carinho do ator trágico ou ardentemente romântico de uma época anterior — Dilip Kumar, Raj Kapoor, Guru Duttr, Dev Anand. Com muito prazer me deixavam ir a filmes dos anos 1950 e 1960, alguns dos quais passavam em reprise em cinemas de cidades pequenas, e cujas canções, na maior parte melancólicas, saídas de uma centena de transistores na nossa *Railway Colony*, enchiam as longas tardes da minha infância.

Mas eu não estava muito interessado nas histórias nas quais o amor, timidamente expresso, era em geral contrariado, quando o sucesso mundano se mostrava ser uma ilusão, e cujas cantigas tornavam doces os mais cruéis desapontamentos. Como muitos rapazes na Índia — e, sem eu saber, também na África e no Oriente Médio —, eu era fascinado por Amitabh Bachchan, embora tivesse assistido à maior parte de seus filmes depois de sair de casa e ir buscar um diploma de graduação em Allahabad.

Bachchan, um ator desajeitadamente alto, com uma voz de barítono, muitas vezes fazia o papel do rapaz pobre, ressentido, que se jogava contra políticos, homens de negócios e policiais venais. As mulheres, tirando as lacrimosas mães, tinham papéis menores nesses filmes, e muitas vezes eram tratadas sem amabilidades.

Havia pouco no passado do próprio Bachchan que indicasse descontentamento político. Antes de buscar uma carreira nos filmes em Bombaim, ele tinha um emprego bem pago numa corporação em Calcutá. Seu pai, um distinto poeta em híndi, tinha amigos entre os Nehru e Gandhi. Mas, na tela, Bachchan era o "rapaz revoltado", e falava diretamente para um público que não ficava mais emocionado com a suave autopiedade dos autores de que meus pais gostavam.

Para inúmeros indianos, havia muito com o que se revoltar nos anos 1970 e 1980. A liberdade do domínio inglês, em 1947, e as proclamações do socialismo e da democracia pareciam ter beneficiado apenas uma pequena minoria da população do país, principalmente políticos, grandes empresários e servidores públicos — pessoas que pilharam a economia controlada pelo Estado e protegeram seu próprio poder e privilégios quase com tanto ardor quanto os ingleses tinham antes lidado com as contestações dos nativos.

Bachchan começou a ficar famoso por volta de 1975, o ano em que Indira Gandhi reagiu a um movimento político de massa que protestava contra a corrupção e a inflação suspendendo a Constituição democrática da Índia e prendendo muitas pessoas que faziam oposição a ela. Em diversos de seus filmes, Bachchan expressara o cinismo e o desespero particularmente agudo dos desempregados, os homens de classe média baixa em cidades pequenas. Em geral ele procurava vingar-se de uma sociedade injusta. Uma pura animação percorria o público do cinema (sempre francamente expressivo) quando, depois de sucessivas humilhações, ele finalmente explodia em violência.

Esse era um momento especialmente gratificante em Allahabad. Durante alguns anos antes de eu chegar, a universidade, que já fora conhecida como a Oxford do Oriente, tinha sido o cenário de batalhas entre os desempregados, e provavelmente não empregáveis, jovens que procuravam fazer uma carreira na política estadual — ou no plano nacional. Os grupos de estudantes aos quais eles pertenciam eram em geral baseados em castas e apoiados por partidos políticos em nível nacional, como o Congresso e o BJP. As recompensas eram poucas — na melhor das hipóteses, uma indicação do partido em eleições para a legislatura estadual ou central —, e a competição era feroz. Bombas e armas de fogo rudimentares muitas vezes disparavam no meio do campus. As pessoas como eu, que estavam lá para adquirir um diploma e então se candidatar a um emprego no governo, sentiam-se pequenas, ansiosas e temerosas a maior parte do tempo.

Durante um tempinho Bachchan nos fazia poderosos. Lembro-me de assistir a um de seus filmes em Allahabad: como a platéia rugia sua aprovação quando ele, representando um primeiro-ministro, primeiro, com grande eloqüência, denunciou seu gabinete, e depois metralhou todos os seus integrantes.

Um mundo mais intratável começava já do lado de fora do cinema, onde os policiais sacudiam os cassetetes com pontas de ferro e extorquiam subornos de condutores de jirinquixás e camelôs. Os corruptos governavam ali por intermédio de uma longa hierarquia invisível — o dinheiro passava por toda linha, dos policiais até o topo —, e a melhor maneira de se lidar com eles era unir-se a eles. Mas passar três horas no cinema — nos assentos de madeira nua, entre cascas de amendoim no chão, a fumaça de cigarro e de *bidi* (cigarros feitos com bétel) que subia languidamente pelos raios vindos do projetor — era preencher parcialmente todas as fantasias acalentadas pelos pôsteres. Era livrar-nos, mesmo que brevemente, de nossas privações e abraçar a estonteante convicção de que se o mundo não entregasse suas riquezas — sexo, dinheiro, poder —, ele seria severamente punido.

Só que depois de eu ter saído de Allahabad e mudado para Déli eu raramente ia ao cinema. Quanto mais velho eu ficava, mais os filmes de Bollywood começavam a parecer longos e irreais. Ocasionalmente, tarde da noite, em quartos de hotéis indianos, eu deparava com pré-estréias das ofertas de Bollywood na televisão. Alguns lampejos de canções e danças em prados suíços ou em casamentos opulentos, terroristas muçulmanos em Caxemira e vilãos paquistaneses que conspiravam contra a Índia, e heróis de ação gorduchos que salvavam sua pátria — e eu achava que bastava.

Não podia entrar nesses filmes sem a autoconsciência que não tinha antes. No entanto, eu nem estava distante deles o bastante para gostar deles como *kitsch*. E sempre havia muitos livros não lidos nas estantes me olhando súplices.

Anos mais tarde, quando passei um tempo em Londres, voltei a me interessar pelos filmes de Bollywood. Bem populares entre uma geração mais jovem de asiáticos britânicos, com freqüência eram exibidos na televisão. No final dos anos 1990, novos filmes de Bollywood começaram a aparecer nas tabelas de bilheterias no Reino Unido. Os estudiosos publicaram monografias sobre eles, argumentando a respeito de sua importância sociológica e da negligenciada qualidade artística. Em 1999, Amitabh Bachchan — com o nome ainda desconhecido pela maioria das pessoas na Europa e Estados Unidos — foi eleito na frente de Laurence Olivier o "astro do milênio", em uma pesquisa de opinião *on-line* da BBC.

Artigos e perfis de astros de Bollywood apareceram nos principais jornais ingleses depois do sucesso do musical *Bombay Dreams* no West End, que Andrew Lloyd Webber produziu em colaboração com A. R. Rahman, um compositor musical de Bollywood. Esses artigos em geral retratavam os filmes de Bollywood como exóticos, uma novidade um tanto divertida. Raramente tentavam explicar por que esses filmes tinham ficado populares em vários lugares — na ex-União

Soviética, na Europa Oriental, no Oriente Médio, na China e o no Extremo Oriente — sobre os quais Hollywood tinha pouca ou nenhuma influência; nem como tinham penetrado em países com cultura tão fortemente nativas como o Egito e a Indonésia.

Depois de muitos anos vi um novo filme hindu em Londres. *Kal Ho Na Ho* (O Amanhã Pode Nunca Chegar), mais conhecido como KHNH, foi um sucesso mundial, tornando-se especialmente popular entre os sul-asiáticos na Inglaterra e nos Estados Unidos. Seu ator principal era Shah Rukh Kahn, um dos três *superstars* Kahn aparentemente tão caros em Bollywood como Tom Cruise e Tom Hanks em Hollywood. Como parte do novo "movimento jovem", seus produtores tinham voltado as costas aos filmes de fórmula feitos durante os anos 1980 e 1990 — anos estéreis, segundo eu lera, para Bollywood, e muito diferentes do clima atual, já que, de acordo com diversos *websites* e revistas que pesquisei, há agora em Bollywood gente de talento e coragem para ser *hat ke* (literalmente "diferente de"). KHNH, por exemplo, era *hat ke*. Do mesmo modo, seu jovem diretor, Karan Johar. A geração *hat ke* fazia surgir em Bollywood um tipo de revolução bem parecida com a que os jovens cineastas, inspirados pelo cinema europeu, brevemente alcançaram em Hollywood no final dos anos 1960 e 1970. Eles eram a contracultura, conectando-se com um público novo, sofisticado.

KHNH é diferente de qualquer filme de Bollywood que eu já vira, sobretudo porque se passava inteiramente na cidade de Nova York, e seus personagens eram quase todos indianos norte-americanos. Mas também apresentava várias canções, e seu enredo traçava um triângulo amoroso muito usado em Bollywood. Uma moça conhece dois rapazes, ama um e é amada sem esperanças pelo outro. Juntos, eles cantam e dançam um pouco, com um elenco gregário de irmãos, irmãs, pais, avós e avôs, antes que se revele que o jovem de quem ela gosta está fatalmente doente. Muitas lágrimas mais tarde (o filme tem quatro horas de duração), ele morre, mas só depois de ter bravamente cantado e dançado durante o magnífico casamento daqueles que a ele sobreviveram de coração partido.

No dia seguinte assisti aos DVDs dos dois filmes anteriores de Johar, sendo que os dois tinham tido o mesmo sucesso entre os indianos expatriados de classe média. Seus títulos também começavam com a letra K e eram conhecidos como KKHH e KKKG, respectivamente. Passavam-se em Londres e em uma Índia que se parecia muito com o cruzamento da Inglaterra com os Estados Unidos. Um filme era, segundo a legenda: "Tudo sobre o amor a seus pais". O pai, nesse caso, dirigia uma empresa familiar e morava em uma casa campestre estilo inglês e viajava em helicóptero. O filho morava em Londres — não em qualquer dos subúrbios modestos onde mora a maioria das comunidades de imigrantes indianos, mas na elegante Hampstead — e dirigia uma Ferrari vermelha.

O outro filme de Johar, KKHH, passava-se parcialmente em uma escola moldada à imagem de Riverdale, a escola secundária norte-americana descrita nos quadrinhos *Archie Comics*, e os personagens principais eram baseados nos animados adolescentes Archie, Veronica e Betty. Em vez de críquete eles jogavam basquetebol e acabavam obtendo empregos altamente bem pagos em uma Índia feita quase inteiramente de parentes igualmente influentes e encantadores.

Vi outros filmes novos. Li livros, *fanzines* e entrevistas *on-line* com astros de Bollywood. Em dezembro, finalmente, viajei a Bombaim, onde conheci Karan Johar. "Os meus filmes", contou-me, "refletem a minha própria realidade. Amo os meus pais, eles me amam. Não importa onde estejamos no mundo, somos indianos e estamos à vontade. Escrevo baseado na minha experiência."

Johar estava otimista a respeito de Bollywood, que ele disse estar entrando em uma nova era de cinematografia. Outro jovem cineasta, Ram Gopal Varma, muito elogiado por seus filmes sobre a máfia de Bombaim, disse: "Não tem sentido nos congratularmos. Nossos melhores filmes não são muito melhores que um filme médio de Hollywood. Acho que temos muito o que aprender até com os filmes classe B de Hollywood. Aprendi um bocado com *O Exorcista*."

Será que isso era verdade? Eu não tinha como dizer. Em Bombaim, tornei-me mais ciente de que Bollywood era um mundo em si mesmo, no qual os critérios normalmente usados para julgar os filmes e seus cineastas eram válidos apenas em parte

"As fitas", escreveu uma vez F. Scott Fitzgerald, "têm uma gramática particular, como os políticos e a produção de automóveis ou a sociedade." Fitzgerald achava que, só de olhar e comentar filmes, as pessoas não podiam entender como os estúdios de Hollywood realmente funcionavam, quais as pressões peculiares exercidas sobre os roteiristas, diretores e atores. Bollywood também parecia ter sua própria gramática peculiar. Os autores das canções ou das letras, os compositores, diretores de dança e *costume designers* são freqüentemente mais cruciais para o sucesso de um filme que o roteiro, muitas vezes improvisado na hora da filmagem.

Os processos econômicos de Bollywood são até misteriosos. Ainda existe aquilo que era conhecido como "fator informal e de alto risco" da economia indiana. Os bancos raramente investem em Bollywood, onde os agiotas prosperam, exigindo até 35% de juros. As grandes firmas corporativas não parecem menos interessadas em se manter longe da indústria cinematográfica. Um executivo graduado dos Tata, uma das principais famílias empresariais na

Índia, me contou: "Fomos para Bollywood, fizemos um filme, perdemos um monte de dinheiro e saímos rapidinho", acrescentando que "o lugar funciona de modo que não poderíamos nem começar a explicar para os acionistas".

Como apenas seis ou sete das centenas de filmes feitos a cada ano têm lucro, a indústria gera pouco capital próprio. Os grandes estúdios dos anos iniciais da indústria agora estão mortos. São pessoas de fora — agiotas regulares, pequenos e grandes empresários, pessoal do mercado imobiliário e, algumas vezes, chefes da máfia — que continuam a financiar novos filmes, e a rotatividade deles, dadas as perdas, é rápida. Seus motivos são variados: sexo, glamour, lavagem de dinheiro, e, mais otimisticamente, lucro. Raramente têm alguma coisa a ver com o desejo de fazer filmes originais, ou mesmo competentes.

Algumas vezes os planos de filmagens se arrastam durante anos, enquanto os produtores lutam para pagar os juros a seus diversos credores. Os atrasos são muitas vezes causados por atores que trabalham em vários filmes ao mesmo tempo. O processo real de fazer os filmes parece igualmente árduo. Por exemplo, os atores gravam seus diálogos, não durante, mas depois da filmagem, o que pode fazer com que suas vozes fiquem fora de sincronia com as expressões faciais, enfatizando a impressão de artificialidade. É raro que um ator, trabalhando sem um roteiro apropriado, tenha um bom desempenho.

De qualquer modo, uma boa representação — ao contrário da dança e de cenas de lutas — parece não ser exigida dos astros de Bollywood. Até na vida real, eles tendem a representar fantasias quase tão extremas quanto as que ajudam a criar na tela. O mais famoso deles foi recentemente apanhado caçando veados, em contravenção às leis de preservação da vida selvagem. Alguns meses antes de eu chegar em Bombaim, Salman Khan, um dos três Khan *superstars*, tinha sido acusado de atropelar e matar ou ferir quatro homens que estavam dormindo numa calçada, ao dirigir em alta velocidade, tarde da noite, em seu Land Cruiser — Mohammed me apontava o suposto local do acidente cada vez que passávamos por ele e me contou a história de como Khan conseguiu subornar as testemunhas e mudar seus relatos do evento.

Bachchan, que eu já idolatrara, parecia decepcionantemente inconsciente do que ele representara para milhões de indianos, ou do que poderia fazer com sua enorme influência. Em entrevistas, ele desviava das questões a respeito de seus amigos políticos, e em vez disso falava de sua nova intimidade com o filho, Abhishek: disse que conversavam todos os dias a respeito de garotas e trocavam piadas indecentes. Nos últimos anos, ele perdera milhões de libras em investimentos comerciais imprudentes, inclusive um concurso de Miss Mundo. Ajudado por políticos e empresários, que eram freqüentemente fotografados com ele, e a versão popular indiana do programa *Who Wants to be a Millionaire* (Quem Quer Ser Milionário?), do qual ele fora o âncora, recentemente conseguiu sair do vermelho e voltou a fazer filmes medíocres, mas de boa renda.

Não era fácil, como descobri em Londres, assistir a todos os filmes de Bachchan por inteiro outra vez. Descobri que preferia os filmes mais antigos que meus pais admiraram: os filmes a respeito de amor e perda, nos quais tanto os personagens masculinos como os femininos enfrentavam a adversidade com força e dignidade, e não confundiam vingança com justiça. Eu gostava, também, dos filmes mais contemporâneos, feitos por Mahesh Bhatt, Gulzar e Rama Gopal Varma. Não gostava de me lembrar daquele meu eu que já tinha sido abalado pelos filmes de Bachchan, pelo seu ponto de vista de vingança particular, sangrenta.

Não fiquei surpreso ao saber que esses filmes foram feitos durante um momento particularmente pobre na história de

Bollywood. Assisti-los outra vez me fez pensar que uma platéia de cidade pequena, hoje, estaria melhor servida por filmes novos, com títulos de muitas sílabas, mesmo que ficasse confusa com os cenários e personagens pseudo-indianos e o distanciamento das questões da pobreza e da corrupção.

Mas, como rapidamente fiquei sabendo em Bombaim, o público de cidades pequenas, com as entradas em preços de oferta e as longas filas de jovens fãs ansiosos, não têm mais tanta importância como costumavam ter. A disseminação rápida da televisão no final da década de 1980 e início de 1990 obrigou muitos cinemas a fechar. Os grandes lucros agora vinham de complexos de cinemas múltiplos, ou multiplex, das grandes cidades como Déli, Bombaim, Madras, Calcutá, Hyderabad, Pune e Bengalore, e o que era conhecido como o "circuito NRI (não-residente indiano)".

Karan Johar era um dos astutos *auteurs* que faziam filmes para a classe média superior em crescimento das maiores cidades da Índia, e também para os milhões de indianos que moravam na Inglaterra e nos Estados Unidos — os indianos que, segundo Shah Rukh Khan, "pareciam gostar de histórias de amor, coisas bonitas, flores amarelas, ação rápida, mulheres em sári, opulência". Animados pelo sucesso, em 2002, de um filme chamado *Lagaan*, citado para a categoria de melhor filme estrangeiro no Oscar, muita gente em Bollywood estava mirando ainda mais alto, para Hollywood, o mercado norte-americano e o inglês. Mas até aqueles que zombavam dessas ambições — argumentando corretamente que a maior parte dos norte-americanos provavelmente iria achar Bollywood inteiramente alienante — têm pouco tempo para o público fora das grandes cidades.

"Francamente, não estou nem aí para as aldeias", conta-se que Ram Gopal Varma disse no *Times*. Quando nos conhecemos, ele negou ter dito isso, mas continuou enfatizando que estava contente em fazer filmes de baixo custo para pessoas instruídas nas cidades. Sentado serenamente em seu escritório bem acima do Nariman Point, a quilômetros de distância dos subúrbios poeirentos do norte de Bombaim onde a maior parte do pessoal do cinema mora e trabalha, Pritish Nandy, que já fora poeta e jornalista e agora era produtor de cinema, contou-me: "Não quero fazer filmes para pessoas que eu não conheço". Karan Johat, em atitude defensiva depois da minha sugestão de que seus filmes falavam primariamente para indianos influentes, concordou: "Ninguém agora pode fazer um filme para um público totalmente indiano".

As pessoas tentam, no entanto. *LOC Kargil*, o maior filme do inverno de 2003, era desafiadoramente não *hat ke*, um retrocesso aos grandes orçamentos e muitos astros como *Sholay*, o perene sucesso indiano. Com duração de quatro horas, apresenta quase todos os astros em ascensão estabelecidos de Bollywood, incluindo Abhishek, filho de Amitabh Bachchan. Com sucesso aparentemente assegurado, trata de um evento que levantou muita paixão na Índia: a morte de mais de quinhentos soldados no verão de 1999, durante o esforço desesperado da Índia para recuperar as montanhas em Caxemira, sob o domínio indiano, tomadas por um grupo de militantes muçulmanos apoiados pelo Paquistão.

No dia anterior ao do lançamento do filme pela Índia inteira, fui a uma pré-estréia com Khalid Mohammed. Logo que o conheci, ele era escritor no *Times of India*, famoso pelas suas críticas demolidoras dos filmes hindus. Ele ainda faz críticas severas de filmes recém-lançados no vespertino diário *Midday*. Mas ofende outras pessoas na indústria, agora que ele próprio é cineasta. "Ele deveria decidir o que quer fazer", queixou-se um diretor para mim.

Eu gostava de Khalid. Ele parecia um homem solitário nos aposentos nus, isolados por cortinas, de seu apartamento, onde ele morara com a avó e onde escrevera roteiros para filmes a respeito de sua família muçulmana — a mãe, que, abandonada pelo marido paquistanês, se casou com um príncipe hindu de Rajasthan, só para morrer com ele pouco depois num desastre aéreo; a tia, que durante anos ia e voltava entre a Índia e o Paquistão, rejeitada nos dois países. Mohammed estava especialmente feliz em levar-me à casa de Khalid. Ele e sua família tinham assistido duas vezes ao filme de Khalid a respeito dos sobreviventes do *pogrom* antimuçulmano em Bombaim no início dos anos 1990.

Quando conheci Khalid em Bombaim no final de 2003, seu novo filme acabava de ser lançado. Era diferente de tudo o que ele já fizera, um drama inspirado em *Sonata de Outono*, de Ingmar Bergman, a respeito de mães e filhas. Especialmente pichado por outros críticos, desaparecera da maior parte dos cinemas, e estava passando em uma reverberantemente vazia sala de mil lugares em Bombaim. Um amigo de Khalid me contou: "Ele teve sorte em fazer o filme que queria — até mesmo cineastas muito conhecidos não conseguem patrocínio para seus projetos — mas agora ele acabou com a sua chance".

Khalid sentiu agudamente o fracasso. "Estou tonto", disse ele, apenas parcialmente de brincadeira, ao telefone. Punha a culpa nos distribuidores. Era um filme para multiplex, mas eles o tinham lançado nas grandes salas. Estava escrevendo um romance a respeito de donos de restaurantes iranianos em Bombaim e atualizando sua biografia "livro de arte" de Amitabh Bachchan.

Dirigimo-nos para a pré-estréia de *LOC Kargil* na Film City, a poucos quilômetros de Bombaim. Khalid disse que os Bachchan estavam ansiosos a respeito da carreira do filho. Fora Jaya, a mulher de Bachchan, quem organizara a pré-estréia.

Eu já tinha ouvido falar de outros pais ansiosos em Bollywood. Muitos dos novos atores tinham pouca coisa que os recomendasse além de suas famosas famílias no cinema; para os "aspirantes", eles pareciam impedir o trajeto deles. Mallika queixara-se: "Abhishek Bachchan teve *quinze* fiascos, mas ele ainda consegue grandes ofertas".

Abhishek não estava presente à pré-estréia, mas o público, que chegava em carros novos importados, abrangia principalmente seus amigos na indústria. Uns poucos minutos na tela, e ficou claro que o filme não ia impulsionar a carreira do jovem Bachchan nem a de ninguém mais. Embora, na realidade, os Estados Unidos tenham obrigado o governo paquistanês a retirar os infiltradores armados da Caxemira pertencente à Índia, os nacionalistas hindus tinham alegado vitória militar sobre o que eles descreveram como um inimigo pérfido. *LOC Kargil* tentou elaborar esse mito, justificar e comemorar o martírio de soldados indianos.

Durante a primeira hora, os soldados lacrimosamente despediram-se de suas mulheres, amantes, irmãs e mães. Jogados em batalha, proferiram invocações à deusa Durga enquanto subiam encostas íngremes e pedregosas. Cantavam cantigas patrióticas ao morrer e gritavam xingamentos grosseiros quando mergulhavam as baionetas nos paquistaneses desafortunados. Eu saí da sala depois de três horas disso, e fiquei andando de um lado para outro no saguão deserto até que, com uma canção patriótica final, o filme terminou, e todos os motoristas de pé, ao fundo, emergiram e correram para seus carros.

No carro, no caminho de volta a Bombaim, o telefone celular de Khalid tocava sem parar. Houvera outras pré-estréias em Bombaim. O crítico do rival do *Midday*, o *Afternoon Dispatch & Courier*, ligou para dizer que o filme era "um enorme trauma". Karan Johar ligou para dizer que o assistia e estava detestando. Alguém na pré-estréia disse que tinha visto a mãe de Abhishek, Jaya, chorando copiosamente quando os caixões dos soldados indianos, envolvidos na bandeira, apareceram na tela. O próprio Khalid estava cauteloso, pensando se o problema era o filme ter sido lançado no momento errado. As relações entre Índia e Paquistão tinham melhorado dramaticamente. Havia notícias de que o time de críquete da Índia iria viajar ao Paquistão para uma série de jogos. Mas ninguém sabia como o público poderia reagir.

Khalid foi ainda mais severo em sua resenha três dias depois. Intitulada "Fora de Controle", descrevia o filme como "um tiro-drama de mais de quatro horas". Caçoava dos "incontáveis *flashbacks* das lindas, lacrimosas e sofredoras noivas e esposas esperando em casa". Depois, em um tom mais sério, deplorou o "subtexto perturbadoramente político-religioso" e o fato de que nenhum dos atores principais retratava um soldado indiano da comunidade muçulmana.

Quando voltei a Bombaim depois de sete semanas, a turnê do time de críquete tinha sido anunciada. O veredicto sobre o *LOC Kargil* também havia saído. O exército indiano fizera o possível e o impossível para ajudar o diretor, J. P. Dutta, que já tinha feito um filme de guerra bem-sucedido. Os líderes nacionalistas hindus haviam organizado projeções especiais em Déli e eximiram os exibidores de impostos de venda. Mas não conseguiram salvar o filme do fracasso de bilheteria.

Seu insucesso, no entanto, não parece ter afetado muito a carreira de Abhishek. Eu o vi em um jantar no J. W. Marriott Hotel, ponto favorito dos jovens astros de Bollywood. Quase tão alto quanto seu pai, mas com rosto e sorriso mais cheios, estava rodeado de amigos, jovens diretores, escritores e atrizes, e os entretinha com um relato de sua visita a um festival cinematográfico em Marrocos. Ele contou uma longa história a respeito de um famoso ator irlandês e sua mal-sucedida perseguição a *starlets* de Bollywood durante o festival.

Khalid estava entre os convidados que se sentaram longe de Abhishek, isentado de unir-se aos risos ligeiramente forçados. Ele disse que ainda se sentia magoado pelo fracasso de seu último filme. Abandonara o romance. Um produtor lhe dera dinheiro para escrever e dirigir um filme de suspense passado em Londres. Se tudo desse certo, ele poderia começar as filmagens mais no final do ano. Queria apagar o "estigma de um fracasso".

Esse estigma de fracasso parecia pesar mais sobre J. P. Dutta, o produtor de *LOC Kargil*. Ele pareceu surpreso quando lhe telefonei do escritório de Mahesh e disse que gostaria de me encontrar com ele. "Você pode vir agora?", perguntou.

Mahesh disse: "Ele provavelmente está surpreso de que alguém queira vê-lo". Mahesh contara-me mais cedo que o filme de sua filha tinha ido mal. "Ela agora está aprendendo o que significa o fracasso na indústria cinematográfica, na qual só o sucesso conta. Está entrando no mundo real."

Sentado em seu escritório — todo de mármore branco polido, cadeiras giratórias de couro preto e estátuas de Ganesha —, J. P. Dutta parecia pouco disposto a entrar no mundo real. Um homem pequeno, com uma barba grisalha e uma grossa corrente de prata no pescoço, falava por monossílabos até que eu perguntei por que o *KHNH* tinha tido sucesso e *LOC Kargil*, não.

A pergunta era injusta, mas fez com que ele começasse. Falou, por fim, interrompendo seu monólogo com risadas curtas, amargas.

> Vou contar. Porque já não estamos mais fazendo filmes. Estamos fazendo negócios. Por favor, entenda o que estou dizendo. As pessoas estão fazendo filmes para as "metros" [cidades metropolitanas] e afirmando que são sucessos. Mas a Índia não está confinada às "metros". Nosso cinema tem de sair da nossa cultura indiana. Os filmes dos anos 1950 e 1960 também têm base em cidades. Mas as pessoas fora

> das cidades identificavam-se com eles. Porque eles tinham significado e profundidade. O que está acontecendo agora? Nossos valores degeneraram. O idealismo da independência sumiu. Não estamos refletindo nossa época. Onde está o ângulo humano no nosso cinema? Eu sabia que não estava fazendo um filme comercial com *LOC Kargil*. Era um tributo aos nossos soldados que arriscaram suas vidas para defender seu país. Meu irmão era oficial da Força Aérea e morreu na queda de um Mig-21. Sei o que meu filme significa para os soldados do nosso país. Eu não estava preocupado se ele iria afundar ou nadar com o público geral. Mas saiba você que está tendo grande sucesso fora das regiões metropolitanas. Há filas enormes fora dos cinemas em UP e Orissa...

"Todos dizem isso", disse Tishu quando eu relatei os comentários de Dutta para ele: "especialmente os cineastas velhos, de estilo feudal, que se sentem deixados para trás pelos recém-chegados à praça. Mas ele tem alguma razão a respeito da falta de raízes indianas nos novos filmes."

Eu conhecera Tishu quando ele estudava na universidade em Allahabad. Em Bombaim, no inverno passado, eu o procurei depois de descobrir um filme sobre política estudantil em Allahabad, que ele escrevera e dirigira. Os personagens e cenários do filme transmitiam com exatidão a violência e o cinismo com os quais a maioria das pessoas na universidade tentava saber onde estava pisando. Seu diálogo animado empregava bem o dialeto híndi da região. Pareceu-me um filme mais *hat ke* do que qualquer outro que eu já vira antes.

Mas tinha também canções e danças que quebravam a narrativa e o clima cuidadosamente construído, e faziam com que o filme passasse a ser mais ou menos inviável para um público fora da Índia.

Tishun não discordava de mim. Ele simplesmente disse que não teria sido possível levantar o dinheiro para o filme sem as canções. Já fora bastante difícil fazer alguma coisa que refletisse o mundo em que ele vivia. Tinha "lutado" durante dez anos em Bombaim, escrevendo roteiros ou trabalhando como assistente de diretor, ganhando muito pouco, antes de poder sonhar em fazer seu próprio filme. Os líderes estudantis em Allahabad tinham protestado contra a descrição deles no filme. As autoridades universitárias acusaram-no de mostrar a universidade sob uma "luz ruim" e cancelaram a permissão para ele filmar dentro do campus. Aí, os produtores atrasaram a distribuição do filme durante mais de um ano.

No final as coisas deram certo. O filme deu lucro; e também teve boas críticas. Tisho acabara de filmar seu segundo filme, sobre drogas e turistas estrangeiros em Manali, e já planejava sua terceira aventura.

Entretanto, apesar de seu sucesso, ele não estava feliz com Bombaim. Era caro para se viver; o clima era opressivo; o trabalho, duro; ele não tinha férias com a família há quatorze anos. Pior, não conseguia se livrar do sentimento de ser apenas ligeiramente melhor que as pessoas medíocres ao seu redor.

Ele sabia como era a comparação entre seu trabalho e o cinema contemporâneo na Inglaterra, França, ou até mesmo Irã e Egito. Um amigo dele, diretor e roteirista estabelecido, afirmou que ele só tinha sucesso porque Bollywood nunca tivera um George Cukor.

Bollywood está em crise, disse Tishu, financeira e intelectualmente. A esmagadora maioria de filmes era um fracasso de bilheteria, em parte porque as pessoas que faziam esses filmes não conheciam a Índia fora de Bombaim. Eles mal sabiam alguma coisa a respeito das experiências das pessoas comuns em Bombaim. Era impossível enganar o público o tempo todo. Afinal, agora havia televisão por satélite, outros modos de fantasia entre os quais escolher. Não é de surpreender que Bollywood tenha perdido grande parte de seu público tradicional, e não apenas na Índia, mas também em lugares como a China, a África do Norte e o Oriente Médio.

Havia pessoas jovens, talentosas, mas ainda era absurdo pensar nelas formando uma contracultura, porque havia ainda relativamente poucas oportunidades para elas desabrocharem. O dinheiro ia para nomes estabelecidos que trabalhavam com velhas fórmulas, e as lições de seus fracassos repetidos não eram aprendidas. Havia mais desacertos caros, feito *LOC Kargil*, a caminho, e mais filhos e filhas de pessoas ricas sem talentos esperando a sua vez.

Não eram só pessoas de fora, como Tishu, que se impacientavam com a inadequação de Boolywood. Uma tarde, em Bombaim, fui ver Shashi Kapoor, um membro da primeira dinastia de cinema de Bollywood, e um dos poucos atores indianos conhecidos internacionalmente, sobretudo por seus papéis em filmes do tipo *Shakespeare Wallah*, *Verão Vermelho* e *Minha Adorável Lavadeira*. Descontente com seu trabalho em Bollywood — não havia qualquer filme dele de que se orgulhasse —, Kapoor estabeleceu sua própria companhia de produção nos anos 1970 e fez uma série de filmes muito admirados, inclusive o premiado *36 Chowringee Lane*. Mas as "notícias financeiras" continuaram ruins — não havia público para o filme na Índia —, e, no início dos anos 1990, Kapoor se viu no tribunal por causa dos credores. Ele disse: "As mesmas pessoas que me chamavam de 'o Messias dos bons filmes' entraram na justiça por quantias muito pequenas".

"Shashi", disse Mahesh, "viu o lado negro da indústria." Mas ele pareceu contente em estar fora dela: "Eu fui um fracasso; vi que não sabia ganhar dinheiro e resolvi sair. Tenho 66 anos. Tive uma vida boa. Por que me queixar?"

Os cineastas mais jovens, na busca de sair da tendência dominante, não partilhavam, e talvez não pudessem partilhar, da equanimidade de Kapoor. Aditya Bhattacharya, neto de Bimal Roy, um dos maiores cineastas da época áurea de Bollywood, voltara recentemente à Índia depois de diversos anos na Itália, atraído pelas notícias de que as coisas estavam mudando em Bollywood. Ele então descobriu que não estavam mudando rápido o bastante para ele. Algumas semanas antes de nos encontrarmos em um novo hotel Taj no subúrbio de Bandra, ele publicara uma carta no *Midday* para o criador do *Boom*, o maior fracasso da estação. "O que aconteceu com a história, mermão?" escrevera ele. "Coisas tipo roteiro, edição, relato de uma história, o filme? O que significa toda essa mega-embromação? O quê, exatamente, você quis contar?"

Quando vi Aditya ele estava furioso com as pessoas que tinham financiado o filme. "Esse espertinho chega a Bombaim", disse ele, "falando do que fizera em Londres e Nova York. Dão a ele 17 *crores* (2,5 milhões de libras esterlinas) para brincar, ele contrata Amitabh Bachchan e outros grandes astros e depois produz uma besteira."

"Eu vi o roteiro. Havia desastre estampado nele todo. Mas as pessoas aqui não tinham noção. A maior parte dos atores e atrizes não sabe como abordar um roteiro. Ficam mais contentes se alguém contar a história para eles. Não é de espantar que ainda não trabalhem com roteiros e improvisem o diálogo durante a filmagem."

Saímos do hotel e caminhamos pelo calçadão à beira-mar. Era bem tarde, mas algumas poucas famílias ainda se deixavam ficar em torno das bancas de amendoim e pipoca. Aditya apontou-me os bangalôs dos astros famosos de Bollywood. E então de repente começou a denunciá-los para mim.

Eles não fizeram nada, disse ele, quando sua própria cidade foi incendiada nos *pogroms* antimuçulmanos em 1993, e em vez disso prostraram-se ante Bal Thackeray, o chefe da Shiv Sena, a organização extremista hindu que dominava o governo da cidade. Ele falou da amizade íntima dos astros com a máfia e sua recusa hipócrita em apoiar Bharat Shah, um produtor preso por suas supostas ligações com a máfia. As celebridades de Bollywood, disse ele, ainda faziam fila para apaziguar Bal Thackeray, cuja nora se tornara poderosa mediadora na indústria.

"Que ninguém se engane", disse Aditya, "com o sucesso de filmes como *KHNH*. É como a grande festa que os senhores feudais oferecem antes de falirem. É possível ganhar um pouco de dinheiro promovendo os valores regressivos desses indianos confusos que moram no exterior. Eles são como vendedores que convenceram as pessoas a comprar um isqueiro defeituoso. Mas mais cedo ou mais tarde essas pessoas vão se dar conta de que o isqueiro não funciona e que precisam de outro melhor."

Aditya passou a descrever o crescente nexo financeiro entre políticos, astros de cinema e máfia. Falou dos modos lógicos e ilógicos pelos quais os filmes eram financiados. Havia, provavelmente, motivos pessoais para sua amargura — ele financiara seus próprios filmes com dificuldade. Mas não vi muito motivo para duvidar de seu relato.

Em Londres, eu tinha ido assistir ao *KHNH* com Sally Potter, uma cineasta inglesa conhecida pelo estilo experimental. Ela arquejou quando, depois de duas longas horas, apareceu o sinal de intervalo. Mas ela parecia estar gostando do filme, especialmente das canções, que sem esforço e apropriadamente misturavam os ritmos de discoteca, rap e gospel. Quando a vi, alguns dias mais tarde, ela disse que queria explorar a forma musical em seu próximo projeto. Era capaz de falar uma linguagem emocional universal que já não era mais possível para o cinema em suas formas européias e norte-americanas mais racionais.

Isso parecia verdadeiro, e provavelmente explica por que os filmes de Bollywood conseguem alcançar um público muito grande e diversificado no Terceiro Mundo. Com suas canções e danças, e seu despudorado amor pelo glamour e o escapismo, eles oferecem ao público ocidental o que os filmes de Hollywood raramente tentaram fazer desde o final dos anos 1950 e o início da contracultura. Seus enredos saídos de fórmulas parecem refrescantes e sem artifícios para pessoas que ficaram cansadas da ironia, do cinismo e do pessimismo dos filmes europeus e norte-americanos. Isso explica em parte o sucesso no Ocidente do musical *Bombay Drams*, e, num grau menor, o *Amor em Vermelho*, influenciados por Bollywood.

Mas — e eu não disse isso a Sally Potter — *KHNH* me deixou frustrado. Para um filme *hat ke*, ele mal reconheceu o dilema peculiar das pessoas que vivem entre culturas — um tema que dá à ficção literária a respeito de indianos norte-americanos muito de sua riqueza emocional. E *KHNH*, eu descobri, era típico de muitos novos filmes de Bollywood encenados no estrangeiro ou em uma Índia puramente imaginária. Seus personagens não parecem desconcertados pela tradição indiana nem pela modernidade ocidental, nem no país nem no exterior. Em *KKHH*, uma estudante indiana de minissaia, de Londres, começa a cantar uma canção religiosa depois de ter sido achincalhada pelos demais estudantes por sua falta de raízes culturais na escola *Archie Comics*. Em *KKKG*, uma criança indiana consegue fazer com que todos os ingleses brancos presentes em sua escola, em Hampstead, cantem o hino nacional indiano.

Esses filmes me pareceram usar um idioma diferente daquele que havia dado a Bollywood um seguimento de público devotado em países subdesenvolvidos. Foi em Bombaim que comecei a compreender alguma coisa a respeito de sua linguagem emocional. Comecei a ver que eles estavam enraizados em alguma coisa, afinal, e que suas visões amigáveis de um mundo que existia para que os indianos o habitassem sem sofrimento, e talvez dominassem, tinham potencialmente um grande público.

"Eu escrevo baseado na minha experiência", contara-me Karan Johar. Essa experiência parecia limitada — como muitos jovens cineastas *hat ke*, Johar era, como descobri, filho de um rico produtor. Mas ela era mais amplamente compartilhada do que eu imaginara.

Depois de dez anos de liberalização econômica, um pequeno, mas crescente número de indianos vive tão bem quanto europeus e norte-americanos de classe média. Durante esse tempo, muitos indianos na Inglaterra e nos Estados Unidos começaram a ver seu país ancestral como uma oportunidade de investimento e recursos culturais. Esses indianos, ricos, mas inseguros, patrocinaram generosamente a ascensão dos nacionalistas hindus ao poder, e agora apóiam a ascensão do poder militar e econômico da Índia. Eles compõem também o mercado mais novo e mais lucrativo para filmes de Bollywood.

"A Índia está radiante", afirmou o governo nacionalista hindu em uma série de pôsteres e anúncios em jornais no final de 2003. O primeiro-ministro e seu vice repetidamente citaram a crescente proeminência da Índia no mundo e afirmaram que o século XXI ia ser o "século indiano". Cada vez mais a maioria dos novos filmes de Bollywood se baseia na mesma fantasia indiana de riqueza, poder político e confiança cultural — ou pelo menos afaga essa perspectiva.

A fantasia não deixa de ter bases. O abismo entre os 200 milhões de classe média e os demais 800 milhões de indianos se alargou, mas a economia de consumo cresceu constantemente, junto com as reservas da Índia em moeda estrangeira. Desse modo, em Bombaim, os elegantes *outdoors* erguidos para *KHNH*, mostrando atores com caras de bebês, vestidos como se fossem para um casamento, pareciam, com toda razão, impossíveis de serem distinguidos dos anúncios "Índia Radiante" — as imagens feitas pelo governo de hindus, muçulmanos e siques de aparências felizes —, além dos gigantescos pôsteres de Amitabh Bachchan e outros *superstars* de Bollywood que alegremente promoviam telefones celulares suecos, relógios suíços e refrigerantes norte-americanos.

Os cartazes de cinema na minha infância não eram tão aduladores. Nem tampouco o eram as publicidades do governo para o planejamento familiar, *Hum do, Hamare Do* ("Dois de Nós, Dois Nós Temos"). A austera cultura do subdesenvolvimento, da qual aquelas imagens mal pintadas falavam, agora existe fora da vista, em aldeias e pequenas cidades nas quais a maioria pobre do país ainda vive, ou nas favelas quase inteiramente escondidas por imensos *outdoors* ao longo de muitas ruas de Bombaim. E os filmes de Bollywood passados no Ocidente ou em uma Índia ocidentalizada e irreconhecível parecem ter se tornado uma outra câmara de eco para a mobilidade ascensional indiana.

Em Bombaim, diversas vezes me peguei olhando para as muitas fotografias de Bachchan com uma barba grisalha e um elegante terno ocidental, assomando sobre o tráfego parado. O rapaz dos anos 1970 parecia mais icônico do que nunca no anúncio em que dizia, com um sorriso encorajador: "Não se preocupe, seja feliz".

Mahesh disse-me: "As pessoas atribuem grandeza a Bachchan. Há uma estátua dele no Madame Tussaud. Mas eu o acho uma figura vazia. Não há grande coisa lá. Muitas pessoas acham a mesma coisa. Mas ninguém quer dizer isso em público. Faz parte daquilo em que a nossa cultura se transformou.

Ele acrescentou: "Estamos mentindo para nós mesmos o tempo todo".

Fora sobre isso que ele escrevera no *Times of India* naquela manhã. O amigo dele, Vijay Anand, que fizera muitos dos filmes aclamados dos anos 1960, morrera na véspera. Mahesh escreveu que ele tinha ficado "revoltado" em ver a notícia da morte de um eminente cineasta transmitida telegraficamente, no rodapé de uma tela de televisão, enquanto o repórter, sem fôlego, descrevia como a louça para o casamento de uma atriz principal era toda importada de Paris. Ele acusou a mídia de "estar tentando criar um mundo no qual esperamos estarem eliminadas as características mais insuportáveis da vida, substituídas por aquelas que se encaixam nos nossos próprios desejos".

Eu já me acostumara a esses pronunciamentos de Mahesh. Eles apareciam no *Times of India* quase todos os dias, geralmente dividindo a mesma página com notícias de casamentos opulentos e festas de arromba. Muitas vezes eu concordava com eles. Mas sua freqüência e intensidade me faziam pensar.

Conheci muita gente em Bollywood que duvidava das intenções de Mahesh e o descrevia como uma pessoa desejosa de atrair publicidade. Ele tinha também muitos admiradores. Os atores com que trabalhara falavam bem dele. Tishu dissera: "Esse homem tem talento. Ele está ligado a uma realidade emocional fora de Bombaim. Isso é raro num lugar em que as pessoas perdem o sentido do que são e do que podem fazer para obter só um pouquinho de sucesso. É por isso que as pessoas nas cidades pequenas correm para ele."

Eu ainda não tinha certeza. Teria Mahesh sido sincero quando disse a Pritam que gostaria de fazer um teste com ele? Em seu escritório, Pritam ainda tentava atrair o meu olhar cada vez que meu carro passava por ele. Mohammed perguntava quase sem parar se acontecera alguma coisa. Quando perguntei a Mahesh, ele disse que estava esperando o desenvolvimento do filme seguinte de seu irmão.

"Nunca me identifiquei com Bollywood", dissera-me Mahesh. E agora, afirmou, passara a examinar a vida além daquilo. Ele não conseguia ver-se na política, que se transformara num circo — ele caçoava dos repórteres e fotógrafos do jornal ou dos astros cinematográficos que entravam para o BJP ou para o Congresso. Ele disse: "Mas eu quero falar para os muçulmanos deste país. Dois mil muçulmanos foram mortos em Bombaim em 1992-1993, e agora dois mil deles foram mortos em Gujarat. Ninguém é punido; os assassinos estão soltos e progridem. Temo que estejamos criando uma geração de terroristas."

Seu encontro com Sonia Gandhi fora bom. Ele falou francamente, contando a ela sobre o desespero dos muçulmanos em Gujarat. Ela escutara cuidadosamente e agradecera depois.

Houve um momento de incerteza quando os teólogos muçulmanos que o acompanhavam pediram-lhe que abotoasse a camisa até em cima. Ele disse que obedeceu, mas só depois de alguma hesitação. Não queria fazer deferências a políticos. Já havia muita gente de cinema fazendo isso.

Na véspera de eu sair de Bombaim, os jornais estavam cheios de reportagens sobre uma briga numa cerimônia de entrega de prêmio em Dubai — uma das versões do Oscar em Bollywood — entre o *superstar* reinante, Shah Rukh Khan, e Amar Singh, o poderoso político que acompanhava Amitabh Bachcan. Aparentemente ele gritara com os organizadores comerciais do evento ao descobrir que tinham-no colocado e a Bachchan na décima primeira fila. Era um insulto, disse, para o grande artista que deveria estar na primeira fila. Shah Rukh Khan interviera em favor do organizador, e houve palavras raivosas em número suficiente para fazer a festa dos jornalistas.

Solicitado pelo *Times of India* para que comentasse o fato, Mahesh atacou Amar Singh. "Quando nossos políticos embriagados de poder vão entender que junto com o poder vem a responsabilidade?", escreveu ele. "Qual era a necessidade de usar a força bruta em uma questão tão trivial como a disposição de assentos?" Criticou também Bachchan: "Ninguém o pode insultar sem sua permissão".

Dois dias mais tarde, eu estava nas colinas Simla, preparando-me para voltar a Londres, quando Mahesh ligou-me de Lucknow. "Você perdeu toda a confusão", disse ele. "Minha matéria provocou uma gritaria. Acabo de receber o telefonema da mulher de um policial. Ela me disse que eu devia sair de Lucknow. É território de Amar Singh e ele está atrás de mim — mas vou ficar onde estou. Não tenho medo de Amar Singh." Acrescentou: "Eis a podridão interna de Bollywood".

Aparentemente, o organizador comercial que defendera Amar Singh perdera um contrato no valor de 12 milhões de libras na Índia. Sentindo-se sob uma enorme pressão, Shah Rukh Khan pedira desculpas a Singh. Mas seu orgulho ficara ferido, e ele andava reconsiderando sua posição. Enviara um SMS a Mahesh, saudando sua coragem e honestidade.

Em Londres, li sobre uma disputa entre Mahesh e Mallika. Esta não só se recusara a fazer uma cena em que aparecia nua, em *Murder*, mas também rejeitara a opção de um dublê de corpo. Mahesh supostamente dissera: "Minha única queixa é que ela concordara com a cena da nudez, de início. Ela continua sendo uma garota de cidade pequena com mentalidade conservadora. Por que fingir o contrário?"

Mas quando liguei a Mallika de Londres, dois dias antes de *Murder* ser lançado, ela esquecera a cena da nudez. Aparentemente, esquecera-se também de seu desejo de trabalhar no exterior.

Ela disse que estava inundada de novas ofertas. "As reportagens iniciais sobre *Murder* estão ótimas", disse-me ela. "Os distribuidores estão na lua. O produtor recebe cheques de excesso..."

"O que é isso?", perguntei.

"Não sei. Provavelmente uma coisa boa. Mas você tem de estar aqui para ver. O filme causou um grande alvoroço, você sabe. Está em tudo quanto é lugar, os trailers foram uma sensação, os canais de televisão, a imprensa, todo mundo está falando a respeito do filme..."

Ela hesitou um momento quando eu perguntei por quê. "Ah, você sabe..." começou ela. "Provavelmente é por causa da exibição da pele, os trailers, muitas tomadas sensuais, cenas ousadas, adultério..."

"Mas você sabe", ela acrescentou, "há tantas outras coisas no filme. Montes de mulheres aprisionadas em casamentos sem amor irão se identificar com a minha personagem."

"De qualquer modo, é uma ótima sensação ter o filme surgindo dos meus ombros", disse ela. "Sabe, estou sendo muito procurada. Entrevista em cima de entrevista. A BBC acabou de ligar de Londres. Aliás, será que você pode me conseguir uma revista chamada *Man's World* em Londres? Estou na capa. Eles dizem que tenho 'o corpo mais sensual do planeta'."

Ela deu um risinho curto, nervoso. "Eles não podem pensar mais do que isso, mas acho que é problema deles, não meu."

*

Murder estreou em 2 de abril. Em sua resenha para o *Midday*, Khalid denunciou o filme por seus "lampejos voyeurísticos de seminudez e obscenidade"; zombou de Mallika por "não parar de falar e pelas poses grosseiras", e acusou Mahesh de hipocrisia. Mas a receita de bilheteria na estréia foi tão boa quanto Mallika previra, e em poucos dias *Murder* se tornara o primeiro filme de sucesso de Bollywood em 2004.

Em Londres, li uma reportagem a respeito de Mahesh e Mallika visitando um cinema em Déli que estava exibindo *Murder*. "Vim aqui para lisonjeá-los", dissera Mahesh para um público em êxtase. Mallika contou a um jornalista que o pai dela não estava feliz com o filme e que a mãe não conseguira obter uma entrada. Ela soprou beijos para o público e disse: "Funcionei como um Viagra quando o mercado estava tão por baixo". O repórter disse que Mahesh e Mallika estavam planejando trabalhar juntos em outro filme.

No meu último dia em Bombaim, vi Pritam de pé na pequena multidão do lado de fora do escritório de Mahesh. No início de abril liguei de Londres para Mohammed e pedi-lhe que descobrisse se alguma coisa tinha acontecido. Mohammed relatou que Pritam continuava no mesmo lugar em que eu o tinha visto da última vez. Esperava conseguir sua chance em maio, quando começava o trabalho com o filme seguinte do irmão de Mahesh, mas agora tinha menos certeza. Pensei se não devia ligar para Mahesh. Depois achei que ele sempre estivera com a razão: Pritam devia voltar para casa.

PARTE 2

Caxemira: o custo do nacionalismo

1. As matanças em Chitisinghpura

Na tarde de 20 de março de 2000, Nanak Singh conversava com alguns amigos e parentes perto de sua casa em Chitisinghpura, uma aldeia remota dominada pelos siques no vale de Caxemira, no Himalaya. A maior parte das pessoas do local estava de ressaca, tendo passado a noite anterior na comemoração do *Holi*, o festival hindu das cores, que os siques também observam. Singh, que trabalhava para o departamento de pecuária do governo em Caxemira, endossado pela Índia, não ficou especialmente desconfiado quando cerca de dezessete homens armados, vestidos em uniforme de combate, apareceram e mandaram que os homens saíssem de suas casas, dizendo-lhes que ficassem de pé em frente ao *gurudwara* (o local sique de orações) com seus cartões de identidade.

Singh achou, do mesmo modo que muitos outros siques, que os homens eram do exército — as pessoas nas aldeias do vale inteiro estavam acostumadas a serem revistadas e interrogadas pelas forças indianas de segurança. Os quatro milhões de muçulmanos de Caxemira viviam precariamente entre a Índia e o Paquistão eternamente em guerra. Nanak Singh, no entanto, do mesmo modo que a maior parte dos outros residentes de Chitisinghpura, é sique; e, portanto, uma ínfima minoria de siques em Caxemira, pouco mais de 2% da população, gozava de imunidade relativa durante os dez anos de violência; uma imunidade que nem os hindus locais, a maior parte dos quais imigrou para a Índia, nem os muçulmanos, sempre suspeitos aos olhos das forças de segurança indianas, haviam tido. Se você fosse sique e trabalhasse para o governo, como muitos siques em Chitisinghpura, essas revistas não passavam de formalidade. Entretanto, alguns siques sentiram um mau presságio e se esconderam em suas casas.

Estava escuro, e Singh não conseguiu identificar o rosto dos homens, embora eles falassem tanto punjabi como urdu, as línguas da Índia setentrional e do Paquistão, enquanto usavam lanternas elétricas para examinar os cartões de identidade dos dezenove siques alinhados de pé e de cócoras na frente dos muros do *gurudwara*.

Feita a checagem, os soldados afastaram-se alguns centímetros do alinhamento. Passou-se um momento; houve um único tiro, e de repente eles ergueram suas armas — AK-56 ou AK-47 — e começaram a atirar cegamente nos siques.

Singh sentiu a fileira toda de homens desabar com gritos curtos de dor, e ele mesmo caiu imediatamente no solo enlameado, arrastado pelo peso dos homens que morriam a seu lado. Presumiu que tinha sido atingido e achou estranho não sentir qualquer dor. Na verdade, como logo caíra no chão, ele evitou levar uma bala.

Meio enterrado por um corpo ensangüentado, Singh ouviu os homens armados afastarem-se a passos rápidos para o outro lado da aldeia. Minutos mais tarde, ouviu outros tiros.

Logo depois os soldados voltaram, e pareciam estar com pressa. Singh ouviu o líder instruí-los a pôr rapidamente uma bala em cada um dos dezenove siques lá deitados, todos, a não ser ele — acreditava Singh — já mortos.

Sem ousar respirar, Singh percebeu vagamente uma figura alta assomar-se sobre ele no escuro e erguer a arma. Ouviu o tiro;

sentiu a bala penetrar sua coxa direita, sentiu a primeira sensação ardente de dor, e então o homem se afastou.

A sorte de Nanak Singh durou: ele é o único sobrevivente do massacre da aldeia, no qual 35 siques morreram.

Desde 1990, milhares de guerrilheiros muçulmanos têm conduzido uma guerra contra a presença indiana em Caxemira: uma guerra na qual mais de 50 mil pessoas — civis, guerrilheiros, soldados indianos e policiais — morreram, uma guerra que veio depois de quatro décadas de ressentimento de Caxemira contra o domínio indiano. Os guerrilheiros têm o apoio dos fundamentalistas islâmicos no Paquistão, que queriam ver Caxemira incorporada ao Estado paquistanês como parte de um Estado islâmico maior. O Paquistão, que foi desencravado da Índia de maioria hindu, durante a violenta e confusa partição de 1947, como uma pátria separada para os muçulmanos indianos, nunca cessou de reivindicar para si o vale dominado pelos muçulmanos. A Índia lutou duas guerras com o Paquistão por causa de Caxemira, em 1948 e 1965, e chegou muito perto de uma guerra nuclear, tanto em 1990 como em 2002. O governo indiano viu o apoio dos guerrilheiros pelo Paquistão como uma "guerra por procuração", e dispôs quase meio milhão de soldados para sufocar a insurgência.

Mas os siques permaneceram neutros; e durante os últimos dez anos tanto os guerrilheiros como os soldados dos acampamentos do exército indiano freqüentemente visitaram Chitisinghpura, sua agressividade e a tensão costumeiras sendo desarmadas pelo isolamento e a serenidade do cenário bucólico — as casas de telhados de sapê e ferro corrugado, as hortas e os riachos céleres, os melancólicos salgueiros e as florestas de chenar, nozes e amêndoas, as altas montanhas que assomam acima da aldeia — tudo isso até hoje faz com que a grande agitação do vale pareça distante. Os guerrilheiros, alguns dos quais vindos do Paquistão e do Afeganistão, costumavam jogar críquete com as crianças; muitas vezes pediam trigo e arroz (Chitisinghpura é relativamente próspera, com receitas oriundas da cultura de maçã e arroz e das companhias de transportes). O exército indiano, que rotineiramente patrulhava a aldeia, sabia das visitas dos guerrilheiros por alguns aldeões preocupados, mas permanecia estranhamente indiferente.

Na noite do massacre dos siques, uma patrulha dos Rashtrya Rifles (uma das unidades do exército indiano em Caxemira) estava a menos de 1.600 quilômetros da aldeia; os homens escutaram os tiros, mas por motivos ainda não esclarecidos não se deram ao trabalho de investigar. Quarenta e cinco minutos depois que o barulho dos tiros terminou, o primeiro sique se aventurou a sair de casa e encontrou os corpos de seus amigos e parentes. Aí veio uma terrível caminhada de oito quilômetros por uma escuridão de breu até alcançar a estação de polícia mais próxima — dadas as circunstâncias, os siques acharam mais seguro não pedir ajuda no acampamento do exército, embora estivesse muito mais perto da aldeia. A polícia chegou sete horas depois da matança.

Ouvi as notícias de Abbas cedo, na manhã seguinte. Ele é muçulmano, o correspondente em Srinagar de um jornal indiano. A dignidade e solidez de seu porte — a estrutura alta e bem construída, os paletós de caxemira elegantemente cortados que ele usa — faziam dele uma companhia tranqüilizadora na cidade onde todo mundo — as multidões tensas nas ruas, os soldados sobressaltados em suas casamatas, os apaixonados muçulmanos falando das atrocidades do domínio indiano em aposentos escuros, nus — parecia nervoso. Um conhecido mútuo pediu a Abbas que me ajudasse durante minha estada em Srinagar; o que ele fez conscienciosamente, mas não sem uma certa preocupação, que atribuo a algum ligeiro ressentimento: eu não era o primeiro nem o último dos jornalistas inexperientes e possivelmente tendenciosos da Índia que lhe pediram que acompanhasse.

Sua voz ao telefone estava calma. Nos dias que passei em Srinagar, relativa e inquietadoramente calmos, com notícias de esporádica matança de presos, explosões de minas terrestres e batalhas armadas entre forças de segurança indianas e guerrilhas que vinham de outros lugares no vale, eu muitas vezes o ouvi dizer: "Se você morar aqui, tem de estar preparado para qualquer coisa. Qualquer coisa pode acontecer a qualquer momento em Caxemira." Suas palavras, com um toque de melodrama, me fizeram pensar se ele via algum tipo de glamour em seu trabalho, a perigosa natureza do mundo no qual ele trabalhava e morava, como o motorista de táxi reticente, rápido em me apontar o mercado de hortaliças onde dezessete civis muçulmanos tinham sido dilacerados pela explosão de uma bomba poucos dias antes, em um dos incidentes aleatórios de violência no vale.

Mas agora algo de ainda maior acontecera. Abbas estava sereno como sempre. Ele ainda não tinha detalhes, mas achava que devíamos partir imediatamente para a aldeia. Ao chegar de Caxemira ao meu hotel, meia hora depois, com mais dois jornalistas, seu humor estava leve. O ambiente dentro do surrado Ambassador já era de brincadeiras bem-humoradas; as piadas e as réplicas rápidas em caxemiriano, que eu não conseguia acompanhar, ficavam cada vez mais ruidosas depois de cada encontro com os soldados indianos francamente desdenhosos em bloqueios de estradas, que espetavam o cano de suas AK-56 através dos vidros rapidamente abaixados, pediam carteiras de identidades e queriam saber onde estávamos indo e por quê.

Em aldeias ao longo da estrada, homens em *pherans* pretos e azuis, parecendo mantos, postavam-se em pequenos círculos e olhavam nervosamente com o canto do olho para o carro que passava correndo. Na plantações de arroz e de açafrão, cobertas de restolhos e reluzindo de geada, os soldados estavam de pé, de costas para a estrada, as metralhadoras jogadas sobre os ombros. Recortados contra as brumosas montanhas azuis à distância, pareciam caçadores de um desenho do século XIX.

Na aldeia propriamente dita, onde não havia nada que eles pudessem fazer, pareciam mais despreocupados, e os comandos de elite se apresentavam quase requintados em seus turbantes pretos e macacões à prova de balas, de pé, um tanto sem jeito, onde um grupo de siques enfurecidos tinha barrado a entrada deles na aldeia. Havia minúsculos cacos de vidro no chão: os vidros de alguns carros já tinham sido quebrados pelos siques, e um fotógrafo fora agredido, tivera a lente de sua câmara quebrada. Os soldados tudo tinham visto, mas nada haviam feito; agora olhavam silenciosos os siques que esbravejavam para os oficiais superiores do exército e os policiais que começavam a chegar, com os carros que despejavam mais e mais homens em uniformes de batalha.

Os siques eram principalmente sobreviventes da noite anterior; homens de meia-idade que haviam ficado em casa quando os homens armados chegaram. Outros eram de aldeias nas proximidades que estavam em Chitisinghpura desde a madrugada. Mas muitos dos siques de pé na frente do policial agora já tinham presumido que os assassinos eram guerrilheiros muçulmanos. Gritavam, batendo no peito, alimentando-se da energia uns dos outros. Os oficiais do exército e da polícia ouviam-nos sem expressão. "Dêem-nos armas e lidaremos com esses muçulmanos", gritava um homem com uma longa barba grisalha. "Sabem o que fizemos com eles em 1947. Não somos covardes como os hindus de Caxemira! Será que eles pensam que podem nos expulsar de Caxemira? Eles vão ver!" E então, com o cuspe aumentando no canto da boca, acrescentou: "Esse é um país que já governamos". A referência histórica — ao início do século XIX, quando governadores siques enviados pelo rei de Punjab tinham assolado o vale e atormentado os muçulmanos — fez o policial muçulmano de Caxemira vacilar.

Chegaram outros jornalistas e o pessoal do governo. Os siques não queriam deixar ninguém passar, e continuaram a praguejar e se lamentar. Atrás deles começou um atemorizante clamor, como o de mil corvos, vindo do cume de uma colina onde estava situado o *gurudwara* maior. Era o som das mulheres que choravam e gemiam, e que parecia assustar os galos na aldeia, que começaram a cantar como loucos durante horas depois do amanhecer, e seus gritos exultantes pairavam de modo destoante sobre a aldeia, entre a dor e o desespero dessas mulheres.

Durante a longa viagem até a aldeia eu temera o momento em que fosse encontrar os homens mortos, mas quando entrei no pátio do *gurudwara* onde os corpos tinham sido postos no chão, minha primeira impressão, depois da névoa matinal da madrugada no vale de Caxemira, com as aldeias da cor do barro e os homens envolvidos em *pheran*, foi, paradoxalmente, de cor: os vermelhos, amarelos e roxos dos turbantes e echarpes e xales e cobertores. Havia um acotovelamento de pessoas dentro do pátio, homens e mulheres siques por todo lado gritando, gesticulando, chorando e gemendo. Eu estava de pé há algum tempo, incapaz de me mover ou falar, quando senti uma mão no ombro. Era um menino, não tinha mais de dez anos de idade, seus olhos cor de avelã sob o turbante carmesim cheios de curiosidade: "Você é da mídia?", perguntou. E quando acenei com a cabeça, ele disse: "Eles mataram um menino de dezesseis anos". Apontou para um dos corpos. Eu não queria olhar para o rosto de nenhum dos homens mortos; suas palavras me estimularam a fazê-lo. O rosto tinha ficado branco, a carne apertada nos ossos, e as depressões como as de uma caveira tinham começado a se aprofundar nas faces do menino e em torno dos olhos. Sua mãe de meia-idade estava sentada ao lado dele, com um xale verde jade envolvendo a cabeça; devia ter ficado lá chorando a noite inteira, e entre levantar os braços e bater no peito, as lágrimas escorrendo pela face em uma torrente ininterrupta, ela dava um minúsculo bocejo.

Fotógrafos e câmeras da TV já subiam nas árvores e nos muros do pátio para obter uma visão melhor. Vi parentes reunidos em torno de uma menina vestida numa longa saia vermelha, falando com ela em altas vozes, sacudindo-lhe os ombros, apontando para o pai dela morto à sua frente, mas a expressão pétrea de seu rosto não se rompeu, os olhos permaneceram vidrados — ela não tinha chorado nada, disse alguém de pé atrás de mim, e precisava chorar, para não enlouquecer de dor.

Quando caminhei para o outro lado da aldeia, onde outros dezesseis homens tinham sido do mesmo modo enfileirados e mortos à queima-roupa, os corpos ainda estavam sendo transportados para o *gurudwara* em macas improvisadas. Houve um atraso quando uma jovem viúva sentada no solo enlameado não quis largar a cabeça do marido morto. Ela agarrou a cabeça dele contra o colo até que os parentes abriram suas mãos à força e prenderam seus braços. Lutando para livrar-se, ela gritava, enquanto os homens levavam rapidamente o corpo. O cabelo pegajoso estava solto, os pulsos pálidos manchados de sangue no lugar em que suas pulseiras estilhaçadas tinham ferido a pele, e seus gritos eram agudos. Nesse lado da aldeia, densamente arborizado, o chão coberto de palha e as casas com telhados de sapê, os homens com grandes turbantes que coletavam os corpos e a viúva esgotada pareciam pertencer a uma cena de crueldade medieval.

Conversei com alguns siques mais velhos que estavam de pé perto de uma barraca de chá. Alguns deles estavam fora quando os assassinos chegaram, outros tinham permanecido em casa; e depois das horríveis primeiras horas de confronto, suas emoções tinham ficado anestesiadas. Não queriam especular sobre a identidade dos assassinos; ficavam repetindo: "Estava muito escuro, não dava para ver ninguém". Notei uma preocupação; suas respostas aos jornalistas presentes pareciam sugerir o que eu já ouvira antes de outras pessoas desprotegidas na Índia: "Vocês vêm e vão embora, mas nós temos de ficar aqui, com as conseqüências daquilo que contamos a vocês".

Mas alguns siques pareciam convencidos de que os guerrilheiros muçulmanos eram os assassinos, e estes eram os mais agressivos desbocados, e gritavam slogans contra o Paquistão e os muçulmanos, jurando vingança ("Sangue por sangue"). Rodeavam os burocratas em posição mais elevada na hierarquia à medida que esses chegavam ao pátio, exigindo armas para se protegerem contra os muçulmanos. Em um dos grupos sob ataque reconheci o inspetor-geral de polícia, um hindu de Caxemira: havia apenas poucos dias eu o vira em seu superaquecido escritório de lambris de nogueira, fanfarronando-se ao telefone sobre o número de guerrilheiros mortos naquele dia. Parecia agora ansioso e solitário, ao ser confrontado pelos siques.

Eles foram especialmente rudes com o delegado de Srinagar, um dos poucos funcionários muçulmanos de Caxemira pertencentes ao Serviço Administrativo Indiano no vale; gritaram para ele calar a boca quando tentou falar. Foi um oficial sênior do exército hindu que o salvou de uma expulsão sem cerimônias da aldeia — e um visitante anterior, muçulmano de alta patente, tinha mesmo sido expulso —, ao unir-se aos siques em sua gritaria de slogans: palavras de ordem que afirmavam as tradições militares da fé sique e vinham da época da perseguição de siques e hindus pelas mãos de invasores e conquistadores muçulmanos.

Os siques pareciam exigir uma reação rápida e brutal. E assim, quando a aglomeração de aldeões, cada vez maior à medida que as notícias se espalhavam pelo vale (cada nova chegada trazia sua própria afronta), xingou e expulsou o primeiro VIP, um ministro do Estado da alta hierarquia, apedrejou seu carro e quebrou seu pára-brisas; quando seus guarda-costas deram alguns tiros para o ar com suas AK-47 e houve um pânico temporário, porque algumas pessoas acharam que os guerrilheiros tinham atacado; quando homens começaram correr por toda a floresta fora da aldeia e os comandos se atiraram no solo úmido e se prepararam para atirar, a pequena comoção abateu a crescente necessidade de drama e de repente houve um alívio por toda parte, e os comandos apareceram menos elegantes e mais sem jeito ao se levantarem com manchas de lama em seus macacões à prova de balas.

Mas havia alguma coisa suspeita naquela necessidade de drama que — nas poucas horas que a TV levou para transmitir a imagem das viúvas — viria a se amplificar por toda a Índia. Ocorrera uma pequena guerra em Caxemira no verão de 1999, quando os infiltradores apoiados pelo Paquistão, muitos deles recrutas regulares do exército paquistanês, ocuparam posições no alto da montanha, ultrapassando a fronteira. Centenas de soldados indianos morreram ao tentar deslocá-los; e a mídia, mais persuasiva, contudo também muito mais vulgar depois de dez anos de liberalização econômica, tinha feito surgir um arrebatamento geral com a guerra em milhões de lares indianos de classe média. Pesquisas de opinião em jornais de língua inglesa mostraram que grande parte da classe média exigia uma invasão generalizada do Paquistão; cartas na imprensa popular chegaram a pedir um bombardeio nuclear. A própria mídia tinha se unido ao frenesi: jovens repórteres desajeitados em seus capacetes gritavam em microfones acima do barulho de fogo de artilharia: "Você tem de estar aqui para saber como é!".

E essa necessidade de drama, de reações rápidas e brutais à brutalidade, não iria ser apaziguada pela condenação do massacre por Bill Clinton. Quando saí da aldeia e voltei a Srinagar mais tarde, no mesmo dia, os grupos de muçulmanos preocupados, pelos quais eu passara de manhã, tinham-se dissolvido. Já estavam em recintos cercados de cordas, sentados ao chão enquanto soldados revistavam suas casas. Os ônibus eram parados, os passageiros enfileirados e interrogados à margem da estrada: um grande número de medidas corretivas localizadas ocorria na região.

Represália era o tema dos slogans gritados pelos siques. Foi o que motivara os policiais; e a grande necessidade de algum tipo de retaliação iria em parte moldar os eventos dos dias seguintes.

Começou naquela mesma manhã, no momento mesmo em que eu estava lá entre os corpos e a mulher gemendo. A um minuto de caminhada do *gurudwara*, longe da parte da aldeia dominada pelos siques, um oficial do Grupo de Operações Especiais (o GOE, um integrante das draconianas agências de segurança indianas, estabelecido para suprimir insurgências, e dominado por siques) tinha chegado à casa de Sonlullah Wagay, um dos poucos muçulmanos que moravam em Chitisinghpura.

Wagay tem uma situação pior que os siques; é um camponês que ganha um pouco de dinheiro à parte vendendo leite de sua vaca, e deve ter ficado confuso quando o subinspetor hindu chegou em um jipe, entrou abruptamente e disse a ele que a polícia estava procurando recrutar alguns rapazes locais. Wagay disse a ele que seu filho mais novo era — estranhamente para um muçulmano de Caxemira — soldado no exército indiano, o mais velho era deficiente e o do meio, Mohammed Yaqub Wagay, estava desempregado desde que terminara a escola, e passava o tempo liderando as orações na mesquita local — ele era considerado um imã — e jogando críquete com as crianças na aldeia.

Foi Yaqub quem tentou evitar que Wagay corresse para o lado sique da aldeia depois das matanças. Yaqub voltara de suas orações vespertinas e estava sentado sobre toras de madeira do lado de fora da casa, conversando com quatro amigos, inclusive um sique, quando ouviram o baralho de armas automáticas. Todos os cinco imediatamente correram para suas casas e se trancaram nelas.

Quando conseguiram reunir a coragem para sair, algum tempo depois, foram avisados por vizinhos siques que poderiam ser atacados por siques enraivecidos, e que era melhor continuarem dentro de casa. E foi onde Wagay e seus filhos passaram uma longa noite tensa, até a chegada da polícia pela manhã.

Depois da primeira mentira para confundir, a respeito de recrutar jovens locais para a polícia, o subinspetor do GOE não perdeu tempo em chegar onde queria. Perguntou pelo filho do meio, Yaqub Wagay. Quando o pequeno e muito assustado Yaqub apareceu, o subinspetor delicadamente segurou seu braço e o acompanhou até o jipe, à espera. "Não dê um pio", disse ele ao tio materno de Yaqub, um soldado aposentado. "Temos de falar com ele." E foi embora.

"Temos de falar com ele": essa frase já tinha sido ouvida em milhares de lares muçulmanos na década passada. Jovens suspeitos de serem guerrilheiros tinham sido levados por homens da segurança indiana e voltado, se não como cadáveres, terrivelmente mutilados, as marcas de tortura ainda visíveis em locais onde o ferro em brasa tinha sido aplicado. As chances de um homem voltar incólume de um interrogatório e da tortura do terceiro grau eram maiores se você conhecesse alguém na administração civil ou nas muitas organizações militares indianas. Mas você tinha de ser muito rápido; e Wagay, embora relativamente bem relacionado, não tinha ilusões a respeito do que poderia acontecer ao filho. Ele simplesmente correu de casa, passou os campos de arroz, os catadores de minas nos campos de arroz que "limpavam" a estrada para os VIPs que vinham para a aldeia sique; passou as multidões de siques, jornalistas e oficiais do exército, atirou-se pela estragada estrada cheia de poeira, e voou para o posto policial na cidade vizinha de Mattan.

Lá ele protestou que seu filho não tinha nada a ver com os guerrilheiros, e que as famílias muçulmanas que moravam na região tinham um histórico muito bom: nenhum dos rapazes jamais fora ao Paquistão ou ao Afeganistão para treinamento com armas leves; nenhum deles era a favor de *jihads*; e, na verdade, muitos deles, como seu filho e o tio materno de Yaqub, tinham estado no exército indiano. A polícia, alguns dos quais eram muçulmanos de Caxemira e simpáticos a Wagay, registraram seu FIR ("First Information Report" — Primeiro Relatório de Informação) mas não podiam fazer muito mais que isso: não tinham influência sobre o Grupo de Operações Especiais, que possuía seus próprios métodos obscuros de funcionamento. Tudo o que Wagay podia fazer era esperar o melhor.

Dois dias mais tarde eu assistia ao principal canal de notícias da TV indiana no meu hotel em Srinagar, a capital de Caxemira governada pela Índia. Andara pensando sobre a matança em Chitisinghpura. Continuava a me incomodar a questão de por que os guerrilheiros matariam siques que nunca antes tinham sido alvo, chamando depois para si a censura internacional. Mas as notícias na TV não pareciam oferecer qualquer resposta. Estavam cheias da visita oficial de Bill Clinton à Índia — a primeira de um presidente norte-americano em mais de duas décadas —, que começara horas antes da matança em Chitisinghpura; sua condenação do massacre e tributos bem planejados à democracia indiana encontraram grande entusiasmo e gratidão entre a classe média emergente, que, como muitas classes médias no Terceiro Mundo, é ardentemente nacionalista, mas ao mesmo tempo anseia pela aprovação do Ocidente.

As matanças de siques obscureceram tudo o que Clinton disse a respeito de Caxemira e do Paquistão — é interessante notar que os correspondentes dos dois principais canais de TV de Nova Déli chegaram um dia antes do massacre em Caxemira, na expectativa de um incidente importante. Mas eram as potenciais mudanças na posição dos Estados Unidos quanto a Caxemira que ocupavam a mídia; as misteriosas circunstâncias do massacre mal foram mencionadas. Parecia não haver mistério algum: o conselheiro para segurança nacional da Índia já tinha posto a culpa do massacre no Hizbul *Mujahedin* e no Lashkar-e-Toiba, os dois maiores grupos guerrilheiros baseados no Paquistão. L. K. Advani, o ministro do Interior indiano, e membro da linha-dura do governo BJP em Déli, falara de uma política deliberada de "limpeza étnica" perseguida pelos guerrilheiros muçulmanos, e isso mais ou menos resolvia a questão. Ninguém deu atenção às estridentes negativas das organizações guerrilheiras baseadas no Paquistão, que são normalmente muito ansiosas por reivindicar crédito por qualquer ato espetacular de violência no vale.

Clinton viajava ao Paquistão depois de sua estada na Índia, e os especialistas indianos na televisão especulavam sem cessar sobre se ele seria duro com o novo governante militar do Paquistão por causa do apoio de seu país aos guerrilheiros muçulmanos em Caxemira, e se o Departamento de Estado estaria revoltado o suficiente para declarar o Paquistão um "Estado terrorista". Mas os próprios norte-americanos pareciam ter dúvidas: jornalistas do

Washington Post e do *The New York Times*, entre outras grandes agências da mídia norte-americana que cobriam a visita de Clinton, estavam céticos quanto à versão indiana. Parecia haver pouco motivo para que guerrilhas matassem siques imediatamente antes da visita de Clinton, ato que inevitavelmente levaria ao ultraje internacional, e assim traria descrédito à causa deles.

Foi o que me intrigou a respeito de Chitisinghpura, de modo que quando a legenda de "últimas notícias" apareceu no rodapé da tela da televisão, e um burocrata indiano graduado apareceu para fazer uma declaração a respeito da matança dos siques, fiquei surpreso e curioso. Clinton ainda estava na Índia naquele momento, e o secretário do Interior tinha um pouco da ansiedade sem fôlego dos repórteres indianos que cobriam a visita do presidente. As forças de segurança indianas, anunciou ele em tom jubilante, tinham feito um "grande avanço". Eles prenderam um nativo da aldeia de Chitisinghpura chamado Yaqub Wagay, que fornecera informações valiosas a respeito dos guerrilheiros muçulmanos responsáveis pelo massacre, e esperavam-se "ações de prosseguimento" a qualquer momento.

Foi mais ou menos a essa hora, dois dias depois do massacre, que homens muçulmanos começaram a desaparecer das aldeias em torno de Chitisinghpura. Pelo menos três dos desaparecimentos seguiram o mesmo padrão: uma van Maruti vermelha com placa civil chegava a uma aldeia, e homens armados saíam de repente para agarrar um indivíduo, em geral alto e bem constituído.

A pequena van apertada foi usada para o seqüestro de Bashir Ahmed e seu amigo Mohammed Yusuf Malik, comerciantes de carneiros e gado em uma aldeia chamada Hallan. A mesma van Maruti vermelha foi vista à espera no solitário pedaço de estrada ladeada por salgueiros fora do recinto murado da casa de Zahoor

Ahmad Dalal em um subúrbio de Anantnag, a segunda maior cidade no vale, minutos antes de Dalal sair à mesquita para a oração vespertina em 24 de março.

Dalal, de 29 anos de idade, ligeiramente rechonchudo, com faces rosadas, ia muito bem com a pequena loja de tecidos a varejo que repentinamente herdara com a morte do pai durante uma peregrinação a Meca em 1984. Os negócios não tinham sido fáceis durante os últimos dez anos de infindáveis toques de recolher e greves regulares; mas Dalal não apenas sobrevivera como chegara a progredir. Dentro de seu grande recinto, ele construíra diversos depósitos, plantara arbustos de rosas, cavara um laguinho para peixes e muito recentemente construíra uma casa nova ao lado da outra velha, onde sua mãe viúva morava. O casamento de sua irmã — sempre uma tarefa onerosa em famílias da Índia subcontinental — fora um arranjo feliz em Anantnag. Ele regularmente fazia o longo trajeto até Déli para encomendar novos estoques; seu jeito caloroso, ardente, fez com que adquirisse muitos amigos no vale, inclusive os paramilitares indianos que ficavam na casamata perto de sua casa.

A visita à mesquita fazia parte de uma rotina, e ele se vestia informalmente para isso: chinelos de náilon e calça de training sob uma camisa de xadrez e suéter de lã grená. Quando ele não voltou para casa naquela noite em tempo para o jantar, sua mãe e o tio acharam que ele podia ter ido visitar algum de seus muitos amigos na área.

Eles começaram a se preocupar mais tarde, depois que amigos e parentes tinham entrado em contato para dizer que não tinham visto Dalal. Na manhã de 25 de março, o tio de Dalal, Nissar, foi ao posto de polícia local. O inspetor sugeriu que talvez eles preferissem esperar antes de registrar um Primeiro Relatório de Informação. Anantnag é o reduto dos "militantes renegados", chamados de Ikhwanis — ex-guerrilheiros que depois de terem sido capturados ou rendidos trabalhavam para o exército indiano, e que muitas vezes seqüestravam e matavam por dinheiro. Era possível que eles tivessem visto o influente e pouco protegido Dalal como fonte de dinheiro fácil. O inspetor da polícia estava sendo pragmático: por que registrar um PRI e pôr a vida de Dalal em perigo quando 50 mil rúpias de resgate poderiam trazê-lo de volta incólume?

O tio de Dalal aceitou o conselho e imediatamente foi ao quartel general dos Ikhwanis — uma minifortaleza no coração da cidade velha — e depois ao quartel-general da Força de Tarefas Especiais, uma organização indiana anti-insurgências que era conhecida como contratante de "militantes renegados". Ninguém nesses lugares tinha visto ou ouvido falar de Dalal. Na sede da polícia, o superintendente, um homem reconhecidamente cruel chamado Khan, não estava presente. Seu oficial superior disse ao tio de Dalal que se o exército indiano tivesse seqüestrado o sobrinho dele não havia nada a fazer, e mandou-o embora. Às cinco da tarde, Nissar voltou à sede da polícia e foi informado de que o superintendente estava ocupado com unidades da Força de Tarefas Especiais e o GOE, supervisionando um "encontro" com guerrilhas em uma aldeia chamada Panchalthan, a trinta quilômetros de Anantnag. Poderia haver alguma notícia do paradeiro de Dalal quando eles voltassem, disseram.

A manhã de 26 de março trouxe a notícia da morte de cinco dos dezessete homens supostamente responsáveis pelo massacre sique. Vi as notícias na Jammu sob toque de recolher onde siques furiosos haviam provocado tumultos há três dias. Por um breve momento Chitisingpura estava outra vez nas primeiras páginas dos jornais indianos. Houvera um "encontro" de quatro horas de duração entre os guerrilheiros, a polícia e o exército em Panchalthan na madrugada de 25 de março — poucas horas depois do desaparecimento de Dalal. O porta-voz do exército disse que os cinco homens eram "mercenários estrangeiros" pertencentes a organizações terroristas islâmicas com base no Paquistão; a prova mais importante apresentada foi os uniformes de batalha com que os cinco homens estavam vestidos, o mesmo uniforme que os assassinos dos siques usavam. A polícia emitiu uma declaração em separado na qual Yaqub Wagay era mencionado como a fonte de informações que levaram a polícia e o exército ao esconderijo dos mercenários: um abrigo semelhante a uma choça para *gujars* (pastores) no topo de uma colina íngreme que tinha sido bombardeada com morteiros durante o encontro. Mais tarde, à noite, a polícia liberou fotografias em preto-e-branco de três dos cinco homens mortos: os corpos estavam "queimados e desfigurados além do reconhecimento", relatou o *Kashmir Times*, mas os uniformes do exército eram inequívocos, pareciam quase novos em folha.

*

O tio de Dalal encontrou-se com Khan e os homens da Força de Tarefas Especiais quando eles voltaram a Panchalthan. Não tinham visto Dalal. A essa altura, Nissar começava a entrar em pânico: na véspera ouvira falar do desaparecimento de Bhat e Malik, os comerciantes de búfalos de Hallan, pouco antes da hora em que Dalal saíra de casa para ir à mesquita; e ouvira falar da van Maruti vermelha.

Dois dias mais tarde, ele deparou-se com um grupo de *gujars* das aldeias em torno de Anantnag. Dois de seus amigos, ambos chamados Juma Khan, estavam desaparecidos. Os *gujars* não se envolviam em qualquer atividade de guerrilha, mas mesmo assim eram muito assediados pelos homens da segurança indiana, já que suas longas barbas, os narizes aduncos e a estrutura alta faziam-nos parecer afegãos. Contaram a Nissar que, uma vez, tinham seguido em procissão à sede local do governo em Anantnag para registrarem uma queixa a respeito de um homem desaparecido que eles suspeitavam ter sido seqüestrado pela polícia ou pelo GOE.

Antes do final do dia, e puramente por acaso, outra vez, o tio de Dalal encontrou-se com outro *gujar*, dessa vez de Panchalthan; ele tinha uma história perturbadora a contar a respeito do "encontro" que mantivera Khan, o notório oficial de polícia, tão longe de sua mesa no dia anterior.

Panchalthan fica na base das espessas florestas montanhosas que delineiam o lado sudeste do vale de Caxemira. Alguns quilômetros ao sul fica a região de Doda, onde ocorreram algumas das mais cruéis batalhas entre as guerrilhas e o exército indiano. É raro passar um dia sem que os combatentes descambem para o massacre, o estupro, o incêndio ou a tortura, e o conhecimento disso oprime os que viajam pela área densamente militarizada e isolada em torno de Panchalthan.

A estrada não é pavimentada, e sua aparência de escavação perene me fez ficar preocupado com a possibilidade de minas terrestres colocadas pelas guerrilhas para emboscar os comboios militares que regularmente transitam para o depósito de artilharia que fica perto de Panchalthan. Na véspera da minha visita, no final de maio de 2000, o depósito de artilharia tinha sido atacado por granadas lançadas por foguetes, e a tensão resultante era palpável. Mulheres em longos véus pretos caminhavam rapidamente, como se tomadas por um pânico silencioso. Em bazares ao longo da estrada, os homens taciturnos ocultavam-se em lojas escuras, despidas. Pedestres tensos evitavam qualquer conversa, nunca formando grupos, os olhos sempre desviados dos homens do exército nas casamatas improvisadas em todas as esquinas e curvas da estrada.

Quanto mais perto chegávamos de Panchalthan, quanto mais longe da cidade mais próxima — passados os hostis homens do exército nos pontos de controle, que fingiam não entender por que estávamos indo a Panchalthan e insistiam em revistar o carro com a mão no gatilho da arma —, maior era o meu medo. E o medo era partilhado pelo motorista e o jornalista de Caxemira com quem eu viajava. Jornalistas demais investigando eventos estranhos em partes remotas de Caxemira tinham sido mortos.

Mas as aldeias ao longo do amplo vale pareciam pacatas, algumas poucas casas cobertas de feno espalhadas pelos campos reluzentes em que as mulheres com panos coloridos na cabeça cantavam canções tradicionais enquanto plantavam o arroz; e depois, quando caía o crepúsculo, sentavam-se de pernas cruzadas sobre pequenos tapetes de Caxemira para tomar chá salgado em samovares.

Uma colina, em sua maior parte não cultivada, e subindo quase verticalmente da base do vale, assoma-se sobre a aldeia. No topo — conhecido pelos aldeões como *Zountengri* ("cume da lua") — há duas choupanas de madeira e barro usadas como abrigo por pastores *gujar* da aldeia. O terreno inclina-se íngreme daí para o vale; como posto militar, é quase invencível. No entanto, foi lá, de acordo com o exército e a polícia, que os cinco "mercenários estrangeiros" fora capturados e mortos, com vastas quantidades de armas e munições descobertas em uma operação que durou quatro horas — e da qual soldados e policiais saíram ilesos.

Em um "encontro" anterior, não longe de Panchalthan, o exército tinha intimidado os aldeões a funcionarem como escudos humanos enquanto atacava um esconderijo da guerrilha: em locais remotos no vale se obedece ao que os homens armados mandam. Mas nessa ocasião mais recente não se pediu a ajuda dos aldeões.

Nas primeiras horas da manhã de 25 de março eles foram acordados pelo barulho de tiros. Aquilo continuou durante algum tempo, e então, de repente, houve algumas grandes explosões: bombardeio com morteiros. Quando o fogo parou já era dia, e alguns dos aldeões aventuraram-se para fora de casa. Viram quatro soldados arrastando latas de querosene morro acima. Enquanto os aldeões assistiam a isso, dois dos soldados pararam e esvaziaram parcialmente as latas antes de continuarem.

Poucos minutos mais tarde os aldeões viram a fumaça subindo no ar da manhã nevoenta e ouviram o barulho de madeira estalando. Não muito tempo depois os homens do exército chamaram os anciãos da aldeia. Embora dezenas de homens do exército e do Grupo de Operações Especiais estivessem ociosos pelas imediações, o oficial no comando pediu aos aldeões que removessem os corpos dos "mercenários" das choupanas que ardiam sem chamas.

Os homens encontraram cinco corpos carbonizados e desfigurados, vestidos com uniformes de combate, no chão. Todos os mortos pareciam ter sido altos e bem constituídos: bem semelhantes aos guerrilheiros vindos do Afeganistão e do Paquistão que os aldeões viram antes. Eles notaram que um dos corpos estava sem a cabeça; viram o tronco de uma árvore e dois toros encharcados de sangue. Depois, enquanto os soldados assistiam impacientes, os aldeões carregaram os corpos para fora, e depois da mais curta das cerimônias religiosas, enterraram-nos em sepulturas separadas em torno da colina.

O *gujar* de Panchalthan que o tio de Dalal encontrou foi um dos homens que ajudaram a enterrar os corpos. E depois de ter terminado de contar a história, o tio de Dalal retirou uma fotografia do sobrinho que levava consigo para onde fosse. Perguntou ao *gujar* se algum dos homens que ajudara a enterrar se parecia com o homem na fotografia. O *gujar* olhou bem para a foto amassada de Dalal e repentinamente começou a chorar.

Depois que o exército e a polícia saíram em comboio de Panchalthan naquela manhã do "encontro", os aldeões voltaram às choupanas no *Zountengri* e encontraram um buraco cheio de roupas e sapatos em combustão rápida. Rapidamente apagaram o fogo e recuperaram o que puderam. Foi entre esses restos chamuscados que os parentes de Dalal encontraram o suéter grená e a camisa de xadrez que ele usava quando saíra de casa para o seu *namaz* vespertino três dias antes.

Naquela noite a família começou o luto formal. Não havia sentido investigar a identidade dos assassinos nem as circunstâncias do assassinato: provavelmente só trariam novas complicações para eles mesmos. Oficiais muçulmanos solidários de Caxemira, agora em Anantnag, forneceram os fatos à família — a Maruti vermelha era um entre muitos "veículos apreendidos" mantidos no posto policial de Anantnag, e tinha sido requisitada em 24 de março para "objetivos operacionais" por um oficial sique do GOE —, mas eles não os encorajavam a procurar esse oficial. Em vez disso, os esforços da família agora tinham como objetivo recuperar o corpo de Dalal da sepultura remota em Panchalthan e dar a ele um enterro islâmico adequado.

Isso não seria possível durante quase duas semanas, e não teria acontecido de modo algum se os *gujars* não tivessem iniciado, em uma ousada busca de justiça, pouco comum em Caxemira, outra série de eventos tenebrosos.

No mesmo buraco de pertences semi-queimados, um *gujar* chamado Rafiq, filho de um dos *gujars* desaparecidos, descobrira a carteira de identidade do pai, seu anel, farrapos de roupa e sapatos.

Andara à procura do pai já há alguns dias; e por puro acaso ele pensou em ir a Panchalthan. Sua descoberta foi o primeiro sinal de que os homens mortos eram civis, entre os dezessete que desapareceram depois do massacre em Chitisinghpura.

Durante os dias seguintes, os *gujars*, sempre muito unidos como comunidade, caminharam 24 quilômetros por dia até a sede do distrito do governo em Anantnag para apelar pela exumação dos corpos. Primeiro, os oficiais do governo colocaram empecilhos: "O oficial relevante não está presente, está muito ocupado". Mas em 31 de março, os *gujars* conseguiram extrair uma ordem do procurador-geral para a exumação pública. Foi uma vitória importante: dezenas de milhares de muçulmanos foram mortos pelas forças de segurança indianas em Caxemira, na década anterior, mas raramente houve uma autópsia ou exumação.

Mas isso não foi o final da questão: o exército controlava a estrada para Panchalthan e se recusava a deixar qualquer um passar. A administração civil em Anantnag, temerosa demais para enfrentar o exército, ainda esperava para saber se teriam permissão de passar quando as aldeias perto de Panchalthan foram visitadas pelo terror: homens armados do GOE espancaram *gujars* e ameaçaram-nos de morte se eles fossem adiante em sua tentativa de exumar os corpos.

Os *gujars*, estimulados pela vitória em obter a ordem de exumação, resolveram protestar pelo assédio do GOE. Começaram a longa caminhada para Anantnag na tarde de 3 de abril. A procissão incluía parentes dos dois *gujars* mortos — Rafiq caminhava na frente — e outros aldeões solidários. As notícias das matanças em Panchalthan tinham corrido, assim como a inesperada ordem de exumação dos *gujars*, e a multidão aumentava e aumentava a cada aldeia.

A essa altura já com cinco mil participantes, a procissão cruzou três pontos de controle do exército sem maiores problemas.

Mas em uma pequena aldeia chamada Brakpora, em um pequeno cruzamento de estrada de terra orlado de vendas de víveres, os homens do GOE esperavam por eles.

Rafiq, o primeiro a estabelecer uma conexão entre pertences pessoais semi-queimados em Panchalthan e os cinco homens desaparecidos, foi um dos primeiros a serem mortos a tiros. No final, nove homens morreram durante o tiroteio — tão feroz que os médicos no hospital local extraíram vinte balas da virilha de um corpo.

O tiroteio sem provocação chegou à imprensa nacional — nos costumeiros termos vagos: "oito pessoas mortas em tiroteio com a polícia" — mas, ainda assim, o exército não permitia que os funcionários civis entrassem em Panchalthan. Finalmente, nos dias 6 e 7 de abril os corpos foram exumados, e embora severamente desfigurados, foram identificados pelos parentes dos cinco homens. A primeira sepultura revelou o nariz e o queixo decepados de um *gujar* que fora sepultado numa cova em separado. O rosto de Dalal fora parcialmente arrancado; ele não tinha marcas de balas no corpo e pode ter sido queimado vivo. O último corpo estava sem cabeça — a cabeça não foi encontrada —, mas os parentes o identificaram pelas calças, que ele ainda trazia vestidas por baixo do uniforme de batalha.

Os funcionários do governo a princípio não quiseram abrir mão dos corpos, e então cederam, depois de exigirem que os parentes fizessem os enterros secretamente na mesma noite. O governo fez algumas outras concessões à ultrajada opinião pública. Khan, o oficial da polícia que havia liderado a operação em conjunto com um major do exército, foi suspenso do serviço ativo, mas foi reintegrado logo depois, e então recebeu uma medalha do presidente pela coragem exibida em uma operação anterior. Outros oficiais foram meramente transferidos para fora de Anantnag.

Registraram-se acusações oficiais contra os homens do GOE que atiraram nos manifestantes *gujars*. A 11 de abril, o governo anunciou uma investigação especial das mortes em Panchalthan. Mas recusou-se a acusar qualquer pessoa de assassinato até que amostras de DNA retiradas dos mortos fossem comparadas às de seus supostos parentes.

Os testes de DNA parecem ter sido esquecidos em seguida, até março de 2002, quando o *Times of India*, o principal jornal da Índia, revelou os resultados. Aparentemente os resultados tinham sido oficialmente enviados para Caxemira no ano anterior por um laboratório em Hyderabad, mas foram ocultados pelo governo local, porque expunham uma tentativa desajeitada dos oficiais indianos de falsificar as amostras retiradas dos parentes dos cinco homens assassinados.

A rotatividade das atrocidades em Caxemira era tão alta, e a situação em geral tão tenebrosa, que é difícil chegar à verdade. Poucas pessoas na Índia sequer ainda falam em Chitisinghpura. O esquecimento e as trevas vão continuar: esses assassinatos foram logo suplantados por algo maior. Existe a costumeira troca de acusações entre Índia e Paquistão, o costumeiro ultraje e a condenação no resto do mundo, mas apenas umas poucas pessoas sabem o que está realmente acontecendo.

O governo permaneceu invariavelmente indiferente às diversas solicitações de organizações de direitos humanos e partidos políticos indianos para uma investigação independente do massacre dos siques. No Parlamento indiano, o union law minister (ministro da Justiça) pediu a integrantes dos partidos de oposição que desistissem de sua solicitação de um inquérito sobre os assassinatos recentes, pois isso iria apenas ajudar o Paquistão a "apontar um dedo acusador para a Índia". Um porta-voz do BJP exortou os membros do Parlamento, em vez disso, a "concentrarem-se em expor os desígnios malévolos do Paquistão".

A verdade sobre a matança dos siques ainda vai ter de ser descoberta. Não houve inquérito oficial, apesar das diversas solicitações; e há fatos novos, fora a tentativa desajeitada e brutal de pôr a culpa em "mercenários estrangeiros", o que joga uma nódoa considerável sobre a versão indiana dos eventos.

Cinco anos mais tarde, nem uma única pessoa ou grupo foi plausivelmente considerado responsável pela matança, e os grupos guerrilheiros baseados no Paquistão continuam a negar seu envolvimento. Poucos dias depois do massacre, a maior parte dos siques que eu vi culparem com veemência, sem muitas provas, os guerrilheiros muçulmanos — e que tinham ido fazer o mesmo na televisão nacional e internacional — saiu de Caxemira com suas famílias. Os siques que ficaram em Chitisinghpura eram ainda mais relutantes em falar com os jornalistas. Alguns se queixaram, em particular, a respeito dos favores especiais concedidos pelo governo a alguns poucos homens escolhidos: grandes somas de dinheiro dadas como "compensação", empregos para os desempregados, recrutamento especial para a polícia.

Mas o cala-a-boca não evitou que muitos siques fora da aldeia expressassem suas dúvidas: muitos deles acreditam que a matança em Chitisinghpura foi organizada por agências de inteligência indianas para influenciar Bill Clinton e os jornalistas ocidentais que cobriam a visita dele a adotarem uma linha mais dura com relação ao Paquistão. Não apareceu qualquer prova que sustente essa crença.

De acordo com seu pai, Yaqub Wagay, preso logo depois da matança dos siques, foi brutalmente interrogado pelo GOE e obrigado a assinar uma confissão falsa. Um oficial graduado do governo admitiu para mim que ele era inocente, e de fato foi solto sob fiança, no caso de Chitisinghpura, antes de ser preso outra vez, numa farsa, em conexão com o caso Panchalthan, com bases em provas supostamente fornecidas por ele a respeito dos cinco "mercenários estrangeiros". Agora está fora da prisão.

Para os que vivem em Caxemira, as expectativas de justiça, raramente satisfeitas no subcontinente indiano, são mais que otimistas: elas pertencem à fantasia. Isso faz com que fique ainda mais difícil para as vítimas suportarem as perdas humanas. Na casa de Dalal, as plantas e canteiros até então cuidadosamente tratados já estavam uma selva poucas semanas depois de seu assassinato, os peixes no lago já estavam na maior parte mortos, e alguns poucos homens sentavam-se ao chão em um saguão despido sob o calendário islâmico do luto. A mãe dele, convencida pelos parentes homens a sair do quarto escuro que adotara como moradia desde a morte do filho, desabou assim que percebeu as fotografias de Dalal que eu estava examinando. As fotos mostravam um rapaz de óculos escuros e roupas da moda, um homem feliz e satisfeito, alguém que tinha conseguido encontrar, em meio à violência incessante da insurgência, um novo estilo e uma nova identidade para si próprio. Quando a mãe de Dalal — ainda chorando enquanto a mãe dela, avó de Dalal, sentava-se a seu lado, limpando silenciosamente as lágrimas com a ponta esfarrapada de seu pano na cabeça — perguntou por que falar com a imprensa, falar sobre o filho dela para mim — ele se fora e não voltaria mais, as pessoas que o mataram eram poderosas demais —, foi difícil não se sentir transpassado pela verdade do que ela estava dizendo; difícil não se emocionar com a aflição e a dor em meio ao grande desperdício de Caxemira, ao seu desamparo.

Mais de 50 mil pessoas — e esses são números subestimados — foram mortas, aleijadas ou desapareceram durante os últimos dez anos. O exército e a polícia indianos perderam alguns milhares de homens, mas mataram muitos mais guerrilheiros e civis muçulmanos. Praticamente não existe uma família entre a população de quatro milhões de muçulmanos no vale que não tenha sido afetada. Abbas disse, quando discutiu possíveis matérias que eu poderia cobrir: "Você deve fazer viúvas e órfãos." Eu perguntara tolamente: "Onde posso encontrá-los?" Abbas nem comentou; simplesmente disse: "Em toda parte." E era verdade: viúvas e órfãos eram tão onipresentes no vale quanto túmulos e ruínas.

Depois de cada dia de minhas viagens pela cidade e pelo vale eu voltava ao quarto do hotel aliviado pelo término do trabalho do dia, e pelo fato de eu poder, pelo menos durante algumas horas, retirar-me do mundo ao meu redor, das histórias de tortura (só um único hospital testemunhou 250 casos de morte por falência aguda dos rins, causada pela colocação de corpos humanos sob pesados rolos compressores nos centros de interrogação do exército, chamados Papa 1 e Papa 2), de execuções sumárias, estupros, seqüestros e incêndios — que surgiram sem que eu incentivasse na maior parte das conversas informais com habitantes de Caxemira, e que formaram o medonho horizonte da vida no vale.

Os mais velhos dentre os habitantes de Caxemira alegam que não há nada de novo a respeito da condição de vida deles; que foram escravos de governantes estrangeiros desde o século XVI, quando o imperador Mogul, Akbar, anexou Caxemira e nomeou um governador local para mandar no estado. No caos da Índia pós-Mogul, com a rápida desintegração do velho império, invasores afegãos e siques saquearam Caxemira quanto quiseram. Os camponeses eram taxados até a suprema miséria; a vida cultural e intelectual que produzira, sob governantes nativos, as mais belas poesias, músicas e filosofias no subcontinente secou. Leis bárbaras foram impostas no início do século XIX: um sique que matasse um muçulmano nativo de Caxemira só era multado em duas rúpias. Victor Jacquemont, botânico e amigo de Stendhal que viera ao vale em 1831, achou que "em nenhum outro lugar na Índia havia massas tão pobres e desnudas como em Caxemira".

Mas esse horizonte de sofrimento constante poderia permanecer invisível para o visitante casual; a beleza física do lugar — acentuada pelo isolamento do vale com relação ao resto do mundo, tentador para os aventureiros estrangeiros — ainda é, mesmo depois desses dez anos de violência, irresistível. Durante toda a minha estada, as lembranças de viagens anteriores ficavam ressurgindo: visitas feitas em épocas menos tumultuadas, logo antes de a insurgência ter começado, em 1990, aquela primeira visita que, para mim — do mesmo modo que para qualquer pessoa que nunca tenha se afastado das planícies quentes e empoeiradas da Índia —, foi a primeira revelação radiosa de beleza.

Na época eu não havia notado os caxemirianos. Eles pareciam muito diferentes, com suas feições pálidas, de nariz comprido, os *pherans*, a linguagem estranha, tão diferente de qualquer linguagem indiana. Além disso, eles pareciam estranhamente calmos. Mas, no encantador mundo novo que se abrira à minha frente — os grandes céus azul-escuro e os minúsculos barcos tranqüilos em vastos lagos, as frescas torrentes com trutas e as grandiosas florestas de chenar e choupos, as crianças de bochechas vermelhas em pequenos povoados à beira da estrada e em pomares de maçãs, as vacas e carneiros pastando em largos prados, e, sempre, as montanhas em torno —, em uma experiência tão privada de beleza, era difícil tomar consciência dos habitantes do vale, difícil reconhecer os fatos mais prosaicos da existência deles: a dependência da Índia, a falta de indústria local, o número crescente de jovens instruídos desempregados.

Então, à medida que os anos se passaram, as notícias de Caxemira tomaram seus lugares com outras notícias — igualmente más, de assassinatos e destruição — do Punjab e do nordeste: as lutas distantes que acabavam no limiar da nossa própria vida, em um país muito grande e carente no qual quase todo mundo está em luta. De qualquer modo, descobri que nem sempre conseguia as informações necessárias a respeito de Caxemira. Havia alguns bons livros publicados por editoras pequenas; mas cabia procurar muito para encontrá-los. Ler o que aparecia na imprensa era ouvir que o Paquistão fomentara os problemas em Caxemira e que o exército da Índia cuidava disso. Era entender que realmente não havia problema algum com exceção do problema da lei e ordem que as organizações militares e paramilitares relevantes logo iriam resolver. Os detalhes físicos que faltavam deviam ser imaginados; e acabou que eram muito mais horríveis do que eu poderia imaginar.

O grande hotel em Srinagar, com seus vastos gramados e árvores nuas com vista sobre o lago, estava vazio; mas o pessoal ainda se sentia obrigado, todas as manhãs, como os jornais indianos, a elaborar falsidades alegres: "Está tudo bem hoje, senhor, não há problema algum, a violência aqui é igual a qualquer outra cidade na Índia".

Em seus escritórios dotados de luz suave, acarpetados, com bandejas de chá e biscoitos trazidas por servidores uniformizados, os oficiais indianos apresentavam estatísticas a respeito do número de guerrilheiros mortos, armas, lançadores de foguetes e granadas apreendidos. Em uma sala sombria, o mobiliário escuro de sujeira, pilhas de jornais não lidos em um canto, um integrante da Associação dos Advogados de Caxemira me brindou com algumas contra-estatísticas a respeito do número de muçulmanos mortos (80 mil em sua estimativa), torturados, estuprados ou desaparecidos.

Na véspera da minha chegada, um guerrilheiro graduado de um dos grupos pró-Paquistão tinha sido morto. Mas o cansaço — houve matanças demais desse tipo — e o medo de ser acertado pela polícia ou o exército indianos mantiveram os enlutados públicos em casa; as ruas permaneceram vazias dos milhares de homens angustiados que uma vez tinham levado os corpos dos "mártires" para os cemitérios espalhados por toda parte na cidade, freqüentemente ao lado de casas destruídas; uma aglomeração súbita de pedras lapidares e íris nas empoeiradas ruas quebradas.

O festival de Eid veio e se foi, mas as lojas ainda fechavam cedo todos os dias, a movimentação tensa repentinamente dava lugar ao silêncio e à escuridão, e cada noite, em pequenas paliçadas ao lado das estradas, carneiros com tinta roxa nas costas esperavam, irrequietos, o abate. O comprido bulevar ao longo do lago, na minha memória cheio de pessoas em férias, permanecia deserto e poeirento; os hotéis no bulevar serviam de aquartelamento aos paramilitares. As casas de barcos se encolhiam sob as montanhas cobertas de neve ao norte, com nomes vistosos em seus cascos — Miss England, Manhattan Adventure — tão berrantemente irônicos como o "Instituto Carreira Brilhante" visto em uma aléia cheia de casas espetacularmente arruinadas, montes de tijolos que já tinham sido saqueados por causa da madeira. A sujeira estava em todo lugar, em pequenos montes nas aléias e bazares da velha cidade cinzenta — o reduto das guerrilhas pró-Paquistão — em que os soldados indianos ficavam em alerta nos seus *bunkers* improvisados em todas as curvas e esquinas. Os *bunkers* pareciam uma espécie de armadilha: paredes de sacos de areia com tetos de ferro corrugado e lona azul gasta pelo tempo, canos de metralhadoras apontando para fora dos pequenos buracos quadrados feitos entre os sacos de areia, atrás dos quais ocasionalmente se viam os olhos amedrontados nas faces escuras, o desamparo dos soldados nesse ambiente hostil, a centenas de quilômetros de distância de casa, de algum modo ainda mais pungente pelas mensagens de "Feliz Eid" pintadas em urdu em pequenos cartazes espetados nos sacos de areia. E, por toda parte, nas estreitas estradas interrompidas, você via e rapidamente saía do caminho para dar lugar a grandes caminhões carregados de metralhadoras em comboios de três ou quatro, movimentando-se rapidamente, muitas vezes desfraldando as flâmulas desafiadoras — "a Índia é Grande" — de um exército sitiado.

Os militares controlavam as estradas, mas os guerrilheiros pró-Paquistão ainda estavam soltos na região rural, nas florestas, covas, colinas e planícies do vale. Os mitos antes ligados a eles tinham sido embelezados: agora apareciam do nada — detonando uma mina terrestre, emboscando um comboio, incendiando e atirando granadas de mão em patrulhas nas ruas — e depois desapareciam outra vez. Os soldados e policiais emergiam do choque e do sangue para se enfurecer contra tudo que pudessem. As vítimas muitas vezes eram civis que por acaso estavam por perto quando os guerrilheiros atacavam. Cidades e aldeias inteiras foram destruídas desse modo: lojas e bazares incendiados, casas arrasadas, disparos sobre as pessoas a esmo.

Foi assim que a loja de fotocópias de Jalaluddin, em Pattan, uma pequena cidade poucos quilômetros ao norte de Srinagar, foi destruída. Os guerrilheiros vieram mais cedo, de manhã, atiraram num policial na rua principal e depois desapareceram. A polícia veio à procura dos guerrilheiros e acusaram os lojistas muçulmanos de ajudá-los a escapar. Então, antes que os lojistas pudessem baixar suas venezianas, outros policiais chegaram, dessa vez com latas de gasolina. A loja de Jalaluddin foi a primeira a ser incendiada, possivelmente porque era muito nova: ele acabara de trazer a fotocopiadora e o gerador Honda de Déli, em uma longa e difícil jornada na qual teve de dar suborno para passar em mais de um ponto de controle na estrada.

O fogo espalhou-se rapidamente para as lojas adjacentes, uma fileira de cômodos únicos que caía aos pedaços à margem da estrada: lojas de calçados e de víveres, institutos de computação e datilografia, todos de construção precária e de rápida combustão, com suas estruturas de madeira. O cheiro de madeira queimada ainda estava no ar quando visitei Pattan dois dias mais tarde.

"Se você mora em Caxemira, tem de estar preparado para qualquer coisa", dissera Abba. Jalaluddin e outros rapazes já tinham ultrapassado o ódio e agora esperavam receber a indenização do governo pela destruição de sua propriedade — boa o suficiente para permitir que reconstruíssem suas lojas. Os homens — bem-educados, articulados e belos, com feições nítidas e olhos que encaravam sem malícia, à maneira de Caxemira — eram objetivos quanto à falta de opções. Não havia empregos disponíveis se você não pudesse se dar ao luxo de distribuir grandes propinas para os oficiais do governo: 50 mil rúpias para garantir um emprego de quarta classe como *chaprasi* (servente) em uma administração desprezada que então expunha você e sua família à fúria dos guerrilheiros.

Um velho baixo e atarracado, com olhos vermelhos numa face redonda e inchada, veio e ficou atrás de Jalaluddin enquanto este falava. Dono de uma casa que o fogo consumira, tivera sorte em conseguir sair com sua mulher, cinco filhas e dois netos; e foi a história dele que o rapaz começou a me contar — o primo que tinha sido morto em um "encontro"; o filho, vendedor de bananas no bazar, que a polícia seqüestrara e depois devolvera em troca do pagamento de um resgate de cinco mil rúpias.

O rapaz insistiu em mostrar-me a magnitude da destruição. A loja de fotocópias tinha sido inteiramente destroçada, as vigas de madeira carbonizadas e inchadas pareciam um tipo de filigrana delicada. A fotocopiadora, de cor creme, jazia ao chão, a coisa mais brilhante e mais cara da loja, e foi com uma solicitude vagarosa que Jalaluddin desvirou-a para revelar o vidro estilhaçado e a parte de baixo enegrecida.

Uma das paredes tinha desabado, expondo a sala abandonada da casa ao lado, incendiada, na qual um pôster de cores berrantes de um chalé suíço permanecia em uma das paredes nuas, o pensamento escrito em pincel grosso ainda legível: "Um sorriso faz mágicas sob o sol e torna as coisas luminosas para todo mundo".

*

A classe média muçulmana no vale ainda consiste em grande parte de pessoas ligadas ao governo, como funcionários eleitos ou não, e durante a insurgência ela não tinha parado de extrair lucros das obras públicas: no mínimo, a violência e a instabilidade, a constante destruição e reconstrução, tinham oferecido novas oportunidades para atacar a receita do Estado. Jammu, a cidade de maioria hindu fora do vale, estava cheia de mansões recém-construídas, pertencentes a ministros e burocratas graduados; em aldeias remotas no vale, a corrupção formava seu próprio nível em qualquer lugar, e as novas casas maciças dos oficiais subalternos locais se destacavam da pobreza ao redor.

A 32 quilômetros ao sul de Srinagar, passados os declives íngremes e as vistas panorâmicas impressionantes de pomares de pêras e maçãs, campos de arroz e as altas montanhas no horizonte, fica, numa encosta, a cidade de Charar-e-Sharif. Lá ficava o santuário do santo padroeiro de Caxemira, Sheik Nuruddin, do século XV, até 1995, quando foi incendiado e destruído durante as lutas entre o exército indiano e os guerrilheiros. Caxemirianos, tanto hindus como muçulmanos, lamentavam essa perda. Em Caxemira, o islã tinha fugido da nódoa que adquirira em outros locais do subcontinente por imposições de conversão e destruição de templos durante os vários séculos de invasão e conquista por parte dos muçulmanos da Arábia e da Ásia Central. Viera para o vale no século XIV trazido pelos missionários da Ásia Central e por persas, e, combinando-se bem com as culturas anteriores hindu e budista, adquirira uma característica caxemiriana exclusiva; viriam a ser conhecidos, não como invasores, mas como grandes santos sufi que tantos os hindus como os muçulmanos veneravam. Sheik Nuruddin era um dos mais antigos e maiores desses santos.

Não ficou claro quem iniciou o fogo: os guerrilheiros, alguns dos quais eram do Paquistão, desdenhosos do pacifismo do islã sufi, tinham transformado o santuário num *bunker*; ou o exército indiano, que sitiara o santuário. Mas a destruição virou notícia internacional, e durante alguns meses diversas organizações políticas e religiosas de Caxemira, além do governo, haviam reiteradamente prometido reconstruir o santuário.

Cinco anos mais tarde, Charar-e-Sharif e seus habitantes parecem ter sido surpreendidos pelos eventos no vale. A reconstrução consistiu em um teto horrível de ferro corrugado sobre paredes sem pintura, no meio de um campo lamacento. Um monte de dinheiro fora coletado dos devotos ainda em choque; o governo tinha posto mãos à obra; mas pouco trabalho fora feito, e os fundos desapareciam, como acontece com todo projeto de reconstrução adiado, para dentro de inúmeros bolsos.

A parte da cidade que fora destruída e parcialmente reconstruída ainda estava em meio à confusão de entulho, esgotos a céu aberto e detritos não coletados. Algumas poucas casas e lojas novas tinham sido erguidas: pequenos cômodos despidos, sem janelas, muitas vezes com cortinas de plástico à guisa de porta, em que os anciãos se sentavam bordando cestas de vime para *kangris* (um potinho de cerâmica com brasas de carvão que os caxemirianos mantêm sob os *pherans*), as pernas finas encolhidas contra a parede, um *hookah* silenciosamente queimando a seu lado.

A notícia da minha presença na cidade espalhara-se rapidamente. O carro, o notebook e a câmara tinham seu próprio significado ali, e enquanto eu me preparava para ir embora, cerca de quarenta homens apareceram à frente da minúscula papelaria onde eu estivera conversando com algumas crianças de escola (há cerca de vinte escolas na região pouco povoada). Os homens andaram seis quilômetros da aldeia deles, pela região rural montanhosa, depois que ouviram dizer que uma pessoa com aparência de oficial estava na cidade. Os encanamentos da aldeia tinham estourado e estavam sem água há oito dias. Arrastaram-se até o escritório do engenheiro assistente, mas estava trancado; tinham ido até o posto policial local, mas não lhes foi concedida audiência; agora derretiam a neve nas valas para obter água, mas não sobrara muita neve. Vestidos em trapos, com grandes buracos em seus *pherans*, as faces com barbas grossas, brancas de poeira, pareciam ter surgido de uma cena de miséria dos séculos XVIII ou XIX — do tipo que fez com que Victor Jacquemont concluísse que em nenhum outro lugar na Índia as massas eram tão pobres e desnudas como em Caxemira.

O atraso contínuo de Caxemira, seu fracasso ou inabilidade de se unir ao mundo moderno e encontrar novas identidades para si própria: foi sobre isso que o comissário de Srinagar, um funcionário do governo central da Índia, falara comigo em sua casa; do mesmo modo, embora menos diretamente, Abbas me dissera, logo no primeiro dia em que o conheci, que seus ancestrais tinham vindo para Caxemira de Samarcanda, na Ásia Central.

A ligação deles com o mundo islâmico fora da Índia era muitas vezes exagerada pelos líderes dos muçulmanos indianos nos séculos XIX e XX; aquela era uma maneira de prender-se a uma idéia de valor pessoal e coletivo em meio à degradação geral da comunidade muçulmana sob o colonialismo. O que me surpreendeu, no entanto, foi que Abbas, cujo trabalho como correspondente de um grande jornal indiano lhe dava status e até prestígio em Caxemira, ainda precisasse fazer essa reivindicação. Mas era na verdade uma idéia de dignidade e individualidade que ele estava afirmando — idéia que podia adquirir uma urgência especial entre pessoas tão completamente pisoteadas como os caxemirianos.

Os problemas começaram, dizem os caxemirianos, com o domínio estrangeiro. Depois dos Mogul, afegãos e siques, o vale coube, em meados do século XIX, a um chefe feudal hindu sem importância que ajudou os ingleses a derrotarem os siques. Os ingleses cederam o estado inteiro — o vale e Jammu, de maioria hindu, Ladakh, dominado pelos budistas, e as partes do noroeste que mais tarde viriam a ser dominadas pelo Paquistão — ao chefe pela magra soma de 7,5 milhões de rúpias. A venda ainda é fonte de fúria e vergonha para os caxemirianos.

As coisas não melhoraram muito sob os novos governantes hindus. Em 1877 a fome matou dois terços da população. Milhares de muçulmanos subnutridos, semi-despidos, morreram enquanto carregavam rações nas costas para as tropas nos postos remotos do Himalaya. Raramente se davam empregos para muçulmanos; a administração era composta esmagadoramente pela pequena minoria de hindus (cerca de 4% da população no vale). O marajá e seus cortesãos hindus construíram fortunas particulares fabulosas. Até as prostitutas pagavam cem rúpias de imposto ao marajá; os muçulmanos que fossem encontrados matando vacas eram expulsos para as remotas ilhas Andaman no oceano Índico.

O filho do último marajá hindu do estado, Karan Singh, registra uma manifestação divina, igual a Buda, em sua autobiografia. Nascido no Hotel Martinez, em Cannes, do qual seu pai tinha ocupado um andar inteiro, ele passou a infância em Caxemira, mais ou menos livre de contato com os muçulmanos e a pobreza. Seu pai, Hari Singh, gostava de atirar, caçar e apostar corridas; gostava também, consta, de prostitutas londrinas. A vida em seu palácio era uma busca interminável de diversão. Como escreve Karan Singh, "passávamos horas elaborando listas para almoços e jantares, planejando os lugares e os menus". Uma vez o pai pediu para um amigo que levasse Singh pela cidade e mostrasse a ele o reino que um dia herdaria. O amigo levou-o às áreas de maioria muçulmana, apontou para as construções dilapidadas e os homens mal-vestidos nas ruas e disse: "Esse é o seu povo." Karan Singh ficou atônito.

A coisa mais espantosa a respeito desse evento é sua data, nos anos 1930. Mal se passaram dez anos, a Índia estava livre tanto do domínio colonial como dos marajás; a elite muçulmana da Índia deveria exigir e receber uma pátria separada, o Paquistão; e o marajá de Caxemira, tendo de enfrentar a escolha entre unir-se à Índia ou ao Paquistão, optou com relutância pela Índia, que adotara uma constituição secular, democrática e igualitária, dando aos indianos uma nova idéia sobre eles mesmos, seu passado e seu potencial.

Mas o curso da história indiana até aquela época fora tal que principalmente os hindus se aproveitaram dessas oportunidades, vendo na educação moderna e no mundo moderno as possibilidades de desenvolvimento pessoal e comunal. Os muçulmanos da Índia, cujo poder político fora vastamente destruído pelos ingleses, e cujos líderes permaneceram, em sua maioria, presos a fantasias de recuperar sua velha glória na Índia, demoraram algum tempo antes de sequer tentar se equiparar aos hindus.

Durante todo esse tempo, os muçulmanos de Caxemira, afastados dos principais eventos e das tendências na Índia dominada pelos ingleses, e mantidos sob controle pela minúscula minoria hindu de governantes e administradores, mal conseguiram se mover. O analfabetismo e a pobreza eram amplamente disseminados; a oposição política ao marajá hindu defrontava-se com a brutalidade. Como na Índia, alguns poucos muçulmanos instruídos tiveram de carregar o peso da humilhação e do atraso de seu país.

2. A POLÍTICA DO SECULARISMO

NÃO POR COINCIDÊNCIA, a pessoa que mais bem articulou os temores e frustrações de todos os muçulmanos indianos foi um caxemiriano, Mohammed Iqbal, um dos mais importantes filósofos muçulmanos dos tempos modernos. Iqbal nasceu em 1876 no que agora é o Paquistão, numa família analfabeta de mercadores de xales e alfaiates. Seus pais conseguiram mandá-lo para a escola e depois para a faculdade, e ele foi muito bem. Já era famoso por sua poesia quando foi para Cambridge nos primeiros anos do século XX para estudar filosofia.

Iqbal, a exemplo de outros indianos, ficou profundamente impressionado com o progresso europeu no século XIX; a idéia de luta e satisfação individual, relacionada à noção de responsabilidades pessoais com relação à sociedade e à nação, não poderia deixar de surgir como uma revelação para as pessoas originárias de comunidades de indivíduos indiferentes. Iqbal começou a admirar Nietzsche. A idéia de super-homem, de autocriação e auto-afirmação, impusera-se a ele do modo poderoso como sempre se impunham a pessoas dos países colonizados. Mas ele ficou também perturbado pelo racismo e a hipercompetitividade. Enquanto estava na Europa, lutando com a mistura complexa de admiração, medo e insegurança que o local provocava, ele se tornou ainda mais consciente de sua identidade muçulmana. A história do islã adquiriu um novo significado para Iqbal; a rápida visão de um navio da Sicília, o estabelecimento de um dos maiores triunfos do islã na Europa, podia fazê-lo chorar.

Iqbal voltou à Índia convencido, como muitos indianos antes dele, de que o progresso de sua comunidade estava não em imitar a Europa, mas em reformar e reviver a religião na qual tinha nascido. Com esse objetivo, começou a exaltar o vigor masculino e o grande passado islâmico em seus escritos. Tornou-se um crítico determinado do sufismo, das tradições místicas e folclóricas dentro do islã que, defendendo a rejeição do ego e do "eu", tinham encontrado um lar tão hospitaleiro em sua Caxemira ancestral. Ele viu essas tradições como emasculadoras dos muçulmanos, tornando-os inadequados ante as importantes tarefas exigidas de cada um e da comunidade islâmica mais ampla.

As idéias de Iqbal a respeito do islã na Índia foram obrigadas a se ramificar politicamente. A própria política naquela época de opressão colonial era sobretudo uma busca da dignidade, uma afirmação em primeiro lugar da identidade, e depois, apenas secundariamente, uma tentativa de criar novas instituições. Como tal, não podia ser separada da religião, do sentido mais amplo de cultura e passado compartilhados que era o princípio do sentido político para todos os povos destituídos e subjugados. Se, como Iqbal acreditava, o islã fosse enfraquecido pela incorporação de tradições locais do hinduísmo, então sua pureza original sob a democracia estabelecida pelos primeiros quatro califas nunca poderia ser recuperada dentro de uma Índia dominada por hindus. O verdadeiro islã, na concepção de Iqbal, só poderia ser restabelecido se os muçulmanos indianos formassem uma nação separada. A idéia que Iqbal apresentou em uma importante reunião política de muçulmanos em 1930 era o início da "teoria de duas nações" que, dezessete anos mais tarde, foi levada a efeito na partição da Índia e na criação do Paquistão.

Para a maioria dos hindus na Índia, Iqbal é o equivocado instigador do movimento pelo Paquistão. Eu não o tinha realmente ligado a Caxemira até conhecer o doutor Mohammed Ishaq Khan em Srinagar, a capital de Caxemira, em março de 2000. O doutor Khan ensina história medieval na Universidade de Caxemira, em Srinagar, e é autor de um trabalho pioneiro sob a aculturação do islã no ambiente hindu-budista de Caxemira. É um homem pequeno, de rosto redondo, maneiras suaves; fala devagar, como se não estivesse acostumado a falar muito de seu trabalho, mas em frases claras, moderadas, que indicam uma mente tranqüilamente ativa. Durante a última década, os anos da insurgência, quando a universidade parou de funcionar, ele produziu seu melhor trabalho: um livro sobre a dimensão espiritual do islã que enfatizava os aspectos contemplativos da fé em relação aos ideológicos.

Li em um dos jornais de Caxemira, durante uma recente visita — jornais que estavam cheios de más notícias, mas sempre ofereciam alguma coisa viva nas páginas editoriais —, o relato do doutor Khan sobre sua visita ao Paquistão. Lá conhecera muitos colonos caxemirianos, mas estivera inteiramente afastado do constrangedor tema da política. Quando lhe perguntaram por que ele e outros intelectuais de Caxemira não estavam envolvidos na insurgência anti-Índia, lembrou as palavras do sufi Rumi persa: "O intelecto é destruído pelo raciocínio parcial." Entretanto, foi visitar a tumba de Iqbal em Lahore; e, em uma passagem impressionante, descreve como foi tomado de emoção ao se aproximar do túmulo:

"Eu não consegui me controlar. As lágrimas começaram a brotar dos meus olhos."

A fidelidade do doutor Khan era com a tradição sufi de Caxemira, que Iqbal tinha rejeitado. Sua desconfiança no islã como ideologia só cresceu depois da violência e do sofrimento causados pela insurgência, que um de seus próprios alunos tinha adotado — alguém que o doutor Khan se lembrava como denunciante, como Iqbal, do islã sufi por transformar os caxemirianos em escravos apáticos da Índia hindu. O estudante fora ao Paquistão para ser treinado nos campos militares e alcançara uma alta posição no principal grupo de guerrilha pró-Paquistão, Hizbul *Mujahedin*, antes de ser morto em Srinagar em 1999.

A reação pessoal de Iqbal à Europa e ao islã, e a beleza melancólica de sua poesia tinham se reduzido, no final, a simples ideologias que levaram milhares de outros jovens à morte prematura. Entretanto, a idéia de Iqbal como o homem que trouxera esperança de redenção aos muçulmanos do subcontinente sobreviveu e — foi isso o que me impressionou — ainda tinha o poder, muitas décadas mais tarde, de emocionar mesmo alguém como o doutor Khan, comprometido com a vida intelectual, até às lágrimas.

Depois disso era um tanto mais fácil imaginar o impacto que Iqbal teve sobre milhões de muçulmanos pela Índia toda, com sua poesia e sua filosofia — algumas vezes comparável à influência de Gandhi sobre os hindus; e era bem mais fácil penetrar o sentido de expropriação e entender quanto o carisma e o poder de persuasão de homens como Iqbal derivam da natureza crua, não formada, de sua comunidade.

Para os caxemirianos, a pessoa que veio personificar seu destino uma geração depois de Iqbal foi Sheik Abdullah, uma vez saudado como o Leão de Caxemira, que por mais de meio século depois do início dos anos 1930 permaneceu o líder mais popular dos muçulmanos de Caxemira. Seu funeral, em 1982, foi acompanhado por centenas de milhares de pessoas de luto. Oito anos mais tarde, contudo, seu túmulo foi profanado — momento que marca não só o início da insurgência, mas também o declínio da política da personalidade no sul da Ásia.

O mentor inicial de Abdullah foi Iqbal, que ele conhecera em 1924, em Lahore, quando este encontrava-se no auge da fama. Iqbal visitara Caxemira, a terra de seus ancestrais, pela primeira vez três anos antes, e ficara angustiado com a condição dos muçulmanos: "Ao cortante frio do inverno treme seu corpo despido", ele escreveu, "cujas habilidades envolvem os ricos em xales régios." Ele unira-se aos jornais de Lahore pertencentes aos muçulmanos na ênfase sobre o destino dos muçulmanos de Caxemira sob o governo hindu: embora compusessem 96% da população, a taxa de alfabetização entre eles era de apenas 0,8%.

Iqbal tinha simpatias por Abdullah, que, como ele próprio, viera de uma família de pobres vendedores de xales, e era um dos poucos muçulmanos de Caxemira que conseguira se instruir até o ponto em que encontrou o caminho impedido pela discriminação religiosa: sob o domínio do marajá, só os hindus, que não passavam de 4% da população, tinham permissão para aspirar a uma educação superior e melhores empregos. Como conseqüência, Abdullah teve de sair de Caxemira para Aligarh, perto de Déli, onde a primeira faculdade que fornecia educação ao estilo ocidental para muçulmanos tinha sido fundada em 1875. Ao voltar a Caxemira em 1930, ele unira-se a um pequeno grupo de alunos diplomados em Aligarh que se autodenominavam Partido da Sala de Leitura.

Mal se passara um ano e Caxemira testemunhou o primeiro grande tumulto em reação à lei autocrática do marajá. Um muçulmano chamado Abdul Qadir, que trabalhava como mordomo para um residente europeu, foi preso por fazer um discurso sedicioso. O povo que veio protestar em frente aos portões da cadeia foi preso; seguiram-se novos protestos, e, a uma determinada altura, a polícia abriu fogo contra os manifestantes. Vinte e uma pessoas morreram. A procissão que carregava os corpos para serem enterrados logo se tornou ingovernável, e as lojas de propriedade dos hindus, ao longo do caminho para o cemitério, foram saqueadas.

O exército do marajá hindu caiu brutalmente sobre os dissidentes muçulmanos. Abdullah passou um ano na prisão, com outros membros do Partido da Sala de Leitura. Quando foi solto, em 1932, anunciou a formação da Conferência Muçulmana: foi a primeira oposição organizada ao regime do marajá em Caxemira. Havia um posicionamento crítico especial nas relações entre Abdullah e o marajá em Caxemira. Dois homens não podiam ser mais diferentes: o marajá, um corredor de cavalos com uma fraqueza por santos hindus fraudulentos, e o devoto muçulmano e brilhante manipulador das massas. Em sua oposição ao marajá, Abdullah se viu apoiado por líderes do movimento nacionalista indiano contrários ao governo colonial, em particular Pandit Nehru, que, sob o patrocínio de Gandhi, tinha se tornado o líder incontestável do Partido do Congresso. A amizade entre Abdullah e Nehru cresceu rapidamente.

Havia um motivo especial para essa aproximação. O ancestral brâmane de Nehru viera de Caxemira e mudara-se para Déli e Allahabad apenas poucas décadas antes de seu nascimento, em 1889, e ali se formou uma das primeiras famílias da Índia moderna. Havia sempre um ar de visionário solitário em Nehru. Ele foi mandado para Harrow e Cambridge pelo pai anglófilo. Foi muito influenciado pelas idéias européias de socialismo e nacionalismo. Sua descoberta da Índia veio mais tarde e fez com que suas raízes em Caxemira se tornassem para ele ainda mais valiosas, a conexão ancestral aprofundada pelo sentimento panteísta que ele, homem que desdenhava organizações religiosas, tinha pelo Himalaia.

Iqbal uma vez disse que, embora seu corpo estivesse confinado à Índia, sua alma se encontrava em Caxemira. Nehru chegou perto de fazer a mesma afirmativa em seus diversos textos sobre Caxemira. Ele visitara o estado como jovem excursionista e ficou extasiado. Em *The Continent of Circe* (O Continente de Circe), Nirad Chaudhuri escreveu sobre o sentido hindu de perda associado ao Himalaia: as frias regiões de onde tinham vindo os colonos arianos da Índia do Norte — a nostalgia expressa pelo próprio Nehru quando escreveu sua autobiografia: "E sonho com o dia em que irei perambular pelo Himalaia". Em correspondência oficial e pessoal, Nehru voltava ao que ele mesmo descreveu como sua "preferência por Caxemira".

Essa parcialidade assumiu diversas formas e iria moldar as atitudes indianas em relação à Caxemira bem depois de sua morte. Na época em que ele conheceu e ficou amigo de Abdullah, em meados dos anos 1930, já começara a formar seus planos para uma Índia independente. Em Abdullah viu uma pessoa que partilhava de suas convicções de que a velha ordem social e econômica da Índia, representada pelos marajás e grandes latifundiários, tinha de ser destruída por meio da reforma agrária e do planejamento econômico centralizado. Abdullah foi receptivo à defesa do secularismo por Nehru: foi sob a influência dele que Abdullah mudou o nome da Conferência Muçulmana para Conferência Nacional, obtendo maior número de seguidores entre a pequena minoria hindu no vale de Caxemira, e também entre a maioria hindu em Jammy, a parte sudeste do estado. Embora desconfiados de Abdullah, acharam animadora sua crescente proximidade com os líderes nacionalistas indianos.

Quando a criação do Paquistão se tornou uma certeza, para pesar de Gandhi e outros que queriam uma Índia unida, Nehru estava cada vez mais convencido de que Caxemira e sua maioria muçulmana deveriam fazer parte da Índia que ele imaginara e pela qual tão duramente trabalhara: uma Índia comprometida com a democracia, o secularismo e o socialismo. Estava convencido de que uma nação separada para os muçulmanos — a teoria das "duas nações" proposta inicialmente por Iqbal e adotada pela elite feudal muçulmana do norte da Índia — era um erro; não achava que isso fosse resolver o problema da comunidade muçulmana, o problema que definia como atraso social e econômico. Achava que os latifundiários e mulás que mantinham as massas muçulmanas afastadas dos benefícios da educação iriam apenas consolidar seu poder num estado novo.

A idéia do próprio Abdullah sobre a fundação do Paquistão era mais moderada e menos emocional. Ele sentia, como confessou em sua autobiografia, uma simpatia subconsciente por ela; ele a via como uma reação muçulmana contra o sectarismo hindu que ele acreditava, apesar de seu respeito pessoal por Gandhi e Nehru, ser praticado insidiosamente pelo Partido do Congresso. Na verdade, julgava discernir traços de revitalização hindu na ligação sentimental de Nehru por Caxemira.

Podia ver também que a população de Caxemira, de maioria muçulmana, e sua localização geográfica levavam a uma afinidade natural com o novo estado do Paquistão que seria formado com as partes ocidentais e orientais, da Índia Britânica. Ao mesmo tempo, não sentia a menor simpatia pelos homens que lideravam as agitações em prol do Paquistão, especialmente Mohammad Ali Jinnah, o advogado comedor de porco de Bombaim, que não disfarçava seu desdém por Caxemira; no entanto presumia que o estado, com sua maioria muçulmana, não tinha outra opção senão a de fazer parte da nova pátria para os muçulmanos indianos. Abdullah também temia que os pobres muçulmanos de Caxemira fossem se dar mal na estrutura feudal do Paquistão. Foi assim que, nos anos que levaram à partição da Índia, Abdullah passou a considerar que a independência e a democracia seriam a melhor opção para Caxemira.

A mesma idéia — evidentemente sem a parte da democracia — teve o marajá, que, à medida que a época da retirada dos ingleses da Índia se tornava próxima, teve de enfrentar, como governante do maior dos 562 estados sob a supremacia inglesa, a escolha entre Índia e Paquistão.

Os modos autocráticos do marajá permaneceram enquanto a oposição local a ele intensificou-se. Em 1946, pôs Abdullah e outros membros da Conferência Nacional na prisão por organizarem uma campanha, "Saia de Caxemira", muito popular contra ele. O apoio de Nehru a Abdullah já tinha alienado o marajá da liderança indiana; as questões de Gandhi sobre a legitimidade de seu governo, que tivera origem duvidosa em um ato de compra em 1846, firmado entre os ancestrais do marajá e os britânicos, tornaram-no mais receptivo aos emissários do Paquistão, que começaram a visitá-lo com grande freqüência. A partição da Índia já tinha três meses, e ele ainda conversava com representantes indianos e paquistaneses, esperando ganhar tempo e preservar seu regime, quando uma rápida sucessão de eventos obrigaram-no a agir.

A violência e os tumultos durante a partição afetaram a parte sul do estado do marajá, no qual os refugiados siques vindos do Paquistão uniram-se a nacionalistas hindus e membros da polícia do marajá no ataque a muçulmanos. Dezenas de milhares de muçulmanos foram mortos. Muitos outros muçulmanos fugiram para o Paquistão, onde as notícias dos sofrimentos provocaram os muito volúveis integrantes de tribos muçulmanas das províncias do noroeste na fronteira do Paquistão a declararem *jihad* contra o marajá. Em uma das ações impetuosas e confusas que inauguraram e marcaram para sempre a posição do Paquistão em Caxemira, alguns oficiais do exército paquistanês forneceram armas a uma ralé de membros tribais inclinados à *jihad* e ajudaram-nos a cruzar a fronteira para Caxemira — ao mesmo tempo em que o governo paquistanês ainda tentava convencer o marajá a entregar Caxemira ao país.

O exército do marajá não era páreo para as enérgicas forças tribais, que avançaram rapidamente pela parte noroeste de Caxemira; uma geração mais velha de caxemirianos ainda se lembra de matanças, saques e estupros que cometeram em sua trajetória para Srinagar. O marajá entrou em pânico ao vê-los cada vez mais próximos. Seu filho, Karan Singh, descreve em sua autobiografia o momento em que as luzes se apagaram no palácio — os invasores tinham destruído a estação de força — com o barulho de chacais que uivavam repentinamente cortando o escuro e o silêncio. O marajá apelou para o governo indiano, pedindo ajuda militar; mas a reação legalista de Déli foi que o exército indiano só poderia entrar em Caxemira depois que o estado tivesse formalmente passado para a Índia. Já não havia mais escolha para o marajá. Quando o exército tribal chegou perto de Srinagar, ele fugiu da cidade, dirigindo-se para Jammu, dominada pelos hindus, onde foi se deitar, depois de instruir seu ajudante-de-ordens a dar-lhe um tiro durante o sono se o representante do governo indiano não aparecesse com o instrumento de cessão. Nunca mais voltou a Caxemira e morreu na longínqua Bombaim, em 1962.

O exército indiano finalmente chegou a Srinagar no final de outubro de 1947, e sua ofensiva contra os invasores se tornou uma guerra completa com o Paquistão que durou mais de um ano. Por fim declarou-se um cessar-fogo sob os auspícios da ONU em 1º de janeiro de 1949, quando o exército indiano já expulsara os invasores do vale. Entretanto, a parte noroeste do principesco estado, que é diferente, cultural e socialmente do vale de Caxemira e mais próximo ao Punjab muçulmano, permaneceu sob o controle paquistanês. Embora chamada Caxemira Azad (livre), efetivamente faz parte do Paquistão, assim como o vale faz parte da Índia.

Sheikh Abdullah, solto da prisão apenas três semanas antes da invasão, foi quem organizara a defesa de Srinagar. A Conferência Nacional veio em apoio ao exército indiano. Abdullah não apenas endossou a cessão à Índia como também incitou o apoio popular caxemiriano a ela, o que não era difícil, já que as atrocidades cometidas pelo exército tribal puseram medo do Paquistão nos caxemirianos — e esse medo demorou muito tempo para diminuir.

Em retrospecto, a invasão tribal parece ter estragado tudo. Por certo a questão de Caxemira adquiriu um grau de complicação do qual nunca se recuperou. Nehru levou a disputa à ONU em 1º de janeiro de 1948 e se ofereceu para organizar um plebiscito sob auspícios internacionais para confirmar a cessão à Índia. Isso pareceria generoso, dado que Nehru já tinha o controle físico do vale. Mas ele queria também a legitimidade do apoio popular para o governo indiano sobre Caxemira. Estava confiante de que, com Sheikh Abdullah ao seu lado, a Índia venceria o plebiscito em Caxemira.

A oferta indiana de um plebiscito sob a supervisão da ONU nunca foi atendida. Não houve retirada dos exércitos indiano e paquistanês de Caxemira, o que deveria ser feito antes de o plebiscito acontecer, e a questão ficou imersa em diversas questões legais enquanto os anos se passaram. O Paquistão continuou ocupando um terço do estado e denunciou a cessão à Índia como fraudulenta, já que, sob seu ponto de vista, o marajá estava destituído de qualquer autoridade ao fugir de Srinagar depois que os muçulmanos se rebelaram. Os indianos continuaram a não dar importância à reivindicação e a dizer que o Paquistão agira ilegalmente ao invadir o estado, e freqüentemente levantavam as exigências retóricas — como ainda o fazem — afirmando que a única questão não resolvida com respeito à Índia era a devolução dos territórios ocupados pelo Paquistão.

As posições se endureceram dos dois lados à medida que a Guerra Fria alcançava o subcontinente. O Departamento de Estado norte-americano sob John Foster Dulles sempre suspeitou que Nehru tivesse simpatia pelo comunismo e era abertamente desdenhoso de sua posição não-alinhada. Os Estados Unidos se aproximaram do Paquistão, e em meados de 1950 foram assinados tratados militares como o Cento (Central Treaty Organization — Organização do Tratado Central) e o Seato (Southeast Asia Treaty Organization — Organização do Tratado do Sudeste da Ásia). Isso endureceu ainda mais a posição de Nehru sobre Caxemira; já não se falava mais em plebiscito. A União Soviética, sob Krushev, tornara-se um apoio constante à linha de Nehru, que se tornou a linha oficial da Índia, de que Caxemira era uma parte integrante da Índia e, portanto, não sujeita a qualquer arbítrio internacional. O cessar-fogo entre Índia e Paquistão, em Caxemira, chamada de Linha de Controle (LOC), tornou-se uma fronteira internacional de fato.

Isso teria sido o final da briga: o *status quo* aceito por ambas as partes como uma realidade inalterável. Certamente, naqueles anos iniciais, as populações tanto na Caxemira indiana como na paquistanesa pareceriam resignadas a serem o que eram. Sheikh Abdullah agora estava no poder, e a primeira coisa que fez como primeiro-ministro de Caxemira, de 1948 até 1953, foi iniciar uma série de ambiciosas reformas agrárias pelas quais se aboliria a posse de terras além de 50,6 mil metros quadrados. Com efeito, isso significava tirar terras de latifundiários hindus e distribuí-la entre colonos muçulmanos pobres. Era uma mini-revolução, e garantiu a Abdullah a gratidão de o apoio de duas gerações de muçulmanos caxemirianos.

Menos de quatro décadas mais tarde, no entanto, os caxemirianos iriam pegar em armas pela primeira vez em sua longa história; a Índia iria enfrentar uma insurgência popular em Caxemira e chegar perto de uma guerra nuclear com o Paquistão. O túmulo de Sheikh Abdullah, oito anos depois de seu concorrido funeral, exigiria proteção contra vândalos durante as 24 horas do dia.

A exigência do Paquistão por Jinnah teve um início inócuo: do desejo de uma garantia dos direitos dos muçulmanos na Índia de maioria hindu, ela se desenvolveu numa exigência de uma confederação da Índia na qual os muçulmanos não teriam status de minoria, mas compartilhariam do poder com os hindus. Entretanto, os líderes hindus do Partido do Congresso, tão próximos de conseguir o poder político real pela primeira vez, não estavam dispostos a compartilhá-lo.

As províncias desajeitadamente divididas na direção das fronteiras oriental e ocidental da Índia não eram o que Jinnah tinha pedido — havia quase tantos muçulmanos na Índia quanto no novo estado do Paquistão —, mas elas eram tudo de que o Congresso estava disposto a abrir mão. No final, os ingleses estavam impacientes por ir embora e apressavam a todos; assim, foi o Congresso que ficou ansioso por estabelecer a partição para consolidar seu poder sobre as províncias muito maiores, de maioria hindu, e as instituições do Estado colonial — o exército, a burocracia e a polícia — que seriam a grande herança dos ingleses.

Entre as pessoas que adotaram uma linha mais dura como resultado da exigência pela partição estava Nehru, que, durante a maior parte de uma vida gasta em luta contra os ingleses nunca aceitara a idéia do Paquistão, e agarrou-se à idéia de uma Índia multicultural unida. O derramamento de sangue que acompanhou a partição significou um grande golpe para ele; agora ele estava mais convencido do que nunca da necessidade de ter, no modo colonial, um governo central forte para a Índia, com o mínimo de autonomia possível para as diversas comunidades que a constituíam. Encarava todas as reivindicações regionais — e havia muito disso na Índia toda nos anos 1950 — com suspeitas. A unidade nacional, junto com o secularismo, passou a ser seu mantra, foi adotado por quase todos os partidos políticos e ecoado pela burocracia colonial, que pretendia manter seu próprio poder.

Era difícil, no entanto, apaziguar as demandas sectárias em um país tão diversificado como a Índia, onde a independência liberara um novo anseio por auto-expressão, e onde milhões das pessoas anteriormente destituídas dos direitos de cidadão podiam encontrar uma voz política apenas por intermédio das comunidades em que nasceram. Um líder de menor importância teria sido desastroso. Nehru lidou astutamente com as demandas de uma reorganização lingüística da Índia que, em Tamil Nadul, um estado do sul, por exemplo, se desenvolveu em movimento para a divisão imediata. Ele usou uma política de incentivo — mistura de democracia limitada e repressão do Estado — para pacificar diversos grupos regionais e mantê-los dentro da Índia.

Mas sua própria conexão emocional com Caxemira fez com que fizesse grandes críticas a Sheikh Abdullah. Este, logo depois de se tornar primeiro-ministro, enfrentou o problema de governar um grande estado multiétnico e multi-religioso — problema não muito diferente do que o próprio Nehru enfrentava, mas para os quais Abdullah estava muito menos bem equipado para lidar. Ele era, originariamente, o líder dos muçulmanos do vale de Caxemira, que representavam a maioria da população do estado, 53%. Mas havia também a influente maioria de hindus em Jammu, ao sul, que se ressentia das políticas radicais de Abdullah, e os budistas de Ladakh, que estavam preocupados com o poder dos muçulmanos no vale.

Como costuma acontecer, a falta de uma alternativa política transformou Abdullah em governador autoritário. Impressionado pelo modelo soviético, ele tornou o partido inseparável da administração; e, como mostra o tom magoado em suas cartas a Nehru, interpretava qualquer oposição a ele como tentativa de solapar sua autoridade pessoal e, por extensão, recusava o direito de os muçulmanos de Caxemira governarem o estado depois de séculos de domínio estrangeiro.

No início dos anos 1950, quando os nacionalistas hindus em Jammu, os antepassados do BJP, organizaram os latifundiários confiscados e os seguidores do amuado marajá em um movimento para maior integração com a Índia, Abdullah sentiu-se mais inseguro. Ele barganhara duro com o governo da Índia para preservar o estado da interferência excessiva de Nova Déli; Caxemira, argumentava, precisava de garantias especiais para a proteção de sua autonomia. Agora reativava sua idéia de Caxemira independente, apresentando-a, entre outros diplomatas visitantes, a Adlai Stevenson, em 1953.

Essas notícias eram inquietantes para Nehru. Sentia que Abdullah se afastava dele em direção a um curso de ação que tinha grande probabilidade de terminar na perda das credenciais seculares de Caxemira e da Índia. Nehru agiu rapidamente: Abdullah foi deposto em 1953, trancado na prisão, onde ficou, inicialmente sem processo, exceto por quatro meses, pelos próximos onze anos.

Aquilo não parecia ficar bem para Nehru, que àquela altura era conhecido internacionalmente como um estadista. Mas a unidade nacional tornara-se sua obsessão. Ele elogiara as reformas agrárias de Abdullah; garantira que não houvesse oposição viável a Abdullah; oferecera amizade pessoal a ele. Mas agora Abdullah trabalhava contra o "interesse nacional". O apoio e a destituição de Abdullah eram consistentes com sua crença de que a política em Caxemira girava em torno de personalidades. Como disse a um ativista que argumentava a favor de uma alternativa democrática a Abdullah: não havia "material para democracia em Caxemira".

A outra face do encantamento de Nehru com Caxemira era um medo de estar perdendo o controle, uma possessividade que aos poucos transformou em imperativo nacional: Caxemira, ele começou a argumentar, não podia separar-se da Índia sem expor os muçulmanos e o resto da Índia a retaliações de hindus fanáticos. Ainda se pode ouvir uma versão dessa idéia em círculos liberais na Índia, hoje: tumultos comunais da mesma escala e intensidade que os ocorridos durante a partição da Índia estão prestes acontecer caso se permita a separação de Caxemira.

E então, em 1953, um antigo protegido de Abdullah chamado Bakshi Ghulam Mohammed assumiu como primeiro-ministro de Caxemira e fez tudo o que Nehru queria para integrar constitucionalmente a região de Caxemira à Índia. As promessas de autonomia feitas anteriormente a Abdullah foram canceladas; e o medo da violência passou a ditar a política indiana.

Bakshi Ghulam Mohammed foi por sua vez posto de lado depois de servir dez anos como primeiro-ministro de Caxemira consentido pela Índia, e foi preso em 1965 quando procurou minar um ministro chefe apoiado pela Índia. Caxemira sem Abdullah reverteu ao que tinha sido durante séculos sob o domínio Mogul: uma dependência, com seu destino controlado por um poder maior distante cujos representantes podiam fazer o que quisessem desde que ninguém virasse o barco. A vida política, que só tinha realmente começado com Abdullah, veio a ser dominada por homens pequenos com objetivos pequenos de poder e enriquecimento pessoal, por constantes intrigas e traições.

As eleições convocadas periodicamente para demonstrar ao mundo a natureza democrática do regime imposto por Déli eram uma farsa improvisada: os documentos de indicação de candidatos de partidos opositores eram rejeitados ou seus candidatos espancados e presos; a Conferência Nacional venceu a maior parte das eleições sem oposição. Um Nehru preocupado teve de dizer a Mohammed que poderia parecer melhor se ele perdesse algumas eleições para "oponentes de boa-fé". O governo central despejava dinheiro no estado para o desenvolvimento e a educação; e, pelo menos para um punhado de caxemirianos, os interesses de conservar o poder ampliaram-se ainda mais. Uma nova elite de políticos e burocratas emergiu da cultura de corrupção que cresceu em torno da administração.

Assim como na história de qualquer dependência e suas políticas de corte, o que se passa a sentir falta nos relatos sobre Caxemira é uma percepção do povo, de como a vida corria em aldeias e cidades. Uma das imagens que vêm à cabeça é a do funcionário corrupto do governo em sua grande casa, seus filhos nos melhores colégios da Índia. A outra imagem é a do camponês em sua plantação de arroz e sua choupana de barro, vivendo a mesma vida deprimente que vivia quando, em 1831, o botânico francês Victor Jacquemont visitou a região.

Entretanto, a imagem se altera à medida que se lê a respeito do aumento no nível de alfabetizados hoje. Provavelmente o filho do camponês de agora foi à escola — uma das centenas abertas pelo governo indiano — ou até à nova universidade ou às faculdades de medicina e engenharia; o camponês propriamente dito não se deu tão mal com seus pomares de maçãs — a horticultura ainda é a base da economia.

Em menos de duas décadas, então, o filho do camponês ficou pronto para um emprego, mas aí ele descobre que suas opções são muito limitadas. A educação moderna tirou-o da vida nas plantações de arroz ou nos pomares de maçã; mas não existem indústrias locais no vale. Os únicos empregos disponíveis estão no governo; e aí ele se vê excluído pela cultura do suborno e do nepotismo. Na Índia, ele se vê igualmente um estrangeiro, com grande probabilidade de ser discriminado com base na religião; não é fácil para um muçulmano encontrar emprego ou alugar uma casa numa região dominada pelos hindus.

Foi esse sentimento de futuro bloqueado entre os caxemirianos instruídos, junto com a percepção, martelada pelas repetidas eleições fraudulentas, de sua impotência política, que acabou levando à insurgência no início dos anos 1990.

Em 1975, saído da prisão e mais uma vez ministro-chefe de Estado, Abdullah entrou num arranjo com o governo da Índia pelo qual ele prometia desistir da reivindicação de autodeterminação em troca de tornar-se o que outros antes dele já haviam sido: um sátrapa do estado indiano de Caxemira.

O avesso do investimento total de fé representado por indivíduos carismáticos como Iqbal, Abdullah ou até Nehru é que na ausência de instituições, o bem-estar de um país passa a depender de algumas poucas idéias favorecidas, e, mais perigosamente, de um temperamento pessoal. O sucesso ou fracasso dos indivíduos vai ter conseqüências, algumas vezes danosas, para muitas gerações futuras. Com Iqbal, o perigo era sempre que seus seguidores adotassem as idéias mais simples e mais emocionais que ele experimentava mentalmente; depois da primeira onda de reformas agrárias, Abdullah nada conseguia oferecer aos caxemirianos além sua retórica formidável e o sedutor mito do prisioneiro da consciência.

Poucos meses antes de morrer, Abdullah, no estilo das dinastias do Terceiro Mundo, ungiu seu filho, um médico que morava no Reino Unido, como seu sucessor. Farooq Abdullah, inexperiente mas entusiasmado, mal começara quando bateu de frente com Indira Gandhi, que àquela altura tinha desenvolvido seu próprio estilo autoritário. Em 1975, ela elevou a ansiedade de seu pai com respeito à unidade nacional à condição de histeria, enquanto prendia os líderes da oposição por serem "antinacionais" e suspendia os direitos fundamentais.

Em Caxemira, a senhora Gandhi viu-se contrariada por Farooq Abdullah, que recusara sua oferta de uma aliança nas eleições de seu partido, o Congresso, e a Conferência Nacional. A vitória de Abdullah nas eleições de 1983 e a conseqüente intimidade dele com outros políticos opostos a Indira levaram-na à determinação de livrar-se dele. As táticas dela pareciam com as do Estado colonial, algo que os ingleses tinham empregado com grande efeito: encorajar o sectarismo religioso para diminuir o valor do descontentamento regional com relação ao governo central. No Punjab, elevou Bhindranwale, um pregador sique analfabeto, como contrapeso ao governo da província, que era anti-Congresso; o pregador mais tarde transformou-se num demagogo homicida e declarou guerra à Índia. Sem se deixar abater pelo contratempo no Punjab, Indira passou a trabalhar para construir uma atmosfera de jingoísmo hindu a respeito da questão de Caxemira.

Algumas poucas demonstrações anti-Índia e incidentes violentos desgarrados foram exibidos com prova da não confiabilidade de Farook Abdullah. A imprensa indiana, que durante décadas seguira fielmente a linha do governo em Caxemira, passou-se para o lado da senhora Gandhi. Não que a classe média hindu precisasse de muita persuasão. A essa altura o nacionalismo de Nehru já começara a degenerar no nacionalismo hindu, na busca de inimigos internos e externos — os inimigos que, quando não eram a CIA ou o Paquistão, invariavelmente pertenciam à comunidade minoritária, quer fossem siques, como no caso do Punjab, quer fossem muçulmanos. O assassinato em massa organizado pelos líderes do Congresso, de três mil siques em Déli, depois do assassinato da senhora Gandhi em 1984, saiu do frenesi da xenofobia hindu que ela própria encorajara.

O governo eleito de Abdullah foi ilegalmente dissolvido em 1984 por Jagmohan, um governador especialmente nomeado pela senhora Gandhi depois de ela ter transferido de Caxemira o representante anterior, que se recusara a agir contra Abdullah. O novo governo, composto de desertores do partido de Farooq Abdullah, o da Conferência Nacional, teve de impor toque de recolher durante 72 dos seus noventa dias no cargo para poder abafar a agitação pública contra ele. Então, no início de 1986, Jagmohan dissolveu o governo e tomou posse.

Durante seu período como governador do estado de Jammu e Caxemira nos anos 1980, e outra vez no início dos anos 1990, Jagmohan fez mais do que ninguém para provocar a insurgência no estado. Ele passou a ser conhecido como burocrata pró-hindu durante a emergência da senhora Gandhi, quando mandou tratores para as favelas de colônias muçulmanas em Déli como parte da tentativa de "embelezamento" da cidade. Em Caxemira, um estado isolado, com uma população dócil, aparentemente sempre pronta a ser pisoteada, ele não foi mais sutil.

Jagmoham via a identidade cultural distinta de Caxemira como algo que devia ser minado antes que o estado pudesse se unir ao que na Índia é chamado, sem ironia, de "tendência nacional predominante". Com essa idéia de abrangência total na cabeça, ele tentou impor uma modernidade peculiarmente hindu ao estado, em que a venda irrestrita de álcool era permitida, mas onde os muçulmanos eram proibidos de matar carneiros em dia de festa hindu — uma lei sem sentido, já que não existe proibição sobre carne para os hindus de Caxemira. O número de muçulmanos recrutados para o serviço público diminuiu. Os nacionalistas hindus eram conhecidos por admirarem as políticas de reassentamento seguidas pelo governo de Israel nos territórios ocupados nos anos 1970, e Jagmohan pode ter se inspirado nelas ao encorajar os não-muçulmanos a trabalharem em Caxemira.

A reação não demorou a vir: o que um povo colonizado mais teme é a possibilidade de ser engolido pela cultura estrangeira dominante em seu meio, razão pela qual os ingleses deixaram as grandes religiões do subcontinente e suas muitas subculturas mais ou menos intocadas. Do mesmo modo que na Argélia, no Irã e no Egito, a ansiedade com relação à modernização, às influências culturais vindas de outros lugares, e o crescente desemprego transformaram-se, por causa de Jagmohan, numa ansiedade a respeito da religião: a idéia de que não só os muçulmanos, mas o próprio islã estava em perigo — o mesmo medo que levara muitos muçulmanos indianos, em meados dos anos 1940, a repentinamente adotarem, depois de anos de relativa indiferença em relação a ela, a idéia do Paquistão.

A popularidade dos partidos islamitas cresceu durante os anos 1980, ajudada pelo aumento do número de *madrassas*, as escolas particulares de teologia que eram muitas vezes dirigidas por muçulmanos vindos de Assam na Índia oriental, a mais de 1.600 quilômetros de distância, depois que os assassinatos em massa de muçulmanos, no início dos anos 1980, impuseram sua imigração para a Caxemira. Esses muçulmanos de fora de Caxemira trouxeram para o vale sua própria variedade de fundamentalismo islâmico: os clérigos de repente quiseram impor novas proibições, restringindo os direitos das mulheres; queriam proibir filmes de Bombaim e salões de beleza.

Os partidos islamitas uniram-se para lutar pelas eleições de 1987, na qual Abdullah se aliou ao Congresso. Apenas três anos depois de ser deposto pelo Congresso, Farooq Abdullah resolveu que não conseguiria fazer nada em Caxemira sem o apoio do partido no poder. Mas esse arranjo de divisão de poderes com o Congresso foi visto como uma nova humilhação para Caxemira. Não foi surpresa para ninguém que ele tivesse sido eleito, e os caxemirianos ainda falam da manipulação ativa por parte dos mesários indianos. Candidatos de oposição confortavelmente na liderança de repente se viram derrotados; candidatos e agentes de pesquisas eram surrados e torturados. Syed Salahuddin, o atual líder do Hizbul *Mujahedin*, o principal grupo de guerrilha com base no Paquistão, foi preso depois de quase vencer a votação em seu distrito eleitoral.

"Lá não há material para democracia": o desdém expressado pela afirmação de Nehru, amplificado ao longo do tempo, começou a afetar uma nova geração de caxemirianos, os filhos instruídos de camponeses e artesãos já reduzidos a um ressentimento infrutífero pela corrupção e o desemprego. Foi também por essa época que os primeiros grupos de jovens caxemirianos, a maior parte deles altamente habilitada, alguns dos quais até detentores de diplomas de engenharia, e quase todos sem empregos, atravessaram a fronteira aberta para o Paquistão.

Os rapazes foram recebidos por oficiais do exército de nível médio no Paquistão e instalados com salários e casas particulares. Foram treinados no uso de armamentos leves durante alguns meses; a muitos deles foi pedido que voltassem ao vale e trouxessem outros rapazes. Novos recrutas contrabandearam armas e munição para o vale. Lentamente, o tráfico através da fronteira cresceu: em menos de três anos milhares de jovens caxemirianos tinham se aventurado pela fronteira, na qual formaram os primeiros grupos de guerrilhas que declararam guerra à Índia em 1990.

O Paquistão era um aliado natural para os caxemirianos descontentes. Duas vezes tinha tentado libertar Caxemira pela força, mandando infiltradores armados — primeiro em 1948 e depois em 1965 —, e nas duas ocasiões havia falhado em conseguir apoio suficiente entre a população local. Esta, embora não inteiramente feliz com o governo indiano, permanecia com medo do Paquistão. Mas a desilusão crescente com o governo indiano durante os anos 1980 fez com que muitos caxemirianos se voltassem para o Paquistão em busca de ajuda: era o único país no mundo que afirmara com consistência pelo menos retórica o "direito de autodeterminação" de Caxemira.

Para os oficiais do exército paquistanês que receberam os caxemirianos, a criação e o apoio a grupos guerrilheiros não exigia perícia; eles tinham feito coisa semelhante, em uma escala muito maior, pelos *mujahedins* que lutaram contra a União Soviética no Afeganistão. A maior parte dos oficiais trabalhava para a Inteligência Inter-Serviços (ISI). Estabelecida para coordenar o esforço de guerra no Afeganistão, a ISI tinha ligações muito próximas com a CIA e veio a desempenhar um papel extraconstitucional considerável no Paquistão.

O controle do exército sobre o Paquistão não diminuíra desde os últimos meses de 1947, quando a guerra contra a Índia por causa de Caxemira transformara o novo país, ao qual faltava um centro administrativo ou a infra-estrutura do antigo governo colonial, em um estado de segurança nacional, com 70% de seu orçamento nacional gasto em defesa. O islã mostrou-se um amálgama fraco para construir uma nação no Paquistão. O medo das elites feudais e profissionais muçulmanas, de serem dominadas pela Índia hindu, sofreu uma mutação para a ansiedade quanto à afirmação de identidades étnicas em Sind,

Baluquistão e Paquistão Oriental. A necessidade de apaziguar as minorias étnicas enquanto afirmava o poder do governo central — uma manobra complicada, que, no Estado mais forte e mais democrático da Índia, promoveria a vida política — só expandiu ainda mais o papel do exército e da burocracia no Paquistão.

Em 1979, quando a União Soviética invadiu o Afeganistão, o Paquistão tinha 32 anos de idade, e ainda não possuía uma vida política coerente. Apenas oito anos antes, sofrera uma secessão traumática do Paquistão Oriental, com sua grande população muçulmana bengali que veio a se tornar, com a ajuda da Índia, Bangladesh. O que restou foi governado despoticamente por um general do exército, Zia-ul-Haq, que acabara de enforcar seu ex-primeiro-ministro, Zulfikar Ali Bhutto; e a economia primitiva, com uma base de manufatura ínfima, era amparada pela exportação de mão-de-obra barata para o Oriente Médio.

A CIA encontrou no Paquistão um hospedeiro a postos para sua guerra por procuração contra a União Soviética. Bilhões de dólares em armas e munições chegaram ao Paquistão durante os dez anos seguintes, transformando a paisagem social e política da região inteira, ao mesmo tempo em que criava um movimento islâmico forte pelo mundo todo.

As armas foram para os *mujahedins* que lutavam contra o exército soviético, e a venda delas no mercado negro era também usada para financiar um comércio ilegal de drogas — um elo desastroso que acabou resultando, além da heroína barata nas ruas de Nova York, em uma estimativa de cinco milhões de viciados em heroína no Paquistão. O exército foi posto na administração civil, e organizações como o ISI adquiriram, durante essa época, seu atual poder sinistro e sem limites.

Ainda mais prejudicial, Zia-ul-Haq reviveu a idéia de uma sociedade islâmica para adiar a transição para o governo civil que prometera logo depois de seu golpe contra Bhutto. Os recursos estatais disponíveis para as organizações islâmicas foram para os grupos armados que então surgiam e que atacavam as minorias muçulmanas como os xiitas e os *ahmedyas*; irromperam conflitos violentos entre grupos islâmicos rivais em diversas regiões do país.

Dos três milhões de afegãos que vieram como refugiados para o Paquistão, muitos se dirigiram à província de Sind, na qual a oposição local à sua presença se desenvolveu numa guerra civil especialmente selvagem em Karachi, a maior cidade. Centenas de milhares de afegãos refugiados receberam alimentos, abrigo e instrução islâmica elementar nas *madrassas* dirigidas por uma organização islâmica próxima ao exército paquistanês e patrocinadas pela Arábia Saudita. Foram os estudantes dessas *madrassas* que, ajudados pelo Paquistão, iriam formar os extremistas talibãs.

A retirada soviética do Afeganistão em 1989 foi reivindicada como uma vitória dos fundamentalistas. A fantasia de uma nova *jihad* extensiva, como a que houve nos séculos VII e IX, e que estabeleceu o islã como religião mundial, atraiu milhares de muçulmanos ao Paquistão, vindos de países que incluíam o Egito, a Argélia, o Iêmen e o Sudão. Essa *jihad* globalizada, que começou como um movimento patrocinado pela CIA para unir todos os muçulmanos contra o comunismo sem Deus, encontrou novos fomentadores depois de 1989, como Osama bin Laden, cuja rede de militantes muçulmanos agora abrange o mundo todo. Muitos dos muçulmanos inicialmente treinados no Afeganistão se tornaram líderes ativistas dentro dos movimentos fundamentalistas islâmicos no Egito, na Argélia e nas repúblicas da Ásia Central.

Cerca de cem mil homens desempregados do Paquistão lutaram na *jihad* do Afeganistão; alguns milhares entre eles iriam lutar em Caxemira. O próprio exército paquistanês estava infiltrado de fundamentalistas islâmicos; e a possibilidade de que esses fundamentalistas tomassem o poder político em um Paquistão detentor de armas nucleares está sempre presente. Entre outros efeitos igualmente danosos da aventura norte-americana e paquistanesa no Afeganistão, o generoso apoio dos norte-americanos e da Arábia Saudita para os *mujahedins* no Afeganistão criou e enriqueceu um poderoso lobby composto de oficiais do exército, contrabandistas e barões da droga, cujas necessidades particulares, muitas vezes conflitantes, deram forma às políticas domésticas e estrangeiras no Paquistão — e em geral foram de encontro aos interesses mais altos do país.

A *jihad* sozinha fez aparecer um grau de consenso entre as elites corruptas no governo do Paquistão; a guerra santa foi a razão de ser bastante rendosa de muitas delas. Quando os interesses norte-americanos no Afeganistão diminuíram no início dos anos 1990, o ISI voltou sua atenção para a velha disputa por Caxemira, que sempre provocara sentimentos tão patrióticos dentro do Paquistão. Durante os anos 1990, o levante contra o domínio indiano em Caxemira e a caótica mobilização do ISI por uma nova *jihad* contra a Índia se mostraram especialmente eficazes para desviar a atenção dos colapsos sociais e econômicos amplamente disseminados no Paquistão.

A Índia era sempre o inimigo significativo. A guerra com a Índia por causa de Bangladesh, em 1971, terminara em suprema humilhação para o exército paquistanês, com 90 mil de seus soldados feitos prisioneiros; a revanche motivou muitos oficiais do ISI e criou a necessidade de se invocar a *jihad*. Um dos motivos pelos quais as armas e o dinheiro dos norte-americanos para os *mujahedins* no Afeganistão foram tão ansiosamente aceitos por Zia-ul-Haq era que eles pareciam dar "profundidade estratégica" ao Paquistão em qualquer conflito com a Índia por causa de Caxemira. Em meados dos anos 1990, o governo do Paquistão arriscou um isolamento mundial ao apoiar os talibãs, em parte porque eles forneciam as instalações no Afeganistão para o treinamento de muçulmanos comprometidos com a *jihad* em Caxemira.

A guerra no Afeganistão, desse modo, levou o Paquistão ao cumprimento inesperado de sua missão original: em vez de se tornar simplesmente a pátria dos muçulmanos, tornou-se a capital de um movimento global pela *jihad*, uma guerra santa contra infiéis que pareciam estar por toda parte. Não foi o que Iqbal, inseguro depois de sua estada no Ocidente, novamente a lamentando a glória morta do islã na Europa, poderia ter imaginado quando propôs uma sociedade democrática de crentes. E não era o que os caxemirianos, acostumados a uma versão mais benigna do islã, poderiam ter imaginado quando se voltaram voluntariamente em busca do Paquistão para ajuda em sua luta contra a Índia.

Os primeiros assassinatos, estupros e bombardeios praticados pelas guerrilhas sustentadas pelo Paquistão começaram em Caxemira em 1989, enquanto Farooq Abdullah ainda estava à testa de um governo civil. Mais tarde, no mesmo ano, a filha do ministro do Interior no governo federal em Déli, natural de Caxemira foi tomada como refém e depois solta em troca de cinco guerrilheiros. Grandes multidões receberam os homens soltos nas ruas de Srinagar. A polícia indiana abriu fogo contra eles; cinco homens morreram. Houve novos protestos, manifestações cada vez maiores: centenas de milhares de homens e mulheres encheram as ruas de Srinagar gritando "*Azadi*, *Azadi*" (liberdade, liberdade). Há gente que ainda fala da estranha energia no ar naquela época: todo mundo compartilhava da inebriante expectativa de que a liberdade estava prestes a acontecer, e as notícias da retirada soviética do Afeganistão, as imagens na televisão da queda do muro de Berlim e as grandes demonstrações na Europa Oriental só fizeram aprofundar essa ilusão.

Foi então, no início de 1990, que o governo indiano nomeou outra vez Jagmohan governador; ele chegou com um senso de missão cujo fanatismo beirava o das guerrilhas islâmicas. Farooq Abdullah renunciou, deixando Caxemira sem um líder eleito. Seguiu-se rapidamente uma série de ações implacáveis. Centenas de jovens, suspeitos de serem guerrilheiros, foram levados de suas casas, torturados e algumas vezes mortos. Somente os ataques não provocados sobre manifestantes custaram centenas de vidas — graças a soldados assustados, longe de casa, aos quais foram dadas idéias simples sobre o inimigo e licença para matar. Milhares de soldados indianos foram trazidos para o vale — seu número atual está entre 300 mil e 400 mil, enquanto os jornalistas estrangeiros foram expulsos e jornalistas locais se viram confinados às suas casas.

Uma série de leis foi introduzida — não que muitas delas fossem necessárias, uma vez que todas as salvaguardas para as liberdades civis a essa altura já tinham desmoronado completamente. Podia-se ser apanhado em qualquer lugar e interrogado ou morto, e ninguém jamais chegaria a saber o que houvera. O poeta caxemiriano norte-americano Agha Shahid Ali cita um médico que atendeu a um garoto de dezesseis anos solto de um dos centros de interrogação: "Alguma coisa em suas linhas do destino revelava que as teias em suas mãos seriam cortadas com uma faca?"

À época em que Jagmohan foi substituído, depois de seis meses como governador, a população muçulmana inteira do vale tinha se revoltado contra o governo indiano. A polícia local se tinha amotinado; o sistema jurídico preenchido por caxemirianos estava perto do colapso; mais de 100 mil hindus fugiram; enquanto os hospitais eram inundados de rapazes torturados e mutilados, milhares de outros estavam desaparecidos, tomados como mortos ou foragidos no Paquistão.

3. A guerra interminável

Os tiros dados como provocação sobre manifestantes desarmados pela polícia e o exército indianos — um evento recorrente, embora pouco reportado, em Caxemira durante os anos seguintes — afastaram até os caxemirianos pró-Índia. Vindos depois da corrupção e das arbitrariedades do governo indiano nas quatro décadas anteriores, eles produziram um grande número de homens humilhados em Caxemira — pessoas passíveis de serem atraídas pela onda niilista no Afeganistão e no Paquistão. Os caxemirianos estavam tão decididos a lutar pela independência que suas diferenças culturais com relação aos paquistaneses passaram a ter pouca importância. Os primeiros homens que foram para o Paquistão ainda pensavam numa Caxemira independente e secular. Mas, à medida que o movimento cresceu e o ISI passou a encontrar um número cada vez maior de caxemirianos dispostos a lutar pela integração ao Paquistão, o país parou de financiar aquelas guerrilhas seculares de Caxemira que buscavam a independência. Eles foram traídos pelos órgãos de inteligência indianos e muitos deles também foram mortos pelos guerrilheiros pró-Paquistão mais radicais. Esses novos insurgentes eram vistos como terroristas islâmicos linha-dura, especialmente depois de seqüestrarem e matarem hindus e, mais tarde, turistas europeus e norte-americanos em Caxemira. Entre os muçulmanos de Caxemira que pertenciam à pacífica tradição sufi do islã, eles passaram a ser temidos por seu fanatismo, que muitas vezes explodia em violência contra mulheres e outros civis desprotegidos.

Os caxemirianos, que tanto haviam esperado o apoio internacional dado aos alemães orientais e aos tchecos quando estes encheram as ruas no final de 1989, ficaram surpresos pelas cautelosas políticas pró-Índia seguidas pela União Européia e os Estados

Unidos. Mas os diplomatas e elaboradores de políticas no Ocidente tinham lá suas razões para se sentirem preocupados. Em 1994, quando os talibãs alcançaram vitórias importantes no Afeganistão, a rede de islamitas radicais começou a se espalhar. Os grupos de fundamentalistas islâmicos no Paquistão se tornaram mais fortes; assim também o ISI, que desempenhou grande papel na configuração das políticas domésticas e estrangeiras no país. À medida que os talibãs começaram a consolidar sua posição no Afeganistão, o ISI e os fundamentalistas passaram a exportar a *jihad* para Caxemira, onde grupos guerrilheiros foram agrupados pelo ISI em uma organização abrangente chamada Conselho Unido da *Jihad*. Os guerrilheiros, antes jovens caxemirianos inexperientes, foram treinados no uso de armamento leve no Afeganistão e no Paquistão e depois mandados de volta para fazer guerra à Índia. O tráfico pela fronteira ficou intenso. Até mesmo agora, quase todo muçulmano caxemiriano que se encontre tem amigos ou conhecidos que foram para o Paquistão. Entretanto, o envolvimento paquistanês em Caxemira alcançou um novo auge quando, no verão de 1999, guerrilheiros caxemirianos, junto com soldados paquistaneses, foram descobertos ocupando pontos estratégicos no Himalaia, em Kargil, região dominada pela Índia.

Há outros motivos, e maiores, por trás da insurgência em Caxemira, baseados em mudanças na Índia. Além do desvio das políticas indianas durante os anos 1970, houve um mais recente desvio cultural no início dos anos 1990, quando a economia indiana, declaradamente socialista e protecionista, foi aberta para investimento estrangeiro, fazendo surgir uma nova classe média de pessoas envolvidas nos negócios e nas profissões liberais. Do mesmo modo que a maior parte das classes médias, seus integrantes estavam ansiosos por manter o que tinham recentemente adquirido; e as políticas deles eram, no todo, conservadoras. Muitos achavam que a estabilidade da Índia deveria ser assegurada pela força bruta, se necessário, em locais como Caxemira e os estados do nordeste, já que a estabilidade era essencial para os negócios, tanto local como internacionalmente. Esse era um posicionamento muito bem articulado pelo partido nacionalista hindu, o BJP, que a classe média ajudou a eleger em 1998.

Sob os nacionalistas hindus, a economia indiana foi ainda mais globalizada, criando uma pequena elite de magnatas e reanimando os laços culturais e emocionais que muitos indianos norte-americanos tinham com sua pátria. O BJP tentou dar à Índia, e à sua classe média global hindu, uma presença internacional mais expressiva realizando testes nucleares e estabelecendo um lobby para obter assento permanente no Conselho de Segurança das Nações Unidas. A obsessão do governo com a unidade da Índia e sua profunda desconfiança de inimigos internos e externos foram além do nacionalismo do Partido do Congresso. Como partido no poder, o BJP tinha mais oportunidade de impor sua idéia de nação do século XIX — um povo, uma cultura, uma língua.

O BJP manteve uma retórica constante em Caxemira durante a maior parte dos anos 1990, antes de chegar ao poder, mesmo durante uma violenta decomposição: a Índia, disseram, tornara-se um Estado "mole", facilmente intimidado pelos vizinhos e secessionistas; falava-se de uma política "pró-ativa" e uma "perseguição violenta" de terroristas na fronteira com o Paquistão. Em 1999, as batalhas com infiltradores apoiados pelo Paquistão em Caxemira começaram de repente, as primeiras na Índia a serem efetuadas diante das câmeras de TV. Subitamente muitas pessoas da classe média adotaram a retórica extrema do BJP a respeito do "problema de Caxemira".

Durante os longos anos do governo de Déli, a maior parte dos indianos de classe média ficou em geral indiferente às políticas locais em Caxemira; para os mais abastados, o vale propriamente dito era um local de férias, apreciado por motivos sentimentais. Entretanto, como o Paquistão era visto como um inimigo cada vez mais implacável, um renovado sentimento patriótico e as exigências televisionadas de um final no apoio do Paquistão às guerrilhas afetaram o exército indiano: um amigo de volta do front me contou sobre um soldado paquistanês em Kargil cujos braços tinham sido cortados e que, enquanto sangrava até a morte, implorava em vão aos soldados indianos indiferentes que pegassem o dinheiro que estava em seu bolso e o enviasse para seus filhos e sua velha mãe no Paquistão.

À medida que o exército indiano anunciava uma vitória improvável depois da outra, repórteres de TV e jornalistas de periódicos surgiram como chefes de torcida, e então em julho de 1999, com a pressão norte-americana sobre o Paquistão, os infiltradores retiraram-se dos pontos estratégicos, e a mídia liderou o país na comemoração do que o governo nacionalista hindu descreveu como a derrota militar e diplomática do Paquistão.

Se as batalhas em Caxemira endureceram a opinião pública na Índia, as bem relatadas prisões de muçulmanos, supostamente terroristas do ISI, em diversas partes da Índia alimentaram ainda mais a desconfiança dos hindus quanto aos muçulmanos em geral, e aos muçulmanos de Caxemira em particular.

De acordo com o sentimento popular hindu a respeito do problema de Caxemira, a violação dos direitos humanos pelos militares poderia ser um meio de reafirmar a autoridade da Índia sobre o estado. Na cidade de Jammu, nas planícies ao sul, de maioria hindu, conheci um líder do BJP, o senhor Khajuria, um dos homens promissores de seu partido. Pedintes — em busca de emprego, homens com grandes caixas reluzentes de doces para oferecer a Khajuria — amontoavam-se do lado de fora de seu apartamento, muitas vezes acotovelando-se para o centro da sala mobiliada conforme o regulamento para funcionários públicos, com carpetes verdes e sofás estofados de veludo azul, modelos de aviões em exibição na cristaleira, abaixo de grandes retratos emoldurados de ideólogos do BJP com aparência severa. Khajuria, um homem pequeno, redondo, com uma grande verruga na ponta do nariz, ralhava delicadamente com o grupo à espera enquanto forçava a passagem: "Não vêem que estou dando uma entrevista?".

Ele fora líder da ala estudantil do BJP na Universidade de Jammu e ainda tinha os modos docemente amáveis do ineficaz político estudantil. Eu poderia ter predito antes da reunião tudo o que ele disse: a Índia estava enfrentando uma "guerra total" com o Paquistão que só poderia terminar pela invasão e a conquista do país; o ISI encorajava os muçulmanos indianos a aumentarem sua população na Índia por meio de reprodução caótica; e os muçulmanos, na melhor das hipóteses, não eram confiáveis.

Mesmo assim fiquei pasmo quando — ansioso por causar impressão, e agora mais ousado em seus comentários — ele disse que os muçulmanos de Caxemira só entendiam a linguagem dos *danda*, os cassetetes dos policiais. Essa foi a lição do governo do marajá. "Dê carta branca às forças de segurança", disse ele, "e o problema de Caxemira fica resolvido em três semanas."

O político muçulmano de Caxemira Miwaiz Omar Farooq contou-me que os nacionalistas hindus estavam determinados a não abrir mão do vale, mas tinham pouco interesse nos caxemirianos, e sabiam muito pouco a respeito de sua longa história e cultura. Ainda aos trinta e poucos anos, Farooq é o mais novo dos principais políticos separatistas no vale dominado pelos muçulmanos. A maior parte de seus colegas estava na prisão no estado da Índia ocidental de Rajasthan quando o vi em junho de 2000; ele próprio estava em prisão domiciliar, e enquanto conversávamos, policiais do lado de fora afirmavam sua presença examinando todos os carros que entravam à procura de bombas. Nos gramados bem cuidados nos quais as sebes pareciam, incrivelmente, gigantescas granadas de mão, um pequeno grupo de homens esperava uma audiência. Embora muito mais velhos, mostravam-se reverentes em relação a Farooq, que era também o chefe religioso da velha Srinagar, posto ocupado por seu pai, oponente do ministro-chefe pró-Índia Sheikh Abdullah até seu assassinato em 1990.

Aos dezoito anos Farooq se tornara líder da coalizão de partidos que lutavam pela liberação do domínio indiano: a notícia, eu me lembro, foi recebida com desdém na Índia, como sinal da imaturidade política de Caxemira. Mas em época de adversidade as pessoas crescem rapidamente, e Farooq falou com a sutileza e habilidade de um político mais velho e experiente.

Ele estava entre a maioria de Caxemira, disse, a achar que a insurgência tinha falhado, e não apenas isso: ela tinha também solapado uma cultura antiga e delicada ao apresentá-la ao perigoso culto da arma. A única esperança estava num diálogo entre Índia e Paquistão que envolvesse também representantes de Caxemira. Embora se opusesse ao domínio indiano, e estivesse preocupado com as atitudes mais duras na Índia, ele também se preocupava com o aumento do islã fundamentalista em Caxemira. Não havia alternativa para um estado democrático secular e para um rápido progresso econômico. Era o sonho da Índia de Nehru outra vez, embora, ironicamente, em Caxemira essa visão tivesse se dissolvido pelo mesmo estado indiano ao qual foi confiado o grande poder de realizá-lo.

Mesmo assim, os próprios caxemirianos são rápidos em adotar o mundo moderno sempre que a oportunidade lhes é apresentada. Movimento e crescimento são visíveis mesmo depois de mais de uma década de prejuízos. A educação foi a que mais sofreu em dez anos de intermináveis toques de recolher e greves, e, no entanto, mesmo assim, um dos pequenos empreendimentos mais populares no vale continua a ser a escola primária "em inglês" ou "instituto de treinamento". Uma pequena sala e alguém já formado é tudo de que se precisa inicialmente. Os clientes estão garantidos: pais que não têm meios de pagar nada melhor, mas estão ansiosos para que seus filhos abram caminho no mundo mais amplo dos empregos e das carreiras profissionais, e essa ansiedade é tão grande e tão disseminada que até as *madrassas* — as escolas dirigidas pelos fundamentalistas Jamaat-I-Islami — para as quais os muçulmanos moderados muitas vezes mandavam seus filhos tiveram de secularizar seus currículos.

Na época em que a atividade policial estava restringida pela insurgência, Omar Farooq acumulava diplomas em ciência da computação e ciência política. Logo que o conheci, em 2000, ele estudava para um grau de doutor em filosofia em estudos islâmicos. No mercado em Pattan, poucos quilômetros ao norte de Srinagar, regularmente destruído e reconstruído depois de cada batalha entre polícia e guerrilheiros, encontrei dois "institutos de computação": na verdade, salas minúsculas, com um computador em cada uma, cheias de rapazes irrequietos — irrequietos porque não havia energia elétrica e eles pagavam por hora para se familiarizarem com os softwares Windows. Na Universidade de Caxemira, em Srinagar — um vasto campus em torno de um lago rodeado de montanhas de cimos nevados —, as filas de estudantes para matrícula no novo semestre são muito longas. Não faz tanto tempo assim, os alunos armados mandavam no campus. A universidade, estabelecida em 1948 e já em 1988 conhecida como uma das melhores da Índia, efetivamente parou de funcionar nos anos 1990. A maior parte dos hindus de Caxemira que integravam o corpo docente foi embora. A anomia e a corrupção dos outros lugares infectaram a universidade: havia cola em massa nos exames e, como resultado disso, a percentagem de alunos que passavam era extraordinariamente alta, 90,55%. O ponto mais baixo foi alcançado em 1992, quando a universidade concedeu diplomas sem fazer exames.

Mas o impulso apoiado pela Índia para restaurar a paz no estado durante as eleições de 1996 beneficiou aqueles envolvidos na educação. Durante a breve trégua, o corpo docente foi reposto e os muçulmanos de Caxemira ocuparam a maioria dos postos de ensino graduado. Seminários e conferências foram outra vez organizados. A percentagem de alunos que passavam nas provas voltou ao normal. Alguns dos estudantes muçulmanos que haviam freqüentado faculdades e universidades na Índia também voltaram, depois de terem sido continuamente assediados pela polícia; a universidade instalou novos departamentos de biotecnologia e geologia para eles.

*

Durante mais de um século depois de 1846, época em que os ingleses foram embora, os hindus de Caxemira tinham dominado a população de maioria muçulmana no vale. As reformas agrárias de Sheikh Abdullah, introduzidas durante sua época como líder de Caxemira, com o apoio da Índia, de 1948 até 1953, e a disseminação da educação primária gratuita criaram uma nova classe de muçulmanos caxemirianos ambiciosos. Entretanto, não havia instituições para acomodá-los; e as instalações existentes eram monopolizadas pela minoria de hindus que dirigia os colégios e faculdades e tinha uma presença desproporcional na administração do Estado.

No início, a partida repentina dos hindus, depois do início da insurgência, em 1990, foi sentida como um golpe. Ao longo do tempo, o espaço deixado por eles foi preenchido. Ao mesmo tempo que a insurgência e o derramamento de sangue, emergira uma nova geração de muçulmanos caxemirianos para tomar os postos na burocracia, nas universidades e na mídia; e é difícil não ficar impressionado com essa nova intelectualidade de classe média, com os jornalistas, os professores e os políticos no vale — pessoas como Abbas, meu guia muçulmano em Caxemira, o doutor Khan, o atencioso estudioso que eu conhecera em Srinagar, e o próprio Omar Farooq. Eles tornaram possível acreditar que, junto com os imensuráveis sofrimentos e dor, conquistara-se em Caxemira uma nova vida política e intelectual; do mesmo modo que acontecera uma vez na Índia, o esforço para a liberdade maior acabara como um rito de passagem, um despertar que deveu tanto à educação moderna como às ainda fortes tradições islâmicas sufi de tolerância e civilidade.

Não se podia esperar que o Paquistão — ocupado com a exportação de *jihad* para todo lado, mesmo enquanto implodia lentamente — fosse reagir a esse despertar; a seção noroeste de Caxemira, que continua sob o seu domínio, é a parte mais atrasada do Paquistão, e pouco se fez a esse respeito. A Índia é maior, economicamente mais forte, um país mais democrático que pode acomodar Caxemira, torná-la parte de seu crescimento total. Mas o abismo entre Índia e Caxemira cresceu ainda mais durante a última década.

O governo não pára de convidar os separatistas a renunciarem à violência e empenharem-se no diálogo; oficiais do exército e da polícia falam rotineiramente de "conquistar de volta os corações e as mentes dos caxemirianos". Só que isso não vai ser obtido simplesmente enviando crianças de escola caxemirianas em turnês pela Índia — uma das medidas populistas do governo indiano que, como um oficial do exército me contou, não só apaziguaria a nova geração de caxemirianos, mas faria com que ela se desse conta de que país grande e poderoso é a Índia. Essa é uma mensagem que já foi transmitida por centenas de milhares de tropas indianas em Caxemira — os diversos grupos do exército e paramilitares, alguns cujos membros mais protegidos, mais de dez anos depois do início da insurgência, se deram bem.

Em Srinagar, em março de 2000, conheci Mehbooba Mufti, filha de um político graduado pró-Índia de Caxemira, na época uma das pessoas corajosas que viajavam por todo o vale investigando os excessos tanto das forças de segurança como dos guerrilheiros. Quando estive com ela, acabara de voltar de uma visita à fronteira com o Paquistão, na distante região norte do vale. A área era conhecida pelo contrabando de madeira; e três contrabandistas, apanhados enquanto assassinavam alguns aldeãos, adotaram o oficial comandante da unidade local do exército como seu protetor. Isso não foi tudo. A famosa beleza das mulheres na região provocava problemas entre os soldados indianos ali estacionados. Houve relatos de prostituição e estupro no passado, e, há apenas poucos meses, ocorrera um incidente com um oficial comandante que quisera se casar com uma das sete filhas de um camponês. A mulher já era casada; o oficial do exército, também. O pai camponês, que se recusara a aprovar o relacionamento, foi levado; pedaços de seu corpo foram mais tarde devolvidos à aldeia em um saco. O exército alegou que o homem tinha conhecimento do esconderijo de uma guerrilha e conduzia uma patrulha do exército até lá quando pisou numa mina.

Há histórias parecidas em todo lugar — histórias que foram deixadas fora das reportagens na imprensa indiana, ou foram consideradas perigosas demais para serem investigadas, já que o "interesse nacional" estava em jogo —, foi a desculpa usada em 1999 pelo próprio ministro-chefe de Caxemira, apoiado pela Índia, Farooq Abdullah, quando Yusuf Tarigami, o comunista isolado na legislatura do estado, pediu-lhe que revelasse os assassinos de quinze aldeões muçulmanos em Jammu. Também por isso, me disse o senhor Tarigame, não haveria investigação independente sobre a matança dos siques em Chitisinghpura, apesar das repetidas solicitações por parte das organizações de direitos humanos.

Uma dessas organizações, a Anistia Internacional, identificara agentes da inteligência indiana e "militantes renegados", cujo patrocinador era o exército indiano, junto com grupos armados de oposição em suas listas daqueles mais provavelmente responsáveis pela matança. Esses "militantes renegados" foram assim denominados depois que o exército começou a recrutar guerrilheiros capturados ou "reformados" para operações nas quais os custos em vidas humanas e a reputação do exército estavam demasiadamente em jogo para que ele usasse seus próprios homens. É o grupo que mais causa terror no vale, mais temido que os guerrilheiros da *jihad*, mais do que os oficiais do exército e da polícia em regiões remotas, ou que os sobressaltados soldados em suas casamatas.

Nos dias iniciais do conflito, de 1994 até 1996, esses renegados se mostraram muito úteis: ajudaram o exército a reconstruir sua rede de inteligência no vale e também no rastreamento e na morte de centenas de guerrilheiros treinados no Paquistão e no Afeganistão. Mostraram-se menos eficazes contra os *fedayin*, os novos guerrilheiros "suicidas", muitas vezes cidadãos paquistaneses, que começaram a chegar no vale em números maiores depois das batalhas de 1999; de fato, muitos renegados tinham sido assassinados pelos *fedayin*. Entretanto, eles ainda ameaçavam, e algumas vezes matavam, as famílias dos guerrilheiros que moravam no vale ou os jornalistas e ativistas de direitos humanos ansiosos para relatar os excessos cometidos pelo exército. Como compensação, o exército e a administração civil olhavam para o outro lado quando os renegados matavam e seqüestravam por dinheiro. Um funcionário público graduado falou deles para mim como monstros de Frankenstein; os renegados, disse ele, eram o símbolo mais visível e mais odiado do domínio da Índia sobre o vale, e não ia ser fácil amansá-los.

Em Anantnag, uma cidade a 56 quilômetros ao sul de Srinagar, tentei ver o "comandante" local dos renegados. Mas ele estava sempre em Déli — uma demonstração inesperada de seu status junto ao governo indiano; os renegados tinham recentemente ajudado a estabelecer o escritório do BJP em Anantnag. Um policial bem-educado me levou à casa de outro comandante no mesmo recinto protegido. Partes da casa pareciam relativamente velhas, e o resto estava sob construção, sendo que o dinheiro chegava, ao que parecia, em prestações. Depois de terminada, seria uma casa enorme, e a altura dos muros com caco de vidro em cima faziam-na parecer algo saído de um abastado subúrbio de Déli.

Um homem jovem, bonito, em pijamas *kurta*, apareceu, depois de muitas espiadas apreensivas pelo orifício do pesado portão de ferro. Contou que ele era irmão do comandante Rashid; este ficara em seu quartel-general, a alguns quilômetros de distância, e o irmão me levou até lá.

O quartel-general era um prédio grande que fora desocupado por uma família hindu caxemiriana. Tinha se transformado numa mini-fortaleza, com janelas pregadas e portão alto de ferro corrugado, atrás do qual, no pátio, os jovens ficavam de pé e teatralmente empunhavam suas metralhadoras, prontos a repelir qualquer ataque. Havia bons motivos para a atitude defensiva: um dos comandantes dos renegados tinha sido morto a tiros uma semana antes em um bazar apinhado; e alguns meses atrás um dispositivo explosivo improvisado, escondido em um jirinquixá de aluguel e destinado aos renegados, transformara uma casa a dez metros de distância em um enorme monte de entulho.

Rashid esperava do lado de fora do portão, e ver seus guarda-costas — adolescentes com armas imensas — era sentir o medo e a incerteza que a presença deles trazia à vizinhança, aos tensos homens nos pequenos açougues e padarias enfileirados na aléia. Quanto a Rashid, sua estatura delgada, vigorosa, as feições nítidas e o bigode espesso, o pesado anel de ouro e as calças blue jeans davam-lhe um glamour de astro de Bombaim e uma impressão de poder bruto que cessava no momento em que ele falava. Aí seu queixo trêmulo e as sílabas interrompidas traíam o nervosismo: o nervosismo, pensei, do homem condenado; isso fazia dele um anfitrião atento e um bom ouvinte. Ele me viu como um instrumento para levar uma mensagem importante ao governo indiano, transmitindo sua revolta com o que percebia como um desprezo da Índia pelos renegados, a pobreza e o isolamento a que foram reduzidos, pela tentação que sentiam de voltar para o Paquistão; e gritou com os guarda-costas quando eles apareceram com o chá morno.

Era difícil conseguir que Rashid conversasse a respeito das coisas em que eu estava interessado, que ele falou com indiferença quando pressionado: o grau de bacharel em ciências na faculdade local, a falta de trabalho, a jornada para o Paquistão sem motivação clara junto com 28 outros homens, o treinamento com armas leves no Paquistão e no Afeganistão durante onze meses, depois a volta ao vale como guerrilheiro, a desilusão repentina com o movimento armado pela independência e o recrutamento pelo exército. Ficou francamente intrigado quando lhe pedi que se estendesse em detalhes em sua narrativa a respeito do comandante do campo no Paquistão, cujo nome fora dado em homenagem a Aurangzeb, o último grande imperador Mogul e perseguidor dos hindus; a decepção no Paquistão, onde ele tinha de se apresentar como fundamentalista muçulmano pró-Paquistão para receber seu treinamento e um pequeno salário. Mas se deteve um pouco a respeito de seu patrocinador local, um oficial graduado do exército indiano.

O oficial graduado tinha pedido a ele que liderasse uma operação antiguerrilha fazia muito pouco tempo, e Rashid fora obrigado a matar dois guerrilheiros que se tinham infiltrado num campo do exército. Aqui ele apontou para um homem de meia-idade, magro, barbado, em pijamas *kurta* sujos que eu achara ser um suplicante que esperava sua vez: ele fora um dos homens que cobriram Rashid enquanto ele invadiu, com armas flamejantes, o pequeno aposento em que os guerrilheiros estavam escondidos; o que deu um tiro num moribundo para evitar que ele alcançasse uma granada de mão. Esse homem magro, barbudo, disse Rashid, fora recompensado com a supressão de um relatório policial registrado contra ele por "pedir" algum dinheiro a algum rico negociante na cidade. Mas o que, afinal, podia ele fazer com o pouco dinheiro que recebia do governo?

Foi nesse momento que alguma coisa atingiu o teto alto de ferro corrugado que se inclinava para o pátio: ao som profundo, pesado, todo mundo — Rashid, eu, os três meninos com armas — congelou por um agonizante segundo. Vários minutos depois que a bola suja de cortiça de críquete quicou do telhado para o bueiro aberto em torno do pátio eu pude escutar o meu coração batendo feito doido.

O rosto de Rashid ficou branco; e a vergonha dessa confissão involuntária de medo foi o que, acho eu, fez com que ele ficasse louco quando perguntei-lhe a respeito dos *fedayin*, os guerrilheiros suicidas. Eles e seus homens eram os verdadeiros *fedayin*, gritou — pessoas que eram martirizadas por serem fiéis à Índia. Depois acrescentou que estava pronto a enfrentar os *fedayin* a qualquer hora. Tudo de que precisava era "carta branca".

Uma "carta branca": ouvi essas palavras com muita freqüência no vale, e elas falavam, mais que qualquer outra coisa, da falência nas comunicações, do final do diálogo e da preferência irrefletida pela violência e pelo terror. Rashid ficou confuso quando pedi que me explicasse o que ele queria dizer com "carta branca", porque ele já tinha, pelo menos indiretamente: ele tornara claro, sem dizer explicitamente, que o governo e os intrometidos da imprensa e dos grupos de direitos humanos deveriam olhar para o outro lado enquanto as famílias dos guerrilheiros eram assediadas, os informantes suspeitos eram torturados, e civis, mal-tratados.

A idéia de Rashid de "carta branca" não era muito diferente daquela do governo. As palavras faziam parte do vocabulário aceito, mais potente do que as falas anteriores de "política pró-ativa", que realmente significava perseguir guerrilheiros pela fronteira até os campos de treinamento — fácil fantasiar a respeito disso em Déli, mas impossível de se fazer sem começar, como quase aconteceu em 1990, uma guerra com o Paquistão. A expressão emprestada "limpeza étnica" era ainda menos eficaz. Depois de cada matança de hindus, dizia-se que os guerrilheiros estavam envolvidos em "limpeza étnica"; mas do ponto de vista étnico, siques e hindus não eram diferentes dos muçulmanos no vale. No final, as poucas tentativas de uma retórica sutil sempre descambaram para exigências cruamente agressivas de uma "carta branca".

A "carta branca" significava que o ciclo de retaliações iria continuar durante muito mais tempo. Em Pattan, fora de Srinagar, apenas poucos dias depois de eu ter ido embora, o posto policial local foi atacado com granadas e foguetes. Como resposta, os policiais frustrados saquearam e incendiaram o mercado inteiro. Eu não voltei; não achei que pudesse encarar os lojistas indefesos que conhecera em minha visita anterior. Em vez disso, fui a Jammu, a cidade das planícies na qual, longe das novas mansões dos políticos e burocratas, milhares de refugiados hindus de Caxemira moram agora.

Foi no início de 1990 —durante os poucos meses de Jagmohan como governador nomeado pela Índia em Caxemira — que a maior parte da comunidade de 140 mil hindus saiu do vale. Jagmohan tinha originalmente sido feito governador em 1984, nomeado pela senhora Gandhi para dissolver o governo eleito de Caxemira; ele servira durante cinco turbulentos anos, durante os quais suas políticas agressivas pró-hindus alienaram ainda mais da Índia os muçulmanos no estado. Sua compreensão limitada da insurgência — simplesmente como um problema de lei e ordem que poderia ter sido contido com rapidez — está aparente em suas memórias a respeito de seu tempo como governador de Caxemira. Muitos caxemirianos acreditam que ele queria os hindus em segurança fora do caminho enquanto lidava com os guerrilheiros muçulmanos.

Os hindus tinham formado uma espécie de elite no vale; e faziam sentir sua presença na burocracia, tanto lá como em Déli, onde as políticas sobre Caxemira muitas vezes vinham a ser ditadas pelos medos e preocupações dessa ínfima minoria. Suas conexões com a Índia, e sua riqueza relativa, faziam com que eles fossem alvos muito visíveis durante os primeiros meses da insurgência de 1990; diversos funcionários públicos foram assassinados por guerrilheiros pró-Paquistão que também cometiam atrocidades a esmo contra civis hindus: estupros, assassinatos, seqüestros.

Aproximadamente 130 mil hindus de Caxemira saíram do vale até dois meses depois do início da insurgência; poucos conseguiram voltar. A provação do desalojamento foi menos difícil para a elite profissional de médicos, engenheiros e acadêmicos, que, ao deixar o vale, renovaram seus laços com o mundo exterior: eles agora formam uma diáspora distinta dentro da Índia e no Reino Unido e nos Estados Unidos, onde grande número se estabeleceu.

Os hindus em posição não tão boa na região rural foram os que mais sofreram. A poucos quilômetros fora de Jammu, em uma planície pedregosa, sem árvores, você subitamente se depara com centenas de assentamentos de um cômodo nos quais milhares de hindus caxemirianos têm morado durante os dez últimos anos, aguardando, sem muita esperança, que as coisas melhorem. Era o início da primavera no vale, e ainda estava frio quando visitei os acampamentos, mas em torno de Jammu a temperatura já começara a subir, e o sol se fazia sentir mais severo no solo rochoso, exposto. O piche que mantinha unido o teto de isopor dos assentamentos em formato de iglu já começara a derreter e era difícil encontrar mais piche: era preciso subornar os operários nas estradas.

Isso não era a única coisa que preocupava Gautam, o hindu que conheci em um dos acampamentos. Em 1990 ele deixara suas plantações de maçãs perto de Baramulla, no norte do vale, com apenas 65 rúpias no bolso. Não houve água durante oito dias, e os baldes de plásticos usados para armazenagem começaram a secar.

Guatam estava sentado por trás de uma janela com barras de ferro, meio largado em um catre estreito de madeira com sua túnica de meia manga e pijamas. O cheiro de cebolas queimadas pairava no aposento minúsculo onde os cinco membros de sua família dormiam. As paredes estavam nuas, com exceção de um calendário com imagens de Rama e Sita: havia alguns poucos utensílios na prateleira por cima de um bujão de gás enferrujado; uma pequena televisão estava sobre um banquinho capenga. Do lado de fora, no apertado pátio ladeado por um bueiro aberto, um cachorro vira-latas dormia sob a sombra do sobrecarregado varal de roupas, e as portas de lata das latrinas públicas eram tão baixas que dava para ver o rosto branco da pessoa agachada sobre o buraco no chão.

Não fui convidado a entrar. Gautam, depois que se sentiu um pouco mais à vontade comigo, disse amargamente: "Somos como um zoológico, as pessoas vêm olhar, depois vão embora". Ele sentia-se traído por Jagmohan e pelos outros políticos, especialmente os nacionalistas hindus, que apresentaram a comunidade como vítima dos guerrilheiros para garantir o voto hindu, mas depois fizeram muito pouco para reassentá-los, encontrar emprego para os adultos ou escolas para os jovens. Gautam voltara ao vale apenas uma vez: fora convencido pelo seu vizinho muçulmano, que veio pessoalmente ao acampamento para acompanhá-lo de volta à aldeia. O calor entre as comunidades hindus e muçulmanas do vale — tão parecidas em muitos aspectos para as pessoas de fora e tão difíceis de distinguir — permaneceu intacto e adquiriu um tipo de pungência depois de uma separação tão longa.

Mas quando Gautam voltou, ele descobriu que sua casa fora saqueada; havia crianças jogando críquete em seu pomar de maçãs, no qual as árvores tinham sido cortadas para fazer lenha. Aí, ele não conseguiu dormir durante a primeira noite por causa do barulho de tiros, um som a que seus vizinhos muçulmanos já tinham se acostumado. De manhã, ouviu as notícias da morte de cinco soldados indianos na batalha armada contra os guerrilheiros. Soldados raivosos eram esperados a cada minuto para lançarem um "corretivo". Gautam seguiu os rapazes da aldeia e tomou o primeiro ônibus para fora dali.

Ele não voltou outra vez; não sabia se poderia. Seu filho, agora com quatorze anos de idade, tinha poucas lembranças de Caxemira; crescera em um mundo diferente, com um sentimento de injustiça e ódio próprio dos jovens. Gautam muitas vezes tinha de impedi-lo de denunciar os muçulmanos e o islã.

Eu não vi o garoto: ele estava na escola. Havia um retrato seu em uma pequena moldura de plástico; com grandes olhos sérios na pálida face caxemiriana, ele me lembrava o menino muçulmano que eu conhecera poucos dias antes em um cemitério em Srinagar.

Foi no meu primeiro dia ali. Um famoso guerrilheiro fora morto pelo exército na véspera, mas não houvera luto público. No cemitério para "mártires" em Idgah — colocado à beira de um enorme campo despido, marcado com poças de lama e cheio de cartazes com exortações: "Não esqueçam que eles deram seu dia de hoje pelo nosso amanhã" — havia um túmulo novo, mas, outra vez, nenhum enlutado. O túmulo era o de um rapaz que tinha sido levado de casa pela polícia para ser interrogado. Um homem muito velho estava sentado nas imediações com um menino adolescente, com óculos de armação grossa, os dois encurvados sobre um *kangri* — o potinho com brasas de carvão que levavam debaixo de suas *pherans* com aparência de mantos. O menino, Jamal, me mostrou o local, pisando agilmente pelas sepulturas, seus olhos sombrios por detrás dos óculos.

As primeiras sepulturas naquele cemitério de Srinagar tinham a maior parte da reverência e do espaço: elas ficavam em grandes lotes, adornadas com colares de contas e guirlandas de plástico. Mas à medida que o número de mortos crescia, e os túmulos tiveram de ser postos mais próximos uns dos outros, as gravações nas lápides adquiriram uma uniformidade de mensagem e estilo: a palavra pintada em verde, "mártir", ocorria em todas elas.

O garoto apontou para a sepultura nova: a terra ainda estava úmida sob o pedaço de plástico enrugado; ainda não tinha lápide, mas um canteiro estreito, recém-cavado, de íris amarelos contornava-lhe o perímetro. Os íris, disse Jamal, eram as flores usadas para homenagear os muçulmanos mortos em Caxemira.

Ele não poderia ter mais de cinco anos quando a insurgência começou, mas sabia o nome de todos os "mártires". Havia alguns de sua própria família: seu irmão mais velho, que fora morto dois anos antes, logo depois de voltar do Paquistão; seu pai, que morreu como conseqüência dos ferimentos depois de ter sido torturado com ferros em brasa. Jamal fugira da escola, e agora vinha sentar-se no cemitério todas as tardes. Eu perguntei-lhe por que, e ele disse, com os grandes olhos intensos, que queria estar perto dos mártires; eles haviam tido uma morte santa pela causa da *jihad*, e agora estavam no paraíso. Mais tarde ele falou que sua mãe estava preocupada com suas visitas ao cemitério; ela visitara diversos santuários e o obrigava a usar amuletos para evitar que ele se tornasse um "militante" como seu irmão.

Jamal queria saber o que os indianos e a Índia achavam de o exército deles matarem os caxemirianos, e foi a culpa trazida por essa pergunta que me fez ficar mais tempo com ele. Janelas abriram-se nas casas umedecidas pela chuva que davam para o cemitério, e faces curiosas apareceram nelas, observando-me conversar com o menino. O dia, já cinzento, começara a morrer rapidamente. O chofer do táxi começou a ficar nervoso: a região era o reduto dos guerrilheiros pró-Paquistão.

Quando saí, a imagem que levava comigo era a do garoto e do velho sentados contra o sujo céu nublado, as montanhas obscurecidas pelo nevoeiro e o campo plano, manchado de poças; aumentava a desolação daqueles primeiros dias em Srinagar, que — embora as cenas terríveis de massacre ainda estivessem por vir — já tinham começado a contaminar minhas primeiras lembranças de Caxemira, da paisagem que certa vez fora uma revelação de beleza.

Num dos meus últimos dias em Srinagar — um dos muitos dias de greves de protesto, impostas pelos guerrilheiros, a cidade surrealisticamente deserta no meio da ensolarada tarde —, voltei ao cemitério. Havia novas sepulturas; e, com a primavera finalmente ressurgindo no vale depois de muitos dias frios, os íris estavam em plena floração. Mas Jamal fora embora. O velho estava sentado sozinho no meio do túmulo e não sabia onde Jamal estava. Há muitos dias não vinha ao cemitério, mas sua mãe viera procurá-lo.

Poucas semanas depois de eu ter saído de Caxemira li num jornal o relato sobre um adolescente que dirigira um carro cheio de explosivos para dentro de um aquartelamento do exército em Srinagar: era o primeiro bombardeio suicida no vale, e seus pais não sabiam de suas conexões com os grupos da *jihad*. Não podia ser Jamal, que só tinha mãe, mas foi enquanto lia sobre esse menino que pensei outra vez nele: lembrei-me dos grandes olhos sérios; lembrei-me da sua conversa a respeito do martírio, do paraíso e da morte.

O ciclo de violência e destruição tinha sido rápido e severo em Caxemira; a insurgência envenenara e destruíra muitas vidas. No entanto, a causa política dos insurgentes permanece tão isolada e desesperançada como antes. A independência, que a maioria dos caxemirianos parece querer, ou a integração com o Paquistão, que para muitos deles é a segunda opção depois da independência, não são opções que o governo indiano possa sequer levar em consideração sem imediatamente perder o apoio das classes médias hindus. A União Européia e os Estados Unidos muito provavelmente não irão se opor à Índia, com seus mercados, os recursos lucrativos e a aparência de democracia, adotando a causa de Caxemira.

Parece injusto o fato de que tudo o que os caxemirianos podem esperar no momento seja uma mudança nas atitudes indianas, um pouco mais de espaço para respirar, um pouco menos de mão pesada; que as dezenas de milhares de vítimas da violência de uma década ainda tenham de esperar tanto somente para ter um pouco de justiça parcial.

Mas não se pode esperar muita justiça no subcontinente, onde a plenitude só chega para muito poucos entre os necessitados e inquietos milhões, e onde a própria aspiração pode parecer um luxo. Em Caxemira, isolada e oprimida, e depois arrastada ao mundo maior de homens e nações em competição e ideologias homicidas, um número maior de pessoas se confrontou com essa consciência durante os dez últimos anos do que em toda a sua atormentada história moderna.

Haverá sempre jovens como Jamal, que tentam dissolver a dor dessa consciência no niilismo do martírio da *jihad*. Ao mesmo tempo, há um número muito maior de caxemirianos que quer fazer a paz com essa dor, que está cansado do derramamento de sangue e resignado diante da falta de opções. Eles agora querem a volta da relativa estabilidade da época anterior à insurgência, mesmo que isso envolva viver com a humilhação da continuada dominação indiana sobre o vale: a mesma acomodação particular com o mundo, pouco à vontade, que evita que os milhões de destituídos em todo o subcontinente estourem em ódio e destruição.

Paquistão: a *jihad* globalizada

Peshawar é um caos. Durante a minha estada lá, em janeiro de 2001 — quando o *smog* acima da cidade aprisionava a fumaça acre dos pneus incendiados que os refugiados afegãos amontoavam para se aquecerem, e os guardas de trânsito paquistaneses, usando máscaras de gás modernas, agitavam os braços inutilmente no rodopio lento de carros de burro, caminhões, mototáxis e carros —, comecei a pensar, um tanto ressentido, se o romance de Peshawar tinha sido uma invenção de esfalfados aventureiros do Ocidente: os homens e mulheres brancos com fisionomias ansiosas que ainda se podia ver caminhando nas aléias estreitas dos bairros velhos — visitantes no primeiro entusiasmo de seu encantamento com o Oriente, para quem todas aquelas colônias de favelas que agressivamente ultrapassam os limites e os subúrbios de classe média precariamente defendidos, todas as crianças mendigas afegãs com impressionantes olhos verdes, e os viciados em heroína jogados em calçadas quebradas, podiam facilmente desaparecer na originalidade geral do Leste.

Quinze anos atrás Peshawar tinha encanto. O exército soviético estava no Afeganistão, apenas a 64 quilômetros de distância, montando um governo comunista; e Peshawar era a cidade na linha de frente para a *jihad* contra o comunismo soviético que os Estados

Unidos e seus aliados então patrocinavam. Espiões da CIA, KGB, Mossad e ISI trabalhavam nas ruas e acampamentos de refugiados onde viviam mais de um milhão de afegãos. Os jornais locais estavam cheios de parágrafos crípticos a respeito de assassinatos e explosões de bombas. Margaret Thatcher, George Bush, Kirk Douglas e a princesa Anne, entre outras celebridades, apareceram para levantar o moral dos *mujahedins* afegãos anticomunistas. Jornalistas europeus e norte-americanos acotovelavam-se no Dean's Hotel, esperando para serem introduzidos no campo de batalha por seu *muj* favorito. No Lala's Grill, agenciadores locais extraíam *kebabs* de mochileiros em busca do *frisson* da guerra santa e fofocavam a respeito do número de laboratórios de heroína perto de Khyber Pass. Você poderia até ter cruzado com sauditas ricos, como Osama bin Laden, ocupado em recrutar mercenários árabes para a *jihad*.

No início de 2001 esses entusiasmos já tinham acabado, com exceção dos nostálgicos jornalistas locais de meia-idade que a guerra por procuração tinha temporariamente resgatado do mal-pago esquecimento. O Dean's Hotel fechara poucos meses antes da minha visita. O Lala's Grill adquirira a fachada de janelas escuras de uma espelunca indiana-paquistanesa com pretensões; e embora um aviso para que os freqüentadores não trouxessem armas ainda estivesse ao lado da entrada principal do Pearl Continental Hotel, a alegre bandeirola de pano do lado de fora anunciava aulas de culinária para "senhoras".

Senti-me oprimido pela cidade; sua pobreza informe, além das novas aspirações a respeitabilidade, lembrou demais a pequena cidade na Índia onde eu crescera. Alívio, junto com proporção e ordem, pareciam estar apenas no aquartelamento criado pelos ingleses: nos bangalôs baixos de telhas vermelhas, árvores caiadas e canteiros de flores com beiradas de tijolos, e o guarda solitário de pé, ereto, à frente de longos caminhos para carros cobertos de cascalho. Era onde muitas vezes me encontrava nas longas noites — de algum modo ainda mais longas em uma cidade desconhecida —, xeretando as brochuras norte-americanas e inglesas evidentemente pirateadas no Saeed Book Bank e visitando escritórios de jornais em Saddar Bazaar.

Eu nunca estava menos do que nervoso quando visitava o aquartelamento. O meu visto para o Paquistão dizia: "Não válido para áreas de Aqt". Eu não sabia bem o que isso significava, já que era impossível evitar as áreas de aquartelamento nas cidades do subcontinente. Esperava-se que eu me mantivesse afastado de "instalações militares sensíveis"; mas como não sabia o que eram elas, tinha de me manter em segurança. Nunca virava a cabeça para os lados quando meu jirinquixá passava em prédios de aparência mais grandiosa, nunca manifestei minha curiosidade a respeito de qualquer coisa com exceção da monótona progressão de estradas bem pavimentadas, e as altivas réplicas dos novos mísseis paquistaneses montados em ilhas de tráfego — os mísseis provocadoramente batizados com nomes de conquistadores muçulmanos da Índia.

Essa timidez era parcialmente criada por três homens em um Toyota Corolla batido que me seguiam cada vez que eu saía do hotel. Concluí que eles eram representantes de um ou de todos os grandes órgãos de inteligência do Paquistão, mas o interesse deles me parecia exagerado: um reflexo dos dias da *jihad* infestados de espiões. Eu teria mortificado o mais amigável dos diplomatas paquistaneses em Nova Déli que me conseguiu o visto e deu a mim, um escritor indiano, o que mais tarde fiquei sabendo ser uma liberdade sem precedentes de viajar dentro do Paquistão. Mas, então, ser indiano no Paquistão — ou, do mesmo modo, paquistanês na Índia — era ser aprisionado pelo espinhoso nacionalismo dos dois países vizinhos; era ser automaticamente suspeito.

Não que os espiões fizessem alguma coisa — ou até parecessem fazer — especialmente ameaçadoras: o mais visível entre eles, um homem gorducho, de faces rosadas em uma *kurta salwar* cor-de-rosa, poderia facilmente ter sido um dos lojistas ociosos, de pé, por trás de sacos abertos de frutas secas nos aposentos estreitos e escuros do velho bazar.

Mesmo assim, se você não está acostumado a ser seguido e observado, essa situação pode ser sufocante: o mundo parece cheio de ameaças vagas; o *bellboy* um tanto fresco, com cabelo alisado, a quem você acha que deu uma gorjeta generosa, transforma-se em um ingrato informante (do mesmo modo, em determinado aspecto, todos os demais); e a cena de rua mais animada começa a parecer com a elaborada preparação para um flagrante.

Paranóia era o que os espiões incorporavam, e então, pela sua própria presença, instilaram-na em mim. Mas havia uma inquietação mais profunda durante todas as primeiras três semanas que passei no Paquistão, esperando para ir ao Afeganistão, um pouco à vontade a respeito do islã e dos muçulmanos que até então eu vira em outros lugares: alguma coisa que eu sentia, enquanto morava em Londres, nas reportagens e editoriais ultrajados da imprensa britânica e norte-americana a respeito dos talibãs, de Osama bin Laden e outros extremistas islâmicos — e à qual eu achava estar imune depois de minha experiência em Caxemira.

Dezenas de milhares de pessoas — militantes, soldados, civis — foram mortas desde o início da rebelião em 1990. A imprensa indiana preferia descrever a situação no vale como derivada da *jihad* no Afeganistão, como se os tímidos caxemirianos tivessem sido dominados por terroristas paquistaneses e afegãos à espera de novas guerras santas. Essa imagem ampla, que descreve o Paquistão e os fundamentalistas islâmicos como os principais vilãos, a essa altura já não estava mais nítida, e depois se dissolveu inteiramente durante as várias semanas que passei em Caxemira, no ano anterior: a maior parte dos caxemirianos ainda seguia a versão não-ortodoxa sufi do islã, e as brutalidades dos 400 mil soldados indianos no vale foi o que empurrou um pequeno número de jovens muçulmanos de Caxemira para o extremismo da *jihad*.

Meus artigos sobre Caxemira apareceram em uma revista norte-americana. Logo depois de publicados, oficiais do IB indiano (Bureau de Inteligência) visitaram meus pais aposentados na Índia e os interrogaram com certa minúcia a respeito de minhas inclinações "pró-Paquistão" (o que para eles teria sido confirmado quando o alto comissário do Paquistão em Nova Déli elogiou meus artigos publicados e, não muito tempo depois, conseguiu meu excepcionalmente generoso visto para o Paquistão). Colunistas indianos experientes me denunciaram como impatriótico, e enquanto especulavam sobre o que levaria um hindu de casta superior, aparentemente bem de vida, a trair seu país em uma revista norte-americana, concluíram que eu era um criador de intrigas entre o público branco pró-muçulmano no Ocidente.

Era uma conclusão otimista. Nos dias que se seguiram ao 11 de setembro você não saberia se esse público existia, a julgar pela pequena atenção dada a Caxemira ou à Chechênia — outro lugar em que os muçulmanos lideraram uma revolta popular, embora impotente, contra um poderoso Estado-nação pró-Ocidente — pela imprensa britânica ou norte-americana. Destituídas de qualquer contexto reconhecível, as páginas de notícias internacionais muitas vezes pareciam oferecer um tipo de vigoroso comércio de atrocidades; parte de seus objetivos parecia ser a verificação dos privilégios do mundo livre — como acontece com a exibição de luxo nas seções mais amplas sobre compras, comida, sexo e celebridades; e o islã, com toda sua diversidade, aparecia sobretudo como os "outros" do Ocidente, assim como fora o comunismo: a ideologia agressiva de um povo desprivilegiado e perigosamente enganado.

Eu jamais esperara chegar a uma conclusão dessas a respeito do islã e dos muçulmanos, especialmente quando, logo depois de voltar de Caxemira, pensei em viajar ao Paquistão e ao Afeganistão. Eu queria descobrir mais a respeito da *jihad* liderada pela CIA nos anos 1980 e do surgimento dos talibãs, embora as duas coisas estivessem relacionadas, e havia assuntos menos específicos sobre os quais estava curioso. Uma tarde, em Srinagar, um velho político muçulmano, rotineiramente descrito como "fundamentalista" nos jornais indianos, conversara comigo sobre como o Ocidente temia o islã ainda mais depois da morte do comunismo, porque só ele oferecia uma alternativa à civilização moderna do Ocidente. Na época era difícil para mim trabalhar com generalizações tão amplas. Mais tarde, quando comecei a aprender melhor a história islâmica, ficou mais clara a rapidez com que, depois de séculos de atraso cultural e tecnológico, o Ocidente tinha alcançado e depois começado a subjugar politicamente o mundo islâmico durante os séculos XIX e XX.

Acabou que não era muito difícil entender como as pessoas, em sociedades desmoralizadas, podiam se tornar inflexíveis ao tentarem proteger seus antigos estilos de vida. Esse entendimento veio dos livros que eu lera em Londres, antes de passar qualquer temporada em um país de maioria islâmica; e quando, não muito tempo depois de eu ter chegado a Peshawar, vindo de Londres, Jamal disse: "Lá eles são todos fanáticos", eu imediatamente comecei a gostar dele, porque tinha descoberto que silenciosamente eu acalentara esse preconceito banal, embora eu mesmo não tivesse desejado formular essa idéia.

Jamal trabalhava como subeditor do *Frontier Post*, um dos diários de língua inglesa em Peshawar, em cujos escritórios passei muitas horas durante aquelas sombrias tardes de inverno. Quando me dirigi para o prédio estreito, que parecia uma caixa, os três espiões estacionaram seu carro alguns metros atrás, em um terreno baldio no qual cachorros esqueléticos flanavam entre montes de lixos diversos. Os homens já tinham pedido chá e mal olharam para mim quando passei pelas fracas luzes, borradas pela neblina, das barracas de chá. Dentro, na recepção, um velho *pathan* vestido num capote militar de textura grosseira curvava-se por cima de uma mesa capenga, com um fuzil Kalashnikov apoiado contra o assento de sua cadeira de vime; no chão, ao lado de seus pés, estava um aquecedor elétrico, e ocasionalmente ele se inclinava na direção do fraco brilho alaranjado, as palmas estendidas e viradas para fora, para conseguir algum calor. No andar de cima, portas baixas levavam para dentro e para fora de uma sala atulhada, cheia de fumaça, depois de outra; na sala onde eu geralmente ficava, na verdade um cubo sem janelas, a fumaça dos cigarros ficava suspensa no ar, os novelos de fumo delicadamente enrolados destacavam-se contra as paredes verdes, as pastas de papel marrom e os computadores envelhecidos, com as telas sujas.

Era uma época difícil para o jornal. Seu dono, um negociante local *pathan* chamado Rahmat Shah Afridi, tinha sido preso em 1999 sob acusação de comércio de drogas. Seu filho, um rapaz facilmente disperso que agora dirigia o jornal, me contou que a pequena quantidade de maconha encontrada na Mercedes do pai tinha sido plantada por agentes de Mian Nawaz Sharif, na época primeiro-ministro do Paquistão. Parecia uma típica história paquistanesa: grandes homens perseguindo pequenos feudos privados e vendetas — e talvez não inteiramente sem fundamento. Poucas semanas depois de eu ter saído do Paquistão, um tribunal especial antinarcóticos em Lahore condenara Afridi à morte. De qualquer modo, o pessoal subalterno sofria: estava trabalhando sem salário há três meses.

Mas a austeridade compartilhada tornara as pessoas mais alegres; a porta da sala abria-se a cada dois minutos para revelar um recém-chegado, anunciando sua presença com uma piada, uma anedota, um cigarro filado e um olhar curioso e amigável ao visitante da Índia. Um adolescente, com seu *salwar* marrom grande demais batendo contra os tornozelos, não parava de trazer bandejas cheias de xícaras desbeiçadas fumegando com o espesso chá com leite; a beirada do fundo da xícara já estaria molhada quando você pegasse a sua, e havia tantas visitas que ao cabo de três horas a larga mesa empoeirada brilhava toda de pequenos círculos sobrepostos.

Jamal era tão filante de cigarros e bebedor de chá quanto qualquer outro. Mas ele parecia irrequieto em meio à bonomia de seus colegas, entre cujas feições *pashtun* ou *pathan,* rudemente belas, a sua grosseira face escura, tão semelhante à de um indiano do sul ou do leste, parecia estrangeira. Muitas vezes senti seus apáticos olhos amarelos fixos no meu rosto; havia, eu senti, alguma coisa que ele queria me contar em particular; e quando chegou o momento, uma tarde, era essa sua diferença que ele estava disposto a estabelecer.

Eu não me enganara quanto à sua aparência. Jamal era bengali, de Bangladesh. Em 1975, quando o país só tinha quatro anos de idade, como jovem capitão no exército de Bangladesh, ele tomara parte em um golpe militar contra o governo. Estivera presente na manhã em que o primeiro-ministro, Sheikh Mujibur Rahman, e sua família foram mortos a tiros na residência oficial. "Um acidente", disse ele, "não tínhamos a intenção de matá-lo." Acidental ou não, o momento estava firmado no passado, parte da história de Bangladesh. E Jamal passara o quarto de século seguinte tendo de lidar com as conseqüências.

Depois do golpe de 1975, passou mais quatro anos em Bangladesh, combatendo uma fútil rebelião contra o governo, antes de finalmente fugir para o Paquistão. Não havia outra escolha: o

Paquistão, ainda amargo com a perda de sua província, era o único país que não o deportaria de volta para Bangladesh, onde certamente seria executado pelo assassinato de Rahman.

Entretanto, Jamal não gostara nem um pouco de sua nova pátria. Ele chegara ao Paquistão exatamente quanto o general Zia-ul-Haq dava início a seu programa de islamização; havia em Jamal o suficiente do bengali liberal, do leitor de Tagore e de Nazrul Islam para ficar revoltado pela brutal imposição de religião na vida do dia-a-dia. Mas ele não podia objetar muito alto; como refugiado político, tinha de ser grato por não ser enforcado ou morto a tiros. Ele tinha de se virar da melhor maneira que pudesse; e assim o fez, indo de emprego a emprego, de cidade a cidade, de um tipo de mesquinharia a outra.

A história de Jamal foi refinada e embelezada ao longo de várias tardes. Eu não tinha sempre muita certeza de como reagir a ela, especialmente quando ele acrescentou que tinha um livro maravilhoso dentro dele. Afinal, ele fora testemunha ocular do assassinato de Rahman, e o mundo ainda esperava para ouvir a verdade por detrás daqueles eventos em Bangladesh em 1975.

A languidez de seus olhos amarelos desapareceu brevemente quando disse isso. Eu não tive vontade de dizer-lhe que tudo o que ele tinha era uma história; que um livro era outra coisa; e que o mundo não estava muito interessado no que acontecera naquela manhã em Dacca tantos anos atrás.

Eu não queria desencorajá-lo ou afastá-lo. Ele conhecera uma vida tão difícil, e tinha apenas um tipo de sobrevida no Paquistão. Além disso, ele estava do meu lado: um companheiro estrangeiro no Paquistão, à deriva entre fanáticos dos quais o país parecia estar, durante meus primeiros dias ali, alarmantemente repleto: havia os líderes dos talibãs, de turbantes pretos e barbas cerradas, que chegavam na embaixada deles em Islamabad em reluzentes Pajeros novos; o general aposentado em Rawalpindi que declamava a nobreza da *jihad*; as caixas de doações grosseiramente pintadas para a *jihad* em Caxemira nos bazares; os demagogos fundamentalistas em pequenas cidades que ameaçavam marchar sobre Islamabad se a *sharia* (lei islâmica) e os empréstimos sem juros não fossem imediatamente aprovados; os tribais em suas chamadas áreas de auto-administração, perto da fronteira afegã, que cortavam fora alguns braços em suas tentativas de administrar a justiça islâmica adequada. Quase todos os dias sunitas assassinavam xiitas e vice-versa; alguns jovens *mujahedins* alcançavam a *shahadat*, ou martírio, na Caxemira indiana — e só os jornais, enquanto reportavam todas as obsessões religiosas que a tudo devoravam, podiam levar ao ponto em que se começava a sentir alguma coisa implacável e violenta em relação até a mais simples devoção dos homens de barrete semiprostrados, em tardes geladas, nas ruas de Peshawar.

Mas aqui eu tenho de prestar atenção aos meus próprios preconceitos. Havia muitos muçulmanos nas cidades de estradas de ferro na Índia do norte e central onde cresci. Eu não os conseguia distinguir dos hindus de baixa casta entre os grupos de operários da estrada de ferro que meu pai supervisionava. Meu pai certamente tinha colegas muçulmanos. Mas não consigo me lembrar de ter identificado nenhum deles entre os homens exaustos, vestidos em camisas brancas e calças cinzentas encharcadas de suor, que voltavam para casa com meu pai para uma xícara de chá depois de um longo dia nos trilhos, embora o chá devesse ser servido a eles não em xícaras, mas em copos especiais, mantidos à parte na nossa cozinha para muçulmanos e hindus de baixa casta.

A maior parte dos muçulmanos das cidades de minha infância era, de fato, muito pobre — muito mais que nós —, e essa era a razão pela qual eu os notava. Eles viviam em guetos dentro das partes mais velhas da cidade, nas quais, depois da expansão dos aquartelamentos, das Civil Lines e das Railway Colony construídos pelos ingleses, as ruas e casas subitamente encolheram e foram circundadas por bueiros abertos, as mulheres desapareceram por detrás de sinistras *burkas* pretas, frágeis trapos escondiam as carcaças dependuradas em açougues, e os homens de fisionomia sombria com barbas pontudas, de pé do lado de fora de casas escuras, pareciam bem capazes de cometer as brutalidades que os nossos preconceitos atribuíam a eles.

Os preconceitos eram criados em parte por nossas próprias privações de classe média baixa: as ansiedades a respeito de dinheiro, status e segurança que vieram a se relacionar, de modo irracional, à comunidade estrangeira em nosso meio. Não éramos o tipo de pessoa que incitava ou mesmo tomava parte nos tumultos hindu-muçulmanos. Mas acreditávamos no estereótipo que alimentava essas breves explosões de raiva e desespero; não tínhamos problemas em imaginar o muçulmano barbudo como um agressor fundamentalmente violento, que poderia assassinar um hindu com tanta avidez e prazer quanto assassinava uma vaca cuja carne picada, jogada dentro dos pátios de templos, em geral inaugurava a selvageria.

Outro clichê comum, e um tanto mais sutil, apresentava os muçulmanos com uma aparência atrasada, como um estorvo na Índia em modernização, se não como a quinta-coluna para o Paquistão. É claro que o repúdio mais direto era: por que esses muçulmanos não vão simplesmente para o Paquistão? Afinal, a Índia fora dividida em 1947 para criar uma nova pátria para os muçulmanos indianos. O Paquistão não fora o que a maior parte deles pediu? Então, o que estavam fazendo na Índia?

Hoje essa parece uma questão grosseira; mas não era fácil de responder, embora os políticos e outros homens privilegiados o tentassem. Entretanto, a afirmativa deles de que a Índia era um país secular, aberto a pessoas de qualquer religião, não convencia aqueles de nós — hindus de casta alta — que viviam em dificuldades e praticavam tanto quanto sofriam discriminação. Desse modo, sentindo-nos nós mesmos frustrados e desmoralizados, redirecionávamos a maior parte da pena e do desprezo com os quais, se pudéssemos, teríamos visto a nossa própria vida. A maioria das mulheres hindus provavelmente merecia tanta simpatia quanto a que era dada, em qualquer discussão superficial sobre as minorias, às mulheres muçulmanas, que se imaginava levar uma vida terrivelmente opressiva, obrigadas a procriar como coelhos e se envolver em pesadas *burkas*.

Os clichês só afloravam quando notávamos os muçulmanos. Durante a maior parte do tempo essa minoria deprimida era invisível — e assim permaneceu para mim até eu sair de casa e ir para a universidade em Allahabad, onde as políticas de castas hindus nos anos 1980 conseguiram fazer sombra sobre a discórdia hindu-muçulmana.

No final dos anos 1980, quando me mudei para uma universidade em Déli, a agitação do nacionalismo hindu para demolir a mesquita Babri em Ayodha tinha acabado de se alastrar por toda a Índia setentrional. Havia muita oposição a isso dentro do campus da minha universidade; de fato, foi lá, no mundo isolado e artificial das políticas universitárias, que me tornei um pouco mais consciente do status peculiar dos muçulmanos indianos. Os políticos estudantis organizavam protestos quase diários dentro do campus, aos quais muitos dos estudantes muçulmanos — a maior parte dos quais vinha da cidade próxima, propensa a tumultos, de Aligarh — aderiam, e onde um orador depois do outro denunciava os nacionalistas hindus por tentarem destruir as grandes tradições indianas de tolerância e conciliação.

Os líderes estudantis estavam ansiosos por se fazer conhecer; eles trabalhavam arduamente para fazer com que seus protestos fossem o mais ruidosos e destruidores possível, e a biblioteca, onde eu passava a maior parte do meu tempo, era muitas vezes fechada no começo da tarde.

A confusão por causa de uma mesquita cambaleante e em desuso no meio de coisa nenhuma parecia excessiva. Aí veio o dia, em dezembro de 1992, em que a mesquita foi demolida por uma frenética turba hindu.

Os políticos estudantis no campus esbravejaram durante algumas semanas; mas os estudantes muçulmanos ficaram distantes das reuniões deles. Pareciam amargos e ansiosos. Eu comecei a olhá-los de um modo diferente enquanto se reuniam em torno da mesa de jantar e falavam em voz baixa, comendo rapidamente, o tempo todo, com os dedos.

Eu ainda não conseguia me sentir envolvido. Tinha minhas próprias ansiedades com que lidar: o diploma universitário pelo qual eu estava labutando era apenas o primeiro estágio daquilo que parecia ser uma longa e lenta escalada para fora da relativa pobreza em que minha família tinha vivido durante a maior parte da minha infância. Ocasionalmente, comparecia a alguma das conferências depois do jantar, dadas por jornalistas visitantes de esquerda e professores — homens articulados, suaves, que discutiam a ligação histórica entre hindus e muçulmanos e a civilização inigualavelmente sincrética da Índia. Essas idéias sobre o passado e o presente da Índia nem sempre coincidiam com a minha experiência — o sentido que eu tinha da desconfiança e da hostilidade entre hindus e muçulmanos, e o sentido mais agudo que eu adquirira, durante o curso de minhas viagens através da Índia das cidades pequenas, desse ressentimento estagnado dos guetos muçulmanos. Mas na época eu não tinha coragem de contradizê-los, e mesmo agora me sinto inseguro ante crenças liberais tão poderosas.

O Paquistão tem seus próprios liberais, marginalizados mas vigorosos: de fato, sua pequena imprensa de língua inglesa é intelectualmente mais ousada e cativante que sua contrapartida indiana. Isso provavelmente porque parece ter sobrado ao país poucas crenças depois dos cinqüenta anos de sua existência. As livrarias estão cheias de títulos como *The Years of Desillusionment* (Os Anos da Desilusão) e *Whither Pakistan?* (Para Onde Vai o Paquistão?); os jornais trazem longas cartas escritas por homens aposentados do exército expressando preocupação com o número de paquistaneses instruídos que querem emigrar.

Muito cedo, na história do Paquistão, seu mito de fundação foi rompido: uma religião compartilhada não conseguiu resolver o problema de como pessoas vindas de ambientes étnicos e lingüísticos diferentes deveriam viver juntas. Os muçulmanos da Índia, que falavam urdu e chegavam em grandes números de Sindh, viram-se humilhados pelos pobres sindis, que por sua vez, se sentiam oprimidos pela rica e dominante maioria dos que falavam panjabi no norte. Os bengalis revoltaram-se e se separaram no início dos anos 1970; os balúchis tentaram uma secessão e encontraram grandes dificuldades; e os desastrosos paquistaneses, prementes no controle dos eventos no Afeganistão, terminaram com a necessidade urgente de pacificar os separatistas *pashtun* na fronteira noroeste. O país, que muitos hindus na Índia ainda imaginavam ser a pátria natural dos muçulmanos indianos, criou seus próprios guetos, nos quais os ressentimentos eram tudo, menos estagnados.

A Índia teve sua cota de minorias irrequietas: os tamils, os siques e os nagas. Mas teve também uma vida política consistente; as instituições semidemocráticas que herdaram dos ingleses. Desde a partição, os próprios políticos eleitos arruinavam as estruturas democráticas ainda frágeis do Paquistão sempre que possível por meio dos oficiais do exército e dos burocratas, que acabaram sendo os governantes reais: a principal matéria nos jornais no Paquistão, quando eu estava lá, no início de 2005, trazia detalhes de como alguns poucos oficiais do exército trabalhando para o ISI forjaram uma coalizão de partidos políticos quase islâmicos sob Nawaz Sharif para depor o governo de Benazir Bhutto em 1990.

Os governantes, é claro, moravam separadamente, em recintos bem fortificados, indiferentes a todas as associações com as inconsistências de Terceiro Mundo que produziam: não havia muita sutileza nas casas urbanas com seus tapetes, candelabros, servidores e guardas com rifles automáticos, ou as grandes casas de fazenda fora das cidades, cujos limites cercados de muros de tijolos coleavam invisíveis por dentro da região rural, e nas quais o vinho francês barato contrabandeado por diplomatas africanos jorrava ao lado de piscinas reluzentes, e as pessoas discutiam o último artigo sobre Kosovo no *New York Review of Books*, e ficavam muito preocupadas com os "fundamentalistas barbudos" (*bearded fundos*) e a iminente — ou, dependendo de com quem você estivesse falando, a presente — talibanização do Paquistão.

A "talibanização do Paquistão" foi uma expressão que ouvi muitas vezes. Era um novo modo de se referir a problemas que tinham se iniciado muito antes, em 1979, na verdade quando as tropas soviéticas entraram no Afeganistão e os Estados Unidos reagiram armando afegãos anticomunistas com a ajuda do ditador militar do Paquistão, o general Zia-ul-Haq.

Embora um tanto tirânico, Zia não deixava de ter seu apoio entre os paquistaneses. Seu fanatismo islâmico era admirado por aqueles partidos religiosos que recebiam patrocínio governamental pela mal-sucedida tentativa de islamizar o Paquistão. Era popular também entre os oficiais graduados. Como ele mesmo descreveu, o general-de-divisão Hamid Gul foi um dos primeiros *jihadis* entre os militares e era muito estimado por Zia, que primeiro o nomeou diretor da inteligência militar e depois diretor geral do ISI. Enquanto ocupava esses postos, nos anos 1980, Gul foi um dos três ou quatro homens mais poderosos do Paquistão — sob o patrocínio de Zia, podia fazer impunemente quase tudo que quisesse.

Mas em 1989 Zia e outros militares graduados morreram num ainda misterioso desastre de avião. Benazir Bhutto, a filha do homem que Zia enforcara, tornou-se primeira-ministra do Paquistão; e livrou-se de Gul na primeira oportunidade, em 1989. Gul transformou-se em intrigante: liderou os frustados oficiais ansiosos por poder do ISI em uma bem-sucedida conspiração para depor Bhutto em 1990.

A aposentadoria do exército diminuiu a importância de Gul. Ele tentou reinventar-se como *jihadi* em tempo integral, escrevendo colunas em jornais de língua urdu, mandando longos faxes, como me contou um editor exasperado, aos escritórios da imprensa de língua inglesa, em geral denunciando o novo governo militar por render-se ante a Índia e os Estados Unidos.

A noção de Gul a respeito de sua autoridade perdida parecia presente na rápida resposta ao telefone quando eu disse-lhe que os homens que estavam me seguindo poderiam me impedir de ir até à casa dele na base aérea de Chaklala, perto de Rawalpindi. "Vou ver", falou numa voz controlada, "quem ousaria impedir que você visite minha casa."

Colunas palladianas — as mansões dos oficiais militares no Paquistão são sempre grandiosas — guardavam a frente da casa de Gul que, sob outros aspectos, era notavelmente não-romana. Nas paredes da sala de estar fotografias emolduradas da caaba em Meca pareciam olhar para fora do excesso sufocante no ambiente: os imensos enfeites de cristal na mesa de centro, o lustroso veado de latão em tamanho natural, os estofados de cetim verde, os tapetes de peles de animais e os reluzentes troféus.

Sem barba e com um bigode bem aparado, trajando paletó de *tweed* à ocidental e mocassins marrons vigorosamente polidos, Gul parecia mais próximo em estilo ao seu ambiente original como oficial de cavalaria que ao austero mundo da *jihad*. Seu inglês tinha um sotaque predominantemente urdu, e só às vezes, quando cessava as altas declamações, passava para as inflexões *sandhurst* e expressões de uma geração mais velha de militares. Ele lidava desajeitadamente com minhas perguntas mais pessoais, revelando apenas, com evidente irritação, que sua família vinha originalmente do distrito montanhoso de Swat e que ele estudara em uma escola de aldeia antes freqüentar uma faculdade pública em Lahore.

Eram origens humildes se comparadas às dos *brown sahibs* (senhores marrons), que Gul era conhecido por atacar sempre que podia — os homens anglicizados e formados para assumir o poder em estabelecimentos influentes como Aitchison College, em Lahore, e St. Patrick's College, em Karachi. Seus antecedentes explicavam em parte as nada modestas ambições e reivindicações de Gul. Em fevereiro de 1989, quando o exército soviético retirou-se do Afeganistão, ele estava, como diretor-geral do ISI, liderando a *jihad*. Do jeito como descreveu, seu papel na *jihad* começara quando ele ainda era um humilde tenente-coronel. Três semanas depois da intervenção soviética no Afeganistão, em 1979, ele escreveu e fez circular um plano de ação em um artigo no qual defendia o apoio do Paquistão a uma guerra de guerrilha de baixa intensidade contra a União Soviética e seus aliados afegãos, gradualmente estendendo-a até as províncias da Ásia Central de maioria muçulmana, em posse da União Soviética.

O artigo chegou a Zia, que ficou impressionado com a energia e a ambição de Gul. Seguiu-se uma reunião com o general. "Eu disse ao general Zia", falou Gul, "que, se derrotássemos os russos, e eu estava muito otimista quanto a derrotá-los, não haveria motivos para que as fronteiras do nosso grande mundo islâmico parassem em Amu Daryia." (Amu é o rio Oxus, que formava a fronteira entre Afeganistão e a antiga União Soviética).

O artigo, alegava Gul, foi lido cuidadosamente por oficiais nos altos postos da CIA e formou a base de posteriores incursões naquilo que William Casey, o diretor da CIA sob o governo Ronald Reagan, descreveu como "o ponto vulnerável da União Soviética".

Grande parte disso, no entanto, parece bazófia. O pessoal da Guerra Fria do governo Carter há muito esperava que os soviéticos se esgueirassem para o Afeganistão. Zbigniew Brzezinski, o conselheiro de segurança nacional do presidente Carter, que queria "plantar merda no quintal soviético", tinha feito arranjos para dar ajuda clandestina aos islamitas radicais no Paquistão poucos meses antes que as tropas soviéticas chegassem ao Afeganistão. A intervenção soviética deu a eles o pretexto de que precisavam para levantar os recursos. Em uma carta que Brzezinski escreveu a Carter no dia em que o exército soviético entrou no Afeganistão, ele estava exultante: "Agora podemos dar à União Soviética a guerra do Vietnã deles". Foi essa armadilha para os soviéticos que a CIA, sob Casey, aprofundou durante o início e meados dos anos 1980, fornecendo bilhões de dólares em armas e auxílio.

Na verdade, Casey, veterano da OSS e fanático "guerreiro frio", queria que o ISI envolvesse os muçulmanos da União Soviética na *jihad*; e não estava satisfeito com o contrabando arranjado pelo ISI de milhares de Corãos para o que são hoje o Uzbequistão e o Tadjiquistão, ou com a distribuição de heroína entre as tropas soviéticas. Um oficial do ISI, e crítico de Gul, contou-me que o ISI recebeu muito encorajamento não oficial do próprio Casey para que tentasse operações mais prejudiciais à União Soviética — mas nada que pudesse ser atribuído à CIA ou ao governo dos Estados Unidos. Os oficiais graduados do ISI, cheios de recursos sem auditoria, travavam suas próprias pequenas batalhas em meados de 1980; e um deles arranjou para que as instalações militares alguns quilômetros para dentro do território da União Soviética fossem minadas e bombardeadas.

Quando o conheci, Gul só tinha insultos para seus ex-financiadores na CIA: "Um povo interesseiro. Tudo o que eles queriam era transformar o Afeganistão em um Vietnã para a União Soviética. Eles nos usaram para esse objetivo e então perderam o interesse, depois que os soviéticos se retiraram."

Tal era o sentimento generalizado no Paquistão: era ouvido da boca de jornalistas liberais que desde o início tinham enfatizado a loucura e o risco de lutar as guerras de outros povos; era ouvido dos *jihadis* que tinham a esperança de lutar mais um dia. O envolvimento norte-americano no Afeganistão e no Paquistão tornou-se a história da arrogância cínica dos promotores da Guerra Fria, como Brzezinski e Casey.

A *jihad* que Gul se imaginava liderando não esteve sob seu controle nem do ISI. Muitos interesses políticos diferentes trouxeram-na para o Paquistão e, a seu tempo, a levariam embora. Os norte-americanos quiseram levantar os muçulmanos do mundo contra a União Soviética; a família real saudita, que igualava a assistência norte-americana dólar por dólar, queria que sua própria versão de islã sunita, o vaabismo, triunfasse sobre o então ressurgente xiismo do aiatolá Khomeini, do Irã. Para essas batalhas maiores, o Paquistão não passava de uma mera base na qual os operadores da CIA podiam, pelo menos durante algum tempo, misturar-se alegremente aos árabes *jahadis* ricos, como Osama bin Laden.

Depois do acordo da retirada soviética, em Gênova, em 1987, o interesse norte-americano tanto na *jihad* como no Afeganistão desapareceu. A CIA imediatamente diminuiu e logo retirou seu auxílio ao Paquistão e aos *mujahedins*.

Entregues à própria sorte, o ISI e Gul começaram a se atrapalhar. Em 1988 veio o ainda misterioso incêndio em Ojhri, a meio-caminho entre Islamabad e Rawalpindi, no qual dez mil toneladas de armas e munições fornecidas pela CIA ao ISI para os *muhajedins* afegãos explodiram numa violenta exibição de fogos de artifício visível num raio de 32 quilômetros. Muita gente achou que era o início da guerra entre a Índia e o Paquistão; a chuva de foguetes e mísseis durou um dia inteiro, matando cem pessoas e ferindo milhares de outras.

Aí, em 1989, Gul abandonou o método comum de guerra de guerrilha no Afeganistão e concebeu e supervisionou o que acabou sendo um desastroso ataque frontal dos *mujahedins* contra a cidade de Jalalabad, dominada pelos comunistas, no Afeganistão. Quatro meses mais tarde, os *mujahedins* tinham perdido três mil homens e estavam muito longe de tomar Jalalabad. O governo comunista do Afeganistão em Cabul durou ainda mais três anos, durante os quais os *mujahedins* passaram a declarar *jihad* uns contra os outros.

As divisões entre os sete partidos *mujahedins* reconhecidos pelo ISI tinham-se aprofundado desde 1979, menos por diferenças étnicas e lingüísticas que pelo modo desigual com o qual o ISI dividia as dádivas vindas dos norte-americanos e da Arábia Saudita. O ISI sob o comando de Gul era altamente generoso com um líder *mujahedin* particularmente brutal chamado Gulbuddin Hekmatyar, cujo islamismo agressivo permanecia separado da produção e do contrabando de heroína que gerava sua riqueza e seu poder. O ISI esperava que Hekmatyar instalasse um governo pró-Paquistão em Cabul depois da queda dos comunistas. Mas ele acabou não sendo aceito pela maior parte dos outros líderes *mujahedins*, especialmente aqueles que tinham lutado contra os soviéticos sem muita ajuda norte-americana ou paquistanesa.

Quando o comandante dos *mujahedins* tajik, Ahmad Shah Massoud, finalmente destituiu o governo comunista de Cabul em 1992, irrompeu uma guerra civil em grande escala no Afeganistão. Hekmatyar, apoiado pelo ISI, bombardeou Cabul com foguetes durante meses — mais gente morreu na cidade durante a luta no início dos anos 1990 que durante a *jihad* de uma década contra os russos. As potências internacionais mais uma vez entraram para financiar as diversas facções: os sauditas sustentaram os fundamentalistas sunitas; o Irã apoiou os xiitas Hazaras; o Tadjiquistão e o Uzbequistão tinham seus próprios favoritos entre os *mujahedins* tadjiques e uzbeques; e o ISI não perdera a fé em Hekmatyar quando, em 1994, a milícia estudantil dos talibãs saiu de repente de lugar nenhum e conquistou a maior parte do Afeganistão.

Gul, ainda tentando apoiar Hekmatyar, inicialmente denunciou os talibãs como agentes da CIA. Essas ações eram piores que enganos pessoais ou profissionais; elas minaram sociedades inteiras. Os aventureiros colocados em altos postos como Gul, perseguindo fantasias absurdas de um império pan-islâmico, tinham levado ao limite um país em grande parte pobre e analfabeto.

O próprio Gul dera-se bem saindo disso tudo. Lá estava a casa de frente palladiana em Rawalpindi; havia uma casa de fazenda e, segundo rumores, outras propriedades em diversos lugares; havia o lucrativo negócio de transportes que sua filha aparentemente dirigia em Islamabad.

E havia novas *jihads* e *jihadis* a serem apoiados. "Esses norte-americanos agora acusam Osama bin Laden de terrorismo. Houve uma época em que eles costumavam chamá-lo em Peshawar e pediam-lhe que recrutasse mais árabes para a *jihad*", disse Gus, ansioso, como todos os *jihadis* que eu iria conhecer no Paquistão, para reivindicar uma intimidade especial com Bin Laden. "Eu o conheci no Sudão em 1993. Um homem tão sábio e inteligente. Tanta espiritualidade na fisionomia dele. Mas isso é o efeito da *jihad*. É um estado muito nobre. É por isso que eu tenho uma aparência tão jovem, embora tenha 75 anos de idade. A *jihad* me mantém jovem, me dá um grande propósito na vida."

Os inimigos de Gul no Paquistão — e eram muitos — caçoavam do seu fervor islâmico; para eles não passava de outro tipo de oportunismo: um duto privado para o poder e para pelo menos parte do dinheiro que fluía de países muçulmanos ricos para organizações dedicadas a causas islâmicas. Ao escutar o que diziam podia-se facilmente começar a pensar na *jihad* como outro embuste em um pobre país atrasado. Certamente só fé renovada não explica os muitos grupos sectários que apareceram durante os anos anteriores, cujas façanhas — tiroteios, explosões de bombas, incêndios provocados — dominaram as notícias nacionais.

Muitas seitas e ideologias do mundo islâmico viajaram para o Paquistão: a Irmandade Muçulmana no Egito influenciou os líderes do Jamiar-i-Islami, o maior dos partidos religiosos, muitos dos quais estudaram no Cairo; os sauditas chegaram tarde, mas sua generosidade garantiu uma rápida adoção do vaabismo entre os membros mais pobres do clero: um muro de *madrassas* sunitas parcialmente financiadas por dinheiro saudita fica ao longo das fronteiras que o Paquistão e o Afeganistão compartilham com o Irã de maioria xiita.

Entre essas escolas islâmicas importadas, os deobandis são os mais poderosos e mais próximos aos vaabitas. O nome vem da *madrassa* original, estabelecida em 1866, em uma pequena cidade perto de Déli chamada Deoband. A *madrassa* fazia parte da reação isolada muçulmana ao domínio inglês no século XIX: a obra de homens que achavam que a educação ao estilo ocidental dada pelos ingleses, e adotada pelos hindus, iria fraturar a comunidade muçulmana; homens que estavam convencidos de que um aprendizado dos fundamentos do Corão e da *sharia* poderia defender os muçulmanos da índia contra as corrupções do mundo moderno.

Há poucos anos, li o livro de um professor norte-americano a respeito de Deoband; aí, num quente dia de verão, enquanto eu estava a caminho da estação montanhosa de Mussoorie, vi um anúncio indicativo da cidade propriamente dita ao longo da estrada esburacada. A construção — um quadrilátero baixo e largo dominado por minaretes — parecia encolhida na vasta terra empoeirada. Não fui bem-vindo lá dentro; os rapazes de aparência tímida, usando barretes, não quiseram falar comigo; nem queriam me deixar entrar. Mais tarde descobri que muçulmanos tinham recentemente sido massacrados em uma cidade não muito longe da *madrassa*.

Minha imagem de Deoband depois disso foi a de muçulmanos temerosos abandonados entre hindus da planície indo-gangética. No Paquistão, no entanto, essa imagem se dissolveu rapidamente. O grande pátio da *madrassa* de Bimnori Town, em Carachi, uma das maiores e mais antigas das instituições deobandis no Paquistão, tinha chão de mármore. Alunos vindos da África, Ásia Central, Filipinas e Malásia enxameavam confiantemente pelo grande complexo, nas diversas pensões e cozinhas, embora nas salas de aula ainda fosse adotado um currículo orientado para o Corão, criado inicialmente na Índia no século XIX. O quadro de avisos apresentava anúncios maravilhosamente bem impressos de chamadas para voluntários em várias *jihads* em Caxemira, na Chechênia, nas Filipinas e no Afeganistão. Os talibãs pareciam ser uma grande atração, e muito apropriadamente: a maior parte da liderança talibã, além de muitos dos soldados de infantaria dos talibãs, saiu das *madrassas* deobandis no Paquistão e no sul do Afeganistão.

Foi Jamal quem disse: "Você tem de ir às *madrassas* deobandi. É lá que muitos dos talibãs são treinados, e muitos dos rapazes paquistaneses que estão lá também vão para o Afeganistão para brigar pelos talibãs. Você vai encontrar montes de fanáticos ali."

Eu queria encontrar alguns fanáticos; também queria viajar ao Afeganistão. Nas duas frentes, no entanto, minhas tentativas foram frustradas. Na caótica embaixada dos talibãs em Islamabad, na qual ex-soldados grosseiramente ineficientes com turbantes pretos corriam ou capengavam para dentro e para fora de salas mobiliadas com pintura descascando e tapetes empoeirados, meu pedido de visto, apresentado e reapresentado diversas vezes, parecia ser uma ilusão tanto quanto a existência de um Estado ou governo afegão. Não era fácil encontrar os *jihadis*. Os nomes que Jamal me vendera — a um preço bastante alto: ele disse que não recebera o salário e precisava de dinheiro, e eu não discuti — acabaram sendo os de homens há muito aposentados e que agora viviam em isolamento. Todas as indicações oferecidas para mim por outros jornalistas de língua inglesa que eu conheci deram em nada. Um conhecido paquistanês em Londres tinha me avisado que isso poderia acontecer, que os *jihadis* sabiam bem demais como a imprensa de língua inglesa no Paquistão se sentia em relação a eles e suspeitavam de qualquer um que apresentasse referências vindas desse setor. Comecei a fazer ponto em escritórios de publicações urdu, muitas das quais tinham simpatia pelas *jihads*; e foi no escritório de um jovem editor gorducho em Islamabad, um dos chefes de torcida profissionais da *jihad*, e outro autoproclamado amigo de Osama bin Laden, que eu me deparei com Shafiq.

Shafiq parecia velho, embora tivesse cerca de quarenta e poucos anos. Quando o editor o apresentou como veterano da *jihad* no Afeganistão, ele suspendeu as mangas da *kurta* e exibiu um ferimento a bala no braço esquerdo. Ele não falava muito; seu urdu era um grunhido baixo — o tom furtivo, fiquei sabendo, de um mediador. Suas exigências de dinheiro eram mais extravagantes do que as de Jamal; e éramos obrigados a nos encontrar de manhã cedo ou tarde da noite — as únicas horas em que meus espiões não estavam de serviço. Era difícil organizar esses encontros, porque o telefone celular de Shafiq, alegava ele, estava grampeado pelo ISI. Mas ele em geral tinha as informações que eu pedia.

Levou algum tempo para ele surgir com alguém que eu pudesse conhecer em Carachi: não era a "área" dele, disse. E depois acrescentou, com o lampejo no olhar que sempre aparecia com a expectativa de mais dinheiro, que tinha encontrado alguém especial para mim: um ativista do Sipah-e-Sahaba, um dos mais temidos grupos antixiitas no Paquistão, cuja sigla, SSP, aparecia freqüentemente nos jornais diários, em geral relacionado a ataques dos xiitas ou contra eles. Essa pessoa me forneceria, prometeu Shafiq, em inglês, "bom material". Tudo o que eu tinha a fazer era me livrar dos espiões e aparecer na *madrassa*.

Um dia de manhã cedo, quando os espiões ainda dormiam, peguei um vôo de Peshawar para Carachi, aliviado por não ver nenhum homem estranho nos carros amassados que me esperavam na outra extremidade. Por toda parte no largo bulevar rápido que levava ao centro da cidade havia sinais da boa situação financeira de Carachi: os cartazes, as butiques com frente envidraçada e as confeitarias elegantes. Eu esperara um lugar mais medíocre, demonstrando sua fama como cenário de violentas batalhas entre grupos militantes de muçulmanos migrantes da Índia e a polícia; em vez disso, sem os espiões, nessa cidade portuária — seu ar morno limpo pelo mar e a luz clara, e prédios coloniais tão parecidos com Bombaim e tão diferentes da decadência encravada de Peshawar, ou a grandiosidade doentia de Lahore e os amplos espaços vazios suburbanos de Islamabad —, me vi subitamente mais livre, como nunca vira antes no Paquistão.

Acho que me senti como poderia se sentir um visitante paquistanês à cidade; e era como um jornalista paquistanês de Londres que eu tinha me apresentado a Rahmat. A mentira era necessária, me disse Shafiq: a conexão com a Índia seria um risco para Rahmat; ele não ia querer falar. De qualquer modo, fiquei mais confiante na tarde em que fui à *madrassa* Binori Town: vestido em minha *kurta salwar* que tinha comprado naquele dia, mais cedo, poderia ser um entre as centenas de rapazes que entravam e saíam da *namaz* vespertina.

Rahmat me esperava, como Shafiq dissera, na pequena loja que vendia barretes afegãos e livros do Corão, logo do lado de dentro do alto portão que levava à *madrassa*. Ele era mais jovem do que eu esperava; e a *kurta* branca suja, os chinelos de plástico usados e a densa barba que lhe emoldurava o rosto só enfatizavam sua excepcional beleza, largos malares delicados e olhos timidamente inquiridores.

Sentamo-nos e conversamos em um dos cafés vistosamente iluminados que cercavam a *madrassa*. Shafiq exagerara: Rahmat não era um estudante, mas um faz-tudo na *madrassa*; e ele nunca fora membro da Sipah-e-Sahaba. Nem mesmo tinha certeza se a *madrassa* que tinha freqüentado perto da cidade de Faisalabad era deobandi — só se lembrava que os professores enfatizavam a *jihad* como o principal dever dos muçulmanos. Quanto à SSP, alguns integrantes do grupo tinham-no ajudado e a sua família depois que seu irmão foi acusado de assassinar um latifundiário xiita.

O assassinato acontecera perto da aldeia ancestral de Rahamat no Punjab, onde seu pai tinha uma oficina mecânica. Rahmat ficara por lá depois de seu período na *madrassa*, com os pais, quatro irmãos e duas irmãs, esperando que aparecesse algum trabalho. As coisas não tinham ido mal durante os anos 1980, na época da islamização de Zia-ul-Haq, quando ainda se conseguia um emprego depois de receber educação numa *madrassa*. Mas Rahmat fora para a *madrassa* na época errada; e saiu dela para unir-se às centenas de milhares de jovens não empregáveis no Paquistão. Alguns de seus amigos tinham conseguido fazer dinheiro suficiente para viajar para o Golfo, e ele estava esperando segui-los quando um dia seu irmão assassinou o latifundiário.

O dono das terras era uma figura muito odiada entre seus colonos, desprezado pelas amantes que mantinha em semi-servidão, além da desonestidade financeira. Quando falsificou os registros de propriedade de um pedaço de terra fértil da família de Rahmat, o pai e os irmãos não tinham poder bastante para discutir. Mas então ele tentou manipular a hipoteca da oficina mecânica do pai de Rahmat. Isso enfureceu o irmão dele.

Rahmat disse: "*Zamindar bada powerful banda tha*" ("O dono das terras era um homem poderoso"). Os muitos parentes do morto chegaram em uma Pajero e açoitaram o pai de Rahmat na frente da família, tendo antes destruído a oficina. A polícia saqueou a casa algumas vezes e até prenderam Rahmat durante alguns dias, embora ele mesmo estivesse nos campos com um amigo na hora do assassinato.

As luzes de discoteca que giravam no teto faziam brilhar a face suada de Rahmat enquanto ele falava. O café estava cheio. Parecia, um tanto inadequadamente, fazer parte da celebração de riqueza e lazer que eu vira em outros lugares na cidade: os visitantes da mesquita dentro da *madrassa*, de expressão solene, usando barretes, eram facilmente ultrapassados em números pelos homens barrigudos em jeans apertadas e camisetas que cambaleavam para fora de Mercedes mal estacionadas, caminhavam rapidamente até os cafés e depois voltavam segurando pequenas pilhas de caixas de doces embrulhadas em celofane brilhante.

Moleques engraxates, com os braços finos balançando caixas de madeira, pulavam nos joelhos deles. Era a eles que Rahmat observava, desviando a cabeça da minha direção. Seus olhos de pálpebras pesadas estavam ainda mais inescrutáveis quando se voltou outra vez, e então, como se fosse um hábito, limpou a boca e depois a testa com as mangas da *kurta*, já úmidas de suas abluções pré-*namaz*.

Só os homens na cidade vizinha, disse Rahmat, puderam ajudar sua família. Eles tinham empregado seu irmão adolescente em sua própria *madrassa*; haviam arranjado, por meio de seus contatos na polícia, para que aliviassem a pressão sobre a família de Rahmat. Ele sabia vagamente que eram membros do SSP e contra os xiitas; mas nunca tinha pensado muito a esse respeito. Então, numa tarde quente de 1995, um dos homens do SSP, não muito mais velho que Rahmat e que muitas vezes liderava o *namaz* às sextas-feiras, chamou-o.

Quando Rahmat chegou à mesquita em sua bicicleta, já encontrou um pequeno grupo de rapazes, inclusive uns dois homens de sua aldeia, pessoas que ele tinha visto atormentadas pelo agora falecido latifundiário. Nenhum deles sabia porque foram chamados. Então o homem que os chamara chegou, acompanhado por um afegão usando um turbante preto, e falou brevemente com eles.

Disse que o visitante que o acompanhava viera do Afeganistão, onde começara uma nova *jihad*. Havia muitos corruptos iguais aos latifundiários do Punjab no Afeganistão: eles chamavam a si próprios de *mujahedins*, disse o homem, como se estivessem envolvidos na *jihad*, mas não eram melhores que bandidos e estupradores, e agora surgira uma nova força para vencê-los e estabelecer a lei do Profeta. Os soldados que lutavam na *jihad* eram jovens estudantes talibãs, mas Alá estava com eles.

Foi a primeira vez que Rahmat ouviu falar de estudantes ou de talibãs. Houvera diversos afegãos em sua *madrassa*, mas se mantivera afastado deles. Os refugiados afegãos tinham má reputação naquela área do Paquistão; eram vistos como mentirosos e ladrões. Seu pai lidara com eles o tempo todo em sua oficina mecânica: os pesados caminhões que traziam do Afeganistão estragavam as estradas, e os motoristas estavam muitas vezes inebriados de ópio.

Então, quando o afegão começou a falar, Rahmat ficou cético. Ele falava urdu com um pesado sotaque *pashto*, que, como Rahmat se lembrava, tinha feito alguns dos homens sorrirem. Mas o afegão permaneceu sério e não perdeu muito tempo: disse que viera pedir voluntários para a *jihad* no Afeganistão. Ele não podia prometer muito de volta, a não ser comida e abrigo; o caminho da *jihad* não estava coberto de rosas; era um dever sagrado para os muçulmanos e *shahadat*, o martírio, era tudo o que eles podiam esperar.

A maior parte dos rapazes não estava interessada. Mas Rahmat, com um irmão na cadeia e a oficina mecânica — a única fonte de renda da família — destruída, não estava em posição de desconsiderar tão facilmente o que o afegão oferecera. Seu pai e seus irmãos ficaram imaginando onde ele queria chegar, mas não tentaram impedi-lo. Rahmat lembrava-se de ter viajado com outros rapazes em um ônibus fretado até Quetta, no Baluquistão, e depois de ter atravessado a fronteira ilegalmente, à noite. Do outro lado havia, com os afegãos *pashtuns*, muitos outros paquistaneses. Havia até oficiais do exército paquistanês no campo de treinamento em que Rahmat aprendeu a disparar um rifle automático, e também homens da Chechênia, de Caxemira e do Uzbequistão. Foi nesse campo de treinamento, em um vale rochoso perto da fronteira, que ele deixou crescer a barba, não sob qualquer pressão — embora os homens no Afeganistão fossem obrigados a usar barbas de dez centímetros de comprimento —, mas por seu desejo de ser um bom muçulmano.

Rahmat e os outros em seu grupo estavam no campo há menos de duas semanas quando foram chamados às províncias ocidentais onde os talibãs lutavam para capturar a cidade de Herat. Quando chegou a Herat ela já estava sob o controle dos talibãs. Ele e seus companheiros *mujahedins* pareciam conquistadores da cidade. Mas era um lugar estranho. Fazia muito frio; o pessoal local falava persa, em vez de urdu ou *pashto*; eles até pareciam iranianos. Ainda mais estrangeiros eram os jovens *pashtuns* do talibã que circulavam fechando escolas, esmigalhando TVs e VCRs e rasgando fotografias. Um deles descobriu a fotografia de uma atriz de cinema indiana seminua na tenda que Rahmat dividia com onze ou doze outros paquistaneses, e houve um certo constrangimento entre os afegãos e os voluntários paquistaneses durante algum tempo depois disso.

Rahmat não gostava do jeito rude dos talibãs: eles eram gente atrasada, pensou. Eram cruéis com as suas mulheres, com as minorias religiosas e os oponentes militares; alguém em sua aldeia fora obrigado a participar do massacre de civis pertencentes à comunidade xiita Hazara, no Afeganistão central. Rahmat tinha um pouco de medo deles. Mas não podia negar que eles trouxeram paz ao Afeganistão, e quando os paquistaneses com quem estava falaram de impor uma paz semelhante no Paquistão, onde havia tanta injustiça e banditismo, pareceu uma idéia atraente.

Rahmat não ficou muito tempo no Afeganistão, já que precisavam dele como testemunha no julgamento do irmão. Não voltara ao Afeganistão depois disso, embora outros rapazes que conhecera na aldeia tivessem ido e outros ainda fossem lutar com os talibãs.

De volta à aldeia, Rahmat encontrou-se outra vez com os homens na mesquita. Foi com um deles que viera para a *madrassa* Binori Town havia três anos e então ficara. Havia algum dinheiro a ser ganho fazendo pequenos biscates para os alunos e professores; Rahmat podia comer barato e sempre conseguia encontrar um lugar onde dormir. As coisas estavam melhor ali que no Punjab, onde seu irmão ainda estava na prisão e seu pai à beira da morte.

Na primeira vez que perguntei a Rahmat se queria comer alguma coisa ele sacudira a cabeça. Mas quando eu pedi outro prato de *halvah* foi rápido em estender a mão e segurar o braço do garçom, assustando-o ligeiramente. Depois que a comida veio — um pratão gorduroso do que pareceu aos meus olhares furtivos ser carneiro — Rahmat ficou mais expansivo: seu urdu, até ali repleto de gírias do Punjab, passou a ser mais formal, cheio de palavras difíceis em árabe e persa. Ele começou a falar, com a boca cheia, da grande necessidade de *jihad*, de como os muçulmanos eram oprimidos em todo lugar, em Caxemira, no Afeganistão, na Chechênia, no Egito, na Palestina, como os judeus de Israel conseguiam sair impunes de qualquer coisa porque eram apoiados pelas potências ocidentais.

Eu escutara, e ainda viria a escutar, muito dessa fala por parte tanto dos líderes como dos soldados de infantaria da *jihad*. Não deixavam de ter sua parcela de verdade, e era preciso ter cuidado para não desconsiderar nem engolir tudo. Era mais fácil enxergar as coisas por trás da auto-exaltação e da impostura de gente como Hamid Gul. Mas a idéia da opressão e injustiça de que Rahmat falava era mais que uma retórica adquirida dos professores em sua *madrassa* e dos oficiais do ISI no campo de treinamento no Afeganistão: tinha por base sua própria experiência do mundo.

Rahmat era como os jovens da minha própria classe na pequena cidade indiana dos anos 1980 e início dos 1990 — pessoas para quem o mundo não parecia ter muito lugar. A idéia da religião como redenção, a submissão sem questionamento a um credo ou filosofia, isso era o que o meu ambiente exigira de mim, e fora preciso algum esforço e muita sorte para sair disso, para me redefinir como indivíduo e entrar em novas, embora complicadas, associações com o mundo mais amplo.

Outros não tiveram a mesma sorte: era gente cuja frustração e revolta contra suas muitas privações poderiam facilmente ser apropriadas pelas cruzadas ideológicas, e para quem as alucinações de poderes mais elevados diminuíam o esmagador sentido de uma impotência muito real. O movimento nacionalista hindu — também fundado primordialmente, como a *jihad*, fora dali, pelos hindus ricos nos Estados Unidos e no Reino Unido — encontrara seus peões entre os jovens desempregados nas pequenas cidades. Esses eram os homens que constituíam a turba sem rosto encarregada do trabalho sujo, dos necessários linchamentos e das destruições.

O descontentamento hindu, no entanto, era de um tipo diferente: os jovens hindus que conheci estavam frustrados por sua exclusão da classe média; apesar de sua retórica de uma idade áurea indiana, não buscavam mudar radicalmente os modos do mundo, nem tinham pontos de vista alternativos, como Mahatma Gandhi tivera, sobre o que uma vida boa e verdadeira era e poderia ser. Até os ideólogos hindus mais extremados não queriam, no final, como os *jihadis*, contestar ou rejeitar o conhecimento e o poder do Ocidente. Eles estavam satisfeitos em aceitar o mundo como o encontraram, dominado pelo Ocidente, e acharem nele um nicho para si próprios: eram, acima de tudo, materialistas dissimulados. Essa colaboração pragmática com o Ocidente foi o que produziu a nova renascença hindu dos últimos 150 anos — uma regeneração da qual os magnatas do *software* no Vale do Silício e os escritores indianos na Inglaterra são aspectos correlatos. A ambição de Gandhi — formar uma sociedade tão diferente quanto possível da ocidental — tem poucos adeptos na Índia. Ironicamente, sua desconfiança e o medo da modernidade ocidental está agora mais bem amplificada pelos islamitas radicais do Paquistão, no qual uma elite pós-colonial ocidentalizada — cujos homens vinham das elegantes faculdades que Gul desprezava, e agora falavam desamparadamente em suas casas de fazenda sobre a talibanização do Paquistão — ficou desacreditada.

É por isso que, enquanto a Índia se aproxima a cada dia do Ocidente, o Paquistão parece muito mais afastado dele. É por isso também que Rahmat, embora imaginasse que eu era muçulmano, me via essencialmente como um estrangeiro, alguém muito afastado dele: um residente em Londres, a cidade de Sodoma e Gomorra. E foi por isso que fiquei assustado quando, ao levantar os olhos de seu carneiro com arroz febrilmente devorado, Rahmat me perguntou se as mulheres em Londres circulavam com as pernas de fora.

Essa era uma questão que vinha do meu próprio passado: o tipo de coisa que ficava girando na minha mente quando eu ainda era um menino em cidades isoladas, sem TV ou cinema por perto para inibir minha imaginação. Era estranho e inquietante pensar na velocidade com que esse passado, com suas peculiares privações materiais e sensoriais, tinha desaparecido: como as minhas condições tinham mudado dramaticamente. Ninguém na minha família, antes de mim, jamais tinha saído da Índia, enquanto eu passava grande parte do ano em Londres e viajava para muitas partes diferentes do mundo. Eu publicava em jornais norte-americanos e ingleses; dependia deles, na verdade, para viver.

A globalização tinha aberto também o Ocidente; havia mais espaço para pessoas como eu — pessoas que teriam de lutar muito mais para ter espaço semelhante em seus países de origem. Eu ainda me sentia à margem, escrevendo a respeito de assuntos que pareciam distantes das preocupações ao meu redor, a obsessão com comida, sexo, dinheiro, cinema e celebridades que eu via refletida nos jornais de fim de semana na Grã-Bretanha. Mas o choque cultural inicial já tinha passado. Como colonial, eu era filho, embora de modo distinto, do Ocidente. Enfim, a Inglaterra era o lugar que eu, como adulto, tinha escolhido para ficar; e, com o tempo, chegara a ver alguma coisa de frágil e hipócrita na minha exasperação a respeito de namorados e comprimentos de saias.

De qualquer modo, eu passava a maior parte do tempo em Londres, na minha escrivaninha, e tinha um relacionamento apenas superficial com o mundo ao meu redor. No início ficava perturbado com os muçulmanos devotos que muitas vezes via em Brick Lane, bastante perto do meu apartamento. Entretanto, como acontece muitas vezes, quanto mais dinheiro você tem, mais liberal fica, mais afinado com a cidade cosmopolitana e sua branda tolerância de classe média. Em Londres, onde fiquei conhecendo segurança e estabilidade pela primeira vez na vida, passei a ser uma pessoa sem passado; e à medida que os meses passavam, os muçulmanos se apagavam na confusão promíscua das discotecas gays, dos varejistas de couro, restaurantes *balti*, salas de música, lojas de café e bagel.

Mas esse tipo de ocidentalização também pode ser superficial: você pode rapidamente cair num conservadorismo cultural mais antigo. Suas fidelidades políticas podem estar mais misturadas do que você e outras pessoas pensam. Isso explica meu mal-estar na embaixada norte-americana em Islamabad poucos dias depois de conhecer Rahmat, em que os especialistas em fundamentalismo talibã e islâmico ficavam usando os termos “nós” e “eles”, imprimindo em mim a urgência de forçar “aqueles caras”, os talibãs, a entregarem seu hóspede especial, Osama bin Laden. Embora eu, com minha barba e o barrete afegão, parecesse um “deles” — os homens desesperados do lado de fora dos muros da embaixada, como as muralhas de uma fortaleza — os norte-americanos não tinham dúvidas do meu lugar: eu era um de “nós”, parte da poderosa civilização imperial que, nesse vulnerável e remoto posto avançado, se caracterizava por pistas de boliche, bares e as fotos emolduradas de churrascos chiques nas paredes.

*

Não existiam ambigüidades para os diplomatas: eles defendiam o governo para o qual trabalhavam com tanta paixão e vigor quanto os *jihadis* — os "eles", em seu vocabulário — falavam da *jihad*; eles conseguiam fazer com que você sentisse que a guerra que estavam lutando era também a sua guerra, e o lado em que todos estávamos possuía a verdade e o poder.

Era difícil objetar quando se considerava a oposição. Longe de oferecer um plano para uma nova civilização ou sociedade, os talibãs pareciam ter a intenção perversa de aniquilar os poucos cacos de herança cultural dos afegãos que sobreviveram à longa guerra. Eu estava na Índia quando ouvi falar da intenção que os talibãs tinham de destruir todas as estátuas budistas no Afeganistão. Até então eu ainda não tinha visitado o país e não sabia bem o que acontecia. Liguei para um jornalista paquistanês em Peshawar. Ele confirmou algumas das teorias que eu vira nos jornais paquistaneses na internet: os talibãs sentiam-se frustrados pelas sanções impostas a eles pela ONU e queriam chamar a atenção internacional para a situação difícil dos afegãos, que tinham de enfrentar seca e fome; havia uma luta interna entre os talibãs linha-dura e os moderados, e dessa vez os primeiros venceram.

Os jornalistas não tinham certeza quanto às estátuas, no entanto. Os altos budas expostos em Bamiyan estavam lá há séculos; eles não podiam ser retirados. E o museu em Cabul, que mantinha os melhores exemplos da escultura indo-grega, tinha sido saqueado há muito tempo, primeiro pelos *mujahedins* que tomaram a cidade depois da queda do regime comunista, em 1992, e depois pelos talibãs, em 1996. Não sobrara muita coisa; jornalistas estrangeiros que visitavam o museu viam apenas algum entulho, que podia ter vindo de qualquer lugar. Há anos as estátuas têm sido contrabandeadas para fora do Afeganistão e transportadas a distâncias tão longínquas como Nova York e Tóquio; ainda era possível encontrar umas poucas em antiquários nos bazares de Peshawar.

Eu já vira algumas dessas estátuas, quase que por sorte, na disposição um tanto banal de uma casa em um subúrbio de classe média alta de Peshwar, na qual elas ficavam em caixas de vidro em frente a uma grande lareira falsa. Pertenciam ao general Naseerullah Babur, outro dos poderosos militares do Paquistão e "tio favorito" de Benazir Bhutto. Ele não dizia como conseguira as estátuas, a maior parte das quais reconheci de fotografias que tinha visto, e só murmurou alguma coisa a respeito de tê-las encontrado durante escavações. Não era difícil adivinhar, no entanto; e depois descobri que a maneira pela qual adquiriu as estátuas era um segredo de polichinelo, do mesmo modo que seu patrocínio original aos talibãs.

Ele era também responsável por conter uma guerra civil particularmente selvagem em Carachi entre os sindis locais e os migrantes muçulmanos da Índia. Na verdade, o próprio Babur me contou várias dessas histórias, a face larga muitas vezes abrindo-se em sorrisos infantis: ele era o retrato escrito do aposentado que fizera seu pé de meia, mesmo que de modo um tanto duvidoso, e estava ansioso por estabelecer seu papel em eventos maiores: o bravo *pashtun* da lenda, como um chofer de táxi o descreveu para mim com admiração, que patrulhava Carachi durante o pior período da violência em um jipe aberto, sem escolta.

A ligação de Babur com o Afeganistão começara quando ele era governador da província da fronteira noroeste, nos anos 1970.

Foi nessa época que conheceu pela primeira vez os islamitas afegãos que se tornaram nomes famosos na *jihad* e os apresentou a diplomatas norte-americanos em Islamabad.

Em 1993 Benazir Bhutto voltou ao poder, três anos depois de ter sido deposta pelo ISI e por Hamid Gul, e Babur se tornou ministro do Interior. A essa altura, o Afeganistão estava um caos. As estradas, pontes, escolas, pomares e sistemas de irrigação estavam em ruínas. Ainda mais desastroso era o colapso moral que ocorrera nos anos depois da retirada soviética em 1989. O Estado moderno, com suas políticas de imposição de leis, mal existira fora das cidades, enquanto a guerra civil e o conseqüente deslocamento de milhões de pessoas solapavam ainda mais os códigos tribais e religiosos que anteriormente governavam a vida dos afegãos comuns. Senhores de guerra e gângsteres prosperaram nesse vácuo. Gulguddin Hekmatyar, o *mujahedin* favorecido pelo ISI, já tinha se desviado para a fabricação e o contrabando de heroína; muitos outros comandantes *mujahedins* passaram para o contrabando e o assalto em estradas. Havia homens armados em barreiras improvisadas nas principais estradas. A situação era especialmente ruim nas províncias de maioria *pashtun* do Afeganistão do sul, onde diversos comandantes estupravam meninos e mulheres e saqueavam à vontade.

Um dia, em 1994, em uma aldeia perto da cidade de Candahar, um homem *pashtun* com cerca de trinta anos de idade, chamado Mohammed Omar, ouviu falar de duas mulheres que tinham sido seqüestradas e estupradas por alguns comandantes locais. Como muitos jovens *pashtun* de sua aldeia, Omar, filho de camponeses sem terras, participara da *jihad* contra os comunistas locais e estrangeiros. Fora ferido diversas vezes e perdera o olho direito. Depois da retirada soviética recomeçara a ensinar na *madrassa* de sua aldeia. Estava profundamente magoado pela anarquia ao seu redor, e muitas vezes falou com seus amigos na aldeia sobre o modo de acabar com isso e estabelecer a lei do Corão. A notícia das mulheres estupradas finalmente o incitou à ação. Ele saiu para a *madrassa* local e reuniu um bando de trinta estudantes numa missão de resgate. Os estudantes conseguiram cerca de dezesseis rifles. Depois libertaram as meninas e enforcaram os comandantes na torre de um tanque. Poucos meses mais tarde houve outro incidente em que dois comandantes brigaram com armas nas ruas de Candahar por causa de um menino que os dois queriam estuprar. Mais uma vez Omar apareceu com seus estudantes, soltando o menino e executando os comandantes.

Essas eram as histórias que Rahmat escutara em sua mesquita no Punjab; eram também as histórias que Babur ouvira em Islamabad. A fama dos talibãs crescera muito depressa. Afegãos de todos os lados começaram a apelar para eles pedindo proteção contra os senhores de guerra. Não tardou a surgirem pedidos de ajuda aos talibãs, junto com grandes doações em dinheiro feitas por parte dos comerciantes e contrabandistas que precisavam de paz e estradas abertas no sul do Afeganistão para garantir o transporte de mercadorias para o Irã e as repúblicas da Ásia Central.

O próprio Babur há muito estava de olho em estradas, oleodutos e gasodutos que atravessavam o Afeganistão e iam para as repúblicas da Ásia Central. Houve também muito interesse por parte de companhias multinacionais de petróleo. Mas ainda se lutava por Cabul. O ISI, no qual nem Babur nem Bhutto confiavam, insistia em apoiar Hekmatyar, que estava longe de impor a estabilidade necessária à condução dos negócios no Afeganistão. A única outra rota para a Ásia Central passava pelo sul do Afeganistão, mas quem se aventurasse arriscava-se a pagar um número infinito de pedágios e a enfrentar outras formas de banditismo.

Babur elaborou um plano para reconstruir a estrada do Paquistão até Herat com financiamento de agências internacionais; em outubro de 1994 levou um grupo de diplomatas ocidentais e chineses numa viagem exploratória até Herat. Mais tarde, no mesmo mês, tentou algo mais arriscado: arranjou para que trinta caminhões paquistaneses fossem, através do Afeganistão, até a capital do Turquemenistão, Ashkhabad.

Babur me contou que o aconselharam a não fazer isso. Os comandantes que controlavam as estradas no sul do Afeganistão deviam estar muito furiosos com ele. Não tinham sido informados a respeito da visita dos diplomatas, e acharam que isso significava que Babur apoiava os talibãs, que apenas alguns dias antes haviam capturado um enorme arsenal reunido durante a época em que a CIA enviava armas para os *mujahedins*.

Babur disse: "Fui fundo. Era uma experiência. Pensei: vamos ver o que acontece."

Poucos quilômetros fora de Candahar, o comboio foi parado por comandantes locais. Eles mandaram que os motoristas paquistaneses, inclusive alguns oficiais do exército, estacionassem numa aldeia nas imediações. Os homens estavam em menor número, e portanto não resistiram, transmitindo apenas aos seus superiores em Islamabad as exigências dos comandantes: dinheiro, divisão das mercadorias no comboio e uma promessa de parar de apoiar os talibãs.

Durante três dias oficiais paquistaneses em Islamabad ficaram pensando no que fariam: uma operação especial para resgatar o comboio foi discutida e finalmente abandonada. Então Babur pediu ajuda aos talibãs.

Os estudantes atacaram a aldeia em que o comboio estava estacionado e expulsaram os comandantes e seus homens. Naquela mesma tarde atacaram Candahar e, depois de dois dias de luta, conquistaram a cidade e expulsaram os demais senhores de guerras da área.

Este foi o início absurdamente bem-sucedido da campanha militar que trouxe os talibãs quase para o Afeganistão inteiro em apenas dois anos. No início de 1995 eles tomaram Herat; um ano mais tarde estavam em Cabul. Não fizeram isso sozinhos: milhares de paquistaneses como Rahmat se ofereceram para lutar ao lado deles, enquanto propinas em dinheiro levantadas por transportadores e contrabandistas neutralizaram a maior parte dos senhores de guerras; e Babur pôs a considerável experiência paquistanesa ao dispor deles.

Ele enviou engenheiros paquistaneses para substituír o sistema telefônico, consertar o aeroporto de Candahar e melhorar as estradas; e embora Babur nem negue nem confirme isso para mim, apenas tenha aberto outra vez seu sorriso malicioso, os soldados regulares do exército paquistanês lutaram junto com os talibãs, e os oficiais de alta patente planejaram suas campanhas. O próprio Babur monitorou de perto, em 1996, a captura de Cabul de onde levaria, como os invasores do passado, seu próprio butim: as estátuas de Buda e Bodisatva que agora adornavam sua sala de estar.

Cinco anos mais tarde, os "meninos", como Babur chamava os talibãs, tinham ficado mais ambiciosos. Eles não se contentavam, como nos velhos dias, em expulsar os senhores de guerras e instituir um tipo de justiça rude e imediata. Eles queriam criar a sociedade islâmica mais pura do mundo. Seus líderes se autodenominavam mulás, embora poucos tivessem a instrução necessária para essa qualificação — Mohammed Omar foi um passo além e se ungiu Amir-ul-Momineem ("Comandante dos Fiéis"). Desenharam uma nova bandeira para o Afeganistão. Homens do Departamento de Prevenção do Vício e Promoção da Virtude eram responsáveis por examinar o comprimento das barbas e bater nas mulheres que não tivessem a companhia de um homem.

Babur desaprovava as restrições dos talibãs em relação às mulheres. Mas eles não se voltavam mais para homens como Babur em busca de conselhos. Tinham seus próprios incentivadores: os mulás do Afeganistão rural e os *jihadis*, políticos islamitas e oficiais do ISI do Paquistão.

E tinham seus simpatizantes: Ishrat era um deles, embora não morasse no Afeganistão desde 1981, quando, como refugiado de dezesseis anos de idade, ele fizera a longa jornada da província sulina de Helmand até o Paquistão. Ele freqüentara uma escola em Peshawar durante a *jihad* anti-soviética e aprendera inglês suficiente para conseguir se tornar guia e intérprete para jornalistas estrangeiros. Ishrat era, disse Shafiq, a melhor pessoa para se levar ao Afeganistão; seu inglês era excelente, e ele conhecia tudo, não apenas a polícia e os homens da alfândega, mas também os tribais potencialmente problemáticos nas regiões de fronteira.

"Você tem de escrever a verdade", ele não parava de dizer, "e ver as coisas dentro do contexto. Não se deixe influenciar por aquilo que você lê na mídia ocidental." Não há, falou ele, nada de inédito a respeito das restrições dos talibãs quanto às mulheres, sua dureza com respeito a criminosos banais, sua rigidez religiosa: o sistema tribal que dominara a vida da maioria dos afegãos sempre foi severo.

Ishrat era um homem baixo; a barba que pendia de seu rosto pequeno era muito comprida; os *kurtas salwar* que ele usava eram sempre grandes demais para seu corpo magro. Achei que a admiração dele pelos talibãs continha algo do fascínio que as pessoas fisicamente pouco atraentes sentem pelas demonstrações de poder e força bruta.

Eu estava pouco à vontade; mas fiquei com ele. E havia aquele desconcertante núcleo de verdade em suas mais loucas afirmativas. Nos dois meses que se passaram desde a minha primeira viagem ao Paquistão, os talibãs destruíram as estátuas gigantes de Buda em Bamiyan; e Ishrat estava obcecado com a atenção dada ao fato no Ocidente. "Por que os ocidentais se preocupam tanto com velhas estátuas budistas que ninguém venera? Por que não estão eles escrevendo manchetes a respeito dos dois milhões de pessoas que morrem de fome no Afeganistão? Querem dar dinheiro pelas estátuas e levá-las para seus museus, mas e os seres humanos?"

Era difícil responder a Ishrat, em parte porque eu não estava seguro quanto aos meus próprios sentimentos. Eu visitara o acampamento perto de Peshawar, em que famílias inteiras se amontoavam sob tendas de plástico minúsculas, erguidas entre aléias estreitas enlameadas com água de sabão e urina. Lera as alarmantes reportagens de ONGs sobre a fome e inanição em massa no Afeganistão. Sabia a respeito do fracasso da ONU em levantar recursos, até mesmo os 221 milhões de dólares, como ajuda humanitária ao Afeganistão.

Eu começara a escrever um livro a respeito do Buda, e lera sobre como as caravanas de mercadores tinham disseminado suas idéias desde a Índia setentrional até a Ásia Central. No Paquistão, visitara alguns dos locais em que os mercadores haviam construídos grandes mosteiros. Eu não tivera grande interesse por Bamiyan: as estátuas gigantescas pareciam feias, nas fotografias, e havia o testemunho de Robert Byron, dado no início dos 1930, sobre faltar nelas "até a dignidade da labuta". Entretanto, a antiguidade das estatuas dava-lhes algum tipo de importância — durante quinze séculos postas silenciosamente em largos vales montanhosos, agüentaram as mudanças de estação e de religião à sua volta; e a notícia de sua destruição me consternou.

Mas então, à medida que se passaram os dias, fiquei um tanto cansado do ultraje e do desdém; havia algo de fácil e fluente demais quanto à demonização dos talibãs. Na Índia, os protestos mais ruidosos tinham vindo daqueles nacionalistas hindus que demoliram a mesquita de Babri em Ayodhya, em 1992. Nos raivosos editoriais em Londres, os talibãs mais uma vez apareciam como bárbaros especialmente malvados vindos da Idade Média, e não os filhos bastardos que cada vez mais pareciam, para mim, serem filhos do arrogante intrometimento do Ocidente no Afeganistão em épocas muito recentes. Muita história era esquecida ou desconsiderada até nas denúncias mais ambiciosas: as tentativas anteriores dos muçulmanos de destruir as estátuas de Buda; o vandalismo britânico em Herat e a relativa novidade da reverência do Ocidente por monumentos do passado. E quando Ishrat disse, "é tudo hipocrisia, os ocidentais têm medo do islã, querem proteger as estátuas; mas eles nunca ouviram falar dessas estátuas, eles não sabem nada sobre o Afeganistão, não se interessam em saber se as pessoas lá vivem ou morrem", eu fiquei quieto.

No Afeganistão tive uma discussão com Ishrat. Ele queria que eu fosse a Jalalabad e falasse com os hindus e siques, que confirmariam seu relato da grande paz e estabilidade trazidas ao país pelos talibãs. Mas não era isso o que eu queria fazer: essa matéria já tinha sido feita por vinte jornalistas. Eu queria ir às aldeias.

"O que vai você fazer nessas aldeias?", perguntou Ishraq. "Não há nada lá." Achei que a resistência dele era só porque todos os seus contatos estavam nas cidades. Mas no final ele acedeu. Disse que conhecia alguém com quem eu poderia falar. Continuou com a propaganda dentro do táxi. "Durante a *jihad* contra a Rússia", disse ele, "toda a região estava cheia de contrabandistas de drogas. Você já ouviu falar nos *afridis*? Povo tribal *pashtun*. Eles controlam o comércio de drogas. Papoula plantada no Afeganistão, transformada em heroína no Paquistão e depois contrabandeada para a Europa e os Estados Unidos através do Irã e Carachi. Ninguém escrevia sobre isso. O *mujahedin* favorito dos Estados Unidos, Hekmatyar, dirigia dezenas de laboratórios de heroína. Agora os talibãs proibiram a papoula, os contrabandistas estão furiosos com eles, mas eles dizem que a heroína é contra o islã. Eles perdem dinheiro por causa de sua fé. Mas mesmo assim ninguém está escrevendo. Eles falam de Osama bin Laden. Mas quem é Osama bin Laden? Ele é um homem dos Estados Unidos, os Estados Unidos fizeram o que ele é."

Ishrat apontou para o cassete com aparência antiga de música de filme indiano no painel do carro e disse: "Vê, os afegãos conseguem ouvir música". Mas aí apareceu uma barreira à distância, e o motorista estendeu a mão para o cassete e o escondeu rapidamente no bolso do paletó puído antes que os meninos com turbantes pretos e fuzis Kalashikovs pudessem se aproximar do carro, empertigados, enfiassem seus rostos de pele lisa pela janela aberta e fizessem perguntas severas.

Depois disso Ishrad ficou silencioso. O sol subiu mais alto; a luz ficou cada vez mais forte, tirando a cor até das tendas dos nômades à beira da estrada; um manto branco dissolvia o céu, velava as altas montanhas distantes e depois pairava por cima dos campos infecundos, infestados de moitas, e das casas baixas de barro dispostas nas encostas cheias de pedras. Havia pouco tráfego: grandes caminhões para os quais pequenas famílias errantes na estrada acenavam, tentando fazer parar — Ishrat os identificou como refugiados paquistaneses das províncias do norte de maioria tadjique —, e mais freqüentemente caminhonetes Toyota, rápidas e perigosas na estrada ruim, homens de turbantes pretos com Kalashikovs e expressões vazias apertados desconfortavelmente na caçamba traseira.

As Toyotas — famosas por serem os veículos com os quais os talibãs tinham conseguido sua vitória militar em Herat — largavam vastas nuvens ondulantes de poeira que depois eram silenciosamente absorvidas na teimosa neblina branca. Houve mais poeira assim que saímos da estrada para Jalalabad, e o carro começou a balançar e sacudir num caminho de terra esburacado: a poeira entrava até pelas janelas fechadas e se depositava no plástico sobre o castigado couro marrom dos assentos do carro; empoava as barbas de Ishrat e do motorista do táxi; eclipsava os grupos ocasionais de crianças e mulheres envolvidas em xador que carregavam bolos de estrume na cabeça; e assustou as cabras esquálidas sentadas na estreita sombra do muro de barro na frente do qual paramos subitamente.

Capim amarelo saía das rachaduras que pareciam teias no muro. Mas logo a porta baixa de madeira se abriu; um homem alto com uma longa barba branca saiu e abraçou Ishrad; o rápido olhar inquisidor que lançara sobre mim se modulou em um sorriso quando Ishrat explicou minha presença, subitamente falando rápida e ininteligivelmente em *pashto*.

Ele nos levou — sem falar muito, nem com Ishrat nem comigo —, pelo pátio vazio coberto de feno ao que parecia ser um aposento especial para visitas. Aí me trouxe água numa gamela rasa; indicou o local no pátio — à frente de um dreno sulcado que corria em torno do conjunto — onde eu deveria lavar o rosto e as mãos. Logo em seguida, voltou com chá verde. O chá tinha um gosto leve de poeira e fazia parecer que a xícara de porcelana — um toque inesperado de luxo no aposento despido — estivera sem uso durante um longo tempo em um dos pequenos nichos na parede de um dos aposentos escuros, de teto baixo, em torno do pátio.

Vi-me com esperanças, mas também ligeiramente exausto pela viagem, pelo nervosismo que me causavam os talibãs nas Toyotas. Ishrat não tinha prometido muito no carro. Ele me dissera o nome do nosso anfitrião — Faiz. Contara-me a respeito de seu envolvimento na *jihad* anti-soviética e dos ferimentos — sempre itens sedutores desses relatos do *mujahedin* — que sofrera em um ataque de morteiros feito pelos comunistas.

E foi dessa vida que Faiz me falou intermitentemente naquela tarde e de noite naquele aposento fresco, despido — Ishrat traduzia, o chofer olhava sem expressão para lugar algum — e ele falou, não como falaria um homem que se julgasse bem-sucedido, com orgulho e nostalgia. Falou — encostado na parede, os joelhos encolhidos, olhos apertados vagando sem parar pelo aposento — com o ar neutro de um homem que tinha simplesmente vivido a sua vida do único jeito que pôde.

Ele mal se lembrava da infância, quando seu pai possuía algumas vacas e cabras. Mas falou animadamente da época, nos anos 1970, em que a região desértica em torno dele era irrigada com ajuda soviética e os pomares de laranjas e oliveiras brotavam de uma terra anteriormente infértil. A família de Faiz era uma das beneficiárias. Houve um breve momento de relativa prosperidade: a casa em que estávamos fora construída naquela época; o irmão mais velho de Faiz fora mandado a Cabul para obter uma instrução mais elevada.

Logo depois houve problemas. Faiz não conseguia se lembrar da data, mas seu irmão foi morto provavelmente em 1978, durante os expurgos que se seguiram ao golpe comunista. Suspeitaram que ele fosse islamita, embora não passasse de um estudante e se mantivesse inteiramente afastado da política.

Os comunistas tinham vindo até a província; reuniram e mataram alguns mulás e prenderam qualquer um que eles suspeitassem ser contra-revolucionário. E aí chegaram os russos.

Ishrat, traduzindo e enfeitando ao mesmo tempo, contou-me a respeito do ódio e desdém dos afegãos com respeito aos invasores estrangeiros, e como cada afegão unira-se espontaneamente à revolta contra os russos. Mas isso não condizia com o que ele traduziu imediatamente depois: como Faiz mantivera-se afastado dos jovens na província que se juntaram para combater os russos. A essa altura ele já estava casado; tinha um filho pequeno; havia os pomares a serem cuidados.

Mas aí começaram os bombardeios de helicópteros russos em reação a ataques de guerrilheiros a comboios comunistas. Muitos dos campos cultivados perto da estrada para Cabul foram minados; e uma vez destruídos os canais de irrigação, ficou cada vez mais difícil manter os pomares produtivos.

Os pais de Faiz, a caminho de Jalalabad para um casamento, morreram quando o ônibus em que viajavam foi atingido por um morteiro perdido. Houve outras tragédias. O filho de Faiz revelou-se "insano" — Ishrat usou a palavra urdu *paagal*, e eu não achei que pudesse pedir a ele que esclarecesse. Faiz o levou a diversos santuários e *pirs*, inclusive um perto de Jalalabad, famoso por curar a loucura, e o obrigou a usar diversos amuletos. Mas nenhuma dessas tentativas funcionou.

Os dois irmãos de Faiz já estavam com os *mujahedins* quando ele começou a lutar ao lado deles. Não era um trabalho em tempo integral. Havia expedições específicas a que ele se juntava: sobretudo emboscadas a comboios do governo. Ele ficava em casa durante o resto do tempo, cuidando de sua fazenda, cada vez menor.

Foi Ishrat quem deu espontaneamente a informação em urdu — enquanto Faiz olhava sem compreender — de que Faiz tinha adquirido fama de homem corajoso logo no início da guerra. Por isso foi contrabandeado pela fronteira para um hospital em Peshawar quando sofreu ferimentos sérios no abdômen, durante um ataque de morteiros em sua posição nas montanhas em torno de Jalalabad.

O Paquistão, onde ele conheceu Ishrat, foi uma revelação para Faiz. Foi onde ele viu pela primeira vez como a *jihad* contra os comunistas tinha se tornado um grande negócio. Alguns dos chamados líderes dos *mujahedins* afegãos, que moravam em vilas grandiosas em Hayatabad, não eram conhecidos dele nem de nome. Mas lá estavam eles, manipulando o desembolso de armas e o auxílio aos refugiados e *mujahedins*. Eles o fizeram pensar com pena e raiva sobre os pobres jovens com que ele lutava — homens que começaram com apenas poucos rifles 303 para eles todos até que conseguissem emboscar um comboio de armas e se equipar com o que havia de mais novo em armamentos soviéticos.

Quando Faiz voltou ao Afeganistão, a *jihad* contra os russos já estava quase terminada. Um comandante *mujahedin* local já governava sua província natal. Então a paz veio rapidamente e durou mais nessa parte do Afeganistão. Homens brancos de agências da ONU vieram reparar os canais; muitos dos pomares e plantações destruídos foram postos a produzir outra vez.

Faiz não fora um dos agricultores sortudos. Nenhum dos canais próximos a ele foi reparado. Ele tivera de voltar para onde seu pai iniciara, ganhando a vida com a venda do leite das poucas vacas e cabras que o pai tinha deixado da época das *jihads*; também ganhava um pouco de dinheiro trabalhando como operário.

Essa foi uma época em que se criava uma grande riqueza em todos os lugares ao seu redor. A maior parte dos campos restaurados estava plantada com papoulas, sob ordens do comandante *mujahedin*, que morava numa mansão e mantinha um exército privado. Ele não era tão ruim quanto os senhores de guerras na província Helmand; não era bandido nem estuprador. Na verdade, ajudava bastante o pessoal que tinha lutado na *jihad*. Mas todo mundo sabia que estava envolvido no contrabando de drogas: os grandes negócios que Faiz vira no Paquistão tinham vindo do Afeganistão. Aviões chegavam a Jalalabad vindos de Dubai carregados de TVs em cores que eram então contrabandeadas para o Paquistão em grandes caminhões. O ópio ia para os laboratórios no sul do Afeganistão e depois, sob a forma de heroína, para o Irã.

Esse fora o motivo pelo qual, no início, Faiz tivera boa impressão dos talibãs quando eles vieram do sul e expulsaram o comandante. Não se importava com a severidade deles: só as pessoas nas cidades irritavam-se com as restrições impostas às mulheres. Mas eles não tinham alterado as coisas essenciais. O contrabando continuara; o cultivo da papoula parara apenas recentemente, e ele sabia de gente que ainda o praticava. Uns poucos negociantes e comerciantes bem relacionados tinham ficado ricos. A maior parte das outras pessoas ficara mais pobre: seus próprios dois irmãos largaram a família para ir para o Paquistão, onde trabalhavam como motoristas de caminhão. E havia o assédio: alguns rapazes apareceram em sua casa para recrutar seu filho para a guerra contra os tadjiques no norte, e tiveram de ser convencidos de que ele não era apto para ser soldado. Faiz também não gostou da dependência dos talibãs das *jihads* árabes e paquistanesas, muitas das quais ele viu na província. Os estrangeiros já tinham causado prejuízo suficiente no Afeganistão; era hora de eles deixarem o país e seu povo em paz.

A consternação apareceu no rosto de Ishrat quando ele traduziu isso; e houve uma breve discussão entre ele e Faiz. Eu não conseguia seguir a maior parte dela; e não confiava na explicação que ouvira de Ishrat, que afirmava estar discutindo se os árabes e paquistaneses que estavam ajudando os talibãs eram companheiros muçulmanos, e não infiéis, como os russos e norte-americanos.

*

Pensei a tarde inteira a respeito do vazio daquela casa grande, a ausência da mulher e do filho de Faiz. Depois vi duas vacas emaciadas tropeçando para dentro do pátio, seguidas por um homem magro, de barba falhada, com um cajado: esse era, disse Ishrat, o filho "insano" de Faiz. Ele amarrou as vacas numa estaca de ferro e desapareceu de nossa vista. Um pouco depois, ouvi um remexer de panelas em um aposento adjacente e vi uma figura vestida de xador movimentar-se energicamente no pátio para jogar um pouco de feno para as vacas e depois voltar rapidamente. Ela estivera lá a tarde toda, possivelmente dormindo ou deitada em silêncio no chão.

Quando Faiz saiu rapidamente do aposento, perguntei a Ishrat se era possível conversar com ela por alguns minutos. Ele foi rápido em perceber a hesitação na minha voz. "Por que você quer falar com ela?", perguntou, ligeiramente agressivo.

Não tive tempo de responder. Faiz voltou naquele instante: a lanterna que carregava encheu o aposento com o cheiro de querosene. Ishrat explicou minha solicitação a ele em *pashto* enquanto eu observava com alguma apreensão.

Vi o rosto de Faiz ficar tenso; senti seus astutos olhos estreitos sobre mim antes de se voltar para Ishrat.

A resposta era não. Ishrat, falando mais uma vez por si mesmo, disse que os costumes locais não permitiam que homens estranhos falassem com as mulheres.

Faiz subitamente o interrompeu; disse que poderia transmitir minha pergunta à sua mulher e me trazer a resposta.

Era melhor que nada, de modo que fiz a pergunta óbvia a respeito da vida para as mulheres sob os talibãs. Demorou um tempo para que Ishrat traduzisse isso, e eu não tinha muita certeza de ele o tivesse feito da maneira correta até que a resposta voltou com Faiz um pouco mais relaxado.

Ele riu enquanto falava, revelando dentes iguais aos de uma criança; e o próprio Ishrat sorriu enquanto traduzia. O que ela menos gostava a respeito das regras dos talibãs era viajar de ônibus para as cidades vizinhas. As estradas estavam estragadas; os ônibus eram poucos; e as viagens eram mais duras para as mulheres, que eram obrigadas a se agachar na parte de trás do ônibus, separadas dos homens, que iam na frente.

A luz fora do aposento ficou mais suave; e foi no crepúsculo cinza-azulado que Faiz e Ishrat saíram para oferecer *namaz*. Eu os observei de dentro da sala: duas figuras silenciosamente vigorosas no desgastado chão do pátio, inclinando-se e esticando-se quase em uníssono, expressando uma fé comum, mas tão distante em suas experiências: o intermediário para jornalistas estrangeiros em Peshawar afinado com as sempre novas ideologias e paixões, e Faiz, o combatente aposentado, com todos os seus desapontamentos e dores prévias alvejados pelas lutas atuais da sobrevivência, da casa e do pátio despidos, e o vazio maior do lado de fora.

Mais tarde, eu mesmo saí e subi ao teto chato. A noite descera rapidamente e o silêncio era grande. O ar carregava um tinido misteriosamente suave, e então umas duas cabras revelaram-se a distância. Uma meia-lua brilhante destacava as montanhas no sul e no norte, derramando-se calma sobre a planície pedregosa e sem árvores que dominava entre as duas.

De manhã, quando os comboios dos talibãs tinham corrido pelas montanhas em grandes trilhas de poeira, a planície parecia a encenação de um posto para incontáveis conquistadores e saqueadores. O próprio Alexandre, o Grande, a cruzara em sua ida à Índia: eu aprendera esse fato nos livros, e ele dera à terra plana e fútil um tipo de aura.

Agora eu a via de modo diferente. A história de Faiz a animara com muitas realizações e desastres humanos diferentes: os sistemas de irrigação, os pomares de oliveiras, os bombardeios por helicópteros, as minas, os plantadores de papoula e os contrabandistas de drogas.

Se você quisesse, podia ligá-la a histórias e geopolíticas mais amplas, a estrategistas da Guerra Fria em confortável retiro suburbano nos Estados Unidos e aos generais em suas mansões no Paquistão, ainda fazendo fantasias a respeito de impérios pan-islâmicos, rotas de comércio e oleodutos. Mas quando você a via sob o ponto de vista de Faiz, ainda faltava aos eventos um padrão redentor. Eles falaram — na casa com vacas magras, o filho maluco e a mulher invisível com seus sofrimentos silenciosos — só da diminuição das possibilidades humanas e da constante opressão das vidas individuais.

Em Peshawar, mais tarde, em 2001, fiquei sabendo notícias de Jamal por um dos outros homens que eu conhecera nos escritórios do *Frontier Post*. Coisas terríveis tinham acontecido a ele e ao jornal. Apenas poucos dias depois da minha visita anterior, chegara uma carta por correio eletrônico. Começara bastante inócua, mas depois insultava o profeta Maomé nos mais grosseiros termos. Jamal a aprovou para publicação sem lê-la até o fim. Ninguém mais notou, até ela ser arrebatada por uma das organizações fundamentalistas, sempre à espera de minar a imprensa de língua inglesa. Uma turba de homens barbados emergiu não se sabe de onde e botou fogo na gráfica. A polícia selou os escritórios e prendeu diversos jornalistas; o editor que eu conhecera conseguiu fugir da polícia e agora estava escondido com seus companheiros tribais em algum lugar perto de Khyber Pass. A maior parte dos jornalistas já tinha sido solta, mas Jamal estava na prisão, esperando julgamento por blasfêmia.

A punição para blasfêmia no Paquistão é a morte. Mas Jamal já estava quase morrendo; o jornalista ficou surpreso de eu não saber, ou não ter adivinhado, pelos olhos amarelos, baços, o vício em heroína. Começara logo depois de Jamal chegar em Peshawar e conhecer alguns comerciantes de drogas; ele entrara e saíra de diversos hospitais.

Agora ninguém podia fazer mais nada por ele, disse o jornalista. A princípio fiquei chocado com a desumanidade, e depois eu mesmo me senti um pouco culpado. Em Londres eu tinha recebido algumas mensagens eletrônicas de Jamal a respeito do livro que ele queria escrever. Eu não respondera o livro me parecia uma idéia condenada ao fracasso.

O jornalista, que, tendo ele mesmo escapado por pouco da fúria dos fundamentalistas, estava apenas sendo sincero de um modo indiscutivelmente brutal. Eu achei que sequer poderia oferecer algum tipo de ajuda. Minha própria situação no Paquistão, como hindu e indiano, já era complicada. Seria arriscado demais envolver-me com um assassino, viciado em heroína e blasfemo.

"Eles são tão fanáticos aqui!", dissera Jamal em nosso primeiro encontro, e eu fora grato pelo sentimento, mesmo que soubesse que era um exagero comum, porque as palavras mexeram com alguma coisa que senti durante meus primeiros dias no Paquistão — aquela ansiedade mais profunda a respeito dos muçulmanos que comecei a reconhecer em mim mesmo só depois de sair do Paquistão e me sentir outra vez seguro na Índia.

O desconforto nunca me deixou inteiramente. Mas eu percebera que alguma coisa em mim estava mudando durante as semanas no Paquistão; e houvera um momento inesperado, mais para o final de minha estada. Eu tinha ido ver uma mesquita mogul em Peshawar. Os espiões não me seguiram até o pátio, no qual alguns poucos homens estavam sentados ao sol da tarde, e achei que estava sozinho até ver um velho dormindo em um canto escuro. Ele era evidentemente um refugiado afegão. Sua longa barba branca e as feições nítidas me fizeram pensar que era de Herat, ou das províncias ocidentais mais próximas ao Irã. Sua cabeça, pousada em uma trouxa envolvida em seda, exibia o perfil fino dos monges e caminhantes de miniaturas persas e mogul; ao observá-lo no velho prédio em decadência — nos quais os ladrilhos marchetados estavam todos desbotados ou lascados, as lâminas largas dos ventiladores oscilavam perigosamente enquanto giravam, e os pássaros conversavam invisíveis em algum lugar acima das cúpulas escuras —, de repente me senti puxado para séculos atrás. Eu tive uma impressão fugidia, mas vívida e inebriante, da grandeza da antiga civilização global do islã, a glória e o esplendor de cidades que já foram famosas e que agora estão devastadas — Herat, Balkh, Bagdá —, de toda a vida e do mundo que a religião já criara.

Esse mundo estava agora em confusão; fora invadido pela invencível civilização moderna do Ocidente. Visto de fora, só parecia capaz de produzir fanatismo do tipo que tinha esmagado Jamal, e era difícil não sentir repulsa por isso.

"Os estrangeiros deviam nos deixar em paz", dissera Faiz. "Nós vamos encontrar nosso próprio caminho." Mas incontáveis homens tentaram e fracassaram, muitas sociedades foram expostas a novos tipos de dor, e ainda não estava claro qual poderia ser esse caminho, se as novas versões do islã poderiam trazer justiça, paz e prosperidade aos fiéis, se eles sequer tinham alguma chance contra a globalização.

De qualquer modo, eu sempre podia sentir-me distante desses debates e lutas. Nenhum deles tocara a minha vida antes de eu ir ao Paquistão e ao Afeganistão. Eu pertencia a outro mundo, mais afortunado. Os diplomatas norte-americanos em Islamabad haviam adivinhado certo: eu já tinha escolhido o meu lado.

Mas eu estava confuso. Pensara em Jamal como um aliado. Seu destino, no entanto, estava ligado às pessoas sem feições do outro lado — pessoas que eram tanto perseguidores como vítimas.

Eu não via como as coisas, dado o modo com estavam agora, poderiam funcionar para eles. Mas o pensamento de seu fracasso era doloroso. Eu queria que essas pessoas prosperassem. Eu queria que elas tivessem tanta dignidade e liberdade quanto eu tivera nos últimos anos, mesmo que eu não pudesse deixar de ver o absurdo do meu desejo, e cada vez mais duvidasse: o tipo de vida que eu levava era o que essas pessoas aparentemente destituídas queriam, ou com a qual se contentariam?

Afeganistão: comunistas, mulás e senhores de guerra

Grande parte de Cabul é feita de barro. E quando choveu antes do Natal de 2004 — aliviando uma longa e severa seca —, a cidade inteira parecia derreter. As pilhas de lama nas aléias não pavimentadas subiram como numa maré em câmara lenta até respingar em tudo: nos grandes Land Cruisers brancos das agências de auxílio e dos ministros afegãos; nos táxis amassados; nos palácios bombardeados de Cabul ocidental; nas choupanas perfuradas de balas nas colinas íngremes; nas embaixadas estrangeiras fortificadas e nos escritórios das Nações Unidas; e até nos grandes anúncios exortando os afegãos, em inglês peculiar, à "reconciliação e paz nacional".

Apesar da chuva e do frio, os bazares estavam apinhados. Lojistas que representavam quase todos os grupos étnicos do Paquistão — *pashtuns*, tadjiques, hazaras, uzbeques e turcomanos — vendiam laranjas, tapetes, agasalhos feitos na China, enquanto os mendigos — sobretudo crianças aleijadas e viúvas vestidas em *burkas* — agachavam-se ao lado dos esgotos e sacudiam a bainha das largas calças dos transeuntes. Milhares de famílias de refugiados se amontoavam em torno de pequenas fogueiras na embaixada soviética abandonada, entre placas de concreto estilhaçadas a bomba e bueiros de inspeção abertos.

Era estranho não ver rostos brancos nessa multidão. Até na parte moderna de Cabul, onde milhares de europeus e norte-americanos moravam — principalmente militares, diplomatas, funcionários das agências de auxílio e homens de negócios —, as ruas estavam vazias. Guardas afegãos munidos de fuzis Kalashnikovs ficavam de pé na frente dos portões de ferro montados em altos muros de concreto arrematados com arame farpado. Os portões ocasionalmente se abriam para revelar uma mansão nova ou remodelada, e deixar entrar ou sair um Land Cruiser de vidros escurecidos.

Ser estrangeiro no Afeganistão, ao que parece, é ir de um recinto protegido a outro. Um jornalista indiano que conheci logo que cheguei em Cabul naquele dezembro me contou que a segurança tinha se deteriorado logo depois da eleição presidencial em outubro — que os talibãs não conseguiram desintegrar e que foi vencida, de modo convincente, por Hamid Karzai. No mesmo mês, um homem-bomba, aparentemente dos talibãs, matara uma mulher norte-americana e ferira três soldados europeus em um distrito comercial a poucos metros de distância do meu hotel.

O jornalista indiano parecia solitário, frustrado pelas restrições impostas à sua viagem e à sua vida social. Durante alguns meses, agora, ele quisera estabelecer um CCE (Clube de Correspondentes Estrangeiros) em Cabul, nos mesmos moldes do existente em Hong Kong. Numa noite fria e chuvosa eu fui até sua casa com um dos jornalistas estrangeiros que ele convidara para participar do clube. Quando chegamos, já encontramos vários outros associados em potencial.

Como sempre não havia luz. Um gerador a diesel zunia do lado de fora da casa do jornalista — que parecia uma fortaleza —, um dos milhares que funcionavam simultaneamente em Cabul, dando à cidade um característico ronco surdo. Lá dentro, os empregados, choferes e guarda-costas afegãos — parte do novo mercado de serviços de Cabul — acotovelavam-se, reabastecendo tigelas com frutas secas. O jornalista abriu uma arca cheia de bebidas — garrafas contrabandeadas reluziam maliciosamente sob a luz fraca, tremulante. Bebericando uísque escocês e cerveja alemã, os jornalistas trocavam em voz alta fofocas locais que eu iria ouvir repetidamente, durante os dias seguintes, da boca de afegãos: as propinas de uma operadora afegã de telefone celular para um ministro do gabinete; um milhão de dólares supostamente sumidos dos cofres da Adriana, a companhia aérea afegã. Os jornalistas especulavam se Karzai seria confiante o suficiente para excluir os senhores de guerra mais corruptos e poderosos — o ministro da Defesa Mohammed Fahim e seu representante, Abdul Rashid Dostum — de seu novo gabinete. Havia queixas sobre extravagantes agências da ONU e ONGs que pressionavam para cima os aluguéis em Cabul (até três mil dólares por um apartamento sombrio de dois quartos); sobre os arrogantes empregados da companhia norte-americana DynCorp que trabalhavam como guarda-costas de Karzai.

O jornalista indiano de repente pediu silêncio e leu o que ele disse ser a minuta de um estatuto baseado no do CCE de Hong Kong. Depois pediu sugestões. Praticamente cada idéia proposta naquela noite encontrava um obstáculo. O clube precisava de uma sede permanente. Mas isso só seria possível se os aluguéis em Cabul fossem menos exorbitantes. Membros de empresas pagando muito? Talvez, quando houvesse muitas outras empresas multinacionais no Afeganistão. Títulos de membro honorário para dignatários estrangeiros visitantes, como Dick Cheney, ou o poderoso embaixador dos Estados Unidos no Afeganistão, Zalmay Khalilzad? Possivelmente, quando a embaixada norte-americana se tornasse mais acessível. Até mesmo um bar — indispensável em clubes de correspondentes estrangeiros — parecia impossível de se obter. O pedido de permissão para o consumo de álcool em Cabul poderia causar ofensa em um país que ainda era profundamente religioso e conservador.

Quando voltei a meu hotel naquela noite, passando pelos conjuntos de sacos de areia encimados por arame farpado em torno das embaixadas estrangeiras e dos escritórios das Nações Unidas, senti pena do jornalista. Ele parecia ter razão em argumentar, enquanto seu querido projeto afundava, que Cabul progredira muito desde o colapso dos talibãs, e que sua nova população, com um milhão de refugiados repatriados — muitos dos quais gente rica que passara décadas em sociedades liberais —, tinha peso para fazer uma revolução social.

Mais cedo, na mesma noite, eu vira duas meninas afegãs em uma pizzaria. Elas usavam jeans; seus rostos não estavam cobertos e elas tomavam Pepsi-Cola enquanto viam as mulheres norte-americanas jogarem *softball* no canal de televisão ESPN. Teriam sido uma visão impossível no Afeganistão sob domínio talibã que eu visitara em 2001. Quase quatro anos mais tarde, Cabul estava cheia dessas surpresas: novas vilas muradas com fachadas que imitavam o estilo palladiano, supermercados bem providos, cibercafés, salões de beleza, restaurantes e lojas que vendiam DVDs de Bollywood, além de filmes pornográficos. Parado em um dos grandes engarrafamentos de trânsito de Cabul — causados pelos Land Cruisers —, rodeado pelo animado zunido das novas estações de rádio do Afeganistão e pelas crianças que vendiam jornal na rua, eu me senti como em uma pequena cidade indiana, entre pessoas que prosperavam sob a economia globalizada.

Em escritórios bem iluminados e aquecidos, os diplomatas, funcionários de ONGs e funcionários públicos irradiavam otimismo enquanto forneciam fatos e números que atestavam o progresso no Afeganistão. A primeira eleição presidencial no país fora conduzida com sucesso, sem qualquer grande perturbação. Três milhões de refugiados afegãos no Paquistão e no Irã expressaram sua confiança na pátria ao regressar. Mais de três milhões de crianças estavam matriculadas em escolas, comparadas às 900 mil do tempo dos talibãs. A Força Internacional de Auxílio à Segurança (International Security Assistance Force, Isaf), com oito mil integrantes sob o comando da Otan, começava a fazer a cobertura de regiões além de Cabul. Uma comissão de direitos humanos fora estabelecida. Os 4,4 bilhões de dólares prometidos ao Afeganistão por doadores internacionais em Tóquio, em 2002, estavam chegando — embora lentamente.

Havia por fim uma estrada pavimentada de Cabul até Candahar, 480 quilômetros ao sul. Construíam-se e reformavam-se outras estradas unindo as cidades principais afegãs. Pequenas equipes mistas de civis e militares para a reconstrução regional (PRT, de Provincial Reconstruction Teams), dirigidas pelo Reino Unido, Alemanha e Holanda, consertavam escolas e estradas; operavam nas províncias do norte e esperava-se que viessem a cobrir o país inteiro até 2007. O Japão estava à frente do programa DDR (desmobilização, desarmamento e reintegração), tendo como alvo os exércitos dos senhores de guerra, e havia desarmado cerca de 25 mil dos mais de 150 mil combatentes de milícias privadas. Os Estados Unidos criavam o exército nacional afegão, com dez mil soldados já treinados. Estados Unidos e a Alemanha treinavam 18 mil oficiais da polícia. O Reino Unido liderava os esforços antinarcóticos, e os italianos reformavam o Judiciário.

Ouvir essa litania de esforços era sentir as palavras "comunidade internacional", normalmente usadas pelos afegãos, adquirirem dimensão moral no Afeganistão. Detentores de uma das mais baixas expectativas de vida e de uma das mais altas taxas de mortalidade infantil do mundo, o país parecia necessitar de toda a ajuda que conseguisse obter. Três anos antes de os Estados Unidos reunirem diversas nações para reconstruir o Afeganistão, contudo, muitos afegãos tendiam a culpar, e não a elogiar, essa comunidade internacional.

Para onde ia grande parte do dinheiro da reconstrução, perguntavam, apontando os Land Cruisers, as casas e escritórios de aluguel caro da comunidade expatriada? O desarmamento era um fracasso, e assim permaneceria até se aprimorar a lei de segurança no país: a maior parte dos combatentes das milícias simplesmente escondeu suas melhores armas e devolveu as velhas e ineficazes. O novo exército afegão já sofria deserções. Não havia um plano abrangente para dar casa e comida aos milhões de refugiados repatriados. E, embora os afegãos tenham comparecido entusiasticamente à primeira eleição direta, eles ficaram decepcionados em ver que os senhores de guerra apoiados pelos Estados Unidos ainda dominavam grande parte do país.

Uma noite, logo que cheguei ao Afeganistão, fui ver a doutora Massouda Jalal. Em outubro de 2004 ela aparecera na mídia como a única candidata mulher nas eleições presidenciais. Obteve apenas 1,2% dos votos, enquanto Karzai teve 55,4%. Mas o próprio fato de que uma mulher pudesse se candidatar ao posto supremo indicava a magnitude das mudanças ocorridas no Afeganistão.

Desse modo, foi desconcertante quando a doutora Jalal, sentada em uma sala muito fria, escura, falando baixo um inglês preciso, denunciou as eleições e o processo de registro que a precedeu como uma fraude imposta aos afegãos — uma farsa apresentada pelo governo dos Estados Unidos para impressionar os eleitores norte-americanos no ano das eleições presidenciais na própria nação americana.

A comunidade internacional, continuou a doutora Jalal, acreditava em "quantidade" — números a respeito das eleições e dos processos de registro —, mas era indiferente à "qualidade". As eleições não tinham sido livres nem justas. Muita gente se registrara mais de uma vez, afirmou, e votaram diversas vezes. Com freqüência, homens armados obrigavam as pessoas a votarem em Karzai; eles tentaram também intimidar a própria doutora Jalal durante sua campanha eleitoral.

Os países ocidentais, disse ela, não lhe deram um único dólar, enquanto despejavam milhões na campanha de Karzai. Pior, esqueceram-se dos direitos das mulheres que Laura Bush e Cherie Blair tinham defendido tão ardorosamente no final de 2001, e que eram todos os dias pisoteados no Afeganistão inteiro por homens contratados pelos Estados Unidos na sua "guerra contra o terror". Mulheres instruídas, como ela própria, não tinham permissão para participar na elaboração de políticas. O gabinete de Karzai era dominado por senhores de guerra corruptos e mal tinha qualquer "pessoal qualificado" — pessoas com treinamento e experiência, ela explicou, para traduzir os conceitos ocidentais de democracia em termos afegãos.

Do mesmo modo que aconteceu com outros afegãos que conheci, não me senti capaz de avaliar muito do que ela dissera. Dado que havia apenas 250 monitores internacionais nas eleições no Afeganistão, é preciso cuidado ao considerar os argumentos de que 10,5 milhões de pessoas se registraram para votar e que 70% delas realmente votaram em outubro de 2004. Entretanto, a escala da vitória de Karzai sugere que uma eleição mais bem organizada teria o mesmo resultado geral. Parece-me que a eleição, embora imperfeita, foi um passo positivo.

Poucas semanas depois a doutora Jalal foi nomeada ministra encarregada de "assuntos femininos". Mais uma vez ocorreu-me que, em lugares como o Afeganistão, as pessoas de fora como eu portam seus conceitos do que constitui o progresso e se arriscam a ser limitadas por eles.

Saber — à medida que os dias se passaram e que eu viajei pelo Afeganistão — que as novas mansões com a ousadia arquitetônica de Los Angeles pertenciam aos funcionários públicos corruptos, muitas vezes construídas em terras roubadas de afegãos pobres; ficar sabendo que o governador regional, que falava com intimidade em "paz", "reconstrução", "comunidade internacional" e "erradicação da papoula", era um magnata das drogas; descobrir que a Associação Revolucionárias das Mulheres do Afeganistão (Rawa, Revolutionary Association of the Women of Afghanistan), que ficou famosa durante um curto período no Ocidente por acentuar o tratamento rude dado às mulheres pelos talibãs, tinha medo demais dos islamitas radicais para anunciar sua presença em Cabul — conhecer tudo isso era começar a descobrir um sentido diferente na mudança que acontecera no Afeganistão durante os últimos três anos. Era também se dar conta de que, como os milhões que sofriam com a água contaminada, a falta de energia e de moradia, com os senhores de guerra e as doenças, um clube para jornalistas estrangeiros teria de esperar por dias melhores.

Poucos países nos tempos modernos tiveram de esperar tanto por dias melhores quanto o Afeganistão. Um futuro brilhante parecia iminente no final de 2001, quando os Estados Unidos derrubaram o regime talibã. Mas parece difícil livrar-se do passado, ainda mais de eventos como a invasão soviética do país em 1979 e a decisão norte-americana de ajudar os islamitas radicais a declararem uma *jihad* contra o comunismo soviético.

Nas décadas anteriores à invasão soviética, o Afeganistão trilhava lentamente seu próprio caminho em direção ao mundo moderno. É difícil imaginar agora, mas, para os estudantes da Universidade de Cabul, 1968 não foi um ano menos agitado que para os estudantes em Columbia, Berkeley, Oxford e na Sorbonne. Um rei, Mohammad Zahir Shah, presidira os muitos enclaves étnicos e tribais do Afeganistão desde 1933. Mas ele conhecia o mundo ao seu redor bem o suficiente para tentar, com cuidado, introduzir algumas reformas liberais na capital, Cabul. A universidade foi estabelecida em 1946; fez-se uma constituição liberal em 1964; a imprensa era tecnicamente livre; as mulheres se candidatavam a postos públicos em 1965. Nos anos 1960 muitos estudantes e professores tinham viajado ao estrangeiro; e novas idéias sobre como organizar o Estado e a sociedade haviam chegado aos filhos de camponeses, nômades e artesãos por meio de seus professores estrangeiros ou instruídos por estrangeiros.

No mundo um tanto rarefeito de Cabul em processo de modernização, no qual as mulheres podiam aparecer sem véu em 1959, o comunismo e o islã radical atraíam um número quase igual de asseclas: para aqueles homens impacientes, a grande região rural afegã, com seus antigos costumes, parecia pronta para a revolução. Foi dessa intelectualidade inexperiente em Cabul que emergiram quase todas as personagens políticas cruciais das três décadas seguintes.

Menos de cinco anos depois de 1968, o rei Zahir Shah foi deposto em um golpe militar chefiado por seu primo, o ambicioso ex-primeiro-ministro Mohammad Daoud. Este inicialmente buscou ajuda dos comunistas, cuja influência no exército e na burocracia crescera rapidamente desde os anos 1960: juntos, eles passaram a perseguir os islamitas radicais, muitos dos quais foram presos ou assassinados por motivos ideológicos. Mas quando Daoud, preocupado com o crescente poder dos comunistas, tentou se livrar deles, foi por sua vez deposto e assassinado. Em abril de 1978 os comunistas — eles próprios divididos confusamente em duas facções,

Khalq e Parcham, que correspondiam aproximadamente à divisão rural-urbana no Afeganistão — assumiram o controle pleno do governo em Cabul. Em sua pressa de eliminar qualquer oposição em potencial ao programa de redistribuição de terras e de doutrinação — tentativa, na verdade, de criar uma sociedade comunista da noite para o dia —, efetivamente inauguraram a brutalização e a destruição do país.

No espaço de apenas alguns meses, foram mortas, apenas em Cabul, 12 mil pessoas consideradas anticomunistas, muitas delas membros da elite instruída do país; outras milhares foram assassinadas na região rural. Milhares de famílias começaram a sair do Afeganistão para o Paquistão e o Irã. Um número significativo de islamitas radicais da Universidade de Cabul já estava exilado no Paquistão em 1978; alguns deles tinham até começado uma guerra de guerrilha de baixa intensidade contra o governo comunista. Diversas guarnições do exército amotinaram-se por todo o país, e as pessoas nas aldeias, culturalmente muito distanciadas de Cabul, deram início a muitas *jihads* em separado contra o regime comunista.

Em 2001, em Peshawar, eu conheci Anwar, cujo pai e tio estavam entre os primeiros afegãos a pegar em armas contra os comunistas. Nenhum dos dois era islamita. O pai de Anwar, agricultor, morava em uma aldeia ao norte de Cabul, perto da fronteira do que agora é o Tadjiquistão: embora muçulmano devoto, pouco sabia a respeito das ideologias modernas do islã que tinham chegado à Universidade de Cabul vindas do Egito, Paquistão e Irã. Era o tio de Anwar, um funcionário do Ministério das Finanças de Zahir Shah em Cabul, que tinha um pouco mais de contato com essas ideologias. Ele era amigo de Gulbuddin Hekmatyar, na época eminente islamita radical da Universidade de Cabul.

No início, os russos estavam empenhados em consolidar o domínio comunista sobre Cabul e tornar seguras as principais estradas no país, e pareciam muito longes do Afeganistão rural, que de qualquer modo tinha uma autonomia relativa do governo da capital há anos. Mais tarde, contudo, com a campanha agressiva de reforma agrária e a doutrinação marxista que emanava de Cabul, a resistência cresceu rapidamente através do país. O pai e o tio de Anwar juntaram-se a um dos grupos de *mujahedins* que, embora equipados apenas com rifles Lee Enfield 303, conseguiram manter a região livres da influência comunista. Então, em dezembro de 1979, o exército soviético entrou no Afeganistão para proteger a revolução comunista ameaçada pelas lutas das facções esquerdistas afegãs e pelas rebeliões do exército; a posição da família de Anwar se tornou mais precária.

Em 1983, aviões russos bombardearam as aldeias em que Anwar e seus parentes moravam, em retaliação aos ataques dos *mujahedins* a comboios afegãos de armamentos. Embora o pai e o tio de Anwar tivessem ficado para lutar e cuidar dos animais e das plantações, não havia escolha para muitas das mulheres e crianças a não ser ir embora.

Anwar, na época com sete anos, não conseguia lembrar-se de muitos detalhes da longa caminhada que o levou, à sua mãe e ao irmão menor para o Paquistão. Recorda que fazia muito frio. Havia neve no chão e nas montanhas, e Anwar e sua família caminhavam o dia inteiro, descansando à noite em mesquitas à beira do caminho. A estrada de 560 quilômetros para o Paquistão estava cheia de milhares de refugiados, mas eles deviam evitar caminhar em grandes grupos, que atrairiam o fogo dos helicópteros russos zumbindo agourentos por cima de suas cabeças. Também tinham de ficar o mais próximo possível da estrada principal, porque havia minas nos campos e nas trilhas de terra — minúsculas minas "borboleta" que flutuavam dos helicópteros e aterrissavam à espera de crianças e animais distraídos.

Ainda ouvi falar das minas quando viajei na primavera de 2001 pela estrada que liga Cabul ao Paquistão pela província de Nangrahar. A terra parecia desocupada, e a nudez teimosa de rochas e deserto só era aliviada ocasionalmente por um campo verde e um acampamento de tendas negras de nômades. Essa era a terra recuperada para cultivo, com a ajuda soviética, nos dias de Zahir Shah; os pomares e plantações regados por largos canais brotaram. Em uma aldeia semi-abandonada, em que cadeados enferrujados pendiam das portas montadas em longos muros de barro, um afegão assustou-se quando mencionei aquela época. Rasool naquele tempo estava nos últimos anos da adolescência; conhecera alguma da prosperidade na região; podia até, com algum incentivo de minha parte, lembrar dos homens brancos — os especialistas russos — que viajavam pelos campos.

Ao contrário do pai e do tio de Anwar, Rasool não era um *mujahedin*: não se revoltara contra os russos ou contra os comunistas; contentara-se em cuidar de sua terra. A *jihad* quase passou ao largo dele, e Rasool só veio a conhecer tempos difíceis quando, em algum momento, em meados dos anos 1980, os aviões russos bombardearam os canais que traziam água à sua terra. Houve outra recuperação depois da retirada do exército russo em 1989, quando novos homens brancos, desta vez das Nações Unidas, vieram supervisionar a reparação dos canais. Àquela altura, os comandantes *mujahedins* locais estavam no comando. Eles impuseram impostos sobre todo o tráfego nas estradas e tomaram a terra que pertencera antes ao Estado afegão, obrigando os agricultores a plantarem papoula, cultivo com alto potencial de rendimento.

Não havia por que Rasool desafiar os comandantes; ele não conseguiria crédito dos comerciantes na cidade em troca de nada além de ópio. Não que a plantação de papoulas melhorasse sua situação. Eram os comandantes *mujahedins* que ficavam muito ricos ao converter ópio em heroína e depois contrabandeá-la pela fronteira para o Irã e o Paquistão.

E então, de repente, antes que Rasool pudesse ouvir falar dos talibãs, seus jovens soldados chegaram, vindos das províncias do sul; baniram os comandantes *mujahedins* e reivindicaram as barreiras. Eles supervisionaram o comércio da droga e lucraram com ele até 1999, quando abruptamente proibiram o cultivo de papoulas, deixando a maior parte dos agricultores sem fontes de renda, com a única opção de migrar para o Paquistão.

Rasool ainda morava na vasta e agora árida região que suportou em apenas três décadas um ciclo infrutífero inteiro da história afegã. O longo reinado de Zahir Shah não passava de uma leve lembrança. Todo o trabalho lento e constante das gerações anteriores foi cancelado; o Afeganistão estava ainda mais longe de seu encontro marcado com o mundo moderno.

Mas então, como aconteceu em muitos países muçulmanos repentinamente confrontados no século XIX com o poder ocidental ascendente, a rota do Afeganistão para o desenvolvimento moderno só poderia ser tortuosa. O império afegão do século XVIII tinha alcançado Caxemira, no leste, e a cidade iraniana de Mashhad, no oeste. Do mesmo modo que no Afeganistão atual, compreendia muitos grupos étnicos: as tribos *pashtun* dominantes no leste e no sul, tadjiques e uzbeques no norte e no oeste, e os xiitas hazaras nas províncias centrais. Quase todos eram muçulmanos sunitas ou xiitas. Ferozmente autônomos e altivos, haviam tido sucesso na resistência à tentativa inglesa de estender seu império indiano até Cabul; mas depois de duas guerras anglo-afegãs, em 1838-1842 e 1878-1880, os afegãos estavam suficientemente subjugados para servir de Estado-tampão entre os impérios britânico e russo em expansão.

Os britânicos estavam satisfeitos em exercer sua influência de longe, sem se preocupar com um governo direto. Foi sob a supervisão deles que se traçaram as fronteiras atuais do Afeganistão, deixando muitas das tribos *pashtuns* na região do atual Paquistão. Além disso, subsidiaram o exército afegão. Até 1919, quando os afegãos ganharam independência completa dos britânicos, o governante em Cabul se reportava a Déli para resolver as questões de política externa, que envolvia essencialmente manter os russos fora do Afeganistão.

Os governantes afegãos apoiados pelos ingleses no século XIX e início do século XX eram inseguros e cruéis, obcecados com a proteção de seu regime contra qualquer desafio local: o isolamento continuado do Afeganistão era de grande interesse para eles. Durante os 21 anos do governo de Amir Abdur Rahman (1880-1901), um dos mais pró-britânicos governantes do Afeganistão, construiu-se apenas uma escola em Cabul, e era uma *madrassa*. Condenado a desempenhar um papel passivo no grande jogo imperial, o país perdeu os benefícios indiretos do governo colonial: a criação de uma classe instruída como aquelas que formaram a infra-estrutura básica dos estados pós-coloniais na Índia, no Paquistão e no Egito.

O atraso do Afeganistão no século XIX e início do século XX era atraente para os românticos ocidentais: Kipling, que fora repelido pelos bengalis instruídos, elogiou os membros da tribo *pashtun* — os governantes tradicionais do Afeganistão, e também a maioria entre os afegãos — por sua coragem, amor à liberdade e senso de honra. Esses clichês a respeito dos afegãos — que viriam a ser amplificados em nossa própria época por jornalistas e políticos norte-americanos — tiveram também algum efeito sobre os próprios muçulmanos.

Um deles era Jamal al-Din al-Afghani, um polemista do século XIX que procurou alertar os povos muçulmanos quanto à sua crescente submissão aos poderes imperiais do Ocidente. Os islamitas radicais com quem falei não lembravam que em 1968 — enquanto os estudantes da Universidade de Cabul organizavam grandes demonstrações, distribuíam panfletos incendiários e lutavam uns contra os outros nas ruas — um imenso mausoléu para al-Afghani foi construído dentro do campus, em honra a alguém que, embora nascido no Irã e educado na Índia, adotara o pseudônimo "al-Afghani" e até começara a proclamar pelo mundo que era do Afeganistão.

A crescente influência do Ocidente e o correlato solapamento do poder muçulmano eram a realidade inescapável da época de al-Afghani; ele os testemunhara mais de perto que a maior parte dos muçulmanos, durante os longos períodos passados na Índia, no Irã, Egito, França, Inglaterra e Turquia. Mas o Afeganistão dificilmente fora afetado pelos estilos de vida e os novos conhecimentos da Europa, pela paixão e energia do homem branco do Ocidente que transformava os velhos mundos em novos lugares no século XIX. Essa resistência à modernização ao estilo ocidental teria impressionado al-Afghani. Ao mesmo tempo que salientava a necessidade de modernizar as sociedades muçulmanas, ele reprovava a adoção por atacado dos modos europeus do tipo que Kemal Aratürk imporia à Turquia apenas duas décadas depois de sua morte, em 1897.

No entanto, al-Afghan não conseguiu ver como até os países pequenos, embora estrategicamente colocados, como o Afetanistão, eram atraídos para os grandes jogos imperiais da Europa do século XIX, e em seguida condenados ao isolamento e ao atraso como estados-tampão. Por trás dessa ligação romântica ao Afeganistão havia medo e defensiva — sua dolorosa percepção, compartilhada por muitas outras pessoas instruídas nas antigas grandes sociedades asiáticas, de que eles tinham ficado para trás em relação ao Ocidente e que não só eles deviam recuperar sua posição mas também manter sob controle o crescente poder ocidental de alterar suas vidas, na maior parte das vezes para pior.

Para muitas pessoas instruídas em sociedades pré-modernas, o comunismo oferecia um modo tanto de alcançar o Ocidente como de resistir a ele; e essa ideologia encontrava um poderoso e muitas vezes generoso patrocinador na União Soviética. Mas os empréstimos apressados e mal adaptados do comunismo soviético — a noção simplista, por exemplo, de que os afegãos eram povos feudais que deviam ser transformados em proletários — na maior parte das vezes impunham novos tipos de dores e traumas em uma sociedade tão tradicional como o Afeganistão; e ajudavam a empurrar o país ainda mais para longe do mundo moderno.

A União Soviética sustentara o golpe comunista de 1978 em Cabul, e subseqüentemente ficou preocupada com o modo desajeitado e brutal pelo qual a facção Khalq do Partido Comunista Afegão, liderado pelo ideólogo fanático Hafizullah Amim, ex-aluno na Universidade de Columbia, tinha se apossado do golpe e depois tentara com violência — e, como mostraram as revoltas espontâneas em todo o país, desastrosamente — fundir os incoerentes mundos étnico-tribais do Afeganistão em uma sociedade comunista.

Como revelam as conversas do politburo, os líderes da União Soviética, mais velhos, primeiro foram contra a intervenção militar no Afeganistão. Entretanto, temiam que os Estados Unidos, desestabilizados pela queda do xá do Irã, esperassem encontrar, com a ajuda do ardiloso Amin, uma base alternativa anti-soviética no país. Eles suspeitavam que Amin fosse "uma pessoa ambiciosa, cruel, traiçoeira" que poderia "mudar a orientação política do regime".

Isso parece paranóia de Guerra Fria. E ela não foi abrandada pelos motins contra o regime comunista feitos por guarnições militares. Um deles, na cidade de Herat, terminou com a morte de diversos conselheiros soviéticos e do leste europeu. Nos últimos dias de 1979, quando o regime comunista parecia prestes a cair, um contingente de soldados soviéticos voou para Cabul, invadiu o palácio de Amin e o matou. Um líder mais moderado, Babrak Karmal, que pertencia à facção *pashtun*, de base urbana, tomou seu lugar, tentando evitar o colapso do Estado afegão e trazer um fim às brutalidades.

Karmal teve apenas sucesso parcial em restaurar a ordem, no entanto. Em 1986, os soviéticos substituíram-no por Mohammad Najibullah, chefe da Khad, a agência comunista de inteligência. Najibullah, conhecido por seu papel na execução e tortura de anticomunistas, tentou ainda mais duramente obter apoio afegão. Ele abrandou a retórica comunista, acentuou sua fé no islã e procurou conquistar os refugiados e *mujahedins* falando todo o tempo de acordo e reconciliação nacional. Mas seu governo não poderia de modo algum adquirir legitimidade entre afegãos enquanto estivesse atrelado a um poder estrangeiro. De qualquer modo, as coisas estavam fora de seu controle: o Afeganistão já começara a lutar em uma nova guerra por procuração que iria matar um milhão ou mais de afegãos durante a década seguinte.

Na aldeia *pashtun* abandonada que visitei a leste de Cabul, na primavera de 2001, cinco meses antes dos ataques ao World Trade Center e ao Pentágono, em uma área pesadamente bombardeada e minada pelos militares soviéticos, as pessoas comentavam, como em qualquer outro lugar, a irrelevância — na verdade, inexistência — do governo talibã. Falavam também das boas ações dos homens brancos das ONGs estrangeiras e das Nações Unidas, que estiveram ativos durante as duas décadas de guerra anteriores, fornecendo sementes, alimentos e cuidados médicos, apesar do perigo constante de serem seqüestrados e surrados pelos talibãs.

Havia três afegãos sentados no chão do aposento nu, de teto baixo, todos com cerca de quarenta e tantos anos, aleijados de modos diversos durante a *jihad* anticomunista e prematuramente envelhecidos, mesmo sob a fraca luz da lanterna que parecia rude sobre seus rostos queimados, enrugados e de barbas grisalhas, duras e enroscadas. Só homens como estes permaneceram na aldeia. Os soldados com turbantes negros vinham regularmente à procura de jovens em forma. Os jovens que escaparam ao recrutamento fugiram para o Paquistão, onde muitos de seus parentes já moravam em condições bem piores nos acampamentos de refugiados.

A conversa dentro do aposento era sobre a qualidade das sementes, a falta de forragem e de água de beber para os animais. Os refugiados da guerra no norte, a quem se ordenaram voltar da fronteira com o Paquistão, agora drenavam o suprimento já magro de comida e água na região. Os três anos de seca e guerra civil contínua criaram mais de meio milhão de refugiados internos. Aqui a situação não era tão séria como nas partes centrais e norte do Afeganistão; mas a maior parte da terra ainda se encontrava inculta. A colheita das sementes do ano anterior fora ruim, apenas o suficiente para alimentar algumas poucas famílias. Havia notícia de homens brancos — muito provavelmente voluntários do Programa Mundial de Alimentação — distribuindo sementes em uma cidade nas imediações. A notícia era boa, mas permanecia a complicada negociação de como dividir as colheitas subseqüentes, e havia a longa viagem até a cidade, a pé e em caminhões, passando por diversas barreiras em que as propinas — já que a corrupção, apesar das draconianas punições islâmicas, progredia como sempre — poderiam ser muito altas.

Fora, no pátio, onde tufos de capim cresciam espontaneamente nas rachaduras das paredes de barro, uma vaca magra estava deitada no chão; e em algum lugar dentro dos aposentos em torno de nós eu podia sentir a presença de mulheres, conseguia ouvir ocasionalmente o roçar de tecido grosso e o tilintar de panelas e potes. Podia imaginá-las: figuras enérgicas, silenciosas na penumbra, com os pesados xadores informes, com a estreita tela na altura dos olhos, que pareciam o hábito de uma irmandade medieval cruelmente perseguida.

Mas esta era a visão do estranho: o xador, como fiquei sabendo mais tarde, era em geral usado pelas mulheres de aldeia como símbolo de status — um símbolo da instrução ou do emprego de seus maridos —, e era mais comum nas cidades pequenas e médias. Sob o domínio dos talibãs, ainda era possível ver de relance algumas mulheres sem xador nas aldeias onde a vida no dia-a-dia era tradicionalmente autônoma com relação ao que se passava nas cidades. As mulheres no Afeganistão rural, onde 90% dos aproximadamente 20 milhões de habitantes ainda moram, eram menos vulneráveis à brutalidade arbitrária dos talibãs. Dupree menciona exemplos de mulheres surradas e mortas fora de Cabul, mas, em geral, elas não foram tão afetadas quanto as mulheres nas cidades pelas restrições e controvérsias que surgiam das rudes políticas de gênero dos talibãs. Dos minúsculos 3% de mulheres afegãs em idade escolar que freqüentaram a escola durante o governo comunista, a maior parte vinha de áreas urbanas. As mulheres que mais sofreram estavam nas cidades, e haviam sido elas as incentivadas por Zahir Shah, pelos comunistas e, mais recentemente, pelas agências da ONU a conquistar alguma instrução e lutar por um emprego.

A divisão campo-cidade sempre complicou o processo de mudança no Afeganistão, do mesmo modo que em diversos países subdesenvolvidos. Assim também os modos opressivos pelos quais as mudanças muitas vezes foram impostas à região rural, vindas de cima, da elite urbana do Afeganistão, minúscula, ocidentalizada e principalmente não *pashtun*, que fala persa e mora em Cabul. A elite rural de líderes religiosos e tribais tendia a reagir aos esforços de modernização voltando ainda mais no tempo. Em 1929, mulás conservadores intimidaram as mulheres a voltarem a usar xadores mais grossos e saquearam museus e bibliotecas depois de deporem o rei Amanullah, de mente liberal, que abolira o véu, abrira escolas mistas e ordenara que os afegãos de Cabul usassem roupas ocidentais. Só em 1959 as mulheres apareceram nas ruas de Cabul sem xador, e isso continuou por mais de 35 anos, até que elas tiveram de encarar restrições ainda mais cruéis de sua liberdade de movimento e de trajes.

Os comunistas afegãos tinham encorajado as mulheres em Cabul a usarem saias e davam-lhes emprego no setor público. Isso fazia parte de seus planos de modernizar o Afeganistão. Livros-texto enviados para as aldeias levavam uma imagem de três homens vestidos em ternos ocidentais liderando uma multidão com vestes tradicionais a um futuro glorioso. Professores voluntários na campanha contra o analfabetismo obrigavam velhos e meninas a irem às aulas enquanto, às vezes ao mesmo tempo na mesma aldeia, os comunistas prendiam e massacravam dezenas de milhares de jovens muçulmanos.

Grande parte do caos e da violência sofrida em aldeias afegãs durante a época comunista foi engendrada por uma elite ocidentalizada à frente de um governo ativo em Cabul — cidade que, com sua população de língua persa e mulheres aparentemente liberadas, já era alheia à maior parte dos *pashtuns*. Isso pode explicar em parte por que os filhos de camponeses e nômades *pashtun* que formavam os talibãs impuseram suas duras leis sobre as mulheres em Cabul logo depois de expulsarem o comandante Ahmed Shah Massoud, moderado tadjique islamita, da mais ocidentalizada das cidades afegãs em 1996 — empurrando-o para o norte

Subitamente, e ainda em outra regressão afegã, as mulheres se viram sentenciadas ao xador e confinadas às suas casas. Não podiam instruir-se nem trabalhar — Dupree calcula que as proibições afetaram diretamente algo entre 40 mil e 150 mil mulheres que trabalhavam e cerca de 100 mil meninas em escolas. As mulheres deviam andar na rua acompanhadas por parentes homens, quando a possibilidade de humilhação pública pela polícia religiosa — em geral surras com bastões, mas também punições mais duras — estava sempre presente.

Os talibãs alegavam defender as mulheres da destruição sexual por elas sofrida nos dias dos senhores de guerra *mujahedins*. Um oficial talibã, que estudara em uma *madrassa* no Paquistão, me contou que não podia confiar em seus homens com mulheres sem véu; de todo modo, o mulá Omar, cuja missão original supostamente era proteger as mulheres contra estupradores e bandidos, tinha de preservar a qualquer custo a reputação dos talibãs como homens incorruptíveis que tinham trazido a paz, a segurança e o "verdadeiro islã" a Cabul.

O oficial talibã não se deixava envolver em uma discussão sobre o que era ou poderia ser o "verdadeiro islã". Mas ele realmente parecia estar articulando o profundo e duradouro medo e o ressentimento em relação aos estilos de vida ocidentais, em especial a independência das mulheres, entre os homens *pashtun* na região rural — os modos modernos que os comunistas tinham imposto brutalmente sobre o Afeganistão, e que Cabul, com a presença de estrangeiros, representava. O mulá Omar expressou seu desdém afastando-se da capital oficial do Afeganistão e morando em Candahar. Para os homens rurais que formavam majoritariamente o grupo dos talibãs, as mulheres em Cabul e em outras cidades afegãs, as minorias relativamente modernas dos xiitas e os de língua persa, os comunistas do passado e os trabalhadores do auxílio internacional faziam todos parte da mesma grande ameaça, não diferenciada, à ditadura *pashtun* que eles, com alguma ajuda da *sharia*, a lei islâmica, queriam manter.

Esses complexos ressentimentos sociais e econômicos ajudam a explicar por que os talibãs, embora impiedosos com os xiitas e funcionários de ONGs, não restringiram as práticas religiosas dos cerca de cinco mil hindus e siques pobres no Afeganistão, embora os últimos fossem obrigados durante um curto período — para evitar o assédio da polícia religiosa, alegam os talibãs —, a usar permanentemente um distintivo amarelo de identificação. Eles ajudam também a explicar os muitos incidentes como aquele em que a polícia religiosa, que respondia apenas ao mulá Omar em Candahar, fechou um hospital fundado por italianos em meados de maio, depois que surpreendeu algumas funcionárias mulheres jantando com a equipe masculina.

Houve um número menor de problemas como esses nas regiões rurais, nas quais as mulheres, confinadas a cuidar de suas famílias, já pareciam fazer parte da ordem moral pré-moderna que o mulá Omar desejava recriar. Sentia-se que, paradoxalmente, havia uma liberdade um pouco maior para as mulheres que viajavam nos mesmos ônibus que os homens, embora em fileiras segregadas, do que a possível para mulheres em Cabul, onde as linhas eram claramente traçadas.

A Unesco apoiara a campanha comunista contra o analfabetismo que tinha a oposição de muitos muçulmanos; durante a *jihad* anticomunista nos anos 1980, muitas agências da ONU e outras ONGs deram continuidade, entre outros projetos de desenvolvimento, às tarefas de educação e emprego das mulheres na Cabul controlada pelos comunistas. Quando as agências da ONU argumentaram que os talibãs tinham de permitir que as mulheres afegãs trabalhassem — em particular como enfermeiras e médicas, já que sob os talibãs as mulheres não podiam ser tratadas por homens —, os líderes da linha-dura talibã interpretaram essa insistência como prova ainda maior da cumplicidade da ONU com as diversas formas de imperialismo ocidental — cultural, social e militar — que imaginavam se alinhar contra eles.

Aqui, alguma exposição ao mundo exterior poderia ter ajudado — não se pode superestimar o valor, nessas circunstâncias, da pequena classe média afegã instruída que os vinte anos de guerra dispersaram pelo mundo. Mas os mulás de aldeias *pashtun* que formavam a liderança central dos talibãs conheciam pouca coisa além do Corão. É por isso que os talibãs, ao contrário dos grupos islâmicos radicais como a Irmandade Muçulmana do Egito e o Jamiat-i-Islami do Paquistão, não ofereciam uma ideologia ou doutrina coerente — tão diferente dos *fatwas*, que se lançaram aleatoriamente, de Candahar, contra as mulheres, a idolatria, soltar pipas, jogar futebol, a música, a dança, os sapatos que rangem e os estilos de penteado norte-americanos.

O subsídio para o poderoso ministro da Promoção da Virtude e Prevenção do Vício talibã — que punia aqueles cujas barbas não tinham os dez centímetros prescritos, os que não observavam orações e jejuns, e trabalhava arduamente para que as mentes masculinas se libertassem dos pensamentos pecaminosos incitados pela presença de mulheres sem véus — era três vezes maior do que para o desenvolvimento. Para o mulá Omar e seus conselheiros do clero rural, bastava ser pio e virtuoso, e a sociedade islâmica saudável se criaria por si mesma. A punição para aqueles que se desviassem da virtude era draconiana: o adultério era punido com apedrejamento até a morte, e sabe-se de mulheres que tiveram as pontas dos polegares cortadas por usarem esmalte das unhas. Não é de surpreender que essas noções idealizadas — em parte resultado da limitada educação em *madrassas* — e suas brutais conseqüências tenham tornado os talibãs cada vez mais impopulares até entre os *pashtuns* das regiões rurais, que, oprimidos pelos *mujahedins*, inicialmente os haviam recebido como liberadores.

O puritanismo agressivo deles — que inclui uma desconfiança dos muçulmanos xiitas, centenas dos quais foram massacrados por soldados talibãs — está longe das ideologias modernistas do século XX no islã, que influenciaram uma geração anterior de islamitas afegãos: o professor Burhanuddin Rabbani, presidente do Afeganistão durante dois anos no início dos anos 1990, formou-se na Universidade al-Azhar no Cairo, enquanto o mulá Omar não tinha nem a instrução básica que o qualificasse como mulá.

As duras arbitrariedades dos mulás e a polícia religiosa em Candahar eram justificadas sob o nome de "verdadeiro islã", mas buscavam mais do que tudo dar uma nova configuração ao domínio *pashtun* sobre as minorias étnicas do Afeganistão — um novo alinhamento de poder que impunha os modos tribais *pashtun* à grande parte do país e tornavam inatacáveis as elites religiosas nas aldeias que, durante o último século, haviam sido continuamente ameaçadas e solapadas pelos governantes modernizadores do Afeganistão em Cabul.

A obstinação e a destrutividade dos talibãs agora parecem fazer parte da história do calamitoso encontro do Afeganistão com o mundo moderno. O Afeganistão perdeu o século XIX, um período de novos começos para muitas antigas sociedades na região Nenhum outro país estava menos equipado para lidar com as ideologias do comunismo, anticomunismo e islamismo radical no século XX. Nenhum outro país estava menos preparado para a diversidade de estrategistas e aventureiros, pessoas estranhas e que nada sabiam do Afeganistão, que deram um jeito de recrutar a agitação interna já intensa no país — a trágica violência e a desordem de uma sociedade quase primitiva que se moderniza rápido demais — para o conflito mais amplo da Guerra Fria; que deram um jeito de introduzir meios mais eficazes de destruição e deixaram para trás uma ruína mais extensa que qualquer outra já conhecida pelos afegãos em sua extenuante história de guerra.

As últimas duas décadas provavelmente pesaram mais sobre as mulheres da pequena classe média do país, que tinham florescido brevemente nas décadas anteriores a 1979. Em Cabul, no Natal de 2004, conheci Hawa Nooristani, uma apresentadora popular na TV estatal do Afeganistão. Sentamo-nos em um aposento desalentadamente acarpetado no Ministério de Assuntos da Mulher, em Cabul. Uma luz pálida vinha das janelas, iluminando a poeira em cima de uma velha máquina de fax. Duas jovens com echarpes na cabeça apareceram em cerca de cinco minutos com um grande samovar e reabasteceram nossas xícaras com chá verde.

Nascida na província de Nangrahar, Nooristani freqüentara uma escola local e depois, no final dos 1970, passara no exame de admissão na faculdade de medicina na Universidade de Cabul. Mas a reação antimoderna já começara no país. *Mujahedins* islamitas atacaram as escolas nas províncias; muitas vezes seqüestravam as mulheres estudantes da universidade em Cabul. O pai de Nooristani, um líder tribal, tinha a "mente aberta" o suficiente para educar as filhas, mas estava preocupado. "O que vou fazer se seqüestrarem você?", perguntou a ela. "Vou ter de matá-la."

Nooristani entrou para a faculdade de jornalismo na Universidade de Nangrahar. Depois de três anos, casou-se com um funcionário público e mudou-se para Cabul, onde começou a trabalhar para uma revista feminina dirigida pelo governo comunista. Subiu à posição de vice-editora, fazendo reportagens sobre questões sociais do tipo casamento de menores e perfis de mulheres famosas, cantoras e escritoras. Além disso, ela escreveu ficção e poesia em *pashto* e criou uma família de cinco filhos. Essa vida aparentemente plácida continuou durante doze anos, mesmo enquanto a guerra continuava no Afeganistão. Aí, em 1996 os talibãs chegaram a Cabul e fecharam a revista. Além disso, prenderam o marido dela em Candahar, sob acusações falsas. Como os talibãs só deixavam as mulheres trabalharem no setor de saúde, Nooristani teve de entrar para a clandestinidade enquanto trabalhava para a UN-Habitat, que desenvolvia um grande projeto para viúvas. Quando os talibãs descobriram e passaram a procurá-la começou uma época de medo para Nooristani. Ela e os cinco filhos tiveram de buscar abrigo com amigos e parentes, de se mudar de casa em casa para evitar a prisão. A essa altura, seu pai e outros parentes já tinham ido embora para o Paquistão. Mas ela não podia sair do país enquanto o marido estivesse preso.

Nooristani sorria com freqüência, um doce sorriso franco, enquanto descrevia sua vida. Mas as lágrimas apareceram em seus olhos quando disse: "Enquanto estou falando com você, lembro-me daqueles dias e me sinto outra vez insegura. Agora me dou conta de como eram frágeis os alicerces das nossas vidas."

A deposição dos talibãs deu a ela novas esperanças. Relançou a revista feminina, apresentava novos programas tanto na TV como no rádio. Além disso, fazia um curso de computação. O professor dissera-lhe: "Você é uma aluna inteligente". Ao me contar isso, ela rompeu num riso de menina. Também trabalhava em uma nova coletânea de poemas no computador. Escrevera duas séries anteriores, à mão, e perdeu os dois manuscritos. Uma amiga perdera o primeiro, e o outro foi destruído quando o senhor de guerra uzbeque Dostum bombardeou sua casa durante a guerra civil em Cabul, em 1992-1994.

Os Estados Unidos perderam o interesse no Afeganistão logo depois da retirada soviética do país em 1989, embora os afegãos continuassem a pagar um preço alto por terem abrigado uma das batalhas mais sangrentas da Guerra Fria. No final de 2001, os Estados Unidos tiveram de enfrentar novas responsabilidades no Afeganistão depois que depuseram o regime talibã. Eram obrigados não apenas a se envolver na reconstrução do país — tarefa que o presidente George W. Bush rejeitou durante um debate presidencial com Al Gore em 2000 como inadequada para os Estados Unidos —, mas também a fornecer segurança básica a mais de 25 milhões de pessoas em um país do tamanho do Texas. O resultado foi que o modo como o governo Bush conduziu a guerra e lidou com suas conseqüências complicou as duas tarefas.

Fora os norte-americanos que serviam nas bases nos países próximos ao Afeganistão e os bombardeios aéreos, os Estados Unidos só estabeleceram cerca de 110 funcionários da CIA e 316 integrantes das Forças Especiais para a derrubada dos talibãs. Pode ser que o governo Bush temesse estar num beco sem saída no Afeganistão, onde os exércitos do Império Britânico e da União Soviética tiveram pouco sucesso no passado. Ou pode ter planejado economizar tropas terrestres para futuras operações militares no Iraque. De todo modo, no Afeganistão, o secretário de Defesa Donald Rumsfeld preferiu usar pequenas forças, altamente móveis, apoiadas por bombardeio de precisão.

Isso obrigou os Estados Unidos a recrutar substitutos no solo. Os mais facilmente disponíveis eram os senhores de guerra antitalibã da chamada Aliança do Norte, que consistia principalmente de tadjiques, hazaras, uzbeques e turcomenos, que os talibãs dominados pelos *pashtun* tinham derrotado repetidas vezes. A CIA ajudara a armar muitos desses senhores de guerra durante a *jihad* anti-soviética. Como a *jihad* acabara, a CIA e o Departamento de Estado apelaram para o ISI paquistanês e os príncipes sauditas que tinham encorajado os muçulmanos no mundo inteiro a se unirem à *jihad* contra o regime comunista sem Deus de Cabul, e que agora tentavam instaurar o islamismo radical mais extremo no poder. Desse modo, milhões de dólares de financiamento vindos dos contribuintes norte-americanos se destinaram ao apoio de um impiedoso grupo de conspiradores, oficiais de inteligência islamitas e paquistaneses anti-norte-americanos.

Depois da retirada soviética em 1989, esses *mujahedins* desarraigados usaram violência brutal para afirmar sua autoridade sobre os territórios que controlavam — daí o nome *jang salar*, "senhor de guerra", que os afegãos passaram a usar para muitos dos *mujahedins* anti-soviéticos. Os "comandantes" *mujahedins* locais — a palavra no Afeganistão se refere a homens com armas e bandos de apoiadores leais — também passaram a montar barreiras para pagamento de pedágio nas estradas. Extorsão, prisões arbitrárias, assassinatos, seqüestros e estupros se tornaram lugar-comum em muitas partes do Afeganistão no início dos anos 1990. Não é de surpreender que muitos afegãos, inclusive Hamid Karzai, tenham inicialmente recebido bem os talibãs puritanos quando eles surgiram em 1994, vindo das províncias do sul e do leste do Afeganistão, dominadas pelos *pashtuns*, para dominar a maior parte dos senhores de guerra em 1996.

No outono de 2001, a Operation Enduring Freedom (Operação Liberdade Duradoura) trouxe muitos desses *mujahedins* de volta do exílio e da aposentadoria. Naquilo que o presidente Bush chamou de uma das maiores "barganhas" de todos os tempos, a CIA e os funcionários das Forças Especiais entregaram notas de cem dólares, num total de 70 milhões de dólares, a esses comandantes regionais de milícias privadas, como Ismael Khan no oeste, Abdul Rashid Dostun, o general Fahim Mohammed e Ustad Atta Mohammed no norte, e Hazrat Ali no leste.

Percebendo que eram indispensáveis à guerra dos Estados Unidos contra o terror, os senhores de guerra se moveram rápida e ousadamente à medida que o regime talibã entrava em colapso. Em novembro de 2001, soldados da Aliança do Norte dominada pelos tadjiques correram para Cabul assim que os talibãs abandonaram a cidade e ocuparam importantes prédios públicos, apesar de terem sido orientados pelos norte-americanos que os apoiavam que aguardassem uma transição ordenada. Em todos os outros lugares no Afeganistão, os antigos *mujahedins* rapidamente recuperaram o poder e a influência que tinham perdido para os talibãs. Ismael Khaqn declarou-se governador da província ocidental de Herat e começou a extrair impostos de alfândega em importações do Irã que chegavam a nove milhões de dólares por mês; ele também reinstaurou muitas restrições às mulheres da época dos talibãs.

Os senhores de guerra nas províncias de fronteira como Nangrahar, Candahar, Khost e Balkh retomaram suas batalhas para controlar o lucrativo negócio do cultivo da papoula e o contrabando — a luta entre as milícias de Dostum e Atta Mohammed provocou dezenas de mortes de civis em Balkh em 2002-2003. Esses atos logo foram associados ao tipo de abuso aos direitos humanos — mortes extrajudiciais, seqüestros, tortura, estupro e tráfico de seres humanos — que tinha feito com que os talibãs se estabelecessem. Os senhores de guerra que trabalhavam com as Forças Especiais dos Estados Unidos também cometeram atrocidades, como a morte na província de Shegarghan, no norte, de cerca de três mil prisioneiros talibãs que Dostum comprimiu em contêineres de carga hermeticamente fechados.

Em dezembro de 2001, o chamado acordo de Bonn, um acordo assinado pelos líderes das milícias que lutaram ao lado dos Estados Unidos contra os talibãs, pediu à ONU que dispusesse uma força de segurança internacional em Cabul, e estipulou que todas as milícias saíssem da cidade antes da chegada das forças enviadas pela ONU. Mas isso nunca foi cumprido. Quando Hamid Karzai chegou a Cabul no final de 2001, como presidente interino apoiado pelos Estados Unidos, ele teve de lutar não apenas com o general Fahim da Aliança do Norte e dezenas de milhares de guerreiros seus de milícia instalados em Cabul, mas também com os senhores de guerra novamente dotados de poderes no resto do país.

Hazrat Ali é um dos mais inflamados e poderosos senhores de guerra, com 18 mil adeptos armados. Ele se tornou rapidamente famoso no final de 2001, quando as Forças Especiais dos Estados Unidos o contrataram para caçar Osama bin Laden nas cavernas de Tora Bora, na província de Nangrahar, no leste. Já não se sabe mais se Bin Laden estava em Tora Bora quando os B-52 norte-americanos pulverizaram a região e os comandantes puseram os jornalistas tontos com histórias sobre cavernas *high-tech* que os terroristas teriam montado nas montanhas. Mas Hazrat Ali continuou em ascensão. Apoiado pelo general Fahim na Aliança do Norte, e aparentemente favorecido pelas Forças Especiais dos Estados Unidos, ameaçou seus rivais com ataques aéreos norte-americanos, e, depois de impor a retirada do candidato de Karzai, nomeou a si próprio "chefe de segurança" da província de Nangrahar.

Títulos de empregos como esses no Afeganistão raramente estão isentos de uma triste ironia. Um investigador da Comissão Independente de Direitos Humanos afegã em Nangrahar suspirou antes de começar a recitar casos de seqüestros, tortura e estupro de mulheres e meninos nos quais os homens de Ali estavam implicados. Desde Tora Bora, Ali tornara-se também um dos homens poderosos do Afeganistão envolvidos no comércio de drogas.

Os agricultores que conheci na província de Nangrahar, entre os 2,3 milhões de afegãos empregados na indústria das drogas, descreveram como Ali encorajava e supervisionava de perto a produção e o tráfico de ópio. Seus homens vinham às aldeias em caminhões e compravam a colheita de papoula que anteriormente era levada ao Paquistão para processamento. Agora transformava-se em heroína nos laboratórios dentro de Nangrahar mesmo, antes de ser contrabandeada por Dubai e pelo Paquistão para as ruas de Londres ou Paris.

As novas liberdades usufruídas pelos senhores de guerra apoiados pelos Estados Unidos, como Hazrat Ali, explicam em parte por que o cultivo da papoula do ópio afegão, subitamente restringida quando os talibãs impuseram sua proibição em 2000-2001, cresceu em 64% entre 2003 e 2004; por que o Afeganistão, no ano passado, supriu 87% da heroína mundial. Do mesmo modo como o islã radical patrocinado pela CIA uma vez ligou o Afeganistão ao mundo moderno, os senhores de guerra apoiados pelos Estados Unidos iniciaram o Afeganistão na economia globalizada.

Quando conheci Hazrat Ali em Jalalabad, a capital de Nangrahar, perto de Khyber Pass, em dezembro de 2004, em um recinto repleto de Land Cruisers e guarda-costas armados até os dentes, ele acabara de voltar de um giro por alguns dos distritos de cultura de papoula. Seu assistente, um jovem escuro de olhar desvairado, ficou desapontado ao me ver. Ele esperava um jornalista branco, e ficou desconfiado quando falei com ele em urdu.

O próprio Hazrat Ali protestou humildade do mesmo modo como faria um arruaceiro transformado em político numa cidade pequena na Índia. Ele era um "homem muito simples", disse. Sentado de pernas cruzadas em um divã, na extremidade de um aposento comprido e nu, a não ser por alguns candelabros, Ali repetidamente dava tapas na sola do pé enquanto detalhava seu sucesso em erradicar 95% da papoula cultivada em Nangrahar. Ele não recebera instruções suficientemente claras de Karzai, disse, senão teria parado com o cultivo de papoula há muito tempo. Agora, dentro de três dias, não sobraria nenhuma planta de papoula em sua província.

Essas afirmações não eram inteiramente *bullshit*, como um diplomata ocidental em Cabul as descreveu mais tarde. Os esforços para a erradicação em grande parte eram bem-sucedidos em Nangrahar. Mas a papoula do ópio pode ser armazenada durante muito tempo, e inúmeros agricultores em Nangrahar me disseram que Hazrat Ali muito provavelmente esperava para vender suas reservas depois que a escassez provocada pela erradicação das plantações no Afeganistão tivesse inflacionado os preços internacionais.

Perguntei-lhe como os agricultores que ele tinha obrigado a parar de cultivar papoulas iriam encontrar outro meio de alimentar suas famílias. Disse que não se preocupava com isso. O ópio era imoral, proibido pela *sharia*; tinha de ser eliminado. Quanto aos agricultores de sua província que se queixavam dos soldados norte-americanos que invadiam suas casas, à procura de terroristas e papoula, eles precisavam se reformar: parar de cultivar papoulas e de apoiar terroristas.

Em sua elegante mansão na cidade de Mazar-I-Sharif, ao norte, a cerca de oitenta quilômetros da fronteira do Uzbequistão, o ex-senhor de guerra transformado em governador Atta Mohammed descreveu para mim, enquanto uma equipe de TV adejava em torno de nós, como tinha dado duro para erradicar a papoula na província de Balkh; e como, sendo um homem de paz, pedira a centenas de seus guerreiros que se desarmassem voluntariamente. Temido localmente como fundamentalista islâmico extremado, e antes visto em uniforme cáqui sujo de camuflagem, Mohammed aparara a longa barba e adotava os ternos de risca de giz quando se encontrava com visitantes estrangeiros em seu escritório revestido de madeira.

As notícias na TV de Balkh naquela noite mostraram Mohammed discutindo o progresso do Afeganistão com um escritor visitante dos Estados Unidos. Na televisão, Mohammed parecia cortês, até persuasivo. Mas Miriam, há muito tempo funcionária norte-americana do serviço de auxílio que eu conhecera na noite anterior, já me dissera que a milícia de Mohammed estocara grande número de armas. Os afegãos em Mazar falavam informalmente de seu papel no contrabando de drogas pela fronteira próxima, amplamente não fiscalizada, com o Uzbequistão. Em julho de 2004, Mohammed trancara o chefe de polícia local, nomeado por Karzai, em sua própria casa, depois de ele ter apreendido um carregamento de ópio. Tropas britânicas estacionadas em Mazar como parte da Provincial Reconstruction Team (PRT, Equipe de Reconstrução Provincial), dirigida pela Isaf (Força Interna de Assistência à Segurança), tiveram de prover o chefe de polícia sitiado com alimentos e água até terminar o entrevero.

Quando conheci o comandante militar do PRT em dezembro, ele acabara de voltar do que descreveu com eufemismo britânico de "uma conversa franca" com Mohammed. Aparentemente, não havia muito o que ele e suas poucas dezenas de tropas em uma região do tamanho da Escócia pudessem fazer.

Certamente o fraco governo central do Afeganistão é ainda menos equipado para lidar com o fato de que 28 das 32 províncias do país agora cultivam papoula, muitas vezes com o apoio e envolvimento de funcionários locais, como o chefe de polícia da remota província de Badakshan, no norte, ele próprio até recentemente proprietário da maior fábrica de heroína do Afeganistão, que ficava em seu jardim.

Karzai inicialmente oferecera incentivos em dinheiro para os plantadores de papoulas numa tentativa de fazer com que eles destruíssem as plantações. Mas muitos agricultores jamais viram a cor do dinheiro, que foi engolido pelos funcionários públicos corruptos. Outros aceitaram e continuaram a plantar papoulas. Karzai mais tarde admitiu que os pagamentos foram um erro.

A disponibilidade de sementes de alto rendimento, instalações de armazenamento refrigeradas e micro-crédito desvincularam os agricultores afegãos daquilo que se tornara sua fonte de recursos mais segura — a papoula, que cresce facilmente, mesmo em regiões sem água adequada, e que pode render 25 vezes mais que os cultivos tradicionais de trigo, arroz e algodão. Mas isso levará anos, senão décadas. Esquemas de longo prazo para tornar a agricultura e a horticultura afegãs mais lucrativas não parecem tão importantes para o programa antinarcótico dos Estados Unidos no Afeganistão quanto os esquemas agressivos, imediatistas, para a erradicação da papoula, que com toda certeza irão atrair a resistência. Em 2004, uma companhia de segurança norte-americana treinou um time de erradicação afegão de quatrocentas pessoas em apenas duas semanas e enviou-o à província central de Wardak, onde destruíram mil hectares de papoulas, mas só depois de lutar contra os agricultores, que atiraram foguetes e semearam os campos com minas terrestres.

Em novembro de 2004, agricultores de Nangrahar relataram ter visto um avião pulverizando os campos de papoulas com substâncias químicas. O governador da província, Din Mohammed, que teve de apaziguar os agricultores enraivecidos, me contou que só os norte-americanos podiam enviar aquele avião, mas os oficiais dos Estados Unidos negaram saber qualquer coisa a respeito. Um diplomata europeu me disse que integrantes "bem graduados" do governo Bush tinham resolvido erradicar a papoula no Afeganistão pelo ar, para grande consternação de Karzai, que temia que os agricultores fossem incitados a revoltas armadas pelos aviões e helicópteros que destruíam suas plantações.

Parece injusto alvejar, manualmente ou pelo ar, centenas de milhares de pequenos agricultores de papoulas sem a garantia de que tenham meios alternativos de sobrevivência, em especial enquanto os senhores de guerra e os funcionários públicos corruptos continuavam a construir grandes fortunas com o comércio de narcóticos.

Muitos afegãos perguntaram por que os 18 mil soldados das tropas dos Estados Unidos no país não conseguem prender os traficantes de drogas mais notórios. Quando fiz essa pergunta ao diplomata ocidental, ele disse que Al Capone era conhecido como chefe da máfia durante anos antes de haver provas suficientes para prendê-lo. Então prometeu prisões de alguns grandes traficantes no início de 2005. Mas não houve prisão alguma, e até que haja, será difícil desdenhar os afegãos como teóricos da conspiração quando alegam que os Estados Unidos não deram atenção ao crescimento extraordinário na produção de papoulas durante os últimos três anos porque esperavam que o dinheiro das drogas — a única grande exportação do Afeganistão — lhes poupasse parte dos custos de reconstrução da economia do país. Esses atalhos, afinal, foram adotados antes no Afeganistão durante a *jihad* anti-soviética, quando a CIA era cúmplice do comércio de drogas.

*

O crescimento do número de provas de que os talibãs e a al-Qaeda estão se financiando com o comércio de drogas pode finalmente ter alertado o governo Bush para a possibilidade que Antonio Maria Costa, diretor executivo do programa antinarcóticos da ONU, levantou em um relatório em outubro de 2003: "O Afeganistão vai voltar a ser um Estado fracassado, desta vez nas mãos de cartéis de drogas e narcoterroristas". Em um levantamento mais alarmante publicado em novembro de 2004, Costa avisou que se o problema de drogas no Afeganistão persistir, "os sucessos políticos e militares dos últimos três anos se perderão".

Mas o Afeganistão não pode evitar esse destino enquanto o governo Bush considera os senhores de guerra indispensáveis à sua guerra ao terror e mina a autoridade do presidente Karzai. Grande parte do país parece ser governado por esses senhores de guerra e suas milícias privadas, que o próprio Karzai descreveu, em uma recente entrevista para o *New York Times*, como a maior ameaça à segurança do Afeganistão — ainda mais perigosos que os insurgentes talibãs, que mataram mais de novecentas pessoas em 2003, incluindo trabalhadores dos auxílios à reconstrução, mas que ainda estão amplamente restritos às províncias do sul e do leste.

O Secretário de Defesa Rumsfeld e seu vice, Paul Wolfowitz, têm consistentemente recusado o envolvimento de tropas norte-americanas em esforços de paz no Afeganistão. Mais surpreendentemente ainda, até setembro de 2003 eles foram contra a expansão da Isaf da ONU para além de Cabul, em especial em regiões nas quais, como o relatório da Human Rights Watch para 2004 mostra, "não existem estruturas ou atividades governamentais efetivas, apenas abuso e empreendimentos criminosos de facções". A Isaf, com oito mil pessoas, sob o comando da Otan, será estendida para todo o Afeganistão durante os próximos três anos. Mas sua presença ainda é bem inferior aos 40 mil soldados da Otan na Bósnia, que tem um décimo do tamanho do Afeganistão. Além do mais, a Isaf não tem mandado para agir sobre traficantes de drogas ou mesmo para intervir militarmente nas lutas entre facções.

Em julho de 2004, os Médicos Sem Fronteiras (MSF), que permaneceram no Afeganistão durante os duros anos da guerra civil e do regime talibã, finalmente retiraram-se do país depois que cinco de seus trabalhadores foram mortos por atiradores desconhecidos. O MSF alegou que os oficiais afegãos deram-lhe provas de que os senhores de guerra no noroeste do Afeganistão estavam envolvidos nos assassinatos, mas nada fizeram para prender os suspeitos. O MSF tinha antes "condenado a distribuição de panfletos por parte das forças de coalizão no sul do Afeganistão, nos quais a população era informada de que dar informações a respeito de talibãs e do al-Qaeda era necessário, se quisessem que a ajuda continuasse". Acusava os Estados Unidos de usar consistentemente "ajuda humanitária para conseguir apoio para suas ambições militares e políticas", comprometendo portanto a neutralidade das agências ocidentais de ajuda em zonas de guerra.

Em uma resposta publicada no *Wall Street Journal*, o romancista Cheryl Benard, casado com a embaixadora dos Estados Unidos Zalmay Khalilzad, aconselhou o MSF dizendo que "aqui é um mundo diferente", e que os "humanitários vão ter de operar sob a cobertura de armas — ou não vão operar de todo". Mas não fica claro se as ofensivas militares em grande escala e caras (custando um bilhão de dólares por mês) contra os talibãs e a al-Qaeda estão funcionando, especialmente se comparadas às operações de inteligência e polícia no Paquistão, onde vários membros graduados da al-Qaeda foram capturados.

Tanto que Bin Laden e o mulá Omar ainda estão soltos, depois dos mais altos prêmios e das mais rigorosas caçadas humanas da história. Isso pode atestar não apenas as dificuldades em lutar contra um inimigo obscuro em um território vasto e montanhoso, mas também a força das lealdades tribais e religiosas e o crescente sentimento anti-americano nas províncias dominadas pelos *pashtuns* no Afeganistão e no Paquistão. Em outubro de 2002, o ressentimento popular contra os Estados Unidos ajudou uma coalizão de partidos islamitas radicais a ganhar as eleições em províncias paquistanesas que fazem fronteira com o Afeganistão, onde os talibãs parecem encontrar pronto apoio. É provável que maior número de pessoas no sul e leste do Afeganistão seja atraído para os grupos islâmicos radicais à medida que continuam os bombardeios e ataques a aldeias, e os militares norte-americanos se posicionam ainda mais longe da lei internacional. Nenhum dos milhares de afegãos detidos pelos militares norte-americanos em locais quase desconhecidos pelo Afeganistão afora desde 2001 teve status de prisioneiro de guerra. Muitas vezes soltos tão arbitrariamente como foram presos, eles não têm acesso a defesa legal. Maus-tratos durante interrogações — espancamentos, humilhação sexual e privação de sono — parecem comuns. De acordo com o relatório da Human Rights Watch, oito afegãos morreram sob custódia norte-americana. Em 2004, duas dessas mortes foram consideradas homicídios por médicos militares norte-americanos na base aérea em Bagram, perto de Cabul.

Em Jalalabad, conheci um diplomata de um dos poderosos vizinhos do Afeganistão. Ele descreveu com alguns detalhes seus encontros com diplomatas e oficiais militares norte-americanos, que qualificou como intelectualmente limitados mas muito arrogantes. Ele disse: "Os afegãos do sul e do leste odeiam os norte-americanos tanto quanto odiavam os russos. Eles estão cansados demais, depois de 25 anos de guerra. Dêem-lhes mais dois anos de Operation Enduring Freedom (Operação Liberdade Duradoura) e eles vão começar outra *jihad*."

Mais tarde, na mesma noite, eu estava na mansão do governador em Jalalabad, anteriormente o palácio de verão do rei do Afeganistão, quando chegou uma delegação de anciãos tribais. Eles tinham caminhado durante a maior parte do dia, saídos de um distrito remoto; seus chinelos e os pés escamados estavam cobertos de lama. O governador atendeu-os imediatamente, depois de adiar sua reunião comigo. Eles sentaram-se em um terraço em duas longas filas, e a cena — homens de longas barbas e turbantes à frente de seu solícito potentado, contra um cenário de jardins e pavilhões — podia ser a de uma pintura mogul em miniatura.

Os homens vieram queixar-se ao governador a respeito de soldados norte-americanos de mão pesada em suas aldeias. Depois que o líder deles falou breve e melancolicamente, o governador tentou fazer uma piada — possivelmente para esconder sua própria inépcia em influenciar seus patrocinadores norte-americanos. O Afeganistão, disse ele, tornara-se uma placa de Petri na qual os estrangeiros podiam jogar o que quisessem. Alguns dos homens riram, revelando gengivas sem dentes.

Depois que o riso terminou, um dos anciãos começou a falar. Do lugar em que eu estava sentado não conseguia ver seu rosto. Só ouvia sua voz profunda, urgente. Ele falou da desonra causada a famílias afegãs pelos soldados norte-americanos que irrompiam nos aposentos das mulheres; da frustração e raiva sentidas por ele e pelos outros. Falou durante muito tempo, o tom de paixão de sua voz aumentando, até que se quebrou. Comecei a acreditar que o diplomata, que eu achara muito amargurado por seus próprios embates com os poderosos e abrasivos norte-americanos, não tinha exagerado tanto.

*

Muitos afegãos com os quais falei achavam que as pessoas no Ocidente, absorvidas com o Iraque, já tinham ficado indiferentes ao destino deles, ou viam no Afeganistão apenas o que queriam ver: o surgimento da democracia e da liberdade. Mas, como o doutor Sima Samar, o principal ativista de direitos humanos no Afeganistão, sugeriu recentemente, "democracia e liberdade não têm sentido sem justiça e a soberania da lei". As eleições parlamentares podem parecer outro marco na grande marcha para a democracia e a liberdade; mas elas provavelmente poderão também dar maior legitimidade aos senhores de guerra, que hoje estão em melhor posição do que ninguém no Afeganistão para formar partidos políticos e influenciar os votos.

Para muitos afegãos, no entanto, o futuro ainda parece cheio de oportunidades. Quando voltei a Cabul, Karzai tinha anunciado seu novo gabinete. Ele conseguira excluir os senhores de guerra mais poderosos — Fahim e Dostum — e escolher o que Massouda Jalal chamara de "pessoal qualificado", incluindo, é claro, a própria doutora Jalal, que foi convidada para ser ministra de Assuntos da Mulher logo depois que eu a encontrei. O posto parecia ter pouco poder político ou financeiro, e só duraria até as eleições parlamentares, mas ela o aceitou.

Fui vê-la em seu primeiro dia no posto. Na tarde em que a vira pela primeira vez estava imensamente frio e úmido em seu apartamento, uma propriedade de moradia ao estilo soviético. Não havia luz, e quando ela falou das "épocas escuras" dos talibãs, épocas que passou principalmente em casa, fora duro imaginar desolação mais aviltante que aquela em que vivia. Agora, nas salas ministeriais, brilhantemente iluminadas e com carpetes caros, o marido dela fazia fila com muitas mulheres, à espera de ser recebido pela doutora Jalal.

A ministra estava ocupada, disse ao assistente, mas me concedia tempo para uma pergunta. Enquanto ela estava de pé, sorrindo e conversando com visitantes carregados de buquês, perguntei o que ela pensava que a comunidade internacional que criticara anteriormente deveria fazer. Era a pergunta errada. A doutora Jalal ainda tinha de ajustar suas opiniões políticas ao seu novo papel oficial, e ela esforçou-se brevemente enquanto as mulheres afegãs a seu redor fixavam os olhos em mim. Então ela falou de repente: “Não se esqueçam de nós”. Quando saí, pareceu ligeiramente desconcertada pelas palavras sentimentais. Mas, como passei a achar mais tarde, elas expressavam bem o espírito insatisfeito, embora ainda esperançoso, de muitos afegãos, enquanto competem pela atenção e a boa-vontade de um mundo facilmente disperso.

PARTE 3

NEPAL: A "GUERRA DO POVO"

EM KATMANDU, em março de 2005, conheci um empresário nepalês que disse saber o que tinha provocado o príncipe coroado Dipendra, supostamente a encarnação de Vishnu e ex-aluno de Eton, ao assassinato em massa. Uma noite, em 1º de junho de 2001, Dipendra apareceu na sala do palácio real em Katmandu vestido em uniforme de combate, aparentemente por causa de Famous Grouse e haxixe, e armado com rifles de assalto e pistolas. Em poucos minutos frenéticos, matou os pais, o rei Birendra e a rainha Aishwarya, um irmão, uma irmã e mais cinco parentes antes de disparar um tiro contra a própria cabeça. Ungido rei enquanto ainda estava inconsciente no hospital, ele morreu dois dias mais tarde, passando o título para seu tio Gyanendra.

A obsessão de Dipendra por armas em Eton, onde era admirado por lorde Camoy por ter uma "pontaria danada de boa", seus excessos com o álcool, que atraíam a malícia do *Sun*, seu vício em haxixe e seu gosto por filmes de Arnold Schwarzenegger — tudo isso esboça a vulgaridade e um potencial para a violência, lugares-comuns entre os herdeiros de dinastias do Terceiro Mundo (Suharto, Nehru-Gandhi, Bhutto). Não é tão difícil acreditar na explicação semi-oficial para seus atos: que os pais não gostavam de sua noiva. Entretanto, o empresário, que alegava conhecer a família real, tinha uma teoria mais elaborada e intrigante.

Estávamos sentados em um café suspenso em Thamel, o centro turístico de Katmandu, a poucas centenas de metros do palácio real. Março, disse o empresário, era uma boa estação para os turistas no Nepal. "Mas olhe", continuou ele, apontando para as aléias abaixo de nós, onde as livrarias, as agências de caminhadas, os cibercafés, confeitarias, shopping centers e restaurantes estavam vazios. Nos últimos anos a indústria do turismo foi prejudicada pelas notícias na imprensa internacional a respeito das guerrilhas maoístas, que têm como modelo o Sendero Luminoso, no Peru, e cuja "guerra do povo" custou mais de 11 mil vidas desde 1996. Menos turistas ainda se aventuravam no Nepal a partir de 1º de fevereiro de 2005, quando o rei Gyanendra, citando a ameaça apresentada pelos maoístas, não deixou levantar nenhum vôo, cortou as linhas de telefone e de internet, prendeu políticos da oposição e impôs censura à mídia.

Homem corpulento, trajado numa túnica de algodão, calças justas e um boné de pano, o empresário tinha os preconceitos de sua classe, a minúscula minoria de nepaleses abastados cuja riqueza vem em grande parte do turismo e da ajuda estrangeira; e naquela manhã — o sol primaveril quente e queimando o *smog* sobre o vale de Katmandu, os vendedores de tapetes, facas Gurkha, DVDs piratas e bandeiras de orações tibetanas subitamente avistando um turista perdido em roupas em *tie-dye* — ele os expressou livremente.

Disse que os maoístas tinham bombardeado a escola particular onde seus filhos estudavam; ele estava preocupado que seus empregados se unissem aos guerrilheiros, que controlavam 80% da região rural e se tornavam fortes no vale de Katmandu. Disse ser inteiramente a favor da democracia — estivera entre os que protestavam exigindo uma nova constituição na primavera de 1990 —, mas a paz e a estabilidade eram mais importantes. O que o país precisava agora, declarou ele, era um governante forte e de bons princípios, alguém que conseguisse esmagar os maoístas. Declarou ter saudades de Dipendra: ele era o homem de que o Nepal precisava nessa hora de crise.

De acordo com ele, os três anos de Dipendra como estudante na Grã-Bretanha o haviam radicalizado. Do mesmo modo que Pandit Nehru descobrira a pobreza da Índia depois de seu período em Harrow e Cambridge, Dipendra desenvolvera uma nova percepção política na Inglaterra. Ele começara a olhar, cada vez com maior horror e preocupação, para sua pátria. Ao voltar ao Nepal se dera conta de que seria preciso mais do que turismo para criar uma classe média forte, acelerar o crescimento econômico, construir instituições democráticas e elevar o nono país mais pobre do mundo ao plano das nações democráticas modernas. Mas aconteceu que ele foi atrapalhado em todas as etapas por elementos conservadores no palácio. Ele observara a democracia multipartidária, introduzida em 1991, tornar-se corrupta e fraca ao mesmo tempo que enriquecia uma elite de políticos e burocratas; de modo também impotente, assistira os novos governantes do Nepal fracassarem na derrubada dos maoístas. A frustração com a política, e não o amor, alegou o empresário, foi o que levou Dipendra ao álcool, às drogas, armas e, finalmente, ao regicídio.

Muitas vezes é difícil saber em que acreditar no Nepal, o único reino hindu no mundo, em que conspirações e rumores têm alimentado há muito tempo um tipo de política de corte particularmente dissimulado. Jornais e revistas independentes só se tornaram disponíveis para o público mais amplo depois de 1990, e embora intelectualmente animada, a imprensa tem pouca influência sobre uma população em grande parte analfabeta facilmente influenciada por boatos. Em dezembro de 2000, a notícia de que um ator de Bollywood tinha insultado o Nepal incitou tumultos e ataques a indianos e lojas de donos indianos por todo o país. Pouco se sabe a respeito de Dipendra, fora sua época em Eton, durante a qual seus companheiros o apelidaram de "Dippy". Há um mistério maior ainda em torno de Pushpa Kamal Dahal, ou Prachanda, o articulado líder de meia-idade dos maoístas que está escondido há duas décadas.

O rei Gyanendra apareceu na televisão nacional para pôr a culpa do massacre em um "disparo repentino de uma arma automática". Uma teoria popular de conspiração, por sua vez, pôs a culpa no próprio rei, que supostamente estaria envolvido no contrabando de artefatos para fora do Nepal, e em seu filho, Paras, muito antipatizado no Nepal por seu costume de brandir armas em público e guiar perigosamente — ele atropelou pelo menos três pessoas nos últimos anos, matando uma. Para confundir ainda mais, os maoístas afirmavam que tinham uma "unidade de operação não declarada" com o rei Birendra e acusavam Gyanendra, e os imperialistas indianos e norte-americanos, do assassinato do primeiro.

Esse ambiente de dissimulação e intriga parece ter ficado ainda mais tenebroso a partir de fevereiro, quando Gyanendra adotou a retórica do governo Bush a respeito do "terrorismo" e assumiu o poder supremo. Os vôos para o Nepal foram retomados depois de poucos dias, e o rei afirmou ter levantado o estado de alerta em 30 de abril, mas a maior parte dos direitos civis está suspensa até hoje. Quando cheguei a Katmandu o medo pairava pesado nas esquinas, onde soldados espiavam por trás de plataformas de metralhadoras. Homens vestidos com ternos ocidentais mal cortados, o jeito furtivo de espiões ineptos, espreitavam no saguão do meu hotel. Jornalistas falavam de telefonemas ameaçadores de oficiais graduados do exército, que tendiam a apontar como maoísta qualquer um que não apoiasse o rei. Muitas das pessoas que eu queria encontrar estavam na prisão ou no exílio. Horas marcadas com ativistas clandestinos, arduamente arranjadas, eram canceladas no último minuto, ou as pessoas simplesmente não apareciam.

Sentada em seu sombrio escritório, uma ativista de direitos humanos descreveu a rotina de tortura e assassinatos extrajudiciais de pessoas suspeitas de serem maoístas, que tinham subido a uma espantosa média de oito por dia. Nada se sabia a respeito das mais de 1.200 pessoas que o exército havia tirado de suas casas desde o início da "guerra do povo" — o mais alto número de desaparecimentos sem explicação no mundo. Ela falou da "impunidade maciça" por parte do exército, que só tinha de responder ao rei. Explicou que os governos da Índia, dos Estados Unidos e do Reino Unido não conseguiram entender os motivos do fenômeno maoísta e tinham resolvido, por medo e ignorância, fornecer armas para o Exército Real Nacional: 20 mil rifles M16 dos Estados Unidos, 20 mil rifles da Índia, helicópteros do Reino Unido.

Ela disse que a "comunidade internacional" tinha escolhido o lado errado em um conflito que, de todo modo, provavelmente não seria resolvido pela violência. Embora ampliado e mobilizado contra os maoístas em 2001, o efetivo do exército não passava de 85 mil homens e não poderia dominar a região rural, na qual, entre altas montanhas, ravinas e rios — terreno quase perfeito para guerrilha — enfrentava um inimigo formidável.

O tom que ela usava beirava o desespero. Grande parte de seu trabalho — especialmente arriscado no momento — dependia de apoio internacional. Mas poucas pessoas fora do Nepal se incomodavam ou sabiam o suficiente a respeito de seu histórico de direitos humanos, e a prova estava em seu escritório austeramente mobiliado, sem nenhum dos emblemas da filantropia ocidental — novos computadores, guardas armados, reluzentes utilitários esportivos no estacionamento — que eu vira em dezembro no Afeganistão.

"As pessoas passam o dia aqui", disse ela quando saí de seu escritório, e o comentário, a princípio intrigante, ficou mais claro à medida que eu passava mais tempo em Katmandu. Nas ruas de onde todas as manifestações foram banidas e qualquer protesto era prontamente esmagado pela polícia, prevalecia um sentimento estranho de normalidade, mais bem simbolizado pelos vibrantes cartazes anunciando telefones celulares (proibidos desde 1º de fevereiro). Comentários sobre as companhias que afirmavam sua fé no rei Gyanendra apareciam todos os dias nos jornais fortemente censurados, com notícias não confirmadas de rachas entre líderes maoístas, artigos promocionais a respeito de carros Mercedes Benz e relógios Tag Heuer, e reportagens sobre festas, desfiles de modas e concertos em Katmandu.

O Thamel abria todos os dias, mas suas aléias permaneciam vazias de turistas. Meses de barreiras e greves impostas pelos maoístas também começavam a afastar os poucos investidores estrangeiros que tinham sido levados, pela riqueza de Katmandu, a pensar que o Nepal era um grande mercado para artigos de consumo de luxo. Entrevistado em um jornal local, um investidor holandês descreveu os nepaleses como um "povo extremamente corrupto, ganancioso, de três caras, míope, lento, inexperiente e sem instrução", e declarou que estava levando sua empresa de reposição capilar para a Letônia. Diplomatas ocidentais e funcionários dos Estados Unidos — correndo em seus SUVs de um recinto murado a outro — especulavam a respeito de um possível ataque dos guerrilheiros à capital.

Mas é a classe média nepalesa, denunciada pelos maoístas como "testa-de-ferro dos capitalistas", que parece viver mais precariamente, com as esperanças e ansiedades ecoadas na imprensa por jornalistas favoráveis à monarquia que afirmam todos os dias que o Nepal precisa de um governante forte, e que Gyanendra está em melhor posição para defender o país, com um período de governo autocrático, tanto dos "terroristas" maoístas como dos políticos corruptos.

Muitas vezes, ao ouvi-los, eu me lembrava do empresário que conhecera no Thamel e que me contara a respeito de Dipendra; e eu imaginava como o príncipe coroado — se ele realmente tivesse ficado sensível aos problemas sociais e econômicos durante os três anos na Inglaterra de Thatcher — teria visto sua estranha herança, um país em que quase metade dos 26 milhões de habitantes ganhava menos de cem dólares por ano e não tinha acesso a eletricidade, água corrente ou saneamento; um país cuja pequena economia, parasita do auxílio exterior e do turismo, devia ser impulsionada pelas remessas feitas por operários nepaleses no exterior, e onde forças políticas vistas como anacrônicas em qualquer outro lugar — monarquia e comunismo — lutavam pela supremacia.

As histórias da Ásia do sul raramente descrevem o Nepal, a não ser como um local de religiões e ideologias — budismo, hinduísmo, comunismo — da Índia; mesmo hoje, as sessenta comunidades étnicas e castas do país são encaradas como pouco mais que um cenário pitoresco para algumas das montanhas mais altas do mundo. Isso em parte acontece porque os imperialistas ocidentais não deram importância ao Nepal quando reformaram radicalmente a Ásia nos séculos XIX e XX.

Enquanto a classe média de educação britânica emergiu na Índia e começou a aspirar ao domínio próprio, o Nepal permaneceu um país de camponeses, nômades e mercadores controlados por alguns poucos clãs e famílias. Anteriormente dependente da China, a classe dominante de hindus de casta alta cortejava os ingleses enquanto estes se expandiam pela Índia no século XIX. Do mesmo modo que nos chamados *princely states* da Índia, os ingleses estavam dispostos a apoiar os regimes despóticos no Nepal, e até a premiá-los com territórios; era um modo de manter afastadas as mudanças potencialmente desestabilizadoras em um estado tampão estrategicamente importante para o Tibete e a China. Além disso, o país era uma fonte de mercenários baratos. Dezenas de milhares de soldados recrutados pelos ingleses nas montanhas ocidentais do Nepal lutaram durante o Motim Indiano, a Rebelião Boxer na China e nas duas guerras mundiais. Os *gurkhas* ajudaram também os britânicos a suprimirem os dissidentes políticos na Índia, e depois, mais violentamente, os anticolonialistas comunistas na Malásia, nos anos 1950.

À medida que o movimento pela independência política cresceu na Índia, o Nepal passou a ser ainda mais fortemente controlado pelos reis hindus e as elites por eles criadas ao fazer concessões de terras aos membros das castas mais altas, *Bahun* e *Chhetri*, que constituíam menos de 30% da população. O fim do Império Britânico na Ásia não levou a uma mudança rápida no Nepal, nem terminou seu status de Estado cliente. Artigos indianos inundaram os mercados nepaleses, abafando a indústria local e aprofundando a dependência do país com relação à Índia. Nos anos 1950 e 1960, à medida que a Guerra Fria se intensificava, o Nepal tornou-se a base avançada para as operações da CIA contra a China.

Economistas e conselheiros norte-americanos, na tentativa de tornar o mundo seguro para o capitalismo, vieram ao Nepal com planos de "modernização" e "desenvolvimento" — na época vistos como defesas fortes contra o crescimento do comunismo nos países pobres. Na chamada zona Rapti, a oeste de Katmandu, em que, ironicamente, os maoístas encontraram seus primeiros partidários leais nos anos 1990, o governo dos Estados Unidos gastou cerca de 50 milhões de dólares "melhorando as condições de moradia, produção e consumo de alimentos, aprimorando as oportunidades de geração de renda para agricultores pobres, trabalhadores sem terras, castas ocupacionais e mulheres".

Modernização e desenvolvimento, tal como definidos pelos especialistas ocidentais durante a Guerra Fria, eram sempre compatíveis com os governos despóticos, e muitas vezes implementados por eles. Poucos da chamada comunidade internacional protestaram quando, depois de uma breve experiência de democracia parlamentar nos anos 1950, o rei Mahendra, avô de Dipendra, proibiu todos os partidos políticos. Em 1962, uma nova constituição instituiu um sistema "Panchayat", sem partidos, de "democracia orientada", na qual conselheiros escolhidos ou controlados pelo rei ratificavam suas decisões. Os representantes do Panchayat, em grande parte vindos das castas mais altas, serviam-se do auxílio estrangeiro que constituía a maior parcela do orçamento do Estado e faziam muito pouco para aliviar a pobreza nas áreas rurais. O rei também declarou o Nepal um Estado hindu e procurou impor nova identidade nacional nas comunidades étnicas e lingüísticas promovendo a língua nepali.

A construção de uma nação tão confusa poderia ter aplacado as inúmeras comunidades étnicas e lingüísticas do Nepal em um entorpecimento patriótico se o projeto de modernização e desenvolvimento não tivesse fracassado, ou beneficiado exclusivamente uma elite egrégia e já privilegiada. Durante os anos de governo autocrático (1962-1990), algumas estradas foram construídas no interior, a mortalidade infantil caiu à metade e a taxa de alfabetização subiu de 5% em 1952 para 40% em 1991. Mas a população do Nepal também cresceu rapidamente, aumentando ainda mais a pressão sobre a escassa terra arável do país; e o abismo entre a cidade e a zona rural alargou-se depressa.

Aquilo que levou o príncipe sensível às drogas e ao álcool muitas vezes obrigou os miseráveis a migrarem. Milhões de nepaleses incharam os exércitos de mão-de-obra barata móvel que tocam a economia global, servindo em bordéis da Índia, saunas na Tailândia e Malásia, nas mansões dos xeiques do petróleo no Golfo e, mais recentemente, nas zonas de guerra no Iraque. Muitos outros migraram internamente, muitas vezes das montanhas para a região subtropical de Tarai, na longa fronteira com a Índia. O Tarai produz a maior parte dos alimentos e culturas de exportação do país e acumula metade de sua população. Nessa terra aluvial plana, da qual só recentemente foi erradicada a malária, nasceu o Buda há 2.500 anos; é também onde uma geração de nepaleses desalojados começou a sonhar com a revolução.

Em Chitwan, um dos distritos mais densamente povoadas de Tarai, conheci Mukti Raj Dahal, o pai do líder maoísta na clandestinidade, Prachanda. Dahal era um dos milhões de nepaleses a migrarem para Tarai nos anos 1950. Na época seu filho tinha oito anos de idade. Ele viajara até a Índia, fazendo trabalhos secundários em muitas cidades, antes de voltar a Chitwan, que os assessores norte-americanos e o governo nepalês estavam então desenvolvendo para ser um "distrito modelo" com educação e instalações de saúde. Em Chitwan, Dahal comprou alguma terra e conseguiu dar algum tipo de educação a seus oito filhos. Embora atormentado por problemas no estômago e na coluna, exalava calma, sentado na varanda de sua casa de tijolos de dois cômodos, com uma camiseta azul e shorts sob uma capa preta, a marca bramânica na testa.

Ele tinha a serenidade de um homem no fim da vida. E, dadas as circunstâncias, não tinha se dado de todo mal. Eu passara grande parte daquele dia na estrada de Katmandu até Tarai, desviando das longas filas de caminhões Tata da Índia; através de um nevoeiro de poeira e fumaça grossa de diesel, alguns assentamentos desiguais ocasionalmente apareciam ao lado da estrada: lojas feitas de placas de madeira vendendo comida frita em óleo de amendoim e chá em copos sujos, manchados, casas de barro com teto de sapê — uma aridez pré-industrial na qual apenas as reluzentes armas automáticas dos jovens soldados e o emaranhado de arames farpados por detrás do qual eles se sentavam falavam do mundo além do Nepal.

Os soldados nervosos que se aproximaram do carro com o dedo no gatilho de suas armas eram muito jovens, difíceis de se associar com as histórias que eu ouvira em Katmandu — histórias que jornal nenhum publicaria —, de que o exército faz marchar os homens de prisões superlotadas e depois os executa. Meu companheiro, um jornalista nepalês, estava nervoso. Ele sabia que os soldados na região rural atacavam qualquer um que suspeitassem ser maoísta, e os jornalistas não eram exceção. Muitos dos soldados mal sabiam o que era um jornalista.

Há poucos lugares no Nepal intocados pela violência — assassinato, tortura, prisões arbitrárias —; a maior parte do povo vive perpetuamente com medo tanto do exército como dos maoístas, sem expectativa de justiça ou recompensa. Dahal, no entanto, parecia ter estabelecido uma paz privada com seu ambiente. Ele me disse que passava grande parte de seu dia no templo local, escutando recitais do *Ramayana*. Disse achar que o rei tinha boas intenções. Parecia confuso com relação ao filho famoso, embora o admirasse, e o vira pela última vez no funeral de sua mulher, em 1996. As idéias de igualdade e justiça, achava, sempre foram atraentes para Prachanda, que era um homem sensível, uma pessoa que dividia sua comida com os pobres na aldeia. Não sabia me dizer como seu filho se interessara por Mao ou por Marx em um lugar como Chitwan, que não tinha livraria nem biblioteca. Mas sabia que Prachanda envolvera-se com comunistas quando não conseguira encontrar um bom emprego com o governo, e teve de ensinar em uma escola primária em suas montanhas nativas, em Pokhara.

Em seus discursos, que alegam ter influência de Mao e buscam mobilizar os camponeses na região rural contra a elite urbana, Prachanda aparece como um ideólogo de outra era: é um embaraço para o regime chinês, que está envolvido em uma tarefa antimaoísta de enriquecer as cidades costeiras chinesas à custa do interior, e se acha impelido a acusar os maoístas nepaleses de enodoarem o bom nome do *chairman* Mao Tsé-tung.

Nas poucas entrevistas que deu, Prachanda evita responder a perguntas sobre seu ambiente e suas motivações, que têm de ser adivinhadas a partir de detalhes dados por Dahal: a instrução a esmo, o diploma inútil, o mal-pago emprego de professor em uma escola de aldeia, tudo parecia levar inexoravelmente ao conflito e ao ressentimento contra a autoridade injusta.

A "modernização" e o "desenvolvimento" do Nepal durante os anos 1950 e 1960 criaram milhões de homens como Prachanda, atraídos para fora da economia de subsistência e abandonados no limiar de um mundo no qual descobriram não ter, para todo o sempre, um lugar. A economia agrícola do Nepal oferecia a poucos deles empregos ou a dignidade que achavam lhes ser devida, e estavam conscientes demais das possibilidades barradas por uma sociedade desigual, estratificada, para se reconciliar com uma vida de trabalhos subalternos em terras desconhecidas e uma velhice gasta em estupor religioso. Instruídos, mas sem perspectivas, muitos rapazes como Prachanda devem ter ficado mais do que prontos a adotar idéias radicais a respeito dos modos pelos quais uma elite urbana entrincheirada pudesse ser desafiada e até derrubada, caso os camponeses no interior se organizassem.

Crescido no Nepal nos anos 1960, Prachanda observou o crescimento dessas idéias no movimento Naxalbari, na Índia. Ativistas comunistas moravam e trabalhavam secretamente em partes do Nepal durante a época de Panchayat — nos anos 1950, um líder comunista famoso chamado M. B. Singh viajou pelas montanhas do meio-oeste e angariou seguidores entre os Magars, um dos grupos étnicos mais proeminentes no Nepal que atualmente apoiam os maoístas. Mas Prachanda diz que o "movimento Naxalbari histórico" da Índia fora a "influência maior" sobre os comunistas do Nepal.

No final dos anos 1960, milhares de estudantes, muitos dos quais de classe média e casta alta, uniram-se a uma revolta armada de camponeses, liderada por uma facção extremista do Partido Comunista da Índia (marxista), em Bengala Ocidental e Bihar. Conhecidos como naxalitas, pelo distrito em que a revolta estourou pela primeira vez, em 1967, eles atacaram os "inimigos de classe" — grandes donos de terra, policiais, burocratas — e "libertaram" territórios que imaginavam formar a base para um eventual ataque às cidades, como acontecera na China. O governo indiano reagiu com brutalidade, matando e torturando milhares. Empurrado para a clandestinidade, o movimento naxalita rachou e permaneceu latente durante muitos anos.

Nos anos 1990, quando a Índia começou a se movimentar na direção de um mercado livre, o movimento naxalita reviveu em alguns dos estados mais pobres e mais populosos da Índia. O motivo para isso foi, em parte, porque os sucessivos governos da Índia reduziram constantemente os subsídios para a agricultura, saúde pública, educação e erradicação da pobreza, expondo grandes parcelas da população à doença, dívidas, fome e inanição. Quase três mil agricultores suicidaram-se no estado de Andhra Pradesh, no sul, depois que o governo, aconselhado por McKinsey, cortou os subsídios agrícolas numa tentativa de integrar os agricultores aos mercados mundiais não-regulamentados. Em anos recentes, os movimentos naxalitas, que há muito vêm organizando sem-terras e camponeses de casta baixa em Bihar e Andhra Pradesh, cresceram rapidamente em partes de Uttar Pradesh e Madhya Pradesh — nos quais um Estado indiano enfraquecido está cada vez mais ausente —, a ponto de a polícia e os oficiais da inteligência na Índia agora falarem ansiosamente de um cinturão contínuo de território dominado pelos comunistas do Nepal até o sul da Índia.

O levante naxalita no final dos anos 1960 revigorou os poucos comunistas no Nepal que, como os membros do Congresso Nepali, a principal organização política na clandestinidade, buscaram orientação e encorajamento na Índia. Em 1971, alguns comunistas nepaleses que moravam do outro lado da fronteira de Naxalbari declararam uma "guerra do povo" contra a monarquia. Eles mataram sete "inimigos da classe" antes de serem eliminados pelo rei. Tão rebeldes quanto seus correspondentes indianos, os partidos comunistas nepaleses se dividiram repetidas vezes por causa de questões sem importância, doutrinais ou de personalidade. Em 1991, depois da restauração de uma democracia multipartidária, diversos deles concorreram às eleições, e até se saíram bem: uma coalizão comunista se tornou o maior partido da oposição, e durante um breve tempo deteve o poder, em 1994. No início dos anos 1990, no entanto, poucas pessoas no Nepal poderiam ter previsto a ascensão rápida de Prachanda e da obscura facção liderada por ele.

Os maoístas sob Prachanda tinham resolvido já em 1986 seguir a estratégia de Mao de tomar o poder do Estado por meio de uma "guerra do povo". Eles só começaram a guerra em meados dos anos 1990, no entanto, quando a desilusão com a democracia parlamentar criou uma base popular potencialmente ampla no interior. Mesmo assim, pouca gente notou quando, em 4 de fevereiro de 1996, os maoístas apresentaram ao governo uma lista de quarenta exigências, que incluíam a abolição de tratados existentes com a

Índia, o fim de todos os poderes e privilégios da monarquia, a elaboração de uma nova constituição por meio de uma Assembléia Constituinte, nacionalizando-se a propriedade privada e declarando o Nepal uma nação secular, pondo fim a todos os auxílios estrangeiros. Era pouco provável que essas exigências fossem satisfeitas; embora percebendo isso, os maoístas começaram sua "guerra do povo" atacando postos policiais em seis distritos quatro dias antes do prazo final.

Durante os cinco anos seguintes, os maoístas forçaram sua entrada na consciência nacional com táticas cada vez mais ousadas. Eles se financiavam coletando "taxas" de agricultores e extraíam "doações" de muitos empresários no vale de Katmandu. Doutrinavam crianças nas escolas; formavam governos populares nas áreas que controlavam e dispensavam justiça violenta a criminosos e "inimigos de classe". Mas muito do novo poder e do carisma dos maoístas vinha da capacidade que tinham de lançar ataques audaciosos contra a polícia e o exército.

A ala militar dos maoístas inicialmente consistia em alguns poucos homens armados, mal treinados, com rifles antigos e armas feitas em casa. Mas eles escolheram astutamente seu primeiro alvo: a polícia, quase os únicos representantes do governo em grande parte do Nepal. Mal municiados, muitas vezes com pouco mais que cassetetes e rifles Lee Enfield 0,303, a polícia recuava rapidamente frente aos maoístas, que também atacavam estradas, pontes, represas, escritórios administrativos, usinas de eletricidade — qualquer coisa que eles julgassem ajudar os esforços do governo contra a insurgência.

Nos anos mais recentes os maoístas ficaram militarmente mais fortes, sobretudo por meio de recrutamento no interior e de treinamento regular — supostamente dado por naxalitas indianos. Eles adquiriram melhores armas saqueando postos da polícia e comprando nos bazares armamentos que vinham da Índia; aprenderam também a fabricar explosivos caseiros, bombas feitas de canos e "panelas de pressão". Em novembro de 2001, os maoístas lançaram 48 ataques sobre o exército e a polícia em um único dia, obrigando o governo nepalês a impor o estado de emergência. Mais de cinco mil pessoas morreram durante os quinze meses seguintes, no período mais sangrento na história moderna do Nepal.

Mas a violência é apenas uma parte da estratégia geral dos maoístas. Em uma entrevista de 2000, Prachanda criticou os grupos comunistas indianos pela falta de visão deles e falou da importância em se desenvolverem "áreas básicas". Desde 1996, espalharam-se para fora de sua sede tradicional nas montanhas no meio-oeste dos distritos de Rolpa e Rukum. Seus quadros — estimados em um número que chega a 100 mil — viajam a áreas carentes, dirigindo-se à grande e crescente massa de pessoas profundamente infelizes com o novo governo democrático do Nepal, e muitas vezes recrutando adeptos entre eles.

Alguma medida de democracia era inevitável no Nepal nos anos 1990. Em décadas anteriores, os esforços nada entusiasmados de desenvolvimento produziram muitos burocratas de baixo nível, pequenos empresários, professores, estudantes e diplomados desempregados. Essa nova classe ressentia-se do contínuo domínio dos clãs e famílias de castas superiores. O conflito entre a velha elite e seus desafiadores foi agravado por uma série de crises econômicas no final dos anos 1980. Em 1985-1986, o Nepal negociara um empréstimo com o FMI e o Banco Mundial. O eufemístico "programa de ajuste estrutural" (de orientação para livre-mercado), que então provocava uma devastação nas economias da América Latina, obrigou o governo nepalês a cortar subsídios e empregos agrícolas no setor público. O resultado foi o crescimento do PIB, mas os ganhos eram anulados pela inflação de até 10% e um embargo sobre comércio e trânsito imposto pela Índia em 1989, que provocou diversas vezes escassez de combustível e alta dos preços.

Os manifestantes que enchiam as ruas de Katmandu na primavera de 1990 estavam convencidos de que o sistema Panchayat em decadência não poderia lidar com os choques do novo mundo e precisava ser reformado. Ao aceder às exigências de uma democracia multipartidária, o rei parecera perceber a força da nova classe instruída e reconhecer que o antigo sistema político precisava ter um grau de legitimidade popular se quisesse sobreviver. Agora tornou-se claro que aquilo que aconteceu em 1990 foi menos uma revolução que uma reconfiguração de poder, santificada pelas eleições, entre a velha oligarquia monarquista e uma classe média emergente. Muitos dos cortesãos e bajuladores do rei deram um jeito de se reinventarem como políticos parlamentares, muitas vezes entrando para o Congresso Nepali, o partido político que governou o Nepal durante pouco menos de treze anos. Havia poucas diferenças ideológicas entre o Congresso Nepali e o principal partido de oposição, o aparentemente radical Partido Comunista do Nepal (União Marxista-Leninista), e os dois eram liderados por homens de classe alta motivados principalmente pelo desejo de riqueza e poder. Havia eleições freqüentemente, e uma série de governos — treze, um por ano — fez com que a democracia nepalesa parecesse vibrante. Mas a maior parte da população, em especial as comunidades étnicas, continuou sem representação.

Em 1992, quando a democracia ainda prometia muita coisa e o maoísmo não passava de mais um boato nas ruas de Katmandu, Andrew Nickson, um especialista britânico em América Latina, escreveu profeticamente:

> As perspectivas futuras do maoísmo no Nepal [...] dependem em grande parte da extensão com que o recém-eleito governo do Congresso Nepali irá fazer face à histórica negligência e discriminação das pequenas comunidades rurais que ainda constituem a esmagadora maioria da população do país. Do mesmo modo que no Peru, isso vai exigir um remanejamento radical de gastos do governo em direção às regiões rurais sob a forma de serviços de extensão agrícola e provisão de cuidados primários com a saúde.

Não é preciso dizer que isso não aconteceu. Em 2002, os *dalits*, hindus de baixa casta, tiveram uma renda anual *per capita* de apenas quarenta dólares, comparados a uma média nacional de 210 dólares; menos de 10% dos *dalits* eram alfabetizados. Os homens de casta alta que dominavam o novo regime democrático estavam competindo entre si para extrair o dinheiro despejado no Nepal por doadores estrangeiros. Recém-convertido à ideologia do mercado livre, o governo nepalês dedicou-se a criar riqueza nas áreas urbanas. Ao tentar incentivar o investimento privado em Katmandu, negligenciou a agricultura, da qual mais de 80% da população dependia para viver. Não é de surpreender que a pobreza absoluta tenha aumentado no final dos 1990, embora o vale de Katmandu se beneficiasse com o crescimento das indústrias de turismo, roupas e tapetes, e se enchido de hotéis, *resorts* e vilas.

Nessas circunstâncias, é alta a probabilidade de muita gente ser atraída para grupos violentos, extraparlamentares. Os maoístas no Nepal tiveram seu primeiro eleitorado imediato entre os jovens rurais, mais de 100 mil dos quais eram reprovados em seus exames de segundo ciclo todos os anos. Desempregados e sem rumo, muitos desses jovens trabalharam para outros partidos políticos na zona rural antes de ficarem desiludidos e unirem-se aos maoístas.

Mohan era um dos jovens que entraram para um partido político recém-legitimado depois de 1990, mas que então se viu afastado dos espólios do poder. Passou então a trabalhar com os maoístas durante quase cinco anos, morando em selvas e viajando uma vez até o extremo mais oriental do Nepal, antes de resolver deixá-los. Não pôde voltar para sua aldeia, que fica na região de Rolpa, dominada pelos maoístas, de modo que fora para a Índia por algum tempo. Agora tentava permanecer discretamente em Katmandu, e embora não tenha dito isso, parecia estar "passando os dias" e ganhando a vida fazendo biscates, do mesmo modo que muitas outras pessoas na cidade.

Tínhamos combinado de nos encontrar em Boudhanath, o maior local budista de Katmandu. Sentados na praça em torno da *stupa* branca, entre monges vestidos em esvoaçantes túnicas rubras e muitas vezes com os rostos brancos, Mohan falou de "forças feudais" e da "burguesia"; a corrupção deles pavimentara o caminho dos maoístas, a quem descrevia como "anarquistas". Ele usou as palavras estrangeiras com uma inflexão nepalesa. Disse que as tinha adquirido enquanto acompanhava um propagandista maoísta em turnê; e ocorreu-me, enquanto me descrevia o ambiente em que crescera, que ele ainda as usava, apesar de ter largado os maoístas, porque não tinha outro vocabulário com que descrever suas experiências de privação e decepção.

Mohan nascera e fora criado numa família de pastores Magar em um canto do distrito de Rolpa que não tinha estradas adequadas, escolas ou hospitais. Educado em uma escola que ficava a uma caminhada de diversos quilômetros de sua aldeia, entrara para o Congresso Nepali em 1992, ainda na adolescência, e tornara-se ajudante pessoal de um proeminente político local. Havia muitos rapazes como ele. Não eram pagos pelos seus serviços, mas dormiam na casa do político, comiam a comida preparada para a família dele e viajavam com ele para Katmandu. Mohan disse que foi um bom tempo, os anos iniciais da democracia. Ele gostava de estar em Katmandu, especialmente com alguém que tinha algum poder. Mas não podia deixar de notar que o político voltava cada vez com menor freqüência ao seu distrito eleitoral nas montanhas e muitas vezes se recusava a encontrar pessoas que vinham à sua porta pedir emprego, dinheiro e ajuda médica. Ficou surpreso ao ouvir que o político estava construindo uma casa nova para ele em Katmandu. Logo sentiu que não era mais necessário, e um dia a mulher do político disse-lhe que fosse comer em algum outro lugar.

Os choques entre ativistas do Congresso Nepali e maoístas eram comuns naquela área; ele achou que poderia ser útil aos maoístas com seu conhecimento da política. Foi, além disso, atraído pela idéia de autonomia ética esposada pelos maoístas. Durante sua época com o político vira como o governo, dominado pela classe superior em Katmandu, se apossava injustamente de uma parte da riqueza e dos recursos do país. Muita gente que ele conhecia já se unira aos maoístas, e em 1995, um de seus amigos o apresentou ao "comandante do esquadrão" maoísta na região.

Enquanto ele falava, fiquei imaginando se isso era a verdade completa, se ele não tinha se unido aos maoístas pelo mesmo motivo pelo qual tinha entrado para o Congresso Nepali, as razões pelas quais muitos jovens como ele na Índia se uniam a partidos políticos: alimento e abrigo. De qualquer modo, ele se integrou aos maoístas em um péssimo momento: foi em 1995 que o governo nepalês lançou a Operação Romeu.

Essa campanha de terra arrasada é descrita como um exemplo de "terror de Estado" em um relatório do Insec (Informal Sector Service Center – Centro de Serviço do Setor Informal), o grupo de direitos humanos mais confiável do Nepal. De acordo com o relatório, a polícia atacou os distritos de Rolpa e Rukun, matando e torturando rapazes e estuprando mulheres. Quando mencionei isso a Mohan, ele disse que as coisas não eram tão ruins como dizia a intelectualidade "burguesa" em Katmandu, que, achava ele, gostava dos maoístas. Falou que os maoístas não passavam de outro grupo político oportunista; esse foi o motivo por que os deixara. Eles estavam interessados em mobilizar as comunidades étnicas apenas até o ponto em que isso os ajudasse a tomar o "poder do Estado"; não estavam na verdade interessados em lhes dar autonomia. Tinha também sido repelido pela crueldade deles. Ouvira falar — embora não tenha realmente visto — exemplos de maoístas punindo pessoas que se recusavam a pagar taxas, desafiavam sua proibição ao álcool ou eram suspeitas de serem informantes da polícia. Usando pedras e martelos, eles muitas vezes quebravam todos os ossos do corpo de suas vítimas antes de esfolá-las vivas e cortar-lhes a língua, orelhas, lábios e nariz.

Muitas dessas histórias aparecem nos relatórios de grupos de direitos humanos nepaleses e internacionais. Os líderes maoístas estavam, segundo ouvi muitas vezes em Katmandu, montados num tigre, incapazes de evitar que seus quadros raivosos e frustrados cometessem tortura e assassinato. Criminosos tinham infiltrado o movimento, e alguns maoístas ganhavam a vida com extorsão e seqüestros. Ao serem confrontados com esses excessos, os líderes maoístas negavam-nos ou os deploravam. Eles provavelmente davam-se conta de que perdiam muitos de seus partidários originais, que estavam tão cansados com o crescente extremismo da organização como com os anos de luta sem solução. Entretanto, esses líderes muitas vezes podem ser vistos restritos em seu pensamento político por métodos e retóricas revolucionários criados em outra época e local. Prachanda, por exemplo, está convencido de que "uma nova onda de revolução, revolução mundial, está começando, porque o imperialismo enfrenta uma grande crise".

Quando o assunto não é a revolução no mundo, mas a situação específica do Nepal, ele pode ser astutamente perceptivo. Um oficial da polícia na Índia me contou que muitos dos comunistas indianos que entrevistara confessaram ter aprendido muito com os maoístas do Nepal, que não eram tão rigidamente doutrinários como os comunistas na Índia e no Afeganistão. Como diz Prachanda:

> A situação no Nepal não é clássica, não é tradicional. Na região de Tarai encontramos donos de terras com algumas terras e temos de tomá-las e distribuí-las entre os camponeses pobres. Mas na região montanhosa inteira esse não é o caso. Há pequenos proprietários, e não grandes latifundiários [...] Como desenvolver a produção, como elevar a produção, esse é o principal problema aqui. As pequenas porções de terra dos camponeses têm baixa produtividade. Com fazendas coletivas as coisas seriam mais científicas e se poderiam tomar medidas para aumentar a produção.

Não está muito claro quantas fazendas coletivas existem ou quais os usos não-militares feitos pelos maoístas das taxas que coletam. Na verdade, há poucas informações confiáveis a respeito do que acontece no interior. Poucos jornalistas se aventuram fora de suas bases urbanas, e os maoístas não são o único obstáculo. A maior parte das estradas fora de Katmandu é uma série de enormes buracos, e ainda há os soldados nervosos em barreiras. Assim que se sai da estrada principal, não aparece qualquer soldado ou policial ao longo de quilômetros sem fim. Em Sahkti Khor, uma aldeia na região de Tarai povoada por uma das comunidades mais pobres do Nepal, alguns poucos homens nos informaram em voz baixa que guerrilheiros maoístas estavam escondidos na floresta próxima, onde nenhuma força de segurança sequer se aventurava e de onde os maoístas freqüentemente fugiam para a Índia. Em uma pequena cooperativa que vendia mel, óleo de mostarda, cúrcuma e ervas medicinais, dois homens de vinte e poucos anos pareciam muito ansiosos para falar bem dos maoístas — que na noite anterior tinham pintado slogans antimonarquistas nas paredes limpas.

Nas outras regiões dominadas pelos maoístas que visitei, as pessoas pareciam ter medo de falar. Em Deurali Bazaar, uma aldeia no final de um caminho longo e traiçoeiro nas montanhas perto de Pokhara, um portão de bambu recém-construído encontrava-se envolto em um pano vermelho pintado com a foice e o martelo e os nomes de maoístas mortos ou presos. A cena na praça parecia normal, a princípio — mulheres esfregando crianças na bica municipal, rapazes tomando chá, um velho alfaiate encurvado sobre uma máquina de costura antiga com a bengala apoiada à sua cadeira —, mas a presença dos maoístas, mesmo não reconhecida, era inequívoca. Quando tentei falar com os homens na casa de chá, eles afastaram-se rapidamente e um deles derrubou a bengala do alfaiate. O lojista disse nada saber a respeito de maoístas. Ele não sabia quem tinha construído o portão de bambu; simplesmente tinha amanhecido ali.

Quando voltei a Pokhara naquela noite, as notícias eram que três estudantes adolescentes tinham sido mortos quando tentaram parar um carro do exército na estrada principal. Na véspera eu lera reportagens dos jornais em que o exército descrevia os estudantes como "terroristas" e afirmava ter encontrado documentos que os ligavam aos maoístas. Mas agora parecia ter ficado claro que eles estavam apenas coletando doações para Holi, o festival hindu das cores. Houve testemunhas oculares do tiroteio. Os pais das vítimas exumaram os corpos das sepulturas rasas em que o exército os enterrara rapidamente e descobriram que dois deles estavam usando o uniforme da escola. Como muitas outras coisas no Nepal, isso não sairia nos jornais.

O impasse sangrento no Nepal pode durar muito tempo. O exército é atualmente pequeno demais e mal equipado demais para derrotar os maoístas. Em algumas áreas já tentou recentemente armar aldeões de casta alta e os incitou a começar a agir contra os maoístas. No distrito sulino de Kapilavastu, grupos de justiceiros organizados pelo latifundiário local e armados pelo governo afirmam ter matado mais de cinqüenta maoístas em fevereiro. Essas táticas têm uma grande probabilidade não só de levar a uma guerra civil, mas também de aumentar o apoio aos maoístas em regiões nas quais o governo está ausente ou é antipatizado.

Embora pouco prováveis no momento, as conversações podem oferecer uma saída. Os maoístas já se mostraram dispostos a negociar e até a fazer um acórdo: em julho de 2001 eles retiraram a exigência de que o Nepal deixe de ser monarquia. Mais recentemente, Prachanda adotou uma posição flexível quando apelou para uma frente unida de partidos políticos predominantes contra o monarca. Ele provavelmente teme que a força guerrilheira possa se autodestruir caso seus líderes não consigam dirigir seus quadros mais extremos rumo à política moderada. Mas nenhuma das concessões dos maoístas à democracia burguesa tem probabilidade de agradar Gyanendra, que claramente quer usar o caos atual para se manter no poder.

Se periodicamente evocar a perspectiva de os terroristas dominarem o Nepal, Gyanendra pode contar com o apoio da Índia, dos Estados Unidos e do Reino Unido. No final de 2001, o embaixador dos Estados Unidos no Nepal, Michael Malinowski, um veterano da *jihad* anti-soviética patrocinada pela CIA no Afeganistão, disse: "Esses terroristas sob o disfarce maoísta ou da chamada 'guerra do povo' são fundamentalmente os mesmos em qualquer lugar — sejam eles membros do Sendero Luminoso, Abu Sayaf, Khmer Vermelho ou al-Qaeda". O então governo nacionalista hindu em Déli, do mesmo modo ansioso para apontar alguns inimigos, também descreveu os maoístas como "terroristas".

A visão que o atual governo da Índia tem do Nepal é mais modulada. Mas ele está preocupado com os rebeldes comunistas da própria Índia e suas ligações com os maoístas nepaleses, e acredita que, do mesmo modo como Malinowski coloca, "todo tipo de bandido poderia usar o Nepal como base, como no Afeganistão". Reagindo a temores de que o exército do Nepal estivesse ficando sem munição, a Índia retomou seu suprimento de armas este ano, em parte esperando conter os maoístas, mas querendo também manter sua influência sobre o Nepal face à crescente competição dos Estados Unidos.

Não há provas de que os bandidos, tal como definidos pelo governo Bush, tenham se bandeado para o Nepal; os maoístas estão longe de alcançar uma vitória militar, e é pouco provável que os comunistas na Índia estendam sua influência além dos distritos atingidos pela pobreza que eles atualmente dominam. O surgimento de um movimento comunista armado em um país estrategicamente importante, entretanto, perturba muitas elites políticas, que acreditam que o comunismo morreu em 1989 e que a história chegou ao limite da democracia liberal-capitalista.

Um diplomata europeu em Katmandu me disse que, embora os países ocidentais esperassem que os partidos políticos e o rei montassem uma frente unida contra os maoístas, eles sabiam que em algum ponto poderiam ter de apoiar o rei e seu exército, se ele estivesse sozinho na proteção do país contra os maoístas e mantivesse vivas as perspectivas de uma democracia. Não me senti à vontade para perguntar a ele sobre a natureza de uma democracia protegida por um autocrata. Talvez ele não quisesse dizer, com a palavra "democracia", mais que eleições regulares: o tipo de democracia cujo fracasso em conter a violência ou limitar a pobreza e a desigualdade sistêmicas não importa, desde que haja eleições, mesmo que seja, como no Afeganistão e no Iraque, sob um tipo de lei marcial, e na qual a rotatividade dos eleitores não faz nada além de dar poder e legitimar uma elite nativa desejosa de impor as prioridades de seus patrocinadores ocidentais.

Uma forma de democracia como esta, que está lentamente surgindo no Paquistão, poderia ser reavivada outra vez no Nepal, à medida que o rei estabelecer seu relacionamento com os partidos políticos predominantes. É possível, também, que os excessos dos maoístas façam com que eles se autodestruam. Certamente a revolução internacional de que Prachanda fala irá se mostrar mais uma fantasia. Mesmo assim é duro rejeitar a raiva e o desespero de pessoas que, chegadas tardiamente no mundo moderno, só conheceram sua ideologia primária, a democracia, como outra desilusão — os milhões de desencantados que cada vez mais irão buscar, por outros meios que não as eleições, a dignidade e a justiça que julgam merecer.

TIBETE: UM PAÍS ATRASADO

EM 1992 EU SAÍ DE DÉLI e passei a morar em uma pequena aldeia no Himalaia indiano. Era primavera quando cheguei. A cada manhã sem nuvens eu me levantava e ia para o balcão do meu chalé ver as montanhas brancas na direção do leste, erguendo-se altas em seu pedestal de ar profundamente azul. Podia ficar olhando essas montanhas durante horas a fio, em especial nas longas tardes, quando a neve distante recusava-se a desaparecer por trás da escuridão intrusa, reluzindo num imperioso vermelho noite adentro. O meu senhorio muitas vezes juntava-se a mim no balcão. Uma noite me perguntou se eu sabia o que ficava além das montanhas. Sacudi a cabeça. "O Tibete", disse ele.

Quando finalmente viajei ao Tibete em 2004, lembrei-me de como ficara surpreso com a resposta do meu senhorio naquela época. Como eu tinha conseguido perder de vista essa geografia básica — Tibete, o largo planalto entre a Índia e a China, maior até que a Europa ocidental, a fonte da maior parte dos grandes rios da Ásia (Indo, Yangtze, Brahmaputra e Sutlej) — algo tão imediatamente óbvio nos atlas que eu tive? Como eu poderia não saber que o Himalaia indiano fronteiriço ao Tibete, a uma viagem de ônibus da minha própria aldeia, era predominantemente tibetano em cultura e budista em religião?

Mas então o Tibete era para mim, do mesmo modo que para muitos outros, uma fantasia, e não um lugar de verdade: um clichê ressonante, "o teto do mundo", e não uma área claramente definida num mapa.

Tendo crescido em uma família hindu brâmane, eu herdara uma idéia religiosa a respeito do Tibete: era a pátria sagrada de grandes videntes e sábios, pessoas capazes de levitar e fazer viagens astrais. Mais tarde, ao ler os viajantes e exploradores ocidentais dos séculos XIX e início do XX, deparei com idéias do Tibete igualmente românticas, embora aparentemente mais racionais: era o país isolado, inacessível, que permanecera intocado pelas drásticas transformações impostas por estradas de ferro, estradas de rodagem, navios a vapor e indústrias do século XIX; uma civilização na qual a religião e a tradição eram uma força de vida, e cujos povos irradiavam uma serenidade e suavidade há muito extintos nas sociedades modernas e agressivas da Europa e dos Estados Unidos.

Morando no Himalaia, por fim afastado da sujeira de Déli e das cidades pequenas nas quais passei a maior parte da minha vida, não tive problemas em entrar nesse Tibete Virtual. Ele se tornou mais atraente à medida que comecei a viajar para a fronteira da Índia com a China e o Tibete. Nos frios desertos e altos vales, nos quais monges e ermitões viviam em grutas minúsculas em encostas íngremes e vestiam-se em túnicas de algodão em temperaturas abaixo de zero, eu conseguia acreditar facilmente nos poderes milagrosos atribuídos aos lamas e outras pessoas espiritualmente exaltadas — a religiosidade benigna, medieval, que muitos viajantes ocidentais encontraram no Tibete, recentemente comemorada em filmes de Hollywood como *Sete Anos no Tibete* e *Kundun*, de Martin Scorsese.

Há pouco espaço nessa visão para as centenas de milhares de tibetanos refugiados na Índia — pessoas que tiveram de fugir do domínio comunista chinês no país. Expulsos de seu ostensivo paraíso do Tibete, eles ficaram em pavimentos estreitos, quebrados, em cidades serranas na Índia, vendendo casacos de lã, meias, luvas, calculadoras, *walkmans* e relógios de pulso.

Eu tinha lido como os chineses, que começaram a invadir o Tibete em 1950, haviam matado centenas de milhares de tibetanos e destruído centenas de mosteiros e templos. Lera que a sociedade e a cultura tradicionais do Tibete estavam gravemente ameaçadas. Mas ainda não sabia como compreender os refugiados tibetanos e seus modos estranhamente ocidentalizados. Vestida em jeans e moletons de universidades norte-americanas, a maioria dos jovens tibetanos não parecia herdeira de uma cultura tradicional, não com bares de karaokê e salões de videogames instalados ao lado de templos budistas em Dharamsala, o lar do dalai-lama, o líder espiritual da comunidade tibetana no exílio.

Nossas fantasias modernas de um passado simples e completo são frágeis. Talvez por isso nos agarremos tão tenazmente a elas. No Tibete, busquei confirmar tudo que imaginara a seu respeito, e durante os primeiros dias, pelo menos, não fiquei decepcionado.

A magia começou com o vôo até Lhasa, vindo de Katmandu, quando, desafiando previsões de mau tempo e pouca visibilidade, o Monte Everest inesperadamente surgiu, pura rocha e gelo, assomando bem acima da espessa cobertura de nuvens a 7.500 metros; e então, depois de uma longa cordilheira nevada, o planalto tibetano revelou-se em toda a sua pureza e amplidão.

Oficiais militares chineses supervisionaram nossa chegada no aeroporto de Gongkar. As expressões severas e os uniformes verdes eram um lembrete do status político do Tibete. Do lado de fora, guias de turismo com Land Cruisers esperavam para fisgarem os turistas, e flâmulas bilíngües — nas quais os ideogramas chineses apequenavam as elegantes letras tibetanas — proclamavam o Tibete como parte da "pátria" chinesa em rápido progresso.

Pouco mais de um quilômetro para fora do aeroporto, começava a vazia região rural: plantações de cevada ao lado de um rio muito largo, cuja superfície tranqüila refletia com clareza impressionante o céu de um azul profundo, as montanhas nuas em redor e, ocasionalmente, os brancos maciços guardando o horizonte remoto.

Esse era o vale de Yarlung, o berço da civilização tibetana, de onde surgiu o primeiro governante conhecido do Tibete no século VII, e de onde o império tibetano já se estendera até o Afeganistão e Bengala. Em Yambulagang, o local da primeira construção conhecida no Tibete, iaques com chifres negros e lisos e cerradas caudas brancas esperavam para nos carregar até o templo em cima da montanha, onde monges inclinavam-se atentamente sobre manuscritos de papel grosseiro, em meio a um aroma excessivo de manteiga de iaque rançosa e incenso de sândalo. Depois da luz ofuscante do vale, as capelas eram escuras e misteriosas, repletas de estátuas douradas de Buda e dos reis tibetanos, as paredes confusas com murais de demônios com dentes afiados e braços múltiplos que os tibetanos reverenciam como divindades protetoras.

Durante esses primeiros dias pareceu-me que muitos séculos coexistiam alegremente no Tibete. Na pequena barca que na manhã seguinte nos levou através do rio Tsangpo ao mosteiro Samye, do século VIII — o mais antigo do Tibete —, havia dois iaques e um jovem monge usando jeans e tênis por baixo do hábito.

O sol estava quente, estonteante quando refletido na água e nos picos nevados e margens arenosas. Um belo velho com um chapéu *trilby* girava uma roda de oração. Duas moças sentavam-se silenciosas, segurando pára-sóis elegantes em uma mão e rosários na outra; fiquei sabendo que eram peregrinos, como a maior parte das pessoas na barca. Um jovem casal vestindo jeans e botas bordadas sentavam-se no chão com seu bebê de faces animadamente vermelhas.

Na praias de atracação, um ônibus caindo aos pedaços esperava para nos levar pelas dunas de areia até o mosteiro. Passei a longa tarde caminhando em torno do conjunto murado do mosteiro recentemente reformado que originalmente fora construído para representar o cosmo budista tibetano, e já tinha sido orlado com 1.008 *chortens* (montes relicários) incrustados de ouro. Estilos arquitetônicos chineses, indianos e tibetanos tornavam distintos cada qual dos três andares da construção central, cujo grande salão de reuniões estava cheio de cantos guturais dos monges sentados em meio a tapeçarias de seda confusamente coloridas e feixes de luz do sol.

Em uma das capelas mais escuras, um jovem monge sussurrou para mim em híndi. Em nossa breve conversa apressada — havia espiões chineses por toda parte, disse ele —, ele explicou que saíra do Tibete ilegalmente para passar alguns anos em Dharamsala, o lar do dalai-lama. Educado em Samye, não tinha feitos os votos até sua primeira visita a ele. E agora seu irmão mais novo planejava uma viagem arriscada a Dharamsala.

*

Ir de Samye para Lhasa, passando pelas ruínas de mosteiros e fortalezas nas encostas, era entrar em um mundo mais carregado. Era confrontar o conhecimento que me tinha anuviado em Yambulagang e Samye: os fantasmas de construções quase inteiramente destruídas por fanáticos chineses e tibetanos antes e durante a Revolução Cultural (1966-1976).

"Religião é veneno", disse Mao Tsé-tung ao dalai-lama em 1955, no início da ocupação chinesa do Tibete. Depois de 1959, quando ele fugiu para a Índia, os chineses acorreram para ceifar o poder dos mosteiros, que eram donos da maior parte da terra arável, emprestavam dinheiro e educavam os aldeões pobres. Em Samye, onde os primeiros tibetanos foram ordenados monges, e de onde o budismo partiu para o resto do Tibete, os "guardas vermelhos", incentivados pela denúncia de Mao sobre a religião e a tradição, reduziram *chortens* e estátuas a pó. Alguns dos *chortens* foram restaurados, e, com sua mistura de concreto e incrustações de folhas de ouro, incorporam bem o kitsch produzido pelos esforços de restauração liderados pelos chineses no Tibete. A destruição foi mais extensa na região de Lhasa, na qual todos os mosteiros principais — Drepung, Será, Ganden — foram reduzidos a ruínas, e só o Palácio Potala, do século XVII, a residência tradicional do dalai-lama, escapou da fúria dos "guardas vermelhos".

A liderança comunista em Pequim agora admite, embora a contragosto, os "excessos" e "erros" durante a Revolução Cultural, quando dezenas de milhares de tibetanos foram condenados como "reacionários", "direitistas" e "dissidentes capitalistas" (*capitalist roaders*), e presos, torturados e assassinados. A ambivalência hoje mancha a memória oficial de Mao, o "Grande Timoneiro", que levou seu país à fome e ao caos. Isso em parte se dera porque, no início da década de 1980, o regime chinês adotou o mercado livre, depois de desdenhar os "dissidentes capitalistas" durante décadas, e resolvera que "ficar rico", como descreveu o falecido líder comunista Deng Xiaoping, "é glorioso".

Só que não era fácil ficar rico no Tibete. O solo duro e o frio extremo impossibilitavam a agricultura extensiva — a maior parte dos tibetanos ainda depende da carne de iaque e farinha de cevada —, e havia pouca infra-estrutura para as indústrias pesadas fora de Lhasa. A grande altitude — uma altitude média de 3,5 mil metros — e a baixa taxa de oxigênio afastavam muitas pessoas de fora. A única coisa que o Tibete parecia possuir em grande quantidade era religião e um passado exótico, que os chineses descobriram poder embalar e vender aos turistas.

Desde o início da década de 1980 as autoridades chinesas promoveram o turismo no Tibete, apesar de percalços ocasionais, como os tumultos e demonstrações antichineses em Lhasa, em 1987 e 1989. Eles permaneceram desconfiados ante a crescente popularidade do budismo entre os jovens tibetanos e até chineses — no Tibete oriental, em 2001, demoliram parcialmente um acampamento de monges que atraía milhares de estudantes tibetanos e chineses de budismo. Mas esperam atrair visitantes para os antigos mosteiros e templos mais famosos, e reconstruíram e renovaram alguns deles. Além disso, melhoraram as telecomunicações, construíram estradas e até uma nova estrada de ferro que irá ligar Lhasa à China.

Novos hotéis do governo com pretensões, nem sempre bem-sucedidas, de estilo internacional apareceram em Lhasa e nas cidades de Shigatse e Cyantse. Há menos restrições para vistos e viagens de estrangeiros, e grupos de turistas vindos das cidades ricas da China litorânea apinham os mosteiros, posando com os monges e subindo as escadas íngremes para espiar ansiosamente os murais que mostram o sexo tântrico.

Encorajados pelo governo de Pequim, que deseja abrir o Tibete, como o resto da China, à iniciativa privada e ao consumismo, centenas de milhares de chineses han — a maioria étnica na China — mudaram-se para cidades no Tibete a fim de aproveitar as isenções de impostos e os incentivos às pequenas empresas. Dizem que os chineses han estão ultrapassando em número os tibetanos, em Lhasa, numa proporção de dois para um.

Com suas avenidas largas, cartazes com ideogramas em néon, *shopping malls*, discotecas, restaurantes Sichuan e bordéis (em geral disfarçados como casas de massagem, como descobri depois de algum constrangimento), Lhasa agora parece uma cidade chinesa em elaboração, tão fanaticamente dedicada ao excesso consumista como fora à austeridade comunista.

A Lhasa da minha imaginação — peregrinos com rosários que se deslocam em uma névoa de incenso e passam pelas velhas casas de barro com janelas com molduras de madeira pintada, em aléias estreitas — existia só por alguns poucos quarteirões em torno do templo de Jokhang, o local mais sagrado do Tibete. Aqui, pelo menos, o atropelo que contribui com grande parte da vulgaridade crua de uma cidade de fronteira como Lhasa estava relativamente ausente. Os tibetanos dominavam a multidão de peregrinos, turistas, policiais e vendedores de bugigangas que fluem em torno do templo em sentido horário. Mulheres do Tibete oriental, magnificamente adornadas com toucados de turquesa, colares, broches e pulseiras, misturavam-se com jovens velhacos citadinos tibetanos com os bonés de beisebol postos ao contrário.

Mas no mosteiro de Será, os turistas clicavam freneticamente suas câmaras enquanto jovens monges debatiam filosofia budista à maneira antiga, sublinhando seu argumento inclinando-se para adiante e juntando as mãos num tapa altissonante. Mas o evento parecia encenado; uma norte-americana com um cinto de dinheiro movia-se lentamente pelo grupo de homens tonsurados.

O Palácio Potala ainda parece fabuloso, ao emergir repentinamente, andar por andar, acima da cidade, em sua própria colina íngreme, olhando igualitariamente para as montanhas que circundam Lhasa. Mas ao espiar diretamente para baixo do telhado, vi feios blocos achatados de concreto que se estendem pelos quatro cantos, e o palácio com sua vasta massa magnífica de repente parecia abandonado na cidade. Enquanto eu estava lá, uma tarde, um vendedor de shampoo atraía os passantes com um megafone, na imensa praça construída pelos chineses abaixo do Potala — um deserto de asfalto criado depois que arrasaram os bairros velhos; o eco penetrava os melancólicos apartamentos vazios do atual dalai-lama, ainda preservados de modo tocante.

Fiquei aliviado de voltar ao Tibete saído dessa China transplantada em que a Lhasa de hoje se transformou. Viajei no onipresente Land Cruiser — veículo essencial em um país onde quase não há estradas pavimentadas. E a cada passo do caminho — atrás de nuvens de poeira em brandos vales incultos; passando por tendas pretas de nômades, das quais emergiam crianças acenando, erguendo seus rostos felizes com o nariz escorrendo; nos passos altos em que bandeirolas de orações agitavam-se no vento forte; e depois avançando suavemente ao longo de um lago turquesa aninhado em montanhas incrustada de iaques — eu sentia outra vez o encanto dos imensos espaços vazios tibetanos.

Já era noite quando entramos na cidade de Gyantse, local em que pela primeira vez o Tibete encontrara-se com o mundo moderno, em 1903-1904, sob a forma de tropas invasoras britânicas. Os ingleses alegaram que os tibetanos e os russos conspiravam contra o Império Britânico na Índia, e que havia armamento russo na capital, Lhasa. Isso mostrou-se um novo engano imperial, reforçado com arrogância, paranóia e informações secretas falhas. O governo tibetano, principalmente dirigido por monges, tinha ambições geopolíticas apenas sobre a extensão de terra que queriam liberar de seus poderosos vizinhos. Certamente o pequeno exército tibetano possuía armas russas e estava municiado com nada mais perigoso que arcabuzes, pedras, paus e amuletos abençoados pelo dalai-lama.

Perto de Gyantse, os britânicos assestaram duas metralhadoras Maxim sobre os desafortunados defensores tibetanos. Como contou mais tarde um dos artilheiros: "A matança foi terrível [...] Os tibetanos caíam em montes no lugar em que as Maxim os atingiam." Em vez de correrem para se esconder do voleio das balas, os tibetanos que restaram caminharam lentamente para fora do campo de batalha de cabeça baixa, como se estivessem de luto. A visão confundiu os britânicos. Como um jornalista que acompanhava as tropas britânicas tentou explicar mais tarde: "Eles estavam aturdidos. O impossível acontecera. Orações, encantamentos, mantras e os mais santos dos homens santos tinham falhado."

Mais de quatrocentos tibetanos foram mortos e muitos outros foram feridos naquele que seria apenas o primeiro de vários massacres no Tibete, facilitados pelas metralhadoras Maxim, cuja utilidade para a conquista imperial foi comemorada por Hilair Belloc ("*Whatever happens, we got / The Maxim gun, and they have not.*" – Aconteça o que acontecer, nós temos / as metralhadoras Maxim, e eles, não.). Como Francis Younghusband, o especialista em Ásia Central e líder da expedição punitiva britânica reconheceu, foi um "negócio terrível e horripilante". Ele esqueceu de acrescentar, provavelmente por ter como certo, de que era também um negócio necessário: a obra de um império intimidando povos mais fracos, antecipando-se a inimigos potenciais.

O isolamento do Tibete não fora muito perturbado durante o século XIX, quando os estados imperiais da Europa — Grã-Bretanha, Rússia, Alemanha, França — exportaram suas rivalidades para a Ásia e a África e conquistaram os povos nativos em nome de uma civilização superior. Do ponto de vista dos europeus da época, o país era grande demais e muito pouco povoado; e nada parecia crescer nos espaços vazios, com exceção de um budismo ritualístico, dominado pelo lama. Sua importância era — e ainda é — grandemente estratégica.

O massacre perto de Gyantse iniciou o Tibete no mundo moderno, suas novas rivalidades e suas recentes armas de destruição de massas. Depois que os invasores britânicos impuseram termos humilhantes aos tibetanos e se retiraram, o Tibete sofreu ainda outra invasão, em 1910, desta vez por parte dos decrépitos governantes manchu da China. Recuperou sua independência no ano seguinte, com o colapso do império manchu, e depois se manteve por quase quatro décadas. Em 1950, no entanto, foi invadido por comunistas chineses que tentavam "unificar" a China, que alegavam ter sido retalhada por imperialistas estrangeiros.

Como parte da "pátria" chinesa, a área antes controlada pelo dalai-lama e seu governo em Lhasa é agora chamada de Região Tibetana Autônoma (TAR — Tibetean Autonomous Region); seu passado está parcialmente reescrito por ideólogos chineses. No forte de Gyantse, uma "Sala Memorial Anti-Britânica", construída pelos chineses, descreve os eventos sangrentos de 1903-1904. Louvam os soldados tibetanos, num inglês errado, por seus esforços em prol da "pátria" e denunciam os violadores britânicos do Tibete. Uma pedra de túmulo marca o local de onde os soldados tibetanos confundidos pelo fogo superior dos ingleses supostamente mergulharam para a morte.

Os suicídios, que nunca foram comprovados, parecem uma invenção da imaginação nacionalista chinesa, projetada para reforçar a idéia de que os tibetanos eram uma raça fraca, bárbara e singularmente vulnerável a estrangeiros gananciosos. Esse é um tema recorrente nos escritos chineses a respeito do Tibete: antes de sua "liberação pacífica" era um país ignorante no qual aristocratas "feudais" e "reacionários", com os mosteiros e os monges, oprimiam uma população majoritária de servos e escravos, principalmente confundindo suas mentes com rituais e religião. Essa perversa elite governante não fora capaz de modernizar e desenvolver o Tibete, e sequer aprendera a lição da derrota perto de Gyantse: a importância da educação secular, de um exército moderno, de transporte, administração e uma população produtiva.

Antes da invasão chinesa em 1950 Gyantse fora uma cidade importante na rota do comércio com a Índia, na época a parceira comercial mais próxima do Tibete. Agora, mercadorias baratas feitas na China enchem as lojas e bancas que se derramam nas calçadas poeirentas; e no saguão do meu hotel retumbantemente vazio, meninas chinesas muito novas pairam, com um sorriso vazio, todas elas trajadas com o mesmo vestido de seda vermelha, sob um anúncio de barbeiro que oferece "serviço de massagem 24 horas".

A China está desenvolvendo e modernizando o Tibete, levando o país a um futuro glorioso: era difícil escapar dessa mensagem, anunciada vistosamente nos arcos de boas-vindas e nos cartazes ao longo de estradas vazias, para os quais o meu guia tibetano sempre apontava com um sorriso amargo. Mas a extrema juventude das prostitutas era prova de que, embora o futuro pudesse ser glorioso, o presente era penoso para muita gente: os tibetanos, assim como o grande número de chineses à deriva que buscavam trabalho naquilo que para eles era uma terra remota, estranha e inóspita.

Eu lera em diversos livros e artigos sobre a China pós-Mao a respeito da "população flutuante" do Tibete, estimada em mais de um milhão de pessoas que procuram trabalho longe de casa. Dizia-se que esse deslocamento em grande escala era um dos efeitos das políticas econômicas do país. Entretanto, a modernização e o desenvolvimento liderados pelos chineses parecem ter afetado apenas as poucas regiões urbanas no Tibete, onde morava a maior parte dos migrantes da China. Aparentemente deixaram intocados os operários que consertam estradas, os agricultores nas pequenas aldeias e os tibetanos ociosos que jogam sinuca em toda parte nas habitações de beira de estrada. E não diminuiu — pode até ter reforçado — o papel da religião na sociedade tibetana.

Quase todas as reportagens a respeito do Tibete contemporâneo mostram que, apesar de estar continuamente sob ataque durante quase três décadas, o budismo permanece central na vida da maior parte dos tibetanos. Para a maioria deles, a liberalização chinesa que começou no início da década de 1980 significou sobretudo a liberdade para adorar seus velhos deuses, em vez de jogar no novo mercado de ações em Lhasa. Alguns dos peregrinos que vi na famosa *stupa* octogonal em Gyantse tinham viajado centenas de quilômetros. Semi-encurvados sob o peso de suas mochilas com estrutura de madeira, eles caminhavam em torno do complexo monástico, alimentando os vira-latas, distribuindo reflexivamente esmolas para os mendigos, enquanto giravam suas rodas de orações. Dentro de capelas escuras eles espremiam manteiga de iaque de sacos de plástico amarelos nas lamparinas dos altares, e com as mãos engorduradas enfiavam notas de um e cinco iuanes nos santuários, notas de baixo valor com imagens idealizadas de camponeses chineses e que facilmente ultrapassam em número as notas de valores mais altos deixadas por turistas adeptos do budismo que vêm de Taiwan, do Japão e da Tailândia.

Os suseranos chineses no Tibete não deixavam de ter boas intenções. É sobretudo graças a eles que muitos tibetanos têm educação e cuidados médicos melhores. Mas os tibetanos, em sua maior parte, ainda são camponeses e nômades; e até os tibetanos instruídos com que falei pareciam descontentes com o domínio chinês. Como todos os povos tradicionais, obrigados a enfrentar a modernidade, suas escolhas são drasticamente limitadas. Adotar o reluzente novo mundo da China é tornar-se tão impiedosamente materialista e secular quanto os chineses pós-comunistas. É perder o que ainda é precioso para eles: sua religião e identidade cultural.

O medo de "achinesamento" parece pesar mais sobre os refugiados tibetanos que encontrei em Dharamsala depois de voltar do Tibete. Eles estavam convencidos de que colonos chineses han iriam dominar os tibetanos com seus modos estrangeiros, e que logo, com a nova conexão por estrada de ferro com a China, a sociedade tibetana cessaria de existir.

Embora esses tibetanos fossem de um grupo politicamente diferente, eles em geral concordavam que, desde que os comunistas chineses invadiram o Tibete em 1950, eles mataram — principalmente por meio de execução, tortura e fome — até 1,2 milhão de pessoas, e destruíram dezenas de milhares de mosteiros e templos budistas.

Em maio de 1980, quatro anos depois da morte de Mao, o *premier* chinês Hy Yaobang visitou o Tibete, onde pediu desculpas por esses "erros iniciais" e prometeu aos tibetanos maior liberdade religiosa e desenvolvimento econômico, junto com alguma medida de autonomia política. Mas os tibetanos insistem que o regime chinês em Pequim continua a tratar o Tibete como uma colônia e tem tentado de modo consistente solapar sua sociedade e cultura, e explorar seus recursos econômicos sem muita consideração pelo seu meio físico. Aqui a opinião era apoiada pelo relatório da Human Rights Watch de 2004, que afirma que o regime comunista em Pequim continua a comportar-se brutalmente no Tibete, muitas vezes prendendo sem julgamento, torturando e executando aqueles que suspeitam ser separatistas ou simpatizantes do dalai-lama.

Muitos desses exilados tibetanos vêem seus líderes políticos limitados por excessivos escrúpulos religiosos. Eles podem ter razão. Como Samdhong Rinpoche, o primeiro-ministro do governo tibetano no exílio, me explicou, em uma entrevista na primavera de

2004, ele tinha reservas até com relação a táticas generalizadas de grupos de resistência, como o boicote econômico, já que isso prejudica mais o povo comum que os governos. Ele chamou a atenção para o fato de que o dalai-lama apoiara uma proibição dos brinquedos chineses apenas porque eram produzidos à força, em campos de prisioneiros, e o boicote não iria prejudicar o ganha-pão dos trabalhadores chineses.

Quando Mao Tsé-tung declarou ao dalai-lama, em 1955, que "religião é veneno", ele provavelmente queria dizer que a religião mina o desejo de uma nação lutar e ter sucesso em um mundo competitivo. Rupert Murdoch, um dos investidores superávidos da economia chinesa liberalizada, parecia concordar com Mao quando afirmou: "O problema principal no Tibete é que metade da população ainda pensa que o dalai-lama é o 'filho de Deus' [*sic*]".

Esses descasos quanto à religião e à cultura tibetana não estão confinados aos ultra-esquerdistas ou aos partidários do mercado livre. O primeiro-ministro indiano Nehru confiou a um diplomata britânico que os tibetanos eram "um povo um tanto difícil de se ajudar, por serem tão ignorantes do mundo moderno e de seus modos". Em um discurso em 1997, Chen Kuiyan, um dos tecnocratas chineses de linha-dura que governaram o Tibete nos últimos anos, chamou a atenção de que "quando o Dalai governava o Tibete, não havia uma única escola regular; as crianças da classe operária não tinham o direito nem a oportunidade de receber uma educação, e mais de 90% do povo tibetano era analfabeto".

Quando citei esse discurso para Samdhong Rinpoche, ele não discordou fundamentalmente: admitiu prontamente que o Tibete sob o *ancien régime* não era nenhum Shangri-lá. Em 1959, Samdhong Rinpoche tinha vinte anos de idade e estudava para obter um diploma em filosofia no mosteiro tibetano de Drepung, quando ouviu dizer que o décimo quarto e atual dalai-lama fugira do Tibete ocupado pelos chineses para a Índia. Uniu-se aos milhares de tibetanos que seguiram o dalai-lama e desde então não voltou ao Tibete. Na Índia, onde passou a maior parte de sua vida, é conhecido por sua douta defesa das políticas não-violentas e sua admiração por Gandhi e pela luta da Índia pela liberdade contra os ingleses.

Em 2001, sua eleição como primeiro-ministro, com impressionantes 80% dos votos, assinalou a crescente democratização da comunidade tibetana no exílio, da qual o dalai-lama tem sido o indiscutível líder supremo. Sua vigorosa autocrítica revela a profundidade da introspecção entre a comunidade tibetana no exílio.

Como jovem monge das províncias em Lhasa, Samdhong Rinpoche viu que "os membros de ordens religiosas abandonaram seus códigos morais e, tanto em público como em particular, estavam ocupados principalmente com vendas, lucros, usura, negociações econômicas e outras questões não espirituais". Muito disso ocorreu em seu próprio mosteiro em Lhasa, Drepung. Ele também não tinha muita paciência com a aristocracia tibetana que colaborara com os chineses. "A maior parte dos nossos líderes estava envolvida em práticas imorais, com o objetivo simples de satisfazer seus próprios interesses particulares." Previsivelmente, quando os chineses chegaram, "os tibetanos venderam o país sem hesitação, por dinheiro, mercadorias e seus próprios interesses mesquinhos". Rinpoche atribui o sofrimento do povo tibetano ao seu "carma coletivo negativo".

Vestido num manto grená, Samdhong Rinpoche falou suavemente e com precisão, em híndi, sem sotaque. Ele me descreveu como, quando era um jovem monge refugiado e inexperiente na Índia, ele se deparou pela primeira vez com os textos de Gandhi e começou a esclarecer seu pensamento político. Disse que não se opunha ao povo chinês ou até mesmo à soberania chinesa sobre o Tibete. Era contra a qualidade do domínio chinês, sua injustiça e violência; ele incitou todos os tibetanos a rejeitarem ativamente esse domínio com atos de não-cooperação e desobediência, sem ódio ou dano para o povo chinês.

A não-violência, disse ele, não era uma tática, ou um meio para alcançar um fim predeterminado. Como forma de autocontrole e com ações cuidadosamente medidas, ela era um fim em si mesma. Todo um jeito de ser no mundo, implicando respeito e compaixão para todas as coisas vivas.

Ele vê um Tibete livre como uma zona de paz desmilitarizada, isenta de armas nucleares, químicas e biológicas. Afirma que seu governo fará o possível para restaurar o equilíbrio ecológico local, perturbado pelas represas e pelos projetos de mineração construídos pelos chineses. Disse também que uma de suas prioridades era educar mais refugiados tibetanos com as bases filosóficas do *satyagraha*: o respeito pela vida humana e o ambiente natural. Já começou a fazer isso reorientando os assentamentos tibetanos baseados na agricultura, na Índia, para o desenvolvimento da cultura orgânica.

Isso parece ser, apropriadamente, uma pequena escala factível. Mas ainda é difícil evitar a pergunta: será que a não-violência budista terá um lugar em um mundo moldado sobretudo pela força bruta e pelo interesse econômico?

Em 1987, o dalai-lama desistiu de sua exigência anterior de independência plena do Tibete, descrevendo-a como "não realística" e admitindo que estava disposto a negociar um status autônomo para o Tibete dentro da China. Seu desejo de buscar um acordo a "meio do caminho" não resultou em qualquer concessão significativa por parte dos chineses; além disso, enraiveceu e afastou muitos intelectuais e ativistas tibetanos que não queriam outra conciliação além da independência.

Em Déli, em 1998, um ex-monge chamado Thupten Ngodup imolou-se publicamente depois que a polícia indiana pôs fim à força a uma greve de fome empreendida por seis ativistas tibetanos. O Congresso da Juventude Tibetana, um grupo radical, organizara a greve de fome, apesar da desaprovação inicial do dalai-lama e de Samdhong Rinpoche.

Muitos exilados tibetanos questionam cada vez mais sua eficácia contra um oponente político aparentemente tão insensível como o regime chinês em Pequim, que se torna mais que nunca respeitável e atraente do ponto de vista internacional, à medida que a economia da China cresce à velocidade extraordinária de 10% ao ano.

O premiado romancista Jamyang Norbu, um dos fundadores do Congresso Jovem tibetano, é um desses tibetanos que acreditam que os compromissos religiosos do dalai-lama diminuem seu papel político, e que seu desejo budista de acordo com os chineses não serve à causa tibetana.

"Algumas pessoas não querem ser esclarecidas, pelo menos não imediatamente", disse Norbu em um documentário para a televisão PBS sobre o Tibete. "Elas estão realmente felizes com seu panorama e com o Tibete. Têm um tipo de afinidade com o lugar em que vivem. E não querem os chineses lá. E sua Santidade não consegue entender isso..."

Norbu rejeita o estereótipo ocidental do tibetano como inatamente não violento — uma idéia romântica que ele julga gratificar muitos povos ocidentais descontentes com o egoísmo agressivo de suas sociedades, mas que obscurece as aspirações políticas dos povos tibetanos e a variedade de meios a eles disponíveis para alcançar a independência. Em 1989, ele publicou um livro sobre um dos guerreiros Khampa, do Tibete oriental, que lutaram contra o exército invasor chinês em 1950 e depois iniciaram a sangrenta revolta contra o domínio chinês que acabou com a partida do dalai-lama para a Índia.

"Somos tibetanos comuns", disse Norbu à PBS. "Bebemos, comemos, nos apaixonamos, amamos nossas esposas e filhos. Se alguém se mete com eles, mesmo que seja um exército, você pega um rifle."

No início dos anos 1970, Norbu abandonou o colégio interno em Darjeeling, pegou um rifle e uniu-se aos guerrilheiros tibetanos que operavam fora de Mustang, um pedaço de território nepalês que penetra o Tibete. A CIA secretamente financiava essa guerrilha e arranjou para os guerrilheiros serem treinados no Colorado. O apoio norte-americano era pouco entusiasmado, nas melhor das hipóteses, e tinha como intenção minar a China comunista, e não conquistar a independência tibetana; ele terminou nos anos 1970, depois que Kissinger e Nixon resolveram ficar amigos de Mao, iniciando a política de apaziguamento com a China, que culminou em 1994, quando Bill Clinton resolver separar o comércio com a China da problemática questão dos direitos humanos.

Abandonados pelos seus patrocinadores, muitos guerrilheiros tibetanos foram atacados e mortos pelo exército nepalês. Finalmente, o dalai-lama disse aos guerrilheiros de Mustang, em uma mensagem gravada, que largassem as armas e voltassem para a Índia.

Lyhasant Tsering, hoje livreiro em Dharamsala, era um dos guerrilheiros tibetanos em Mustang. Mais tarde liderou o Congresso Jovem tibetano, e até trabalhou para o governo do Tibete no exílio antes de renunciar em protesto contra a decisão do dalai-lama de desistir da exigência de independência plena.

Ele me disse o que eu já ouvira de muitos outros tibetanos: que durante a última década o governo chinês encorajou os chineses han a migrarem em grandes contingentes para o Tibete, de tal modo que os tibetanos fossem uma minoria em seu próprio país. O Tibete enfrenta um genocídio cultural, disse Tsering, e será aniquilado, a não ser que se adote alguma ação radical e rápida.

Ele não especificou que forma poderia ter essa ação. Mas lembrou-me de que os tibetanos lutaram ferozmente por seus direitos até nos dias excepcionalmente terríveis da Revolução Cultural. Armados com espadas e lanças, Thrinley Chodron, uma jovem freira, e seus seguidores atacaram a sede local do Partido Comunista, matando oficiais chineses e seus colaboradores tibetanos. Tsering estava convencido de que a luta pela liberdade do Tibete será belicosa depois que o dalai-lama, que já tem por volta de setenta anos, tiver morrido.

*

Muitos jovens refugiados que conheci em Dharamsala também acentuaram a necessidade de ações imediatas e extremas; eles queixaram-se de que os métodos budistas de diálogo e negociação defendidos pelo dalai-lama revelaram-se inúteis. Citaram a atenção mundial dada aos islamistas radicais na Palestina e em outros lugares depois de seus atos espetaculares de violência.

Eu sabia que essas opiniões eram populares entre muitos refugiados tibetanos; elas fazem parte de sua visão geral ocidentalizada. Mas não discuti com eles; não achei que tinha adquirido o direito de fazê-lo. Minhas próprias opiniões eram tão tímidas e confusas como as de qualquer viajante a um país lindo submetido a um regime despótico.

Quando penso no Tibete agora, lembro primeiro daquela manhã em Tsangpo: a paisagem austera, à qual pequenas coisas — a água batendo contra o barco, as montanhas nuas, marrons, contra um céu azul, e um homem com seu chapéu *trilby* que girava sua roda de oração — tinham o poder de conferir felicidade.

Lembro-me de observar a neve caída do cume das rochas do monte Everest em uma tarde fria e ventosa, soprada para cima do teto de barro meio desabado do mosteiro de Rongbuk. Lembro-me das camponesas tibetanas em Lhasa, o vistoso símbolo do capitalismo chinês, cerimoniosamente circulando em torno do Palácio Potala, a medir os quilômetros de concreto em uma série de prostrações enérgicas, deitadas de barriga no chão por um momento e depois se levantando, com os braços cheios de pulseiras esticados para adiante, prontas a mergulhar outra vez no solo áspero.

Essas imagens eram lugares-comuns em livros que eu lera antes de visitar o Tibete: a paisagem tibetana e as pessoas sempre aparecem nelas com uma aura religiosa de humildade e compaixão. Eu gostava de achar que estava imune a esses estereótipos que muitas vezes conseguiam esconder a dura realidade política do Tibete. Não acreditava que todos os tibetanos eram o cúmulo da bondade amorosa e da não-violência. Mas era difícil não sentir que eu viajara ao coração de uma civilização ímpar: uma civilização cujas realizações não estão em monumentos imponentes e museus, mas na refinada cultura pessoal — a humildade e o calor — de seus homens e mulheres. Eu não tinha muita dúvida de que o budismo ajudara a criar uma civilização distinta e sofisticada no Tibete.

Eu percebera também a grande dignidade e força interior com que os tibetanos protegeram sua tradição e sua identidade enquanto viviam na ruína física dessa civilização — a ruína de mosteiros e templos destruídos, sobre a qual o regime chinês incentivado pelo lucro, e ainda repressivo, constrói uma Disneylândia da cultura tibetana.

Muitos exilados tibetanos desalentados provavelmente concordam com Jamyang Norbu quando este diz que os chineses transformam os tibetanos em um "tipo de povo de terceira categoria, arruinado, que daqui a uns dez, vinte, trinta, quarenta anos estará apenas mendigando dos turistas".

Samdhong Rinpoche também está convencido de que não há muito tempo para os tibetanos. Mas ele rejeita firmemente o uso da violência como tática contra os chineses, dizendo que esta não pode ser uma opção, mesmo que houvesse certeza de que se ganharia a independência para o Tibete da noite para o dia. "Você não pode chegar a um bom termo com os meios errados."

Ele acrescentou que seria incorreto pensar na luta armada como uma opção difícil e na *satyagraha* como a arma do fraco. É mais fácil reagir à injustiça com ódio e violência, mas é mais difícil convencer o adversário de que as ações dele estão erradas. O protesto não-violento não é para o covarde, ele disse; é uma prática árdua, exige muito esforço e disciplina.

Talvez seja por isso que os monges e freiras atualmente formam a resistência mais visível ao domínio chinês no Tibete. De acordo com Tsering Shakya, o principal historiador do Tibete moderno, os monges e freiras "ordenam a lealdade e o respeito à população local", que os vê como os "defensores da cultura e das tradições do Tibete". Em setembro de 1987, monges da *alma mater* de Samdhong Rinpoche, Drepung, desfraldaram a bandeira tibetana na Lhasa central — a primeira grande demonstração política no Tibete em anos. Monges e freiras de outros mosteiros seguiram o exemplo. Eles foram presos e severamente espancados, produzindo confrontos entre os tibetanos e a polícia, que por sua vez levaram Hu Kintao, o então administrador chinês do Tibete, agora presidente da China, a declarar a lei marcial no Tibete.

Corretamente identificando os mosteiros como fonte de problemas, em 1996 o governo chinês começou a submetê-los à "educação patriótica", pedindo que monges e freiras denunciassem o dalai-lama. Mas do Tibete, falando com tibetanos comuns e observando as grandes multidões de peregrinos nos mosteiros e templos reconstruídos, parece-me claro que, apesar das restrições oficiais, o budismo está florescendo no lugar.

A brutalidade dos chineses apenas confirma a autoridade política e espiritual do dalai-lama no Tibete. Mas não é fácil para os exilados tibetanos traduzir essa reverência em vantagem política. Parece pouco provável, nos dias de hoje, que o Partido Comunista Chinês venha a sofrer o destino de suas contrapartes na União Soviética e na Europa Oriental. De qualquer modo, seus sucessores podem não olhar com muita benevolência para a perspectiva de um Tibete independente, o provável parque de diversões dos "imperialistas estrangeiros" nas fronteiras da China. Desse modo, a redução da exigência do dalai-lama, que agora reivindica a autonomia do Tibete dentro da China, parece estar baseada numa avaliação realística da força do sentimento nacionalista chinês. Até os dissidentes chineses, como Wei Jingsheng, que sofreu enormemente nas mãos do regime atual em Pequim, afirmam que o Tibete é e permanecerá integrado à China.

Em parte é por isso que os líderes tibetanos no exílio eliminam a possibilidade de um movimento nacionalista militante, apesar do fato de o budismo no Tibete ser "uma ideologia nacionalista potente", como reconhece Tsering Shakya, e tenha a "capacidade de mobilizar o público e contestar a autoridade do Partido [Comunista Chinês]". Como Samdhont Rinpoche me explicou, a violência contra a China provavelmente irá fazer com que fique mais difícil para o dalai-lama convencer os intelectuais chineses dissidentes a apoiar a autonomia para o Tibete. E o governo chinês provavelmente iria punir severamente a população inteira do Tibete por atos de uns poucos dissidentes armados. Esta parece ser uma suposição justa: o regime chinês tem lidado brutalmente com suas rebeldes minorias muçulmanas na província de Xingjiang, no noroeste.

De todo modo, segundo a visão de Samdhong Rinpoche, os tibetanos estão lutando não tanto para obter liberdade política, mas para preservar sua singular cultura budista. "O que vamos ganhar", perguntou-me ele, "se obtivermos liberdade política mas perdermos a cultura, que dá valor às nossas vidas? É por isso que rejeitamos a violência; porque o dalai-lama disse que renunciaria à sua liderança na comunidade tibetana se ela adotar a violência. Porque a não-violência é um aspecto inseparável da cultura tibetana pela qual estamos lutando".

Ele explicou que o método político da *satyagraha* de Gandhi não tem como alvo alcançar resultados de grande escala como a independência e a autonomia nacionais, mas ajudar os indivíduos sem ação a terem dignidade e confiança em seus confrontos diários com a autoridade repressora. Ele disse que a *satyagraha* propriamente dita começa com coisas pequenas, alcançáveis, no nível mais básico; busca mudanças estruturais em grande escala por meio de uma profunda mudança nas atitudes humanas básicas.

Isso, disse ele, já aconteceu no Tibete, onde muitos monges e freiras viam as políticas não-violentas como um dever espiritual: uma forma de autocontrole, uma ação cuidadosamente medida. Samdhong Rinpoch disse que em parte é por causa da adesão do dalai-lama aos princípios da não-violência que o Tibete permanece uma presença na consciência mundial, e que o budismo cresce como atração para muitas pessoas no Ocidente.

Isso parece certo. Mas embora muita gente veja o Tibete como uma nação distinta, com religião e cultura admiráveis, nenhum governo ocidental ousa perder os negócios lucrativos com a China pelo fato de reconhecer o direito de autodeterminação tibetano. À medida que a China fica mais forte economicamente, o grande sonho tibetano — que o dalai-lama volte à sua pátria — fica mais distante de um futuro próximo.

O próprio dalai-lama parece saber disso. Em uma entrevista recente, disse que morreria feliz na Índia se o status político no Tibete não mudasse durante seu período de vida. São essas declarações que fazem com que ele pareça insuficientemente político. Mas o posicionamento do dalai-lama está de acordo com sua falta de confiança budista em relação aos meios imorais e às finalidades imaginárias — a desconfiança, essencialmente, da violência e das utopias que outro grande exilado, Alexander Herzen, expressou quando afirmou que "o final de cada geração é ela mesma", e que não se deveria pedir a nenhuma geração que se sacrificasse em prol de um futuro desconhecido.

Em setembro de 2003 os representantes do dalai-lama visitaram a China pela terceira vez em dois anos e discutiram a autonomia tibetana com líderes comunistas de graduação média. As reuniões entre representantes tibetanos e chineses ocorreram outra vez em junho de 2005. Não está claro se essas conversas levarão a algo além de alguma respeitabilidade diplomática para a China, enquanto ela se prepara para as Olimpíadas de Pequim em 2008. Entretanto, dado que enfrentam um oponente notoriamente espinhoso, os tibetanos fizeram bem em manter viva a possibilidade de diálogo e negociação.

Talvez a insistência do dalai-lama na não-violência pareça mais frutífera ao longo do tempo, especialmente se a China experimentar uma reforma democrática. Tem sido estranho o destino do

Tibete, que já foi um dos lugares mais isolados na Terra: funcionar como laboratório para as experiências humanas mais ambiciosas e impiedosas da era moderna: o "Great Leap Forward", a Revolução Cultural e agora um capitalismo imposto pelo Estado. Depois de terem sofrido com o comunismo totalitário, os tibetanos se confrontam com um capitalismo dissoluto: um capitalismo que busca, de modo arrogante e muitas vezes violento, transformar toda a diversa humanidade do mundo em consumidores de classe média. Mas parece errado pensar nos tibetanos da maneira como pensam muitas pessoas de fora, como indefesas vítimas de forças poderosas e impessoais.

Não é por acidente que os tibetanos sobreviveram melhor à tentativa em grande escala do comunismo quanto à engenharia social que a maior parte das pessoas na própria China. Isso em parte se deve à sua crença budista na primazia da empatia e da compaixão. Tendo de enfrentar um materialismo agressivamente secular, eles ainda podem provar, quase sozinhos no mundo, como a religião, em geral desconsiderada (e não apenas por Mao) como "veneno", pode ser uma fonte de identidade cultural e de valores morais. Eles podem provar como ela pode se tornar um meio de protesto político sem cegar o devoto de ódio e preconceito; como pode ajudar não só a cicatrizar os choques e dores da história — a dor que levou as pessoas em outros lugares no mundo a uma fúria niilista —, mas também a criar uma cultura nacional racional e ética — uma cultura que pode tornar o Tibete mais livre, não importa o que aconteça, mais bem preparado para seu estado de liberdade que a maior parte das sociedades.

Este livro, composto na fonte Fairfield
e impresso em pólen soft 80g em
São Paulo, Brasil, no verão de 2007.